Peschici
Vieste
argano
Monte S. Angelo
Manfredonia
ADRIA
Barletta
Cannae
Trani
BARI
Mola di Bari
Piglia
Andria
Ruvo
Bitonto
Pogliano a Mare
Conversano
Ostuni
Brindisi
Alberobello
Matera
Massafra
Grottaglie
Grassano
tenza
TARENT
Copertino
Lecce
Maglie
Otranto
Metapont
Nardo
Gallipoli
S. Maria di Leuca
Sapri
Castrovillari
IONISCHES
MEER
a Mare
Lungro
Sibari
Cariati Marina
Rossano
ed. Maritt.
Longobucco
Spezzano
della Sila
Camigliatello
Cosenza
Rogliano
Crotone
IES
Nicastro
Maida
Lido di Copanello
Pizzo
Soverato Marina
Vibo Valentia
Mileto
Rosarno
Gioia Tauro
Palmi
Gerace
Roccella Ionica
Locri
MESSINA
Bagnara
Bovalino Marina
REGGIO CALABRIA
Melito

SV

Köln, 30.4.71

H. V. MORTON

Wanderungen in Süditalien

SOCIETÄTS-VERLAG

FRANKFURT AM MAIN

Mit 28 Zeichnungen von Karel Svolinský, Prag
Umschlagmotiv: Normannische Kirchen bei Ravello
Aus dem Englischen übertragen von Margrit Bode und Claus Velmeden
Titel des Originals: A Traveller in Southern Italy
(Methuen & Co, Ltd., London, 1969)

Deutschsprachige Rechte:
Frankfurter Societäts-Druckerei GmbH. Societäts-Verlag
Produktion Heinrich Scheffler
Buchnummer ISBN 3 7973 00964
Satz und Druck: Poeschel & Schulz-Schomburgk in Eschwege
Einbandarbeit von Fritz Wochner, Mühringen
Printed in Germany, 1970

INHALT

Ein kräftiges Volk von einfachen Sitten bewohnt dieses Gebirge. Seine Tracht ist eigenartig und malerisch, besonders die der Männer. Sie tragen einen weiten mantelartigen Rock von brauner Wolle mit Kapuze, welcher meist noch mit schwarzem Schafpelz gefüttert ist, einen roten Gürtel und eine phrygische Mütze von blauer Farbe. Diese Nationaltracht ist wahrhaft schön, und viele Apulier mit ihren gebräunten und edel geformten Gesichtern sehen darin recht vornehm aus, zumal wenn jene Kleidung von feinerem Stoff ist. Wir sahen ihrer ganze Scharen den Weg entlang, da es Sonntag war.
Gregorovius, Wanderjahre in Italien

Reiner Mythos ist allerdings die Geschichte des Heiligen Römischen Reiches noch nicht. Noch stehn seine Dome und Kastelle über der Erde, während die Tempel und Paläste von Knossos, Ilion, Mykenä aus der Erde gegraben werden mußten. Noch künden von jener Geschichte Chroniken, Urkunden, Inschriften, während die in Mythos verwandelte allein aus Dichtungen und Kunstwerken herausgelesen werden kann. Ehe die Geschichte des Heiligen Römischen Reichs völlig in diese höhere Region der Sage und der Poesie entrückt sein wird, können noch Jahrhunderte vergehn.
Eckart Peterich, Italien III, 1963

Wer aufmerksamen Blickes Apulien durchwandert, vor dem werden sich auch heute noch immer wieder Landschaftsbilder entfalten, wie sie schon für Normannen und Staufer die gleichen gewesen sein dürften. Wenn sie von den Höhen der Murge herabschauten, dann lagen auch zu ihren Füßen den enzianblauen Saum der Adria entlang, aufgereiht wie auf eine Perlenschnur, die Hafenplätze vom versunkenen Sipont bis herab nach Otranto. Wenn sie die Küste entlang zogen, dann mochten auch vor ihnen manche dieser Städte, von den Wahrzeichen des Glaubens und der Herrschermacht, den Kathedralen und Kastellen, damals noch eindrucksvoller überragt, in der Helle des südlichen Lichtes gleich Visionen afrikanischer Wüstenstädte aufgetaucht sein.

Carl A. Willemsen, Apulien, Land der Normannen, Land der Staufer, 1954

Ein Schauerchen fuhr mir beim Fackelschein
Im Heiligtum durch das Gebein;
Das Wasser ging mir in der Höhle
Des Mütterchens bis an die Seele;
Mir ward so ernst und feierlich,
Und voll von Ehrfucht setzt' ich mich
An einem dreifach dunkeln Flecke
Auf einen Stein in einer Ecke.
Mein Führer ließ mir eben etwas Zeit
Mit seiner Stromgelehrsamkeit,
Und machte sich zur Fahrt ins Licht bereit;
Da hab' ich denn in aller Stille
Die alte cumische Sibylle
Für Dich und mich um Rat gefragt;
Sie hat mir aber – nichts gesagt.
Mit Danke nahm ich ihr Orakel an,
Und glaube, sie hat wohlgetan.

Johann Gottfried Seume, Spaziergang nach Syrakus im Jahre 1802

I

Die fünf südlichen Regionen Italiens – Unterwegs in den Abruzzen – Im Land der Magier – Das Kastell von Celano – Der Einsiedlerpapst – Sulmona, die Heimat des Ovid – Mit der Seilbahn zum Gran Sasso – Erinnerungen an Mussolini – Die Schlangen von Cocullo

1

In der Frühe eines Maimorgens brach ich in Rom auf und traf in Tivoli ein, noch ehe der Bäckerjunge seine Runde gemacht hatte. Auf den Tischen des Cafés waren die Stühle übereinander gestapelt. Leere Weinflaschen und volle Aschenbecher – die Überbleibsel des vergangenen Abends – waren im Innenraum verstreut, dem das klare Licht der Sonne den eigentümlichen Reiz müder Verkommenheit gab. Mürrisch wandte sich ein älterer Kellner bei meinem Eintreten um. Zwischen seinen Lippen klebte eine Zigarette, in der Hand hielt er einen Besen. Da er jedoch den ersten Kunden des Tages witterte, wurde er sogleich wieder zum geschäftstüchtigen Italiener. Falls der Signore in einer halben Stunde noch einmal erscheinen wolle, so bedeutete er mir unter Verbeugungen, werde auch der Bäckerjunge dagewesen sein, und draußen im Sonnenschein warte dann ein gedeckter Tisch.

Ich bedankte mich und schlenderte durch Tivoli, wobei ich den hübschen und handfesten Marktfrauen zuschaute, die ihre Stände und Sonnenschirme aufstellten und ihr Gemüse auspackten. Zu dieser Morgenstunde, da Tivolis Straßen noch vom Verkehrslärm verschont sind, raunt es durch die Stadt wie ein Wind im Wald: das Lied der plätschernden und murmelnden Brunnen der Villa d'Este.

Ich dachte an Liszt. Diese zauberhafte Melodie klingt rings

um die Welt. Und ich erinnerte mich einer Begebenheit sehr viel älteren Ursprungs, von der uns Ovid, Livius und Plutarch berichten. Auch sie hat mit Musik zu tun. Offenbar aus Wut über einige Vorschriften und Statuten trat die römische Gilde der Flötenspieler im Jahre 311 v. Chr. in den Streik und ging ins Exil nach Tivoli. Die römischen Tempeldienste mußten nun von Laienmusikanten versehen werden. Der Senat, angesichts des Durcheinanders nun seinerseits in Harnisch gebracht, forderte den Magistrat von Tivoli auf, die streikenden Musiker unverzüglich zurückzuschicken, was denen freilich gar nicht einfiel. Tivolis Magistrat lud die Streikenden daraufhin zu einem Bankett, labte sie mit Wein, dem ein Schlafmittel beigemischt worden war, verfrachtete sie anschließend in Karren und lieferte sie noch in derselben Nacht im Forum von Rom ab.

Der Kellner hatte eine weiße Schürze angelegt und einen Tisch für mich gedeckt, als ich zum Café zurückkam. Wenig später war ich auf der ersten Etappe einer Reise, die mich durch den Süden Italiens führen sollte.

2

Mit Ausnahme eines kurzen Urlaubs, den ich vor vielen Jahren in Neapel, Capri und Sorrent verbracht hatte, war ich niemals südlich von Rom gewesen. Oft geplant, war diese Reise nicht verwirklicht worden, da sich die Faktoren Zeit, Geld und günstige Reisesaison offensichtlich nie unter einen Hut bringen ließen. Unter den Leuten, die mich zu meiner Reise ermunterten, befand sich einer der wählerischsten meiner italienischen Bekannten. Höchst begeistert war er von einer Fahrt nach Kalabrien zurückgekehrt, was ihn selbst am meisten überraschte.

«Schauen Sie sich dieses neue Italien an, ehe es vom Tourismus ruiniert worden ist!» sagte er. «Kümmern Sie sich nicht um das, was Sie jemals über schlechte Straßen, verwanzte Gasthöfe und scheußliches Essen gelesen haben! Sie finden in allen größeren Städten moderne Hotels. Die meisten haben eine Klimaanlage. Aber fahren Sie bald!»

Er hielt die Autostrada del Sole für das seit der Via Appia und den Heerstraßen des antiken Rom bedeutendste Beispiel des Straßenbaus. Sie führt jetzt von Mailand bis zur Straße von Messina. Und erstaunlicherweise verkniff er sich jedweden Spott, als es um die Milliarden ging, welche die *Cassa del Mezzogiorno* – der Entwicklungsfonds für den Süden – weiterhin unablässig in den italienischen Süden fließen läßt. Mit ihrer Hilfe werden Industriebetriebe errichtet, Straßen gebaut und Ländereien kultiviert. Gleichzeitig wird versucht, der ärgsten Probleme des Südens Herr zu werden: der Armut und der Auswanderung.

Was mein Bekannter «das neue Italien» nannte, ist zugleich die älteste aller italischen Regionen. Der Reichtum und die Pracht ihrer Städte waren berühmt, noch ehe von Rom die Rede war. Die sieben Jahrhunderte vor Christus nahe der Küste gegründeten Kolonien der Griechen blühten auf, welkten und vergingen. Jahrhunderte später eroberten die Normannen den Süden.

«Tausende von Süditalienern beten heute noch in normannischen Kathedralen», wußte mein Bekannter zu berichten. «Die Ruinen normannischer Burgen krönen heute Hunderte von Berggipfeln. Unter dem Landvolk lebt noch die Erinnerung an die Ritter und Paladine, an König Arthur und an Morgan La Fey.»

Nun, das waren ja verlockende Aussichten!

Süditalien sollte allerdings genauer umrissen werden. Es ist jener vormals als *Regno* bekannter und zum Königreich von Neapel und Sizilien gehörender Teil des Landes, der fünf der neunzehn Verwaltungsbezirke von Italien umfaßt: die Abruzzen, Kampanien, Apulien, die Basilicata und Kalabrien. Man mag da und dort Bedenken gegen die Einbeziehung der Abruzzen vorbringen, doch meine ich, daß dieses wilde Bergland sehr viel mehr mit dem *Regno* verbindet als mit der nördlichen Hälfte Italiens. Nur eine dieser fünf Regionen ist allseits bekannt, nämlich Kampanien mit seiner Hauptstadt Neapel, mit Capri, Pompeji und der Halbinsel Sorrent. Gen Süden und Osten indessen erstreckt sich jenes fast noch immer unbekannte Terrain von vier Regionen mit alten Provinzen, von denen nur Kalabrien eine Ausnahme bildet, wohin es während des vergangenen und zu Anfang dieses Jahrhunderts doch immerhin einige Reisende gezogen hat. Die meisten von ihnen waren Engländer – Henry Swinburne, Keppel Graven, Craufurd Tait Ramage, auch Edward Lear. In jüngerer Zeit folgten ihnen George Gissing und Norman Douglas.

Ihre Berichte zeichnen uns das Bild einer nahezu vergessenen, in mächtigen Gebirgsformationen eingeschlossenen Welt. Das einst reichste und berühmteste Gebiet der italienischen Halbinsel ist zu ihrem ärmsten und vernachlässigsten geworden. In düsteren Farben, doch durchaus zutreffend schildert Augustus Hare, welche Vorstellung man im neunzehnten Jahrhundert allgemein vom Süden Italiens hatte:

«Die Weite und Häßlichkeit der zu durchquerenden Gebiete, die Armut und der Schmutz in den Gasthöfen, die Unfreundlichkeit der Einheimischen, die Moskitoplage, der Schrecken der Erdbeben, die Straßenräuber und die noch weitaus größere Gefahr einer Ansteckung mit Malaria oder Typhus durch verseuchtes Wasser haben Reiselustige bisher verständlicherweise vom Süden abgeschreckt.»

Dies alles besserte sich nur sehr langsam. Mit der Ausrottung der Malaria nach dem Ende des letzten Krieges ereignete sich dann schließlich das Wunder: Zum erstenmal seit dem siebten Jahrhundert, als Malaria und Sarazenen die Bevölkerung auf die Berggipfel des Landesinneren trieben, war es nun den Menschen wieder möglich geworden, das Land entlang den herrlichen Küsten des Tyrrhenischen und des Ionischen Meeres zu bebauen und dabei gesund zu bleiben. Die Bedeutung dieses Ereignisses kann gar nicht hoch genug eingeschätzt werden.

Die Straße führte nun hinauf in das Bergland der Region Abruzzo e Molise.

3

Der seltsame Name Abruzzi, der für die Abruzzen unterschiedslos entweder in dieser Form oder in seinem Singular Abruzzo verwendet wird, konnte bisher nicht eindeutig ausgelegt werden. Da sich der südliche Teil dieser Region jedoch Molise nennt, ist es wohl korrekter, vom Abruzzo zu sprechen, soweit der Norden gemeint ist, hingegen von den Abruzzi, wenn das

Gebiet der Molise miteinbezogen werden soll. Jedenfalls paßt der Name gut zu dieser Gegend. Er läßt an ein schroffes, entlegenes Bergland denken – im Klang dieses Namens schwingt eine leise Erinnerung an alte, vergangene Sprachen mit. Gewiß aber ruft er die Vorstellung von baumlosen, öden und bis weit in den Sommer hinein schneebedeckten Berggipfeln und von Wäldern hervor, in denen Bären und Wölfe hausten. Nicht weniger passend ist der Name Molise, der soviel sanfter klingt und etwas vom Wesen der sich zur Adria und zur großen apulischen Ebene hinabsenkenden Landschaft der südlichen Abruzzen auszudrücken scheint.

Schon wenige Kilometer hinter Tivoli, im anmutigen Aniene-Tal, verändern die Hügel ihr Gesicht und werden zu steilen Bergen, deren Gipfel von Sabiner Städtchen gekrönt sind. Der Boden ist karg und felsig. Soweit es überhaupt noch Weinanpflanzungen gibt, liegen sie kilometerweit von der nächsten Ansiedlung entfernt. Die Abhänge der Berge jedoch leuchten im warmen Gold des Ginsters auf, der vom April bis in den Hochsommer die Berge Italiens von der Lombardei bis nach Kalabrien überzieht.

Ich passierte eine Nebenstraße, die zu dem alten Städtchen Saracenesco führt. Etwa zwei Kilometer später erreichte ich die Abzweigung nach Anticoli Corrado. Ich warf einen Blick zum Gebirge hinüber, wo sich diese beiden Ortschaften gegen den Himmel abhoben. Lanciani hat den Namen Saracenesco auf eine Schar plündernder Sarazenen zurückgeführt, die dort im achten Jahrhundert seßhaft wurden. Anticoli Corrado wiederum soll seinen Namen von Konrad von Antiochia herleiten. Ich war ein Jahr zuvor, auf dem Wege zu der im angrenzenden Tal liegenden Quelle der Acqua Marcia, in diese Ortschaften gefahren. Die Straße nach Saracenesco endet jedoch unterhalb des Städtchens, und so muß der restliche Weg mit Hilfe eines Maultiers oder zu Fuß zurückgelegt werden. Über die Stadt selbst schien das Elend wie eine Pestplage hereingebrochen zu sein. Die Hälfte aller Häuser stand leer. Wer dort einst gelebt hatte, war nach Rom gegangen, um Arbeit zu finden. Anticoli Corrado erschien, damit verglichen, als eine heitere Ortschaft, wo man überdies stolz war auf die guten Beziehungen zur Kunst.

Stammten doch die meisten der sich im vorigen Jahrhundert an der Spanischen Treppe feilbietenden und von allen Romreisenden geschilderten Malermodelle gerade aus diesem Nest. Selbst heute kann da und dort noch eine Urgroßmutter präsentiert werden, deren Jugend auf den Gemälden feuriger, anmutig die Amphore auf dem Haupte oder auf der Hüfte tragender Schönen überlebt hat. Und da leben noch alte Männer, die zu ihrer Zeit als Apoll, ja sogar als Gottvater selbst, bekannt und geschätzt waren!

Ich hielt an einem Bahnübergang hinter einem Lastwagen voller Schafe. Als ich die traurigen, an das Maschenwerk der Gitter gepreßten Gesichter sah und das schier verzweifelte Blöken hörte, regten sich in mir die Empfindungen eines zu allem entschlossenen Vegetariers. Daß hier Bedauern jedoch fehl am Platze war, wurde mir sogleich bewußt, als ich neben dem Fahrer den Hirten mit seinen Hunden entdeckte. Noch vor Sonnenuntergang waren diese Tiere ja wieder in Freiheit, um sich einen Sommer lang auf den Weiden der Berge tummeln zu können. Dieser Transport der Schafe aus der Campagna in die Abruzzen ist die moderne Version der großen Wanderungszüge früherer Jahrhunderte. Freunde in Rom haben mir oft erzählt, wie sie zur Frühjahrszeit zuweilen mitten in der Nacht von unheimlichem Trappeln geweckt wurden und ein graues, durch die Straße wogendes Meer von Wolle erblickt hatten. Angeführt vom Hirten und seinen Hunden zogen draußen in der Dunkelheit die Herden vorüber, und ich erinnere mich, gehört zu haben, die den Zug beschließenden Böcke zeigten ihre geistige Überlegenheit über die Schafe dadurch, daß sie sich bei jeder Rast erst einmal hinlegten und ausruhten. Ich betrachtete den Hirten und hätte gern gewußt, ob auch er mit der Gegenwart zufrieden sei und ob er seine Hirtenflöten an ein volkskundliches Museum verkauft und sich statt dessen mit einem Transistorradio versorgt habe.

Die Straße stieg nun an, dann schwang sie sich in eine Kurve. Über einer Schlucht und vor dem Hintergrund der Berge gelagert, von denen jeder einzelne die Gipfelkrone seiner Stadt gen Himmel hob, erblickte ich das malerische Arsoli. Ich hielt an und breitete die Landkarte auf einer Steinmauer aus, um die

Namen der Berge festzustellen. Während ich dies tat, ging eine junge Frau vorüber. Sie trug einen Korb auf ihrem Kopf. Und in diesem Korb saßen zwei Hühner, ein weißes und ein schwarzes. Die Frau maß mich mit mißtrauischen Blicken, feindselig und auf der Hut. Böse blitzte es aus den Augen der Tiere.

In Arsoli wurde ich sogleich zum Mittelpunkt einer jener verwirrenden, in Italien aber so vertrauten Situationen, die nur dem vehementen Bedürfnis der Italiener zu verdanken sind, allen Fremden gefällig zu sein. Das Schloß des Fürsten Massimo, ein eindrucksvoller Mischmasch von Baustilen, geht in seinen Anfängen bis ins elfte Jahrhundert zurück. Man versicherte mir, der Kustos werde mir das Schloß zeigen. Er war nur nicht aufzufinden. Und da jedermann seine eigene Auffassung über den derzeitigen Aufenthaltsort dieses Mannes laut werden ließ, begriff ich bald, daß ich wohl auch noch am Nachmittag hier warten würde. Mit vielen Dankesbezeigungen verabschiedete ich mich und lenkte meinen Wagen weiter hinauf ins Gebirge.

Rom hat als einzige mir bekannte Kapitale das Mittelalter noch nicht von seiner Hausschwelle verdrängt. Keine zwei Stunden von Rom entfernt, im Sabiner Land, überholte ich Maultierreiter und traf auf Quellen, an denen ich sie ihre Tiere tränken sah. Mit ihren Lasten auf dem Kopf stiegen alte, schwarzgekleidete Frauen die Saumpfade herab. An den Brunnen am Straßenrand füllten junge Frauen ihre Krüge. Das Sabiner Land ist geblieben, was es vor hundert Jahren war. Hier ist nichts, das einen Goethe, einen John Evelyn oder Charles de Brosse hätte überraschen können. Ein Farbtupfer nur, da und dort an Kopf oder Gürtel angebracht, verwandelte die Maultiertreiber sogleich wieder in jene Gestalten, die wir aus den bezaubernden Arbeiten von Pinelli kennen.

Wenige Kilometer hinter Arsoli verließ ich Latium und fuhr in den Bezirk Abruzzo. Immer kahler und unwirtlicher wurden die Berge. Es gibt Grenzen, die von Politikern festgesetzt werden und nichts anderes als auf Landkarten gezeichnete Linien darstellen. Andere Grenzen bestimmt die Natur, und in diesem Falle waren es die höchsten Erhebungen des Apennins. Ich gelangte auf die in den Monte Bove hineingeschnittene Paßstraße, und hier sah ich plötzlich etwas, das mich erschreckte. Auf viele

Kilometer im Umkreis hatte die Landschaft eine unnatürlich verkrümmte und verzerrte Gestalt angenommen. Von den Berggipfeln offenbar herabgeschleuderte Felsbrocken füllten das Tal. Zum ersten Male in meinem Leben traf ich auf eine Stätte, die von Erdbeben heimgesucht worden war, vernahm ich jenes furchterregende Wort *terremote,* das ich noch so oft in Süditalien hören sollte. Dreißigtausend Menschen in nahezu vierhundert Ortschaften waren umgekommen, als dieser Teil der Abruzzen im Januar 1915 von einem Erdbeben verwüstet worden war. Ganze Siedlungen waren damals auf immer verschwunden, und auch heute noch, mehr als ein halbes Jahrhundert später, ist das Landschaftsbild entstellt. Ich durchfuhr den Paß. Die Straße machte eine Wendung und gab einen erstaunlichen Blick auf ein weiß leuchtendes, sich am Himmel entlangziehendes Band frei: das immer noch schneebedeckte Massiv des Gran Sasso d'Italia, der höchsten Erhebung des Apennins. Die Paßstraße stieg zu einer Höhe von fast fünfzehnhundert Metern auf. Kalt und scharf wehte die Luft von den Schneefeldern herüber.

Ich fuhr nach Avezzano hinab, doch es war mir unmöglich, die nach dem Erdbeben neuerbauten Straßen von jenen zu unterscheiden, die nach den Bombardements des letzten Weltkrieges neu erstanden waren. Ich folgte dem Rat eines Verkehrspolizisten, mein Mittagessen im Bahnhofsrestaurant einzunehmen. Die Pasta war vorzüglich und hätte auch jene überzeugt, die ihr sonst nach Möglichkeit aus dem Wege gehen. Nicht minder vorzüglich war der Rotwein. In dem ungewöhnlich gepflegten Speisesaal saßen zahlreiche Honoratioren der Stadt, die einander höchst förmlich titulierten und hingebungsvoll in den Zähnen stocherten. Jenseits des großen Fensters, nur wenige Meter entfernt, keuchten und pfiffen riesige Elektroloks, und man hörte es ihnen an, daß sie müde und mürrisch waren nach der Klettertour durch den Apennin.

4

Was Avezzano so besonders interessant macht, ist der Umstand, daß es im Lande der Marsen liegt, eines Volkes also, das in Vorzeiten ob seiner Hexen, Magier und Schlangenbeschwörer berühmt gewesen ist. Als Kleopatra, das Schlangengift im Leibe, im Sterben lag, ließ Augustus eilends einen Angehörigen des Stammes der Psylli herbeiholen, um sie zu retten. Er kam zu spät. Wie dieses afrikanische Volk, so standen auch die Marsen in Italien im Ruf, das Unheil des Schlangenbisses abwehren zu können. Einige Sachkenner meinen sogar, es bestehe ein Zusammenhang zwischen diesen beiden Völkern.

Mittelpunkt des Marsenlandes war das Gebiet um den Fuciner See. Die Dörfer der Marsen allerdings lagen weit über die Berge des Zentralgebietes der Abruzzen verstreut. Noch heute wird der Bezirk von Avezzano La Marsica genannt. In unzähligen Ortsnamen ist die Erinnerung an die Marsen lebendig geblieben – Ortona dei Marsi, Magliano dei Marsi, Lecce dei Marsi, Scarcolo Marsicana, Luco dei Marsi und Gioia dei Marsi, um nur einige zu nennen. Ein Gipfel der Abruzzen heißt Monte Marsicano.

Avezzano liegt am westlichen Rand des Fuciner Beckens, des einstigen Fuciner Sees, und ist zugleich die im Umkreis wichtigste Stadt. Als ich diese bis auf das letzte Fleckchen Boden bebaute, riesige Schale ebenen Landes sah, hatte ich den Eindruck, hundert Quadratkilometer Holland seien mitten in den Apennin verpflanzt worden. Es ist der größte jemals von Menschenhand trockengelegte Binnensee der Welt.

Das Eigentümliche am Fucino, solange er noch ein See war, bestand darin, daß ihm jeglicher Abfluß fehlte, weshalb das umliegende Land nach der Schneeschmelze häufig überflutet wurde. Die Marsen wandten sich an die Römer und baten sie, etwas zu unternehmen, damit dies künftig verhindert würde. Kurz bevor Julius Caesar wirklich etwas unternehmen konnte, wurde er ermordet. So blieb vorerst alles beim alten, bis Claudius (neun Jahre nach der Eroberung von Britannien) einen Abflußkanal von nahezu sieben Kilometern Länge fertigstellen ließ, der den See durch Ableiten des Wassers in das angrenzende Flußtal des Liri trockenlegen sollte. Die Historiker der Antike haben von dieser außergewöhnlichen Begebenheit berichtet. In prächtiger Kriegsrüstung, begleitet von Messalina in einer Robe aus gesponnenem Golde, erschien Kaiser Claudius, um vor den Augen der vielen am Rande des Sees und auf den Berghängen zusammengedrängten Zuschauer die Feierlichkeiten zu leiten. Als Auftakt entstieg der Mitte des Sees ein mechanischer Triton und blies in ein Horn. Dies war das Signal für die nun beginnende Seeschlacht zwischen kriegstüchtigen, mit verurteilten Sträflingen bemannten Schiffen. Erst nachdem genügend Blut geflossen war, gebot Claudius dem Kampfe Einhalt und ließ den Abflußkanal öffnen. Das Ergebnis war niederschmetternd. Dank falscher Berechnungen oder schlechter Handwerksarbeit überstieg das Volumen des ausströmenden Wassers bei weitem das Auffangvermögen des Kanals. Tausende von Zuschauern, unter ihnen der Kaiser und sein Gefolge, entrannen dem Tod nur um Haaresbreite.

Bis in die Neuzeit konnte der See nie ganz entwässert werden. Im Mittelalter wurde er zu einem malariaverseuchten Sumpfgebiet und ist erst 1876 von dem Bankier Fürst Torlonia mit Hilfe von schweizerischen und französischen Technikern trokkengelegt worden. Torlonias Bedingung lautete, daß das Land danach ihm gehören müsse. Er siedelte Bauern aus seinen verschiedenen Ländereien an, und so blieb es, bis die italienische Regierung im Jahre 1951 das Land enteignete und an Kleinbauern verteilte, die hier nun gewaltige Mengen von Zuckerrüben, Kartoffeln, Weizen und Gemüsesorten ziehen.

Diese enorm große, künstlich geschaffene Landfläche weckte meine Neugier, und so begab ich mich nach S. Benedetto dei Marsi auf der Ostseite, wo ein paar Steine die Abgrenzungen der Hauptstadt des alten Stammes bezeichnen, einer Stadt, die Marruvium hieß. Es war nur wenig zu sehen, und doch fühlte ich mich angeregt von der Vorstellung einer Stadt, in der Zauberer und Wahrsager gelebt hatten. Auf einem Acker im Westen des Beckens begegnete man einer anderen faszinierenden Erinnerung an die Marsen: Hier hat sich das Heiligtum der Göttin Ancitia befunden, welche die Zauberbücher und Carmina zur Beschwörung der Schlangen sowie die Kräuter zur Heilung der Schlangenbisse verwaltete und an die Marsen weitergab.

Da ich wußte, daß diese Menschen als Geisterbeschwörer gelten, blickte ich prüfend in die Gesichter aller, die mir auf den Paßstraßen des Hochlandes und in den Dörfern begegneten. Ich sah jedoch wenig Geheimnisvolles. Eines allerdings scheint mir überzeugend auf ihre Abstammung von den Marsen hinzudeuten, nämlich ihr Glaube an Hexen, Werwölfe und die Kraft der Amulette. An den Riten und Methoden der *separi* – der Schlangenbeschwörer – in den weitab gelegenen Dörfern haben bisher weder Autobusse noch Fernsehen etwas ändern können. Und diese *separi* sind zumeist junge Männer.

An der nördlichen Grenze des Beckens kam ich in eine kleine Stadt, die Cerchio heißt. Nun ist dies freilich nichts anderes als der modern gestaltete Name der Zauberin Circe, jener legendären Ahnfrau des Marsenvolkes. Hier stand vor Zeiten der ihr geweihte Tempel. Es berührt seltsam, daß nicht weit von Rom entfernt dieses Land der Zauberer gelegen ist, in dem Circe verehrt wurde (und gar noch verehrt wird) und wo man der Verwandlung eines Menschen in einen Wolf, nach Art der Circe, durchaus noch Glauben schenkt. Vergeblich blickte ich mich nach Schlangenbeschwörern um. Vielleicht wäre mir mehr Erfolg beschieden gewesen, wenn ich die oftmals von Dorf zu Dorf sich ändernde Mundart verstanden hätte. Wie Keppel Craven schrieb, konnte man zu seiner Zeit, nämlich 1835, in den Städten Italiens gelegentlich Schlangenbeschwörer aus den Abruzzen antreffen.

Eine ganze Anzahl sehenswerter Kunstwerke ist von den immer wieder auftretenden Erdbeben verschont geblieben. Hierzu gehören die schöne romanische Kirche in Magliano dei Marsi, die herrliche Kosmatenkanzel von S. Pietro in Alba, die den Vergleich mit Arbeiten ähnlicher Art in Rom nicht zu scheuen braucht, und die geschnitzte gotische Kanzel in der Kirche S. Maria in Rosciolo. Für die sehenswerteste aller Städte im Umkreis des Beckens hielt ich Celano, dessen Häuser terrassenförmig zu einem quadratisch angelegten Kastell aufsteigen, das an seinen vier Ecken Türme mit Pechnasen hat.

Der größte Sohn dieses Städtchens ist Thomas von Celano gewesen. Auf Bitte von Papst Gregor IX., einem Zeitgenossen und Bewunderer des Franz von Assisi, verfaßte er den ersten

Bericht über diesen Heiligen. Thomas soll einer der ersten Franziskaner in Deutschland gewesen sein. Sonst ist wenig über ihn bekannt. Ich spazierte durch Celano, und meine Blicke wanderten über die unter den Türen ihrer Häuser auf geflochtenen Stühlen sitzenden Frauen in Schwarz, die nähten, strickten oder klöppelten – jenes für Süditalien so charakteristische Bild. Unheildrohend schob sich eine Wolkenwand vor die Sonne, um zugleich das Leuchten der Bäume und Gräser zu vertiefen und die Farben der Dachschindeln, der gekalkten Hauswände und grünen Fensterläden noch kräftiger hervortreten zu lassen.

Ich stieg zum Kastell hinauf, fand es aber verschlossen. Während ich noch davorstand und das Fehlen eines Signalhornes bedauerte, dessen sich Schloßbesucher in Balladen und Romanzen bedienen, krachte ein Donner, und es begann zu regnen. Ich wollte schon umkehren, um einen Unterstand zu suchen, als sich oben ein Fensterflügel öffnete und ein Mann mir zurief, er werde sofort herabkommen und wolle mir das Tor öffnen. Nach einiger Zeit erschien er auch, und ich betrat ein schönes Kastell aus dem 15. Jahrhundert, das neu hergerichtet worden war. Wolkenbruchartig fiel nun draußen der Regen und schloß uns in diesem tropfenden, braunen Mauerwerk ein. Er ergoß sich aus den Mündern der Wasserspeier und stürzte als kräftiger Schwall von den steilen Dächern in die Höfe.

Der Kustos kam aus Elba, wie er erzählte, und bekleidete diese Stellung erst seit zwei Wochen. Er hatte in der Geschichte des Kastells nachgelesen und wußte zu berichten, daß es im Jahre 1392 von Roger Graf von Celano erbaut und 1451 von dem Grafen Leonello Acclozamora erweitert worden war. Dieser etwas seltsame Name schien mir übrigens auf sarazenische Abkunft zu deuten. Der Kustos führte mich in die von ihm im Mittelteil eingerichtete große Wohnung, in dessen Salon gut und gerne zweihundert Personen hätten tafeln können und wo eine Garnitur hochpolierter italienischer Möbel gegen die massiven Wände gerückt war. Zurückgelehnt in die Satinkissen eines Sofas saß eine jener riesigen, blonden Puppen im Rüschenkleid, der Verkaufsschlager aller italienischen Jahrmärkte. Ihr Lächeln ist grauenerregend. Manche dieser Puppen klappen die Augen zu, wenn man sie nach hinten kippt; andere vollbringen einige schwankende Bewegungen und sagen: «Mama.» Sie sind wohl doch für Erwachsene gemacht worden, denn unmöglich wird ein Kind solch ein unhandliches Monstrum ins Herz schließen können.

Blöde lächelnd wie die Attrappengenossin eines Bauchredners, die dicken Beine in weißen Söckchen, saß dieses Geschöpf da auf dem Ehrenplatz – die Burgherrin von Celano. In solch mittelalterlicher Umgebung wäre für Horace Walpole der Höhepunkt des Grauens wohl ein Eisenhandschuh gewesen, der einen Dolch ergreift. Alfred Hitchcock hätte sich vermutlich dieser Puppe samt ihrem ewigen Lächeln als einer weitaus lähmenderen Erscheinung bedient, die, «Mama» kreischend, in den Gewölben auf Verfolgungsjagd ging.

Der Regen hatte aufgehört. Die Frauen in Schwarz saßen wieder über ihren Handarbeiten. Auf den Straßen sah ich kleine weiße Hunde, Ebenbilder des hilfreichen Hündchens in Carpaccios Gemälde des heiligen Hieronymus in seiner Studienklause (das heute allerdings für eine Darstellung des heiligen Augustinus gehalten wird).

5

Ein gut Teil des Jahres hindurch ist Italien ein bitterkaltes Land. Vom Herbst bis in das späte Frühjahr wehen eisige Winde von den Alpen, den Dolomiten und den Apenninen über die gebirgige Halbinsel. Manche unserer ahnungslos dort überwinternden Vorväter packte das Entsetzen über den Mangel an Wärme in italienischen Palästen, und noch immer schaudert es alle, die jemals einen kalten Winter in Mailand oder Venedig erlebt haben. Mit dem Erscheinen der ersten Pfirsichblüte und der ersten Nachtigall jedoch ist alles vergessen und verziehen.

Einzelne Ortschaften wirken freilich niemals recht warm, so hoch auch die Temperatur dort steigen mag. Bis weit in das Jahr hinein machen sie den Eindruck, noch gestern habe es gefroren. Aquila, die Hauptstadt der Abruzzen, gehört zu ihnen. Mein Weg dorthin führte mich über Berge und durch Täler, und ich erblickte die Stadt zum erstenmal am Abend, als sich die Menschen in Mäntel gehüllt durch die Straßen schoben und das Sonnenlicht nelkenblaß auf den Schneefeldern des Gran Sasso verweilte. Mein erster Gedanke war, möglichst ein warmes Hotel zu finden. Und dies war nicht schwierig. Man bot mir ein gutgeheiztes Zimmer mit Bad. Ich zog ein und dachte, wie sehr sich doch die Verhältnisse seit den Reiseberichten des vorigen Jahrhundertes über die primitiven Hotels und Gasthöfe dieser Provinz geändert hatten. Die Bettbeleuchtung war ausreichend, es gab Telefon, und das einzige, was nicht so funktionierte, wie es eigentlich sollte, war einer von den vorzüglich verchromten Wasserhähnen, den ich plötzlich in der Hand hielt. Ungehindert ergoß sich ein Strom kochendheißen Wassers ins Bad. Aber auch dies wurde schließlich wieder von einem Mann mit einem Schraubenschlüssel in Ordnung gebracht.

Ich nahm das Abendessen in einem Restaurant ein, das ebensogut in der Schweiz oder in Österreich hätte stehen können. Die Wände wirkten wie mit gebeiztem Tannenholz verkleidet; auch die Holzbänke mit ihren von rotweiß karierten Tüchern bedeckten Tischen waren in diesem Stil. Hier kostete ich zum erstenmal ein für die Abruzzen charakteristisches Gericht, die *pasta alle chitarra*. Die *Chitarra,* «Gitarre» also, ist ein mit Drähten überspanntes Holzbrett. Der Nudelteig wird hineingepreßt, so daß er in schmalen Streifen heraustritt. Die Pasta schmeckte köstlich. Jeder Haushalt in den Abruzzen besitzt eine solche ‹Gitarre›, erzählte man mir, und die tägliche Pflicht einer Hausfrau sei es, den Teig herzustellen und durch die Drähte zu drücken.

Fast immer ist der erste ziellose Nachtspaziergang durch eine fremde Stadt ein Erlebnis. Es fiel schwer, sich vorzustellen, daß Rom nur weniger als zweihundert Kilometer entfernt war, wo an warmen Abenden im Freien gegessen wird. In Aquila spielte sich das Kaffeehausleben hinter wohlverschlossenen Türen ab. Wo auch immer ich mich befand, fast überall sah ich die gewaltigen Konturen der die Stadt umgebenden Berge. Ich kam zu einer riesigen sich zu einer Kathedrale hinabsenkenden Piazza, einem Platz, an dem tagsüber Markt abgehalten wird. Nach Meinung der Italiener sind die Leute aus den Abruzzen *forte e gentile* – hart und sanft zugleich –, und fürwahr, diesen Eindruck machen die Menschen von Aquila, der Kapitale und größten Stadt dieses Gebietes. Wie bei allen Gebirgsorten, so ist auch im Wesen und Werden von Aquila viel Feuerstein und Granit mit im Spiele, und wie die meisten anderen Leute aus den Bergen erscheinen auch die Aquilaner milde und sanftmütig, solange sie nicht gereizt werden. Von den Bergen eingeengt und bedrängt, gen Süden spitz zulaufend, ähnelt die Stadt der Form einer Birne. Harmlos erscheint der Berg, auf dem die Stadt sich erhebt, sofern man nicht spazierengeht und die ins Tal steil abfallenden Straßen hinuntersteigt und dann wieder mühselig hochklettern muß.

Die Entstehungsgeschichte von Aquila ist ungewöhnlich. Einst die Stadt eines der ‹Arsenale›, die Kaiser Friedrich II. in seinem Kampf gegen das Papsttum anlegte. Mögen nun die ersten Bürger aus neunundneunzig umliegenden Dörfern rekrutiert worden oder neunundneunzig Gemeinden zur Rettung Aquilas nach einem der häufigen Gefechte oder Erdbeben herbeigeeilt sein: diese Zahl hat sich jedenfalls unauslöschlich in die Erinnerung der Stadt eingeprägt. An jedem Abend ertönen neunundneunzig Schläge der Stadtglocke. Einheimische berichten, daß sich die Stadt in früheren Zeiten ihrer neunundneunzig Plätze und ihrer neunundneunzig Kirchen rühmen konnte. Vielleicht ist das ein wenig übertrieben, doch gibt es hier tatsächlich einen Brunnen, dessen Wasser aus neunundneunzig Masken strömt, die moosbekrustet und so verwittert sind, daß sich nicht mehr erkennen läßt, ob es sich um menschliche oder tierische Gesichtszüge handeln soll. Es ist einer der ungewöhnlichsten mittelalterlichen Brunnen in Italien. Treppen führen in den vertieft eingelassenen Brunnenhof, dessen hohe Wände von schachbrettartig verlegten antiken Kacheln geschmückt sind. Unterhalb deren Abschlußkante treten auf drei Wandseiten die neunundneunzig Wasserspeier hervor. Ich sah den Brunnen an einem Sonntag und war der einzige Besucher. Ich nahm mir vor, eines Tages zurückzukehren. Vielleicht würde ich den Hof dann voller Frauen finden, die geschäftig ihre große Wäsche reinigten.

Der Januar ist bei den Aquilanern nicht sehr beliebt, nachdem sich die meisten seit dem 14. Jahrhundert registrierten Erdbeben gerade in diesem Monat ereignet haben. »Wenn es am kältesten ist, sind auch die Erdbeben am stärksten«, sagen die

Leute. Dennoch ist das Erdbeben vom Jahre 1915 noch einigermaßen glimpflich mit Aquila umgegangen, das sein schlimmstes Beben im Jahre 1703 erlebt hat. In jenem Jahr schlief die Bevölkerung auf den Plätzen, weil sie dem Tod lieber im Freien als unter den Trümmern der Häuser begegnen wollte. Wie John Wesley einmal sagte, «wirkt keine göttliche Heimsuchung stärker auf Sünder als ein Erdbeben». Man mag freilich der Ansicht sein, daß dies auch für die Tugendhaften unter den Menschen gilt. Gute wie Böse haben sich oftmals nach solchen Erlebnissen verbunden, um ihrer Dankbarkeit Ausdruck zu geben. Ein Beispiel hierfür sind die Treppen, die zur Sa. Maria in Aracoeli in Rom hinaufführen, ein anderes die Kirche S. Tommaso in Aquila.

Die Ausmaße der Piazza sind gewaltig, wie schon erwähnt. An ihren beiden Enden befindet sich ein Brunnen, der seinem Gegenüber aufs Haar gleicht. Beide zeigen eine das Wasserbecken krönende bronzefarbene Athletenfigur. An den meisten Tagen der Woche erheben sich diese Statuen über einer Lagerstadt aus zeltbahnbespannten Ständen, auf denen Waren aller Art angeboten werden. Da gibt es von Hand hergestellte Rechen, Heugabeln und Spaten, aber auch Gemüse, Obst der jeweiligen Saison sowie Möbel und Bekleidung. Italiens Kunststoffindustrie überschwemmt die Provinzmessen und Märkte heutzutage mit grellbunten Gegenständen. Erleichtert bemerkte ich, daß die Kupferschmiede von Aquila noch immer die *conche* benannten großen zweihenkeligen Töpfe machen, mit denen man die Frauen dieser Region auf ihrem Wege zum Wasserholen an den Dorfbrunnen und Quellen sieht.

Ein einziger in den Abruzzen verbrachter Tag erfüllt den Neugierigen mit Erstaunen über die riesigen Mengen von Handarbeiten – Spitzen, Stickereien, ja sogar Läufer und Teppiche –, die von den offenbar jeder Muße abholden Frauen, zumeist beim Familienklatsch an der Haustür, angefertigt werden. Unter einer Arkade in Aquila fand ich ein Geschäft voll von Heimarbeiten dieser Art. Da war alles zu haben, von der Bettvorlage bis zum Schmuckstück. Sicherlich wird in zehn Jahren nur noch wenig Handarbeit zu finden sein. Vielleicht war hier sogar die letzte Gelegenheit zum Kauf solcher Waren. Das Ladenfenster mit der Auslage sah tatsächlich schon wie ein Museum aus.

Das eigentliche Museum von Aquila ist in einem massiven Kastell untergebracht, das die Spanier zur besseren Kontrolle von Aquila im Jahre 1534 erbaut hatten. Nun erhebt es sich friedlich über seinem grasüberwachsenen Burggraben. Über dem Hauptportal ist ein Wappen mit dem Doppeladler Kaiser Karls V. zu sehen. Das Kastell birgt viele Stücke altrömischer Herkunft und Madonnen des Mittelalters, die aus den Kirchen des Abruzzenlandes stammen. Der größten Beliebtheit unter den Ausstellungsstücken erfreut sich ein in dieser Gegend aufgefundenes Skelett, das ich zuerst einem Mammut zuschrieb, bis ich vom Wärter scharf zurechtgewiesen und aufgeklärt wurde, hier das einzige noch vorhandene Exemplar eines *elephas meriodionalis* vor mir zu haben – in der Tat ein erstaunlicher Fund, dem lediglich ein Zahn fehlt. Jeder Fuß ist so groß wie ein Kartentisch.

Zu den schönsten Palästen der Stadt gehört der jetzige Gerichtshof. Er wurde für Margarete von Österreich, die uneheliche Tochter Karls V., gebaut, jene bemerkenswerte Frau mit einem gewissen Überschuß an männlichen Hormonen. Auch die Bewunderer des Kaisers werden ihm nur schwerlich verzeihen, daß er sie als ganz junges Mädchen dem abstoßenden Fürsten Alessandro, dem Mulatten, einem illegitimen Medici, anvermählte, der allerdings nicht lange nach der Hochzeit ermordet wurde. Die zweite Ehe dieser eindrucksvollen Frau mit Ottavio Farnese von Parma war unglücklich. Die Gatten lebten getrennt. Während er sich in seinem Herzogtum abmühte, war ihr das gleiche als Regentin der turbulenten Niederlande zugefallen, wo sie die Nachfolge ihres Stiefbruders Philipp II. von Spanien angetreten hatte. Bei all ihrer Zähigkeit wurde sie dennoch mit den holländischen Protestanten nicht fertig. Bereitwillig übertrug sie die Regentschaft auf den Herzog Alba und zog sich nach Aquila zurück.

Keppel Craven besuchte Aquila zu Beginn des vorigen Jahrhunderts. Die aus seiner Feder stammende, wenig schmeichelhafte Schilderung dieser Frau könnte von Augenzeugen überliefert worden sein. «Sie wird als eine Person von rauhen Manieren und sehr unruhigem Wesen beschrieben; letzteres trieb sie dazu, unentwegt im Lande umherzureiten (jedoch nicht im Damensattel). Gestalt und Angesicht wirkten männlich und gewöhnlich. Dieser Eindruck wurde noch erheblich verstärkt durch einen riesigen, buschigen blonden Schnurrbart.»

Hier im Palast von Aquila war es auch, wo Margarete im Jahre 1572, ein Jahr nach der Schlacht von Lepanto, zum ersten und vielleicht zum letzten Male ihrem um dreiundzwanzig Jahre jüngeren Stiefbruder begegnete, einem anderen außerehelichen Sproß Karls V., dem Don Juan d'Austria. Er hatte die Gepflogenheit, ihr poetische und gefühlsduselige Beichten über seine zahllosen Herzensaffären zu schicken. Wie seltsam und auch ergreifend muß diese Begegnung zwischen der bäuerischen, ungeliebten Fünfzigerin und dem eleganten, glänzend aussehenden und umschmeichelten Mann von dreiundzwanzig Jahren gewesen sein. Karl V., der Sohn von Johanna der Wahnsinnigen, sein ehelicher Sohn Philipp II., Margarete, Don Juan – diese Familie liefert einen Schlüssel für die Geheimnisse der Genetik.

Mit diesen aus der Geschichte berühmten Gestalten erschöpft sich nun keineswegs die Zahl nicht alltäglicher Menschen, die einmal die Bühne Aquilas betraten. Eine an Schönheit den Dom übertreffende Kirche im Norden der Stadt birgt das Grab des Schutzpatrons von Siena, des heiligen Bernhardin. In einer gen Süden gelegenen Kirche ruht der Leichnam des Einsiedlerpapstes Cölestin V., einer der wenigen Päpste, die abgedankt haben.

Pietro Angeleri, wie sein bürgerlicher Name lautete, wiewohl er als Pietro von Murrone sehr viel bekannter gewesen war – so genannt nach dem Namen des Berges, auf dem er in einer Grotte gelebt hatte –, war ein Bauernsohn aus der Molise, dem südlichen Abruzzengebiet. Mystisches Verlangen trieb ihn, der Welt zu entsagen und sein Leben fürderhin im Gebet und in der Meditation zu verbringen. Im Jahre 1292 starb Papst Nikolaus IV. Das Kardinalskollegium konnte sich auf keinen Nachfolger einigen, so daß die Kirche zwei Jahre lang ohne Oberhaupt blieb. Zu dieser Zeit war Angeleri fast schon achtzig Jahre alt. Während eines Konklave in Perugia – den von rivalisierenden Fraktionen vorgeschlagenen weltlichen Kandidaten war die notwendige Stimmenzahl bisher versagt geblieben – erwähnte Kardinal Latinus das heiligmäßige Leben des alten Einsiedlers und meinte, dieser würde sich gewiß besser als alle anderen zum Papstamt eignen. Und erstaunlicherweise rief das Konklave am 5. Juli 1294, erschöpft, aber ebenso entzückt, Pietro von Murrone zum Papst aus.

Gegen Ende desselben Monats noch setzte sich eine Kavalkade von Kardinälen, Prälaten, Fürsten und Rittern in Bewegung, um irgendwo in den Abruzzen den designierten Papst aufzuspüren. Ein Augenzeuge namens Jacopa Stefaneschi hat die Vorgänge in Versen geschildert. Auf Ziegenpfaden langte die Abordnung schließlich bei der Höhle des Eremiten an. Die Herrschaften erblickten einen ungepflegten, alten Mann mit langem Bart, eingefallenen Wangen und erschreckten Augen. Vor ihm nun knieten sie nieder. Einige küßten ihm die Sandalen, was den Greis in große Furcht versetzte. Eine solche Szene mußte ihm als eine seiner bestürzendsten Visionen erscheinen. Als ihm das Pergament mit der Entscheidung des Konklave gereicht wurde, versuchte er, davonzulaufen. Ehrerbietig wurde er zurückgehalten und endlich zur Annahme der Tiara bewogen. Chöre sangen, und Ritter rasselten vorüber, während er, noch immer in der Kutte des Einsiedlers, auf einem Esel saß, dessen Zügel zur einen Seite Karl von Anjou, zur anderen Seite dessen Sohn hielten, und nach Aquila geleitet wurde. So mancher muß dabei an den Einzug in Jerusalem gedacht haben.

In der herrlichen Kirche S. Maria di Collemaggio machte man den Eremiten zuerst zum Bischof, später wurde er dort zum Papst Cölestin V. geweiht. Entsetzt über ihr eigenes Tun erkannten die Kardinäle bald, ein siebzigjähriges Kind auf den päpstlichen Thron berufen zu haben. Nunmehr gewaschen, barbiert und in prunkvolle Gewänder gekleidet, glaubte der bedauernswerte alte Papst schlichtweg alles, was ihm gesagt wurde, und gehorchte blind den verschlagenen Höflingen, auch Karl von Anjou, den er für einen aufrichtigen Freund hielt und unter dessen Einfluß er sich bereit erklärte, seinen Wohnsitz nicht etwa in Rom, sondern in Neapel zu nehmen. Dort, in der Feste des Castel Nuovo, richtete man dem Arglosen eine Zelle her, in der er betete und meditierte und sich nach der Sonne und den Stürmen auf dem Murrone sehnte. Um die Angelegenheiten der Kirche kümmerte sich unterdessen eine Kommission von Kardinälen.

Die Frage einer Abdankung ließ nicht lange auf sich warten. Nur zu deutlich zeigte sich, daß ein frommer Mensch durchaus ein schlechter Papst sein kann. Es ist damals behauptet worden, daß Kardinal Caetani, ein ehrgeiziger Mann – der spätere Papst Bonifaz VIII. übrigens –, durch ein Sprechrohr, das er in die Zelle des Papstes hatte einbauen lassen, zur Nachtzeit auf den unglücklichen Eremiten einflüsterte, um ihn zum Rücktritt zu bewegen. So kam es auch, noch ehe das Jahr um war. Mit Tränen der Dankbarkeit legte der arme Greis die Insignien des höchsten Würdenamtes der Welt nieder, um abermals das grobe Tuch des Klausners anzulegen.

Cölestins weiteres Schicksal wäre wohl glücklicher verlaufen, hätte das Volk in seinem Glauben an die Lauterkeit der Kirche nicht Partei für den Papst ergriffen und ihn zum Ausharren auf dem Heiligen Stuhl gedrängt. Dies alles paßte wenig in das Konzept des Kardinals Caetani, der nun schon Papst Bonifaz VIII. hieß und sich einen derart volkstümlichen Rivalen auf freiem Fuße nicht leisten konnte. Der ehemalige Papst versuchte zuerst, wieder in seine alte, vertraute Grotte auf dem Murrone zu gelangen. Nach einer glücklosen Flucht wurde er in Dalmatien gefangengenommen und von Bonifaz im Schloß Fumone, in den Bergen von Alatrie, eingesperrt. Dort starb er nach zwei Jahren im Alter von einundachtzig Jahren. Die Kirche sprach ihn bereits nach sieben Jahren heilig. Der Leichnam wurde nach Aquila zurückgebracht und in der Kirche seiner Krönung bestattet.

Es ist ein freundlicher Weg zur Kirche Sa. Maria in Collemaggio, der durch einen Park in der Nähe der südlichen Randbezirke von Aquila führt. Am Ende einer langen Allee gewahrte ich eine mit rotem und weißem Marmor ausgelegte imponierende, von einem romanischen Portal durchbrochene Fassade, zu dessen beiden Seiten kleine Türen eingelassen sind. Über jedem Eingang zur Kirche befindet sich eine Fensterrose.

In dem mit einer schönen Decke aus geschnitztem und bemaltem Holz ausgestatteten Schiff sah ich einige Männer, die mir in etwas wunderlicher Gangart entgegenschlurften. Als sie näherkamen, erkannte ich, daß sie einen Sarg trugen. Hinter ihnen ging ein Priester. Vor dem Hochaltar entdeckte ich ein

Aquila; S. Maria di Collemaggio

schaudererregendes Bahrtuch, das an seinen vier Ecken jeweils mit einem Schädel und gekreuzten Gebeinen dekoriert worden war.

Ich fand das Grab des Einsiedlerpapstes am Ende des Seitenschiffs zur Rechten, eine reiche Renaissancearbeit von Girolamo von Vicenza, für die die Wollhändler Aquilas im Jahre 1317, zwei Jahre nach der Heiligsprechung, das Geld aufgebracht hatten. Überrascht entdeckte ich hinter einem Rost liegend ein Wachsabbild des Papstes in Mitra und Meßgewand, mit dem Gesicht eines ziemlich jungen Mannes, obwohl der Ex-Papst schließlich ein Achtziger gewesen war. Ein vorübergehender Franziskaner erzählte mir, daß die Figur im Jahre 1944, anläßlich der sechshundertfünfzigsten Jahresfeier der Krönung von Cölestin, aufgestellt worden sei, und forderte mich auf, die herrlichen Fresken an den Wänden der Grabkapelle zu bewundern. Sie schilderten Leben und Sterben des Heiligen und waren, wie ich hörte, von einem Rubensschüler namens Ruter gemalt worden. Eines dieser Fresken zeigt den Eremiten bei der Zähmung eines Bären. Anschließend führte mich der Mönch zur linken Seite der Kirche und wies auf ein außerhalb der großen Basiliken Roms nur selten anzutreffendes architektonisches Detail, eine Porta Sancta aus dem 13. Jahrhundert, die, Berichten zufolge, eigens zur Krönung von Cölestin V. gearbeitet worden ist.

Noch sehenswerter als Sa. Maria ist die Kirche des heiligen Bernhardin, zu der man über ein prächtiges Treppenwerk am östlichen Stadtrand gelangt. Um einer Stimmung teilhaftig zu werden, die auch bei Wiederholung nicht an Reiz verliert, hatte ich mich noch vor dem Frühstück dorthin aufgemacht. Daß ich mich von etwas Ungewöhnlichem und Bewegendem angerührt fühlte, läßt erkennen, wie weit sich unsere Welt von Gläubigkeit, Verehrung und Gehorsam entfernt hat. Es war der Anblick von Schulkindern aller Altersstufen, von kleinen, wunderlich gekleideten Geschöpfen, die mit ihren locker gebundenen Halsschleifen Miniaturausgaben von Künstlern aus dem Quartier Latin des vorigen Jahrhunderts glichen, bis hin zu jungen Männern und Frauen, die bald schon zur Universität gehen würden. Mit ihren Büchern unter dem Arm betraten sie die Kirche, knieten nieder, sprachen ein Gebet und gingen dann zur Schule. Diese Andacht, mag sie nun vom Pfarrer, von den Eltern oder der allgemeinen Sitte verordnet oder – wie ich es doch eigentlich sehen möchte – Ausdruck ganz persönlicher Frömmigkeit sein, hat die jungen Leute von Aquila in meiner Achtung steigen lassen. Zuweilen kamen sie allein, zuweilen in Gruppen von zwei oder drei Personen. Mit der ernsthaften Aufmerksamkeit von Geschäftsleuten suchten sie den zum Beten geeigneten Platz aus, und dann eilten sie wieder hinaus ins Schulleben.

Auf die Frage, wo der heilige Bernhardin bestattet ist, hätte ich bislang sicherlich die Toskana genannt. Denn dort wird man immer wieder an den kleinen, hageren Franziskaner erinnert und begegnet oft dem Symbol, den Initialen IHS mit dem Sonnenkranz. In Siena befindet sich ein noch zu seinen Lebzeiten von ihm gemaltes Porträt. Alle Bilder und Statuen zeigen die gleiche schmale, ätherische Gestalt mit dem kahlen Schädel und den eingefallenen Wangen (mit vierzig hatte er bereits alle Zähne verloren), dem spitzen Kinn und den Augen, aus denen

Leiden und Heiterkeit sprachen. Wie überrascht war ich, sein prächtiges Renaissancegrab gerade in Aquila zu finden! Was hatte ihn in die Abruzzen geführt? Wieso war er gerade in Aquila gestorben? Antwort darauf erhielt ich aus dem Buch *«The World of San Bernadino* – die Welt des heiligen Bernhardin» von Iris Origo.

Im Alter von vierundsechzig Jahren litt der Heilige unter allen möglichen Krankheiten, zu denen nach Iris Origo Blasengrieß, Ruhr, Nierenentzündung und Hämorrhoiden gehörten, wie auch Gicht und Podagra. Er fühlte, daß sein Leben sich dem Ende näherte, und beschloß, in die einzige Region Italiens zu ziehen, wo er noch niemals gepredigt hatte, «nämlich in das große und wilde Königreich von Neapel und Sizilien, das man oft einfach nur ‹das Königreich› nannte». Auf einem Esel kämpfte sich der bedauernswerte Invalide, welcher nach moderner Auffassung freilich nicht alt war, doch wie ein Achtzigjähriger aussah, über die Bergpässe. Mitunter überfielen ihn die Schmerzen so erbarmungslos, daß er absteigen und sich auf die Erde legen mußte. Als er sich Aquila näherte, sah er – so berichtet die Überlieferung – einen alten Mann im weißen Habit eines Einsiedlers ihm entgegengehen, dessen Haupt von einem seltsamen Hut in Form einer dreizackigen Krone bedeckt war und auf deren Spitze eine Taube saß. Dies war niemand anderes als Papst Cölestin V., «der nun einem anderen Mönch, einem Manne ebenso reinen Herzens und der Welt enthoben wie er zu seiner Zeit, in einer Vision erschien. Schweigend umarmte er Bruder Bernhardin und segnete ihn. Dann verschwand er wieder in den Schatten der Felsen.»

Sterbend wurde Bernhardin nach Aquila gebracht. Als es zu Ende ging, bat er, wie der heilige Franz auf den blanken Boden gebettet zu werden. Der anwesende Ordensbruder Girolamo aus Mailand schrieb: «Wenn Menschen so sterben, dann ist der Tod süßer als der Schlaf.»

Es kündet vom Respekt, den sich die Menschen der Abruzzen durch Beharrungsvermögen und Zähigkeit erworben hatten, daß es der Stadt Siena, trotz Intervention beim Papst, nicht gelang, den Leichnam des Heiligen zurückzuerhalten. Bernhardins Gewand, das er zum Zeitpunkt des Todes trug, und wenige

Gegenstände aus seiner Zelle waren alles, was Siena bekam. Und so findet man heutzutage den Schutzpatron Sienas und einen anderen heiligen Mann, den Einsiedlerpapst Cölestin, im Abruzzengebirge. Es wäre schön, könnten auch künftige Besucher von Aquila noch immer Schulkinder in die Kirche schlüpfen sehen, ehe sie zu ihren Klassenzimmern eilen.

6

Ich kenne nur zwei in englischer Sprache erschienene Bücher über die Abruzzen, nämlich *«Excursions in the Abruzzi»* (1835) – «Ausflüge in den Abruzzen» – von Keppel Graven, der sachliche Bericht über eine Reise zu Pferde, und *«Through the Apennines and Lands of the Abruzzi»* (1928) – «Durch den Apennin und des Abruzzenland» – von Estella Canziani. In diesem Buch schildert die Malerin eine Studienreise, die sie im Herbst des Jahres 1913 mit ihrem Vater unternahm mit dem Ziel, Geschichten, Legenden und Dichtung dieser Landschaft aufzuzeichnen. Zudem wollte sie die Frauen dazu gewinnen, ihr als Modell zu sitzen. Ihr Vorhaben glückte. Mit Erstaunen stellt der Leser fest, wieviel sich doch in den Abruzzen verändert hat.

Estella Canziani traf auf Lebensformen des Mittelalters. Alle Frauen, ob jung oder alt, trugen Tracht. Straßen fanden sich nur da und dort. Die Anreise von Vater und Tochter erfolgte mit dem Zug, anschließend mußte die Wanderung zu den Gebirgsdörfern per Fuhrwerk, auf dem Maulesel oder zu Fuß fortgesetzt werden. In den meisten Ortschaften gab es keine Gasthöfe. Das Essen war schlecht. In den Schlafräumen wimmelte es häufig von Ungeziefer. Daß sie im Lande der Marsen war, wird mit keiner Silbe erwähnt, ja, die Autorin scheint sich dessen überhaupt nicht bewußt zu sein. Und dennoch gibt die ungezwungene Art, in der sich die Menschen über Verzauberung und Zaubersprüche, Hexen und Hexerei, Werwölfe und *maloccio,* den «bösen Blick», unterhielten, beredt Zeugnis von der uralten und auch heute noch bestehenden Bindung dieses Landes an die Welt des Magischen.

Die Verfasserin berichtet, wie sie von einigen Dorfbewohnern in der Nähe von Aquila begrüßt wurde: «In der Zwischenzeit hatte sich bereits die Kunde von der Ankunft zweier Fremder verbreitet, von denen der eine (nämlich ich) einen seltsamen weißen Hut trage. Und nun kam uns das ganze Dorf entgegen. Man trug unsere Gepäckstücke hinauf, und während dies geschah, betastete man mich; sie befühlten das Tuch meines Rocks und des Mantels und den Panamahut; sie faßten nach dem Bleistift, dem Messer und der Schere, die an einer am Gürtel befestigten Kette hingen; sie erkundigten sich, ob ich eine Schneiderin sei. Dann wollten sie mein Haar sehen. Ihnen zum Gefallen nahm ich den Hut ab, und nun waren sie erstaunt, daß mein Haar nicht so schwarz wie das ihre war und meine Wangen kaum so braun wie ihre eigenen. Ich müsse wohl von sehr weit herkommen, da ich so ganz anders sei als sie, und gewiß würde ich in ihrem rauhen, häßlichen und unfruchtbaren Bergland krank werden, wo es kein gutes Essen gebe.»

Seit jener Szene haben sich zwei Kriege zugetragen; es sind neue Straßen gebaut worden, die das Gebirge überwinden; jedes Dorf hat seinen Autobus bekommen, der es mit der Außenwelt verbindet, sowie Radio und Fernsehen.

Die Autorin schildert, mit welch entsetzlichen Unterkünften ihr Vater und sie oft vorliebnehmen mußten. «Ich ging frühzeitig schlafen. Aber es waren kaum zehn Minuten vergangen, als ich irgend etwas an meinen Zehen knabbern fühlte. Ich fing gleich fünf Wanzen. Ich stand auf und legte den *livinge* aus, eine Art Kattunsack, in dem man sich gegen die Außenwelt abschnüren kann und an dessen oberem Ende sich ein Moskitonetz befindet, das somit das Gesicht nicht direkt berührt. Aber es war zum Ersticken heiß, und ich verbrachte fast die ganze Nacht ohne Schlaf, während ich an die dreißig Wanzen im Mondlicht hinauf- und hinabeilen sah, immer auf der Suche nach einem Loch, durch das sie schließlich doch an mich herankommen könnten.» Sie erzählt von einem Fotografen, der von Dorf zu Dorf um sein Leben rannte: Jedesmal, wenn er eine Aufnahme gemacht hatte, brach ein Gewitter los, dem der Hagel folgte, der das Getreide zerschlug – und immer schoben die erzürnten Bauern die Schuld auf den «bösen Blick» der Kamera.

Die Erkundungen von Estella Canziani beschränkten sich auf Aquila und Sulmona und einige der umliegenden Dörfer. Zu den von der Autorin in Bild und Wort festgehaltenen Ortschaften gehören S. Stéfano und Castel del Monte, zwei von Aquila nur wenige Kilometer entfernt liegende Dörfer. Nun wollte ich aber doch gerne wissen, wie es dort heute aussieht, und so machte ich mich eines Nachmittags auf den Weg, und fuhr ostwärts bis zu der kleinen Ortschaft Barisciano, wo eine Nebenstraße abzweigt und sich, vor der Kulisse des verschneiten Gran Sasso d'Italia, über die Ausläufer des *Campo Imperatore* dahinschlingelt und windet.

Welch eine Landschaft! Zum Norden hin nichts als die von Menschen unberührte Wildnis des *Campo Imperatore,* über dessen Büschen zwei Wanderfalken jagten; auf den steil ragenden Gipfeln der Berge im Süden leuchteten Dörfer. Sie blieben in meinem Blickfeld, und ich legte kaum einen Kilometer zurück, ohne Bauern auf ihren Mauleseln zu begegnen, ohne an Äckern vorbeizufahren, wo sie ihre magere Heuernte in Säcke packten und anschließend den Maultieren oder Eseln aufluden. Und ich sah Frauen, immer wieder Frauen, mit dem Rechen oder der Sense arbeitend, um den Kopf das festsitzende Taschentuch gebunden, schwarze, im Winde wehende Röcke, schwarze Strickstrümpfe und derbe Stiefel. Der Fleiß dieser geduldigen, mit dreißig Jahren verbrauchten und runzelig gewordenen Frauen bewegte mich. Sie nehmen offenbar bereitwillig die ganze Last des Lebens auf ihren Schultern. Manche von ihnen strickten, während sie hinter dem beladenen Esel herschritten. Lange Strecken der nun ansteigenden und im Winter durch Schneeverwehungen gesperrten Straße waren mit hohen, gestreiften Pfählen abgesteckt. Ich dachte an die sanften Hügel der Toskana. Sie unterscheiden sich von diesem wilden Abruzzenland so stark wie der Mensch der Renaissance vom Menschen des Mittelalters.

Auf einer fast senkrecht zu Tal stürzenden Anhöhe liegt das Gebirgsdörfchen S. Stéfano, das ich in den späten Stunden dieses herrlichen, schon mit Sommerwärme beschenkten Frühlingstages erreichte. «Es erinnerte mich an eine verwunschene Stadt», bemerkte Estella Canziani im Jahre 1913, und auch ich hatte, dreiundfünfzig Jahre später, diesen Eindruck; ja, mir war, als befände ich mich vor Dornröschens Schloß. Überall Schweigen. Ich fuhr bis an ein zinnenbewehrtes Portal, wo ich den Wagen stehenlassen mußte. Auf dem Torbogen sah ich ein Wappenschild der Medici, die sechs *palle* – Kugeln – unter einer Herzogskrone.

Dies schien das Zentrum des Dorfes zu sein. Enge Gassen, in denen Häuser aus dem Mittelalter oder der Renaissance mit hübschen Fenstereinfassungen oder Balkonen verlassen standen. Ich erkannte die orientalisch anmutende Straße mit den Arkaden, die von Estella Canziani gemalt worden war und in deren Vordergrund sie eine Gruppe Frauen in der Tracht dieser Gegend gestellt hatte. Diese Straße war jetzt wie ausgestorben. Nur Hühner rannten umher, und ein Esel stand in einem Stall, dessen Torpfosten aus Marmor war. Bewundernd betrachtete ich die malerischen Treppenaufgänge, als mein Blick auf einen alten Mann fiel, der mich beobachtete. Er trug einen zerbeulten Filzhut und schien ein recht gutmütiger Mensch zu sein. Ich sprach ihn an. Er antwortete, aber ich verstand ihn nicht. Offensichtlich erfreut verfiel er jetzt in eine ans Englische, oder besser gesagt: Irisch-Amerikanische anklingende Sprache. Domenico Necco, wie er sich vorstellte, und dreiundsiebzig Jahre alt, war also das, was man einen «Americano» nennt, ein Mann, der etliche Zeit in Südamerika oder in den USA gelebt hat und wieder in die Heimat zurückgekehrt ist. Er hatte sechsundzwanzig Jahre lang in den Staaten gearbeitet, einige Zeit davon als Bergarbeiter in Pittsburgh.

Ich erzählte ihm von einem Buch, das vor fünfzig Jahren geschrieben worden war und in dem man S. Stéfano als einen Ort mit vielen Einwohnern geschildert hatte. Gewiß, so sei es einmal gewesen, bestätigte er mir. Die meisten Einwohner waren seitdem jedoch ins Tal gezogen. Nur wenige, wie seine Frau und er, waren in ihren alten Häusern geblieben. Er trat zur Seite, wies auf die Steintreppe, die zu seinem Hause hinaufführte, und bat mich, einzutreten. Eine alte Frau kam heraus, sie wischte die Hände an der Schürze ab, erkundigte sich, wer ich sei, und machte ihrem Manne im gleichen Atemzuge Vorwürfe, weil er mich ausgerechnet jetzt mitbrachte, wo sie zu tun habe und nicht ordentlich gekleidet sei.

Ich betrat einen kleinen Raum. Vor einem Holzfeuer hockte eine gesprenkelte Henne. Neugierig spitzten unter ihren Flügeln einige ihrer kurz zuvor ausgebrüteten Erstgeborenen hervor, während eines der Küken, jämmerlich piepsend und begleitet von dem mütterlich besorgten Glucken der Henne, hilflos durch die Küche rannte. Es war ein Gebäude aus alter Zeit, und doch gab es in diesem Raum elektrisches Licht und sogar einen blitzsauberen weißen Elektroherd, der in diese Umgebung gar nicht hineinpaßte.

Man führte mich in ein angrenzendes Wohnzimmer, dessen Fenster einen herrlichen Ausblick auf das ferne Tal gewährte. An den Wänden hingen Heiligenbilder. Hauptschmuck jedoch war wieder einmal eine jener leer lächelnden Riesenpuppen, die Schwester der Dame aus dem Kastell von Celano, welche noch im Gehäuse ihres Kartons auf einem der Stühle stand. Welch ein seltsamer Besitz für ein altes Ehepaar, dachte ich, während ich die Flut messingblonder Locken dieses Geschöpfs betrachtete.

Wir setzten uns an einen Tisch, Domenico holte zwei Gläser herbei, und seine Frau trat mit einem Krug Saft von rosa Farbe herein, den Domenico, wie er erzählte, aus seinen eigenen Trauben im Weingarten unten im Tal gekeltert hatte. Die Frau lehnte es ab, sich zu uns zu setzen, und stürzte sich wieder in ihre geschäftigen Hantierungen. Was ich für Obstsaft gehalten hatte, erwies sich als ein recht kräftiger Wein. Domenico schwelgte in Erinnerungen an Amerika und das viele Geld, das man dort verdienen konnte, aber nichts von dem, was er erzählte, war wirklich wissenswert. Die Geschichte des Ortes S. Stéfano war ihm unbekannt. Freilich, er hatte einmal gehört, daß es hier früher ein prächtiges Schloß gegeben habe – das Portal der Medici mag ein Teil davon gewesen sein –, und glaubte, daß einige der alten Häuser aus Steinen des Schlosses erbaut worden waren.

Ich meinte, daß ich nun nach Castel del Monte weiterfahren wollte. Domenico sagte, er wolle mich gerne begleiten. Seine Frau erhob Einwände und erklärte, hierfür sei er viel zu schlecht gekleidet, worauf er kurz verschwand, um mit einem neuen Filzhut zurückzukehren. Dies schien die alte Frau zu besänftigen, und wir konnten uns auf den Weg ins Gebirge machen.

Aus der Entfernung erschien Castel del Monte wie eine verzauberte Stadt aus dem Reiche Merlins. Dieser Zauber verflog auf enttäuschende Weise, wenn auch nicht unerwartet, als wir dort eintrafen und uns mühselig die steilen, mit Kopfsteinen gepflasterten Straßen zwischen finsteren, abweisenden Häusern hocharbeiteten, wo Kinder in der Gosse spielten und magere Katzen von Haustür zu Haustür schlichen.

Hier war es, wo Estella Canziani um zwei Uhr morgens vom Schreien eines Mädchens geweckt, das sie von Wölfen angefallen glaubte, ans Fenster eilte, um Hilfe zu geben. Das junge Mädchen erklärte ihr jedoch, es sei in den Bergen aufgehalten worden und habe nur die Familie wecken wollen. «Ich konnte vom Fenster aus den Kadaver eines Schafes sehen, das von einem Wolf getötet und halb aufgefressen worden war», berichtete die Canziani. «Man sagte uns, daß man den Rest den Hunden überlassen wolle.» Ich habe in Castel del Monte weder Wölfe noch Schafe gesehen, jedoch eine ansehnliche Auswahl an Hunden entdeckt: einen Dobermann mit langem Schwanz, einen braunen Apportierhund, mehrere kleine Hunde, wie sie Carpaccio gemalt hat, und als interessantesten von allen einen kräftigen Schäferhund aus den Abruzzen, der einem weißen Bernhardiner glich und um dessen Hals sich, zum Schutz gegen Wölfe, ein stachelbewehrtes Kragenband schlang. «Aber Wölfe gibt es nur im Winter», meinte ein Ortsbewohner, als spreche er von der Grippe.

Über die Kirche des Ortes wußte Estella Canziani eine schaurige Geschichte zu berichten. Unter der Kirche befanden sich Höhlen, so schreibt sie, in denen die Toten bekleidet und auf Korbstühlen sitzend bestattet worden waren. Bei dem Umbau seines Kellers durchbrach ein Einwohner des Dorfes eines Tages die Mauer zu einem dieser Verliese und erblickte entsetzt einen toten Priester, der dort saß, angetan mit einem großen Hut und das Knochenkinn von einer hölzernen Gabel gestützt. Als im Jahre 1912 an der Kirche Bauarbeiten vorgenommen wurden, stießen die Maurer versehentlich bis in die Grabkammern durch. Verstört über den sich ihnen bietenden Anblick rannten sie eilends zur Schulleiterin. Diese höchst umsichtige Person entzündete ein Stück Papier und warf es zum Zwecke besserer

Beleuchtung in die Gruft. Damit setzte sie die Skelette in Brand. Das Feuer loderte so wild auf, daß ein Schlauch vom Dorfbrunnen herübergeleitet werden mußte. Der Brand konnte jedoch erst gelöscht werden, als sämtliche Skelette vollends zerstört waren. Anschließend wurden die Kammern mit Erde und Mörtel zugeschüttet. Wen auch immer ich im Ort auf diesen Vorfall ansprach, konnte oder wollte sich seiner nicht erinnern oder glaubte gar eine bestimmte Absicht meinerseits zu wittern.

Langsam reifte in mir der Wunsch, doch endlich einem jener furchtlosen Menschen zu begegnen, die sich ein halbes Jahrhundert früher so frei von jeglicher Scheu mit Estella Canziani unterhalten hatten. Der Ort war damals von der Außenwelt völlig abgeschnitten gewesen. Eltern und Großeltern der heutigen Bevölkerung waren Kinder einer anderen Welt. Ich sann noch darüber nach, ob es den Heutigen wohl besser erging, ob sie glücklicher waren als ihre ungestümen und stolzen Vorfahren, als Domenico von einem Bekannten überschwenglich begrüßt, auf den Rücken geklopft und geküßt wurde. Dieser weitaus jüngere Mann, vermutlich ein Verwandter von Domenico und Lastwagenfahrer seines Zeichens, wollte uns unbedingt in seine Wohnung mitnehmen. Wir gingen die sich talabwärts senkende Straße zur Stadt hinaus, erklommen einen an ihrem Ostrand steil ansteigenden Berg und kamen schließlich zu einem kleinen Steinhaus mit einem herrlichen Blick auf die zu ihrem höchsten Punkt – der jetzt im Licht der untergehenden Sonne sich deutlich abzeichnenden Kirche mit Kuppel und Kampanile – in Stufen emporwachsende Stadt. Wir stiegen einige Treppen zu einem im Obergeschoß gelegenen Zimmer hinauf, und ich war gespannt, ob ich am Ende gar in eine der vor fünfzig Jahren noch anzutreffenden farbenfrohen Bauernversammlungen geriet.

Ich betrat ein sauberes Wohnzimmer von provinziellem Stil, wo drei Frauen beim Schwatz saßen, während ihre Kinder auf dem Boden spielten. Wer diese Damen waren, habe ich niemals erfahren, denn noch im gleichen Augenblick stürmte eine ältere Frau ins Zimmer und riß mit überschäumender Vitalität das Gesetz des Handelns an sich. Es war die Mutter des Lastwagenfahrers. Nach einigen mich betreffenden Erkundigungen breitete sie weit ihre Arme aus und hieß mich wie einen der Familie seit langem abhanden gekommenen Sohn willkommen. Gleich darauf schoß sie wieder davon, um mit einer Flasche Anisette und ein paar kleinen Gläsern zurückzukehren. Ihre lebhaften Augen in dem von Falten gezeichneten Antlitz erweckten den Eindruck, als habe eine fröhliche junge Zwanzigerin die Gestalt eines alten Weibes angenommen. Ich verstand nicht ein einziges ihrer Worte, und doch redeten ihre Gesten und der Ausdruck ihres Gesichtes eine für jedermann verständliche Sprache. Mir erschien sie als der Typ jener Frau von bäuerlicher Herkunft und Verstand, der in der Geschichte zuweilen Könige beherrschte und das Geschick von Völkern bestimmte. Wo dieser Verstand fehlt, können solch feurige Frauen freilich auch zum öffentlichen Ärgernis werden.

Es dämmerte bereits, als ich Domenico in seinem alten Dorf wieder absetzte. Ein wenig verwegen sah er aus, als er so dastand, mit dem neuen Filzhut auf dem Haupt und einer kleinen Zigarre zwischen den Lippen. Aber ich konnte mich für die Harmlosigkeit unseres kleinen Ausflugs verbürgen. Es war Nacht geworden, als ich in Aquila eintraf.

7

Im Jahre 1943 wurde Mussolini auf Hitlers Befehl vom höchsten Berggipfel Italiens entführt. Damals wie heute hat diese Begebenheit für mich zu den unglaublichsten Episoden des Zweiten Weltkrieges gehört. Und da nun täglich vom Stadtrand von Aquila aus mein Blick auf den gen Himmel ragenden Gran Sasso fiel, wurde ich wißbegierig über die Gefangenschaft des Diktators an jenem weltabgeschiedenen Ort. Vielleicht befand sich dort oben im Berghotel auf dem Campo Imperatore gar noch ein Augenzeuge jener Befreiungsaktion.

Knapp fünfundzwanzig Kilometer von Aquila entfernt wird das Tal durch eine Seilbahn mit einer Bergstation auf mehr als zweitausend Metern Höhe verbunden. Während die Gondeln im Winter Skisportler hinauf zu den Pisten des Gran Sasso befördern, gewährt das Gebirge im Sommer Schutz vor der Hitze und lockt die Bergsteiger zu den Gipfeln, die ihre höchste Erhebung im Gran Corno, einem Dreitausender, finden.

Es war ein sommerlich warmer Frühlingsmorgen, als ich zur Seilbahn fuhr. Fröhlich zwitscherten die wie durch ein Wunder dem *cacciatore* entgangenen Vögel im jungen Laub der Eichen und Kastanienbäume. Ein Gebirgsbach rauschte bei Assergi, einem alten, freundlichen Städtchen, durch das die Straße zur Talstation führt. Dort fand ich nun eine durchaus angenehme Bleibe bis zur Abfahrt der Bahn, nämlich ein Café-Restaurant mit einem hübschen Garten, wo man ein Glas Wein oder ein Täßchen bittren Kaffees trinken konnte. Aluminiumfarben stiegen die Masten der Bahn den Berg hinan, schrumpften mit wachsender Entfernung immer mehr zusammen, das Drahtseil schwang sich über jähe Abgründe und verlor sich im Weiß des Schnees. Sobald eine Gondel hinauffährt, beginnt die Talfahrt einer andern. Über furchterregende Schluchten leicht dahinschaukelnd begegnen sich beide auf der Mitte der Strecke.

Ich wurde unruhig, da sich bis zur Abfahrtszeit kein anderer Passagier eingefunden hatte, und überlegte, ob das Berghotel jetzt, da die Skisaison beendet war, die Zeit für Bergsteiger aber noch nicht begonnen hatte, wohl überhaupt geöffnet sein werde. Der Mann am Fahrkartenschalter verscheuchte jedoch meine Bedenken, und so nahm ich als einziger Fahrgast in einer für zwanzig Personen gedachten Gondel aus Stahl und Glas Platz. Der Schaffner war jung und offensichtlich gelangweilt. Er drückte auf eine Klingel und erzählte mir, daß man die Gondeln nach dem Kriege erneuert habe. Und in der Tat, als ich hinabblickte, entdeckte ich unten neben der Talstation die alten Gondeln. Es waren die Wagen, mit denen der gestürzte Diktator am Nachmittag des 5. September 1943 auf den Berg gebracht worden war. Die Schilderung jenes Ereignisses durch den Direktor und die Geschäftsleiterin des Albergo Campo Imperatore ist im Anhang der Memoiren Mussolinis abgedruckt worden. Wie absurd, daß ein Mann in solch großer Gefahr, ja angesichts der Möglichkeit, als Kriegsverbrecher an die Alliierten ausgeliefert zu werden, beim Anblick der Seilbahn die Frage stellte: «Ist die Seilbahn auch in Ordnung?» Allerdings setzte

Gran Sasso d'Italia

er gleich hinzu: «Ich frage nicht um meinetwillen. Mein Leben ist zu Ende. Es geht mir hier um meine Begleiter.»

Ein wenig unüberlegt erkundigte ich mich bei dem Schaffner, ob er sich des Vorfalles erinnern könne, und wurde von ihm belehrt, daß er 1943 noch gar nicht geboren war. Zum Süden hin bot sich mir ein überwältigender Fernblick auf den Monte Murrone oberhalb von Sulmona. Auf Streckenmitte glitt die Gondel in eine kleine Plattform. Hier stieg ich in eine noch zerbrechlicher wirkende Gondel um. Es war bitter kalt, und ich war froh ob meiner warmen Bekleidung. Der Schnee war jetzt ziemlich nahe, er taute, wo ihn Sonnenlicht traf, blieb in den Tälern jedoch fest gefroren. Prachtvoll war der zweite Teil dieser Fahrt. Das an Schönheit so einzigartige Panorama der Ferne verlor an Anziehungskraft, je höher die Gondel an ihrem Seil schwebte. Ich blickte auf Felsen und Kare hinab, die nur der Adler kannte, auf zerklüftete Berggipfel und einsame Täler oberhalb der Vegetationsgrenze, und spürte die Kälte sogar durch das Scheibenglas der Gondel dringen. Die Temperatur an der Bergstation schien weit unter dem Gefrierpunkt zu liegen. Ein langer, zum Schutz vor Schnee und Wind überdachter Gang führte zu dem mit Doppelfenstern und Doppeltüren gesicherten großen Hotel, das, ringsum von den ragenden Bergen umgeben, auf einem kleinen Plateau errichtet worden war. Es weckte Vorstellungen von einem Gefängnis oder einer Haftanstalt, erinnerte an ein im Polarmeer festgefrorenes Schiff.

Nach der Kälte empfand ich es im Hotel wie in einem Backofen. Eine alte Dame saß in einem Korbsessel und las. In einem dunklen Seitengang entdeckte ich einen jungen Mann und ein Mädchen. Bis über beide Ohren verliebt saßen sie da, blickten sich in die Augen, faßten einander zuweilen an den Händen, als müßten sie sich ihrer lebendigen Wirklichkeit vergewissern. Dies schienen, soweit ich ausmachen konnte, die einzigen Gäste des Hotels zu sein.

Durch die Fenster des halbkreisförmigen Speisesaals gewahrte ich das schroff zerklüftete Gelände, wo Hitlers Segelflieger gelandet waren und von wo aus das deutsche Flugzeug Mussolini an Bord genommen hatte. Signore Amilcare Tiberti, der Hoteldirektor, zeigte mir den Tisch Mussolinis und lud mich ein, mit ihm am Nebentisch zu essen. Er war zum Zeitpunkt der Entführung im Berghotel gewesen und wußte sich an vieles zu erinnern. Mussolini, der zwar – wegen eines Zwölffingerdarmgeschwürs auf Diät gesetzt – in seinem Zimmer aß, pflegte gewöhnlich im Speisesaal zu erscheinen, um dort mit drei Männern seiner Bewachung Karten zu spielen. Der Direktor fragte mich, ob ich das Schlafzimmer Mussolinis sehen wolle, und so begaben wir uns hinauf in die nächste Etage, wo er die Zimmer 201–202 öffnete, ein Doppelzimmer mit Bad, dunkel und eines Gefängnisses würdig, mit schmalen Fenstern, die den Bewohner vor dem eisigen Wind schützen sollten.

«Es war ihm verboten, Radio zu hören», berichtete Signore Tiberti, «aber es gelang ihm, ein kleines Transistorradio aufzutreiben, das er sich nachts unters Kopfkissen legte.» Dann erwähnte er die Turbulenz der so oft geschilderten Befreiungsaktion, die wohl als eines der großen Fluchtabenteuer in die Geschichte eingehen dürfte.

Hitler handelte erstaunlich schnell. Am 25. Juli 1943, einen Tag nachdem die Faschistische Partei ihrem Begründer den Rücken gekehrt hatte, beorderte Hitler Otto Skorzeny, einen jungen Hauptmann, in sein Hauptquartier und erklärte: «Ich habe eine wichtige Aufgabe für Sie. Mein Freund Mussolini, unser treuer Waffengefährte, ist von seinem König verraten und von seinen eigenen Landsleuten verhaftet worden. Ich kann und werde Italiens größten Sohn in seiner Stunde der Not nicht allein lassen. Der Duce ist für mich die Verkörperung der geschichtlichen Größe Roms. Italien wird uns unter seiner neuen Regierung in den Rücken fallen. Ich werde meinem alten Verbündeten und verehrten Freund die Treue halten. Er muß unverzüglich befreit werden.»

Skorzeny reiste nach Italien, wo er den von der Bildfläche Verschwundenen erst einmal ausfindig machen mußte. Mussolini war zunächst auf verschiedenen Inseln gefangengehalten worden, und es wurde September, bis es den Deutschen gelang, seinen derzeitigen Aufenthalt auf dem Gran Sasso festzustellen.

Es war Sonntag, der 12. September, und Mussolini blickte gerade durch das winzige Fenster seines Zimmers, als über dem Berg deutsche Flugzeuge erschienen, deren Piloten elf Segler ausklinkten, die bald auf dem Felsplateau vor dem Hotel Bruchlandungen machten. Innerhalb von wenigen Augenblicken war das Gebäude von deutschen Kommandos umstellt. Die italienischen Wachen, Soldaten und Polizei, leisteten keinen Widerstand, als sich Skorzeny hinauf zu den Zimmern 201–202 begab, um Mussolini Bericht zu erstatten. «Ich wußte, daß mich mein Freund Adolf Hitler nicht im Stich läßt», sagte der Duce.

Skorzeny erschrak über Mussolinis Anblick. Er war unrasiert, wirkte alt und krank. Schlapp hing ein fadenscheiniger Anzug an ihm herab. Eilends brachte Skorzeny den Duce ins Freie, wo Hauptmann Gerlach, ein As der Luftwaffe, mit größter Mühe einen Fieseler-Storch gelandet hatte, wobei das Fahrgestell beschädigt worden war. Ein Start mit einem Passagier an Bord erschien dem Piloten äußerst zweifelhaft. Als er erfuhr, daß es zwei Passagiere waren – denn Skorzeny wollte Mussolini begleiten –, erklärte er es für glattweg ausgeschlossen, unter diesen Umständen das Flugzeug von der kleinen Felsplatte in die Luft abheben zu können.

Für Debatten oder längere Überlegungen blieb jedoch keine Zeit. Im Mantel und mit einem breitrandigen Hut bekleidet, verabschiedete sich Mussolini von dem auf der Treppe angetretenen Hotelpersonal und bestieg – nunmehr wieder ganz der Diktator – die Maschine. Die Motoren heulten auf, zwölf deutsche Soldaten hielten das Flugzeug an Seilen zurück, ließen sie auf ein Zeichen des Piloten plötzlich los, der Storch machte einen Satz nach vorn, schoß dem Rand des Plateaus entgegen, hob sich aber nicht vom Boden ab. Und just in dem Augenblick, als alle Sachverständigen den Vogel schon kopfüber ins Nichts hinabstürzen sahen, traf eines der Räder mit Wucht auf einen Felsbrocken, der das Flugzeug über den Rand des Abgrunds hinweg in eine Sturzspirale katapultierte. Und wie von Wunderhand gelenkt, zog der Pilot die Maschine wieder nach oben; sie fing sich und flog. An jenem Abend übernachtete Mussolini in Wien.

Wir unterhielten uns über all diese Dinge, während wir direkt neben jenem Tisch zu Mittag speisten, an dem Mussolini einst *scopone* gespielt hatte. In Uniform hat der Duce offensichtlich immer noch die beste Figur abgegeben, wenn er, das Kinn herausgedrückt, auf dem Balkon des Palazzo Venezia stand oder im großen Marmorsaal, am Schreibtisch sitzend, sich vor Besuchern in Positur warf. Nicht ganz so vorteilhaft schien er offenbar im alten Mantel und schwarzen Hut zu wirken. Als Signore Tiberti bemerkte, wie häßlich der Duce gewesen sei – er gebrauchte das Wort *«brutto»* –, tauchte in meiner Erinnerung das in den dreißiger Jahren auf Hauswänden und Mauern hysterisch wiederholte Wort «Duce!» auf, «Duce!» und «Der Duce hat immer recht!» – jene, von den politischen Vaterfiguren anderer Länder freudig beherzigten ersten Lektionen in Massenhypnose.

Die mich wieder zu Tal bringende Gondel entpuppte sich als Kühlschrank. Rosa färbten sich die Berge im Sonnenlicht des Spätnachmittags. Mein Blick wanderte zurück zu den weißen Gipfeln und Schluchten. Wie unbedeutend erscheint selbst die Episode von Elba angesichts des Melodramas, das sich dort oben auf jenen kühlen, so gänzlich unbeteiligt wirkenden Schneefeldern abgespielt hat.

8

In Scanno, unweit von Sulmona gelegen, hörte ich zum erstenmal von der Schlangenzeremonie in Cocullo. Bis vor kurzem noch war Scanno nur über einen durch eine Schlucht führenden Maultierpfad zu erreichen gewesen. Jetzt aber kann man, zahllose Kurven und Kehren umwindend, auf einer neuen Bergstraße und umgeben von einer grandiosen Landschaft mit einem von Terrasse zu Terrasse talabwärts gleitenden Flüßchen, dem Sagittario, hinauffahren. Der kleine Ort hat sich aus seiner Isolierung gelöst und sich dankbar der Neuzeit mit ihren Omnibusverbindungen und dem Fernsehen geöffnet.

Der erste Eindruck von Scanno, die Art, wie sich die Häuser am Berg gipfelwärts drängen, hatte mich auf das Labyrinth der engen, vielfach gleich einem orientalischen Souk ins Halbdunkel getauchten Gassen vorbereitet. Das Dorf ist vor allem seiner prächtigen Frauentrachten wegen berühmt – mir kamen keine zu Gesicht. Freilich sah ich viele alte Frauen in bauschigen schwarzen Röcken und bunten Kopftüchern. Aber ich erspähte nichts, was sich auch nur im entferntesten mit den herrlichen Abbildungen hätte messen können, die wir in Büchern über italienische Trachten finden. Scannos junge Frauen kleiden sich wie junge Frauen anderswo. Sie wären wohl nur mit einiger Mühe zu bewegen gewesen, den schweren, muffigen Staat ihrer Großmütter anzulegen.

Noch immer hämmern die Juweliere von Scanno, deren Arbeiten man seit Jahrhunderten rühmt, in ihren Kellerwerkstätten und gestalten goldene Knöpfe, Ohrringe und mannigfache Accessoires, mit denen sich die Frauen schmücken, die in vergangenen Tagen indessen ausschließlich ihre Käufer unter den eleganten Damen der Stadt fanden. Manches Dessin dieser Schmuckstücke mag aus der Zeit der Marsen stammen. Ich erwarb ein Paar Hängeohrringe, die ein Goldschmied in seiner kleinen, dunklen Werkstatt vor meinen Augen fertigstellte, und bin sicher: kein Fachmann würde stutzen, wenn er es im Museum in einer Kassette mit altrömischem Schmuck fände.

Meine Ankunft in Scanno fiel mit einem alljährlich wiederkehrenden wichtigen Ereignis zusammen, nämlich mit dem in der ersten Maiwoche stattfindenden Umzug einer Regengöttin von ihrer etwa fünf Kilometer entfernten, am See von Scanno gelegenen Kapelle in die Dorfkirche, wo sie oberhalb des Altars aufgestellt wird und zwei Monate bleibt. Diese Göttin ist die Madonna del Lago, auch L'Annunziata geheißen, ein Stück aus sehr früher Zeit; in Gestalt ähnelte sie einer Puppe, die wie eine spanische Madonna gekleidet ist und mit Goldketten behangen wird. Die mit Fresken geschmückte Kapelle am Gestade des Sees, wo man die Madonna die übrige Zeit des Jahres besichtigen kann, ist teilweise aus dem Felsen gehauen worden und war früher eine Grotte.

Elia Ubaldi, ein Maler aus dem Ort, dessen durchaus erkennbare Ansichten Scannos von den Wintersportgästen gekauft werden, erzählte mir von dem «guten Regen», der jedesmal sofort nach Ankunft der Madonna zu fallen beginnt. Als wolle der Himmel dies bestätigen, bezog er sich im gleichen Augenblick und ließ einen anhaltenden Sprühregen über der Ortschaft niedergehen. Wir machten uns auf den Weg zur alten Kirche, um der Madonna einen Besuch abzustatten. Wir fanden sie über einer dichten Hecke brennender Kerzen stehend, vor ihr knieten betende Frauen.

Später, als es dunkel geworden war, streiften wir durch den Ort, durchforschten die engen, mittelalterlichen Straßen, kletterten die Gassen hinauf und hinunter und begegneten manch kunstvoll geschwungenem Torbogen mit einem aus Stein gemeißelten Wappen: Im fünfzehnten Jahrhundert ist Scanno eine reiche Wollhändlerstadt gewesen. Alle diese Gebirgsstädtchen und Gebirgsdörfer sind heute mit elektrischem Strom versorgt und somit aus der Welt des Kerzenlichts in jene der Elektrizität, des Rundfunks, des Fernsehens und der Kühltechnik gerückt. Was die Isolierung von Scanno einstmals vollkommen machte, der Schnee nämlich, hat Scanno jetzt zum beliebten Zielort im Winter werden lassen. Und niemand unter den Ortsansässigen staunt mehr über den Sessellift, mit dem die Wintersportler hinauf zu den verschneiten Hängen schweben.

Ubaldi blieb vor einem Gebäude stehen und fragte, ob ich die Bibliothek besichtigen wollte. Wir gingen hinauf und fanden mehrere Räume mit Regalen, die eine anständige Auswahl moderner italienischer Belletristik, mehrere Folianten aus dem 16. und 17. Jahrhundert sowie verschiedene Archivstücke und Registerbücher der Stadt aufbewahrten. Wir stießen auf das Gästebuch eines Hotels, das nicht mehr bestand und, soviel ich mich erinnere, «Albergo Pace» geheißen hatte. In dieses Buch habe auch ein Engländer etwas hineingeschrieben, berichtete mir der Bibliothekar. Es gelang uns nach einiger Zeit, diese Eintragung zu entdecken. «Ich habe in diesem Hotel zweimal gewohnt und bin vollauf zufrieden gewesen», hieß es da. «Unterkunft und Küche können sich, im Vergleich mit den Gasthöfen in anderen italienischen Orten von der Größe Scannos, sehen lassen. Der Wirt ist sehr zuvorkommend. Norman Douglas, 23. August 1910.»

Die Sehnsucht nach Komfort und Behaglichkeit ließ mich meine Unterkunft nicht in Scanno, sondern in einem wenige Kilometer entfernten Hotel am Ufer des Sees wählen. Es war für Wintersportler erbaut worden und zeigte das gleiche Milieu, wie sie solche Häuser in Österreich oder der Schweiz haben. Die Saison war beendet. Ich war der einzige Gast. Bitter kalt wehte es nach Sonnenuntergang von den noch immer schneebedeckten Bergen herüber. Glücklicherweise schien die Kundschaft des Hotels Wert auf gute Beheizung zu legen; denn selbst in den Korridoren waren Ölöfen aufgestellt. In meinem Zimmer gab es sogar zwei davon. Als ich am Morgen die Doppelfenster öffnete und hinaussah, lag unter mir der blaue See, und drüben stand die Kapelle der Madonna del Lago, in der die Göttin freilich jetzt fehlte. Es war ein sonderbares, vom Boden bis zur Decke mit Fresken ausgemaltes kleines Heiligtum, das nach oben von einem tiefblauen mit goldenen Sternen übersäten Gewölbe begrenzt wurde.

Eines Nachmittags bemerkte ich vor dem Hotel einen staubbedeckten Wagen mit englischem Nummernschild. Meine Überraschung allein schon besagt, wie stark das Gefühl der Isolation in den Abruzzen ist. Einige Zeit später begegnete ich den Besitzern, einem Engländer und seiner Frau, die nach ihrem Urlaub in Sorrent durch Italien und Frankreich nach Hause fahren wollten, eigens aber einen Abstecher eingelegt hatten, weil sie die Frauen von Scanno in ihren herrlichen Trachten sehen wollten. Derlei Wallfahrten sind die Frucht überholter Angaben in Reiseführern und jener nebulösen Romantisierung, in der sich die Verfasser von Reiseprospekten ergehen müssen. Das Ehepaar schien verärgert, als ich erklärte, daß sie keine herrlichen Trachten sehen würden. «Aber sie müssen doch zu sehen sein!» beharrte die Dame und holte einige Farbpostkarten hervor. «Diese Karten habe ich hier im Hotel gekauft.»

Ich teilte ihr mit, daß der Anblick einer Kamera bereits genüge, um die alten schwarzgekleideten Frauen in die Torwege zu jagen. Diese wundervollen Postkarten stammten vermutlich von einem Fotografen, der ein Modell, vielleicht auch die attraktive Frau oder Tochter, mitgebracht hatte. Mein Sarkasmus schien der englischen Dame jedoch etwas zu weit zu gehen, und sie brachte zu ihrer Rechtfertigung den ‹Baedeker Touring Guide to Italy›, Ausgabe 1962, in dem wir nun nachlesen konnten, daß «die Frauen eine eigenartig ernste Tracht tragen und in der Kirche noch nach orientalischer Sitte am Boden sitzen».

Am Sonntag begaben wir uns in die Messe um elf Uhr, um dieses Anblicks teilhaftig zu werden, sahen jedoch nur eine Kirche mit alten Frauen in Schwarz, und alle saßen auf Bänken. Immerhin: im Jahre 1913, als Estella Canziani berichtete, saßen sie noch auf dem Boden.

«In der Kirche sitzen sie stets mit übereinandergekreuzten Beinen», schrieb sie, «wobei sie jedoch nicht direkt auf dem Boden hocken, sondern auf ihren Füßen balancierend kauern und die Ellenbogen auf die Knie stützen. Auch zu Hause sitzen sie gewöhnlich in dieser Stellung und benützen keine Stühle.»

Kurz nach der Abreise des englischen Ehepaares gab man im Hotel einen Hochzeitsempfang, genauer gesagt: ein Hochzeitsmahl, das sich bis in die späten Nachmittagsstunden hinzog. Ich hoffte, nun endlich die Weiblichkeit von Scanno in ihrer Tracht zu sehen. Aber alle, mit Ausnahme einer kleinen alten Dame, erschienen in moderner Garderobe. Die Braut, ein stämmig gebautes Mädchen, an dessen Wiege man das gefahrvolle Geschenk der Schönheit wohl versehentlich nicht abgegeben hatte, war in ein weißes Brautkleid gezwängt worden. Der

Bräutigam, ein Mann reiferer Jahre und, wie man mir sagte, Beamter, trug einen geliehenen Cut.

Verirrt, aus einer Epoche der Eleganz und schönen Muße ins banale Alltägliche verweht, wirkte die alte Dame in Tracht, mit dem nach oben spitz zulaufenden Hut über der weißgerüschten Haube, wie ihn Maria Stuart auf den meisten Porträts trug. An das dunkle Kleid mit der dekorativen Schürze waren riesige Puffärmel gearbeitet worden. Die Füße steckten in schwarzen Schuhen mit metallenen Schnallen. Zum Festprogramm gehörte auch eine gigantische weiße Torte, die entgegen der üblichen Sitte jedoch nie angeschnitten wurde.

Nach einer nicht enden wollenden Ansprache drängte sich die Gesellschaft um einen kleinen, mit Bändern geschmückten Wagen. Nun setzte eine Kußorgie ein, in deren Verlauf der Bräutigam den Pfarrer gleich zweimal küßte, und während ich dem um den See davonfahrenden Brautpaar nachblickte, hatte ich doch den starken Eindruck, daß hier eine vernünftige geschäftliche Transaktion arrangiert worden war, die sich wahrscheinlich als mindestens genauso günstig erweisen würde wie eine auf leidenschaftliche Liebe gegründete Verbindung.

An diesem Abend speisten Ubaldi und ich in einem ausgeräumten Zimmer vor einem hübschen Fernsehapparat, den man uns zuliebe angestellt hatte. Wir aßen Seeforelle, auf die ein *pollo diavolo* folgte, und leerten eine Karaffe von sehr anständigem Rotwein. Ubaldis Vater war nach Amerika ausgewandert, dort war auch der Bruder zur Welt gekommen, und Ubaldi wünschte nichts so sehr, wie nach jenem Lande zu gehen, das für so viele Italiener als El Dorado, das goldene Land, gilt. Panische Furcht hatte ihn als Soldaten gegen Ende des Krieges bei dem Gedanken verfolgt, auf einen Amerikaner schießen zu müssen. «Es hätte doch mein Bruder sein können!» sagte er, und aus diesem Bekenntnis gespaltener Loyalität spürte man etwas vom Schrecken und Elend des Bürgerkriegs.

Es war sehr sonderbar, an diesem weltentlegenen Ort einer von Mailand oder Rom ausgestrahlten Nightclub-Show zuzusehen, die in Straußenfedern gehüllte Girls zeigte und die gewohnten Songs und Witze brachte. Ich fragte mich, was die alten Frauen in Schwarz von diesem Programm hielten, falls sie es sahen, ob es ihnen gefiel oder ob ihnen diese Tänzerinnen als Geschöpfe einer Welt erschienen, in der es weitaus seltsamer und gespenstischer zuging als in ihrer eigenen Welt der Hexen, Wahrsager und Werwölfe.

Ich fragte meinen Begleiter, ob sich die Leute vom Land, als Omnibus, Sessellift und Fernsehen kamen, von ihrem Aberglauben abgewandt hatten. Er zündete sich eine Zigarette an und zögerte etwas, ehe er antwortete. «So leicht läßt sich die Tradition von Jahrhunderten nicht ändern», meinte er. «Gewiß lassen sie sich noch immer von ihren abergläubischen Vorstellungen leiten. Das bedeutet nicht, daß man allerorts an die *lupi minnari* glaubt (die Werwölfe). Dennoch: sollte jemand zur Nachtstunde im Winter an einer einsamen Stelle unter sonderbaren Umständen auf einen Fremden treffen, so wird ihm doch sehr wahrscheinlich der Gedanke an einen solchen *lupo minnaro* kommen. Gewiß, sie alle glauben an Omen, und es gibt eine ganze Reihe von Leuten, die als Wahrsager – nennen Sie es meinetwegen Zauberer – einen Namen haben. Jedermann trägt ein Amulett, das ihn gegen den bösen Blick feit. Ich auch.« Er zog einen Ring hervor, an dem die Wagenschlüssel hingen, darunter auch eine kleine rote Hand mit dem ausgestreckten Zeigefinger, jenem Zeichen, das den bösen Blick abwehren soll.

Wir unterhielten uns über die Marsen und sprachen von ihrem erwähnten bösen Leumund als Magier. Dann schnitt ich das bei Ovid, Horaz, Plinius und anderen Schriftstellern der Antike vorkommende Thema der Schlangenbeschwörung an.

«Davon gibt es noch eine Menge», erklärte mir Ubaldi. «Überall in den Abruzzen wimmelt es von *serpari,* den Schlangenmännern, die Gewalt über Schlangen haben. Sie halten sich selbst für immun gegen ihr Gift und glauben fest daran, von Schlangen gebissene Menschen heilen zu können.»

«Genauso wie die alten Marsen?»

«Nicht anders. Aber Sie können dies am nächsten Donnerstag, dem ersten Donnerstag im Mai, beim Fest des heiligen Domenico in Cocullo selbst beobachten. Cocullo ist etwa zwanzig Kilometer entfernt. Wenn Sie hinfahren, können Sie die Prozession sehen, wobei die Statue des Heiligen, von oben bis unten mit Schlangen bedeckt, durch die Straßen getragen wird.»

9

Am Donnerstag stand ich frühzeitig auf und war bald unterwegs nach Cocullo. Es war ein schöner Maimorgen. Wo die Berghänge sanft abfielen, sprossen die Weinreben, die Berge spiegelten sich im langgestreckten See von Scanno, und an seinem Ende begann die herrliche Schlucht des Sagittario. Ich erinnerte mich dieser Strecke als ziemlich verlassen, doch jetzt überholte ich Autos und Busse. Und sie alle fuhren zur *festa* des heiligen Domenico. Vorbei sind die Zeiten, in denen die Pilger der Abruzzen zu Fuß hinter einem das hölzerne Kreuz tragenden Mann dahinzogen. Heute reisen sie motorisiert.

Man hatte mir in Scanno schon recht ausführlich vom heiligen Domenico erzählt, dessen Andenken in den Abruzzen, ja selbst in ferner gelegenen Gegenden in Ehren gehalten wird. Er hat nichts mit dem Gründer des Dominikanerordens zu tun, sondern war ein Benediktinermönch, der, 951 in Foligno geboren, auf dem Rücken eines Maultiers von Ort zu Ort zog, ein Kloster nach dem anderen gründete, viel Gutes tat und dann und wann auch ein Wunder vollbrachte. Sein Maultier verstand ihn in allem. Eines Tages, so wird berichtet, hatte der heilige Mann einen Schmied gebeten, die Hufe des Tiers «um Gottes Lohn» neu zu beschlagen. Als der Schmied ihn mit Schimpf- und Schmähworten überschüttete und bare Münze forderte, befahl Domenico, der keinen Pfennig besaß, seinem Tier, die Hufeisen wieder zurückzugeben. Es gehorchte und schüttelte sie samt Nägeln und allem, was dazugehörte, von den Füßen. Eines dieser Eisen gehört zu den am innigsten verehrten Schätzen von Cocullo und soll Menschen und Tiere gegen die Tollwut feien. Noch heute bringen die Hirten der Abruzzen ihre großen weißen Hunde in die Kirche, wo sie vor das Hufeisen geführt und gesegnet werden.

Eine andere hochgeschätzte Reliquie des heiligen Domenico ist ein Zahn, den er sich angeblich selbst zog und der Bevölkerung von Cocullo hinterließ. Nun ist er in ein silbernes Reliquiar eingefügt. Heutzutage, wenn der Zahnarzt zu seinem alle acht oder vierzehn Tage fälligen Besuch der Gebirgsdörfer kommt, hat dieser Zahn fast ebensoviel Zulauf wie im Mittelalter. In der Gegenwehr zum Schlangenbiß freilich, Domenicos dritter Gabe, birgt sich mit Sicherheit ein alter marsischer Brauch, und so ist das alljährliche Zurschaustellen von Schlangen in Wirklichkeit eines der vielen heidnischen Feste, die in den Kalender kirchlicher Feiertage aufgenommen worden sind.

Die Bergstraße schwang sich noch einmal in eine Kurve, und dann erblickte ich das auf seiner Anhöhe zusammengedrängte, weiße, malerische und in der Sonne aufleuchtende Cocullo. Es gelang mir noch, auf der Piazza zwischen Bussen, Bauerngefährten und Fahrrädern einen Parkplatz zu finden. Hier war bereits ein geschäftiges Jahrmarktstreiben im Gange. Von nah und fern waren die Leute gekommen. Festlich erregt umkreiste die Menge zwei Carabinieri, die in Galauniform, am Dreispitz die rote Korkarde und die weißbehandschuhten Hände über dem Degenknauf gekreuzt, ein kleines Eiland amtlicher Ruhe besetzt hielten.

Die von Aquila und Sulmona eingetroffenen, mit Kleidungsstücken, Möbeln, Töpfereien, landwirtschaftlichen Geräten und Kunststoffartikeln aller Art, aber auch mit Hunderten von herrlichen Kupfertöpfen und Wasserkrügen Aquiler Handarbeit vollgepfropften Lastwagen waren entladen und die Waren auf Holzplatten ausgebreitet worden. Auf dem in den Schatten eines Baumes gerückten Tisch eines Metzgers lag eine Spezialität, die bei keinem italienischen Markt fehlt: die *porchetta,* ein ganzes Ferkel, gebraten und mit Rosmarin und anderen Kräutern farciert, das in Scheiben zwischen dicken Brotschnitten verkauft wird.

Die Rufe der auf die Kraft ihrer Stimmbänder vertrauenden Straßenhändler sind von den ländlichen Messen verschwunden. Ihre Anpreisungen werden heute, unerträglich verstärkt, von den auf Autos installierten Lautsprechern übertragen, wobei das Durcheinander der brüllend miteinander wetteifernden Stimmen den Zweck der Reklame freilich wieder zunichte macht. Die Menschen trugen Alltagskleidung: die Männer dunkle Anzüge oder graue Hosen mit Tweedjacken, die Frauen Kostüme oder Nylonkleider. Aber auch einige der in keine Epoche einzuordnenden alten Frauen in Schwarz, den Kopf ins Tuch gehüllt,

Cocullo,
Schlangenbeschwörer

waren erschienen, hatten sich mit ihren Enkelkindern auf den Treppen niedergelassen und holten aus riesigen Plastiktüten Salami und Brot hervor.

Ich bewunderte gerade eine dieser Gruppen – alte, von sechzig und mehr Jahren der Arbeit und Armut zerfurchte Gesichter, aus denen dennoch die durch Gebet und Gläubigkeit gewachsene Würde sprach –, als ich meinen ersten *serparo* erspähte. Was mich aufmerksam werden ließ, war eine plötzliche Bewegung, nämlich das Zucken einer großen, sich um seine Handgelenke schlingenden gelben Schlange. Seine Art, die Schlange mit den Fingern streichelnd abzutasten, erinnerte stark an einen Menschen, der mit den Perlen seines Rosenkranzes spielt. Aus dem Ärmel fuhr der schmale Kopf des Reptils hervor und vollführte jene hin- und herzuckende Bewegung, die Vögel und Kleintiere angeblich in Hypnose versetzen soll. Ich folgte diesem jungen Mann in die Menschenmenge, wo er sich zu drei anderen gesellte, die gerade mehreren kleinen Jungen Schlangen um die Schultern legten. Die Kinder ließen diese Prozedur tapfer und ohne Lächeln über sich ergehen, und auch die Künstler gingen mit feierlichem Ernst vor, als bekleideten sie die Buben mit einem sakralen Emblem. Dann kam ein fünfter *serparo*, nahm die um seine Schulter drapierte riesige schwärzliche Schlange, legte sie einem der Jungen um und redete auf ihn ein, die Schlange ein paar Zentimeter unterhalb des Kopfes kräftig zu kneifen und anzuhauchen. Er führte es vor, aber das Kind streikte. Der Schlangenbeschwörer schlang sich das Tier wieder um den eigenen Hals und zog davon.

In der zum Heiligtum des Domenico führenden, steil talwärts fallenden Straße drängten sich die zwischen den ausgestreckten Händen der Krüppel und Entstellten hindurch zur Kirche hinabziehenden Bauern von auswärts. Viele der Bettler waren besser gekleidet als jene, die ihnen Geld gaben. Lebhafte Geschäfte machte ein Wahrsager mit einem grünen Amazonaspapagei, der von seinem scharlachroten Käfig auf den Finger seines Herrn kletterte, den jeweiligen Kunden mit arglistigem Blick musterte und anschließend mit dem Schnabel ein zusammengefaltetes Zettelchen für ihn auswählte. Dies war freilich nichts anderes als die schon im alten Griechenland und in Rom bekannte Weissagung kraft Orakel, wenngleich der Weissagende gewöhnlich ein Kind zarten Alters und nicht ein alter Vogel von sehr fragwürdiger Unschuld gewesen ist. Dennoch konnte ich dem Wunsch nach einem Orakel nicht widerstehen. Unschlüssig schien der Schnabel einen Augenblick lang über den gefalteten Briefchen hin- und herzuschwanken, dann entschloß er sich, zog mit unglaublicher Geschicklichkeit eines der Zettelchen heraus und ließ es in meine Hand fallen. Da die Zeit drängte, steckte ich es vorerst ungelesen in die Tasche.

Ich erreichte die Kirche kurz vor Beginn des Hochamtes. Sie war überfüllt. Ich konnte mir gerade noch meinen Weg hineinbahnen und sah nahezu in der Mitte des Kirchenraums die fast lebensgroße, schon für die Prozession auf ihr Brett bereitgestellte Statue des heiligen Domenico, eine, wie mir schien, gutgelungene Arbeit aus dem siebzehnten Jahrhundert. Es war die Figur eines bärtigen, vom Halo gekrönten und mit einem schwarzen Gewand bekleideten Mannes, der in seiner Rechten einen Kreuzstab, in der Linken das verehrte Hufeisen hielt. Diese Statue war von ständiger Unruhe umgeben, da die Gläubigen an ihr vorüberzogen, sie berührten, die Berührung sogleich an ihre Lippen weitergaben, niederknieten und dem Standbild gelegentlich auch einen Tausendlireschein zuschoben.

Nicht weit entfernt davon hing ein Glockenseil, das die Bauern, zum Teil mit den Zähnen, niederzogen. Ich hatte von dieser Handlung, mit der man angeblich vor Zahnschmerzen bewahrt werden sollte, schon in Scanno gehört. Eingezwängt in die Menge und jeder Bewegung unfähig stand ich da, als die Messe begann. Plötzlich spürte ich, wie sich an meinen Beinen etwas sehr seltsam bewegte, und als ich hinabsah, entdeckte ich, daß ich gegen den mit Schlangen gefüllten Sack eines *serparo* gepreßt worden war. Ich fühlte das pausenlose Zusammenziehen der Muskeln, dann plötzliches Aufbäumen, woraus ich, keineswegs erfreut, schließen durfte, daß die Reptile miteinander kämpften. Ich konnte es nicht länger aushalten. Schrittweise gelang es mir, mich zum Portal der Kirche zurückzuziehen, und so kam ich wieder ins Freie.

Dort standen die Buden mit ihrem Flitterkram und Tand, darunter Hunderte von Amuletten gegen den bösen Blick, von denen die geballte Faust mit den beiden ausgestreckten Fingern und ein kleines Ochsengehörn (beides Kunststoff-Imitationen der Koralle) am begehrtesten waren. Ich wanderte hinauf zur Piazza, wo ich mir eine Portion *porchetta* kaufte, die ich auf den Stufen eines alten verlassenen Hauses nahe der Kirche mit Hilfe einer neugierigen gelben Katze verzehrte. Während ich dort Rast hielt, sah ich die Männer der Dorfkapelle in ihren mit Goldlitzen verzierten Schirmmützen zur Kirche hinabwandern; sie kamen einzeln oder in Zweiergruppen. Gleich danach erschienen fünf junge Mädchen in Tracht, darunter eine Blondine. Ihnen folgten zwei junge Frauen in steif gebügelten Rökken von lachsfarbenem Leinen, die – eine deutliche Erinnerung an die Huldigungen für die Göttin Circe – auf ihrem Kopf einen stoffgeschmückten Korb mit den großen runden Brotlaiben trugen, wie sie auf dem Lande üblich sind. Drüben vor der Kirche versammelten sich nach und nach die Schlangenbeschwörer mit ihren Schlangen. Ich zählte etwa fünfzehn bis zwanzig Männer. Sie warteten.

Dann begann die Kirchenglocke zu läuten. Die Dorfkapelle stellte sich auf und legte mit einem munteren Marschlied los. Und plötzlich sahen wir, wie die Statue des heiligen Domenico aus dem Portal ins Licht der Sonne getragen wurde. Wie auf ein Zeichen hin warfen die *serpari* ihre Schlangen, vielleicht zwanzig oder dreißig, dem Heiligenbild entgegen. Viele der Tiere ringelten sich sofort um die Statue und blieben an ihr hängen. Ein paar schlängelten sich sogar bis zum Heiligenschein hoch, was die Zuschauer auf den Balkonen anscheinend entsetzte. Andere, die ihr Ziel verfehlt hatten, waren, wie die Aufschreie aus der Menge erkennen ließen, offensichtlich schon dabei, sich aus dem Staube zu machen. Von den Besitzern verfolgt und an den Schwänzen aufgegriffen, flogen sie ein neuerliches Mal durch die Luft. Als sich der Heilige zur Piazza hinauf bewegte, trug er bereits einen dicken, bis über den Mund reichenden Halswickel übereinandergeschlungener, ihn mit ihren Köpfen und Schwänzen wild umzuckenden Schlangenleiber. Voran schritten die Priesterinnen der Ceres, gefolgt von einem Priester mit dem Zahn des Heiligen in seinem silbernen Reliquiar. Zweifellos umgab diese Zeremonie etwas von der Ekstase heidnischer Feste.

Und gewiß hätten Gewänder, die dem seltsamen Spektakulum eher entsprechen als Konfektionskleidung, diese alljährliche Prozession wild, ja sogar beängstigend erscheinen lassen.

Die Heiligenfigur wurde bis in den letzten Winkel von Cocullo getragen. Fiel eine Schlange herunter, hob sie der Besitzer sofort auf, um sie wieder auf die Statue zu werfen. Als die Feier beendet war, sammelten die Beschwörer ihre Tiere, die sie auf eine mir unerklärliche Weise herausfanden, ein, hängten sie sich wieder um und verpackten sie dann in Säcke.

Ich unterhielt mich kurz mit dem Dorfpfarrer, der mich eindringlich bat, bei ihm zu essen. Nun hatte ich ja bereits die *porchetta* (Brot und Käse) zu mir genommen und wäre gern bis zum folgenden Tage beim Fasten geblieben, aber er war so liebenswürdig und drängte mich so sehr, daß ich es als unhöflich empfand, seine Einladung abzulehnen. Einen einfachen Imbiß im Pfarrhaus konnte ich gewiß noch bewältigen. Ich ahnte allerdings nicht, was mir bevorstand. Hochwürden geleitete mich zu einem der besseren Häuser im Ort, wo in einem großen kühlen Zimmer der oberen Etage die Tafel offenkundig für ein Festessen gerichtet worden war. Ein augenzwinkernder älterer Monsignore und zwei Priester, die die Messe zelebriert hatten, waren bereits anwesend und sahen ungeheuer hungrig aus. Ich wurde der treuen Haushälterin vorgestellt, die das Mahl bereitet hatte, und zu meinem Erstaunen an das Kopfende der Tafel komplimentiert. Und nun folgte, was mir, der ich mehr als gesättigt war, als das gewaltigste Mahl erschien, das mir je zu Gesicht gekommen war. Es begann mit den Vorspeisen von einer in Restaurants niemals anzutreffenden Vielfalt und Vorzüglichkeit, dann folgte eine Suppe, anschließend Brathuhn, danach gekochtes Huhn, sodann Lammbraten, und schließlich gab es Puddings, Cremes, Grützen und andere Süßspeisen. Fürsorglich beugte sich die Haushälterin über den Monsignore und die beiden Priester. Ich gab mir alle Mühe, ihre Aufmerksamkeit von meinem Teller abzulenken.

Glücklicherweise waren die Geistlichen hungriger, und so erübrigte sich vorerst die Konversation. Später jedoch, als wir den Kaffee nahmen und uns gegenseitig Tabak anboten, kam ich auf den heiligen Domenico zu sprechen und auf die Feierlichkeiten, die ich vor kurzem miterlebt hatte. Ich spürte natürlich, wie lästig ich den geistlichen Herren war, und verstand es, denn ich selbst hätte nicht anders empfunden. Der Meinung, die Schlangen stellten eigentlich das von der Kirche übernommene jährliche Opfer an die marsische Heilgöttin Ancitia dar, wurde beigestimmt, wenn auch zögernd, da man vielleicht der anderen heidnischen Neigungen der Gemeinde gedachte. Aber es war ganz offensichtlich kein Thema, das sie interessierte. Ich bemerkte, für jene kluge Politik der Hinnahme dessen, was nicht verhindert werden kann, sei Gregor der Große verantwortlich, der in seinem Schreiben an Mellitus, den ersten Bischof von London, diesen zur Umwandlung der Schreine der Angeln in christliche Altäre anstelle ihrer Zerstörung ermahnt hatte. Damit schien auch der Großzügigkeit des heiligen Domenico gegenüber den Schlangen der Ancitia höchste Autorität verliehen worden zu sein, und wir alle erlaubten uns ein neues Glas Wein.

Als ich aufbrach, drückte mir der *Parocco* eine von ihm verfaßte Broschüre über die *Vita di S. Domenico Abate, Protettore di Cocullo* in die Hand, in welcher der gute Mann seinem Heiligen weitere Schützenhilfe leistete. Gläubig verwundert und dankbar gedachte er des der Ortschaft Coculli zuteil gewordenen Schutzes vor Schlangenbissen, Zahnschmerzen und Tollwut. Zur letztgenannten Gefahr wußte er eine erstaunliche Geschichte zu berichten: Etliche Winter zuvor waren per Auto und Bahn plötzlich aufgeregte Menschen im tiefverschneiten Cocullo erschienen, und zwar nahezu die gesamte Bevölkerung von Giuliano di Roma einschließlich der Kranken, ja sogar der Gelähmten dieses Dorfes. Sie alle hatten anscheinend die Milch einer Kuh genossen, die von einem tollwütigen Hund gebissen worden war, und sich unverzüglich auf den Weg gemacht, um den Schutz des heiligen Domenico zu erflehen. Sie empfingen das Sakrament in der Kirche, in ihren Autos, einige, die nicht bis ins Dorf hatten laufen können, sogar im Wartesaal des Bahnhofes. «Durch die Gnade Gottes und das Einwirken des heiligen Domenico», schließt der Geistliche, «doch auch dank des festen Glaubens dieser Menschen hat niemand durch den Genuß der Milch Schaden erlitten.»

Wie mir ein Tierarzt später erzählte, wäre der gegenteilige Fall in der Tat höchst erstaunlich gewesen.

Der Geistliche berichtete des weiteren von den Jägern aus Sora, die ihre sechs Hunde brachten, damit sie mit dem Hufeisen berührt würden. Diese Tiere hatten sich mit tollwütigen Hunden angelegt und waren bis Riccione, nahe Cocullo, fast nicht zu bändigen gewesen. Hier aber wurden sie ruhiger und konnten ohne Schwierigkeiten zum Heiligtum geführt werden, wo man jedem Hund die Reliquie auflegte. Es darf vermutet werden, daß die Tiere von bösen Nachwirkungen verschont blieben, obzwar sich die Chronik hierüber ausschweigt.

Es war dunkel, als ich nach einer Fahrt über Bergstraßen in Sulmona eintraf. Am Ortsrand fand ich ein Hotel, in dem man mir ein Zimmer mit Bad offerierte. Kurz vor dem Schlafengehen fiel mir wieder das Briefchen des Orakelpapageis in die Hand. Und ich las: «Kümmern Sie sich nur um die eigenen Angelegenheiten. Denken Sie nach, bevor Sie etwas sagen, wenn Sie Ärger mit anderen aus dem Wege gehen wollen. Bleiben Sie am Ball. Keine Angst. Das Schicksal hat Sie mit genialen Fähigkeiten im Geschäftlichen ausgestattet, die Sie nützen müssen. Bleiben Sie beharrlich, und der Sieg ist Ihnen sicher. Kapseln Sie sich nicht ab, bleiben Sie nicht so reserviert. Hüten Sie sich vor einem Freund, dem Sie früher einmal geholfen haben. Er ist undankbar und böse und will Sie ruinieren.»

Welch ein schamloser Vogel!

10

Dem Gedächtnis von Ovid, dem berühmtesten Sohn von Sulmona, ist ein Denkmal auf dem Hauptplatz des Ortes geweiht. Sinnend blickt der Dichter, in eine Toga gekleidet, auf die heutigen Bewohner herab, die auf dem Sockel «Sulmo mihi patria est» lesen können, einen berühmt gewordenen Ausspruch, dessen Initialen als Motto der Stadt wiederkehren. Wer sucht, wird hier auch noch ältere und grobere Darstellungen des Ovid entdecken können, eine zum Beispiel, die in die Wand eines Geschäftshauses nahe der Piazza eingebaut wurde, eine andere im Hof von S. Maria Annunziata, dem vielleicht schönsten Bauwerk aus dem 14. Jahrhundert, das wir in den Abruzzen finden, und wo Ovid mit der Aura eines Heiligen des Mittelalters umgeben erscheint. Die Hauptstraße von Sulmona heißt Corso Ovidio, an ihrem Ende jedoch Viale Roosevelt, wodurch eine überraschende Verbindung zwischen dem Verfasser der ‹Ars Amatoria› und dem amerikanischen Präsidentenamt hergestellt worden ist.

Die Heimatstadt freilich gedenkt eher des Ruhms von Ovid als seiner Werke, und in der Vorstellung des Volkes ranken sich um seine Gestalt jene Legenden von magischen Kräften, wie sie die Gestalt des Vergil in Mantua umgeben und noch aus dem Mittelalter stammen.

Sulmona ist ein freundliches Städtchen. An seinem einen Ende breitet sich ein riesiger Marktplatz aus, am anderen Ende steht die Kathedrale, und dazwischen zieht sich das Netz der alten Gassen und Häuser mit ihren Balkonen, auf denen die Frauen ihr Bettzeug aufhängen und nach den Kindern rufen. In einem Laden der Hauptstraße ‹verkauft› man das Exil. Wie Kalabrien sind die Abruzzen durch Mangel an Beschäftigungsmöglichkeiten in Industrie und Gewerbe zu einem Zentrum der Anwerbung von Fabrikarbeitern, aber auch von Auswanderern nach Übersee geworden. In den Gebirgsdörfern war mir das Fehlen jüngerer Männer bereits aufgefallen. Man hat sich seit langem daran gewöhnt, daß sie der Heimat, zuweilen für immer, den Rücken kehren, gelegentlich in ihren späteren Jahren oder im Alter wieder nach Hause kommen und fortan «Americani» heißen, auch wenn sie stets nur in Neuseeland oder in Australien gearbeitet haben. *Emigrazione* verkündet in riesigen Lettern ein Transparant im Schaufenster, wo überdies widerlich geschnitzte und mit Haarzotteln beklebte Maoriköpfe auf nicht sehr einladende Weise für eine neue Heimat warben. Ein Flugzeugmodell im Kleinen, die Hauptattraktion der Auslage, läßt wissen, daß der Auswanderer von heute einem Zugvogel gleich davonfliegt, um innerhalb von Stunden oder Tagen den Fuß ins erwählte Land zu setzen und nicht mehr die lange Ozeanüberquerung im Zwischendeck erdulden muß.

Wie in Aquila so fielen mir auch in Sulmona zuerst die Kinder auf. Als ich vor dem Frühstück einen Spaziergang machte, sah ich kleine Mädchen und Jungen in schwarzen Kitteln und etwas Ältere mit Büchern unter dem Arm ernsten Gesichts der Schule zustreben. Ich ging in die Kirche und bemerkte, daß man auch hier wie in Aquila vor dem Unterricht noch einmal kurz zu einem Gebet oder zu einem Ave Maria hereinkam. Der Ortsheilige von Sulmona heißt Pamphilus, von dem ich nur weiß, daß es sich nicht um den verehrten Pamphilus von Caesarea handelt, sondern um einen Heiligen gleichen Namens, der vor mehr als zwölfhundert Jahren in der Gegend von Sulmona wundertätig gewesen war. Ich stieg zur Krypta hinab, um mir sein Grabmal anzusehen.

Hier wurde ich Augenzeuge eines sonderbaren Vorgangs. Von einer der vielen, diesen dunklen Raum abstützenden Säulen verdeckt, beobachtete ich eine Gruppe von Schülerinnen, die sich in einer Prozession dem an der östlichen Seite des Grabmals befindlichen Marmorthron des Bischofs näherten. Nachdem es der nachfolgenden Mitschülerin Bücher und Schultasche überreicht hatte, setzte sich ein Kind nach dem anderen auf den Thron, legte die Hände auf zwei die Armlehnen schmückende schwarze Steine, stand wieder auf und überließ den Sitz dem nächsten Kind.

Ich mußte den ganzen Tag über an diese mit der Feierlichkeit eines Rituals vollzogene seltsame kleine Zeremonie denken und fragte einen Einheimischen, ob er davon wüßte. «Aber natürlich», erwiderte er, «das wird schon seit Jahrhunderten gemacht. Es bringt Glück, besonders vor den Schulexamen.»

Sulmona ist eines ungewöhnlichen Gewerbes wegen weithin bekannt, nämlich der Herstellung von überzuckerten Mandeln. Sie werden in Massen aus Sizilien geliefert, in Sulmona mit farbigem Zuckerguß überzogen und in alle Gegenden Italiens verschickt. Und da in Italien eine Hochzeit ohne *confetti* (den Nachfolgern jener im antiken Rom vor Brautpaaren gestreuten Nüsse) eben keine Hochzeit ist, blüht dieses Gewerbe. Einer der führenden Künstler bei der Gestaltung dieser Spezialität ist Signore William de Carlo, der im Zweiten Weltkrieg als Dolmetscher der Royal Air Force arbeitete. Ich beobachtete in seinem Betrieb junge Mädchen, die über Spiritusflammen Drähte erhitzten, die sie dann durch gezuckerte Mandeln bohrten. Aus ihnen formten sie mit großer Fingerfertigkeit sechsblättrige weiße, rosa und blaue Blütensterne, in deren Mitte silberner Zucker glänzte.

Dieses erstaunliche Konfekt erinnert an die zur Viktorianischen Zeit unter dem Glassturz aufbewahrten Zweige und Buketts künstlicher Blumen. Sicherlich wird es eines Tages auch verzehrt, obwohl mich selbst nur der schlimmste Hunger dazu verleiten könnte. Zu den realistischsten Kreationen von Signore de Carlo gehören aus Mandeln und Zuckerfondant gestaltete Korn- und Maisgarben. Die ein wenig an Byzantinisches oder Maurisch-Byzantinisches erinnernden entzückenden Schöpfungen ließen mich darüber nachsinnen, ob dieses Kunsthandwerk gleich den Mandeln aus dem Sizilischen in die Abruzzen gekommen war. Signore de Carlo allerdings führt die Anfänge auf seine Großmutter zurück. Sie war in ihrer Klosterschulzeit eine geschätzte Blumenbinderin gewesen und auf den Gedanken gekommen, die schon geübten Kompositionen nun auch in Zukkerwerk zu gestalten.

Signore de Carlo führte mich zu der römischen Ruine, die allein deshalb, weil sie römischen Ursprungs und eben eine Ruine ist, als die Villa des Ovid bezeichnet wird. Es war einer jener warmen, dem Regen oftmals vorausgehenden vorsommerlichen Nachmittage, als wir das Flüßchen Gizio überquerten und Richtung auf die Abhänge am Fuße des Monte Murrone nahmen. Mein Begleiter wies zu einem hoch auf dem Berge gelegenen Gebäude und erklärte, daß dies die Abtei S. Spirito sei, die der Einsiedlerpapst Cölestin V., dessen Grab ich in Aquila sah, im dreizehnten Jahrhundert errichtet hatte. Jetzt lebt dort oben nur noch ein Aufseher, der dann und wann zu seinen Einkäufen nach Sulmona hinabsteigt.

Dem Cölestinischen Orden war ein trauriges Los beschieden. Als der Papst abdankte, mußten die den Ordensregeln der Benediktiner gehorchenden und als Cölestiner bekannten Mönche vor den Verfolgungen durch Bonifaz VIII. nach Griechenland entfliehen. In Deutschland ging der Orden während der Reformation zugrunde, in Frankreich erlosch er im Jahre 1776, in Italien hielt er sich jedoch noch kurze Zeit. Wie merkwürdig, daß in den Abruzzen an so vielen Stellen das Bild der Schlange erscheint: Eine schwarze, um ein weißes Kreuz sich windende Schlange war das Symbol, das die Cölestiner erwählten.

Ein steiler Ziegenpfad führte uns hangabwärts. Bienenschwer bebten die Bergblumen, und in der Luft lag der Duft des Thymians und anderer, in den Abruzzen so üppig wachsender Kräuterpflanzen. Sie haben ihren Ruf als Wirkstoff von Zaubertränken inzwischen zwar eingebüßt, bilden aber immer noch die Grundlage für einen in ganz Italien bekannten Likör, den *Centerbe*, der in dieser Gegend gebrannt wird. Weiter hinabsteigend kamen wir zu einer Stelle, von wo aus wir das ganze wasserreiche Tal von Sulmona sahen, dessen Ovid während seines Exils am Schwarzen Meer so liebevoll gedachte. Dann fiel mein Blick auf einen häßlichen Komplex von Gebäuden, deren Kahlheit unverkennbar auf ein Gefängnis deutete. «Dort haben im Ersten Weltkrieg die Engländer deutsche Offiziere inhaftiert», erklärte mir Signore de Carlo. «Im Zweiten Weltkrieg wurden die Rollen vertauscht. Es ist auch heute noch ein Gefängnis. Viele dieser Offiziere der Allierten sind damals von dort ausgebrochen und ins Gebirge geflohen. Manche von ihnen sind auch später wieder nach Sulmona gekommen, um die Familien ausfindig zu machen, welche sie seinerzeit versteckt hielten.»

Weiter bergab ging es zwischen den heißen Felssteinen. Über den Blüten des Mohns flatterten die Schmetterlinge, und grüne Eidechsen erstarrten bei unserem Herannahen in ihren Felsspalten. Schließlich kamen wir zu einer wuchtigen Treppe, deren sieben oder acht Stufen zu einem Steinpflaster aus römischer Zeit und dem Fundament eines ausgedehnten Bauwerkes führten. Ovid stammte freilich aus einer Familie wohlhabender Grundbesitzer, doch schienen mir die Überreste eher auf die eines öffentlichen Gebäudes als eines Herrenhauses hinzuweisen.

«Einige Leute, die sich dieses Gelände gründlich angesehen haben, halten es für einen Tempel des Herkules», bemerkte Signore de Carlo. «Einstens hat es hier ein Phallussymbol gegeben, als Votiv für jene Frauen, die keine Kinder bekommen konnten. Es ist entfernt worden, jedenfalls kann ich es nicht mehr finden. Es stand hier auf dieser Treppenstufe.»

Sollte dies auch nicht das Elternhaus des Ovid gewesen sein, so deckt sich das dem Betrachter hier sich bietende Bild doch ganz mit jener Umgebung, die der heimwehkranke Dichter beschrieben hat. Nun ist es nicht korrekt, zu sagen, er sei ausgewiesen worden. Die Buße für ein bis zum heutigen Tage im dunkeln liegendes Vergehen wurde *relegatio* genannt, also Zwangsaufenthalt in einem fernen Ort, indessen nicht die Einziehung von Eigentum oder Vermögen, auch nicht den Verlust der *civitas*. Als Ovid den Kaiser Augustus kränkte, war er fünfzig Jahre alt, und er sollte die letzten zehn Jahre seines Lebens in Tomi am Schwarzen Meer (das er stets Tomis nannte), dem heutigen Constanza in Rumänien, verbringen. Ovid haßte seinen Aufenthaltsort, er führte bittere Klagen über die Kälte, ja er hörte nicht auf, in seinen Dichtungen das Bild eines Landes ewigen Winters zu zeichnen, wo den Männern die Bärte vereisten. Von Freunden, die Constanza besuchten, hörte ich, daß sich das Bronzestandbild des Ovid dort noch immer auf dem Marktplatz befinde. Ich selbst war vor vielen Jahren während eines Schneesturms nach Konstantinopel gekommen und hatte mich zu einer Fahrt auf dem Bosporus bis zum Schwarzen Meer verleiten lassen. Schneeschauer und Sturm drangen mir durch Mark und Bein und bewiesen mir, daß Ovid keinesfalls, wie von manchen Gelehrten behauptet worden ist, in seinen Dichtungen die Härten des Winters übertrieb, um die für seine Rückberufung in zivilisierte Gefilde verantwortlichen Stellen in Rom milde zu stimmen.

Auf den Treppen der angeblichen Villa des Ovid rätselten de Carlo und ich, wie so viele vor uns, über des Dichters Vergehen, und ich erkundigte mich, ob es in Sulmona außer den so häufig aufgestellten Theorien noch andere Erklärungen gebe. Nein, sagte de Carlo, auch seine Mitbürger kannten nur die üblichen Vermutungen: Ovid habe die Kaiserin Livia beim Baden beobachtet – Argument, das uns beiden als zu absurd erschien; Augustus soll ihn für den demoralisierenden Einfluß seiner «Liebeskunst» bestraft haben (die nun allerdings schon zehn Jahre zuvor erschienen war); der Dichter sei in Verbindung zu dem sittenlosen Treiben der Kaiserenkelin Julia gewesen, die fast zur nämlichen Zeit auf eine einsame Insel verbannt wurde; schließlich soll er in eine Verschwörung gegen den Kaiser verwickelt gewesen sein. Es empfehle sich, bei anscheinend rätselhaftem Verhalten eines Mannes die Feindschaften seiner Frau unter die Lupe zu nehmen, bemerkte de Carlo sehr weise. Vielleicht hatte Livia noch manches alte Hühnchen mit Ovid zu rupfen und ihre Chance wahrnehmen können, als der Kaiser alt geworden war und unter ihrem Pantoffel stand.

Auf unserem Rückweg hinab nach Sulmona kamen wir an einem Waschplatz vorbei, wo zwei Frauen aus dem Ort, die Wäschekörbe bereits auf dem Kopf, sich gerade zum Aufbruch rüsteten. Auf die Frage von Signor de Carlo, weshalb diese Stelle «Liebesbrunnen» genannt werde, erwiderte die eine Frau, «Viddio» (ein hier üblicher Kosename für Ovid) habe hier seine Liebesstündchen mit einer Nymphe, wahrscheinlich seiner Egeria, verbracht. Worauf ihre Begleiterin, die sich offenbar für die bessere Kennerin der Historie hielt, erklärte, Ovid habe hier die Gemahlin des Kaisers geliebt und sei nach Sizilien verbannt worden.

Wie man sieht, beschäftigen Sündenfall und Buße des Dichters auch nach neunzehnhundert Jahren noch immer die Gedanken der kleinen Leute seiner Heimatstadt Sulmona.

II

Während der Nacht ließ die Hitze nach. Das wechselhafte Wetter des Gebirges schlug um, feiner Sprühregen setzte ein, und schließlich begann es in den Abruzzen wie in Schottland auszusehen. An einem Sonntagmorgen verließ ich Sulmona in südlicher Richtung. Über den Bergen ballten sich dicke Wolken, dann und wann fiel Regen, und von den letzten Schneefeldern wehte es bitterkalt herüber. Ich wollte nach Pescocostanzo fahren, einem kleinen Ort, von dessen Schönheiten man mir ausführlich berichtet hatte. Beißendkalter Nebel verbarg die Landschaft, riß dann und wann, vom Wind gepackt, auf und enthüllte eine weiße, gen Himmel stürmende Bergwelt. Ich fand einen Ort, der in seiner Verlassenheit an eine verwunschene Stadt erinnerte. Niemand war zu sehen. Ich erklomm die vielen Treppen zur S. Maria del colle, passierte einen normannischen Portalbogen, trat in die Kirche ein, sah die vor mehreren Altären flackernden Kerzen, aber wiederum keine Menschenseele.

Am Ortsausgang stieß ich auf ein Hotel, in einem seiner Fenster dämmerte eine ausgestopfte Wildkatze zusammengeringelt dahin, ein Empfang, dessen Fragwürdigkeit sich mir noch zu bestätigen schien, als ich eingetreten war und niemanden vorfand. Auf den Tischen des Speisesaales waren die Stühle gestapelt. Ich hörte Klappergeräusche aus der Küche und fand dort eine freundliche Frau, die Spaghetti kochte. Sie sagte mir, die Wintersportsaison sei beendet, die Sommersaison habe jedoch noch nicht begonnen, weshalb das Hotel geschlossen sei. Sie bot mir jedoch Spaghetti an, falls ich es im Hause nicht zu kalt fände. Die Heizung war abgestellt worden. Ich behielt also meinen Mantel an und ließ mich in der Nähe der Wildkatze nieder, wo mir bald darauf der muntere rotbackige Wirt Gesellschaft leistete und mich in dem komischsten Englisch davon unterrichtete, daß er zwei Jahre seines Lebens in Manchester und in Liverpool verbracht habe. Er holte eine Flasche von feurigem sizilischem Wein herbei, der meinem Kreislauf wieder etwas aufhalf, und wir unterhielten uns über Manchester. Ich war getröstet. Gleichwohl gedachte ich jener Tage, als sich die durchfroren in ihren Herbergen eintreffenden Reisenden mit Hilfe eines prasselnd im Kamin auflodernden Reisigbüschels rasch aufwärmen konnten. Im Zeitalter der Zentralheizung heißt es abwarten und frieren.

Der deprimierende Regen brachte mich um eine grandiose Aussicht aufs Gebirge. In Rianero Sannitico geriet ich in einen lebhaften Sonntagsmarkt. Kupfergefäße und Buden mit Kleidern, Eßwaren und landwirtschaftlichen Werkzeugen säumten die mit lachenden und schwatzenden Menschen vollgepackte Hauptstraße. Immer noch fiel Regen, Nebel verdeckte die Stadt. Ich sah den Bauernfrauen zu, wie sie prüfend den Daumen an der scharfen Sensenschneide entlanggleiten ließen, ehe sie sich zum Kauf entschlossen, und suchte mir für den eigenen Bedarf zwei kleine Amulette gegen den bösen Blick aus.

Mühsam durch den brauenden Nebel spähend, arbeitete ich mich Stückchen um Stückchen in das Moliser Land hinab und traf am Spätnachmittag in Campobasso, einer Stadt mit etwa dreißigtausend Einwohnern, ein, wo mich plötzlich freundlicher Sonnenschein umgab. Woran es liegt, daß man sich an manchen, bis dahin völlig unbekannten Orten vom ersten Augenblick an wohl und zufrieden fühlt, weiß ich nicht. Ich fand im Stadtzentrum Unterkunft in einem Hotel der guten alten Art (der Besitzer begrüßte mich in der Halle und wünschte mir einen angenehmen Aufenthalt), packte aus und war unversehens fröhlicher Dinge. Ich wußte, daß es mir in Campobasso gefallen würde. Gleich in der Nähe des Hotels kündigte ein Kino die Erstaufführung von «Mary Poppins», einem meiner Lieblingsfilme, an. Welch eine unwiderstehliche Gelegenheit, ihn auch auf Italienisch zu sehen! Wenig entfernt davon befand sich eine erstklassige Buchhandlung. Campobasso gefiel mir immer besser.

Die Stadt lagert sich um einen Berg, der von einem alten Kastell gekrönt wird. Es nimmt sich auf den ersten Blick imponierend aus, bietet jedoch wenig Interessantes. Ein großer Teil aller italienischen Messer, Taschenmesser und Scheren stammt aus dem Bezirk Campobasso, und viele dieser Stahlwaren tragen den eingravierten Namen dieser Stadt, obwohl sie in dem etliche Kilometer entfernten Frosinone gefertigt worden sind.

Ich genoß «Mary Poppins», doch machte mir die italienische Version erst klar, wie typisch englisch dieser Film ist. Die Reaktion des Publikums war erstaunlich für ein Volk, in dem das Kind Gegenstand der Liebe, ja der Anbetung ist. Ich hatte mit Begeisterung gerechnet, doch sie blieb aus. Der Spaß, der vor allem auf einen materialistisch denkenden und für die magische Umwelt blinden Vater zielt, verletzt wohl das italienische Familienempfinden. Väter sind nicht dazu da, daß man sich über sie lustig macht.

12

Etwa fünfzehn Kilometer von Campobasso entfernt liegt eine der romantischsten, doch nahezu unbekannten Ruinenstätten Italiens, Saepinum nämlich, einstmals Provinzialstadt des alten

Rom. Erst im neunten Jahrhundert ist sie untergegangen. Ich hatte in Campobasso einige eindrucksvolle Fotografien davon gesehen. Ein Blick auf die Karte allerdings zeigte mir, daß sich der Platz nicht leicht finden ließ, und so entschloß ich mich zum frühzeitigen Aufbruch unter Mitnahme von Proviant und einer Flasche Montepulciano d'Abruzzo, einem vorzüglichen granatroten Wein.

Ich fuhr in eine reizvolle und einsame Gegend, sah von violettfarbenem Klee überwachsene Hänge, die an Heide erinnerten, und begegnete einer seltsamen Prozession. Vor mir auf der Landstraße bewegte sich feierlich ein Zug von etwa hundert Bauersleuten. Alle Frauen waren in Trachtgewänder gekleidet. Ich hielt es zuerst für einen Umgang zu Ehren eines Heiligen, dachte auch an einen Hochzeitszug, doch etwas an der Haltung der Dahinschreitenden schien meine Vermutung widerlegen zu wollen. Ich sah eine Frau aus ihrem Haus treten und fragte sie nach dem Ziel dieser Leute. Sie wollten *il Morto* sehen, erfuhr ich. Also war man unterwegs, um im besten Feiertagsstaat einem verstorbenen Freund die letzte Ehre zu erweisen.

Schließlich kam ich nach Saepinum. Ich fand ein Pompeji im Kleinen, eine römische Stadt mit der fast durchweg erhaltenen Mauer, mit ihrer Hauptstraße und einem Triumphbogen, einem Tempel, dessen Marmorsäulen noch aufrechtstehen, sah die Fundamente von Hunderten von Häusern und ein großflächiges gepflastertes Forum. Dieses Ruinengelände überquerten von Zeit zu Zeit auf der breiten Hauptstraße Viehherden, Männer auf Maultieren und alte Frauen mit geschulterten Sensen. Ich ließ mich an einer schattigen Stelle im Forum nieder. Erstaunt sah ich mitten im Italien der Neuzeit eine Ruinenstätte genauso, wie sie sich den Blicken der Vorfahren im achtzehnten Jahrhundert gezeigt hatte: als Teil eines rein landwirtschaftlichen Gebietes. Ich fühlte mich an eine Radierung von Piranesi erinnert, an ein Aquarell von Samuel Prout, an eine Zeichnung von van Heemskerck. Hier war sie, die perfekte romantische Ruine des achtzehnten Jahrhunderts: Blumen, die aus dem Gemäuer sprossen, auf den Straßen weidende Ziegen, Mädchen, die in derben Männerstiefeln die Gassen herabkamen und unversehens mit einer Herde Kühe in der Via Triumphalis auftauchten.

Ich saß auf einem großen Stein, bediente mich eines anderen als Tisch, wickelte die mitgebrachten Brote aus und öffnete die Weinflasche. Wann hat man schon eine Ruine ganz für sich allein! Keiner der Vorüberziehenden würdigte mich eines Blicks, nur eine ausgehungerte Hündin mit jämmerlich vorstehenden Rippen beachtete mich, kroch Zentimeter um Zentimeter näher und erkühnte sich schließlich, ein Stück Brot anzunehmen. Danach blieb sie bei mir und vertilgte nicht nur die restlichen Krusten, sondern jagte auch mit überraschender Energie einen anderen, nicht minder interessierten Hund davon. Bald darauf erschien ein Mann in Schirmmütze und stellte sich als der Oberaufseher für die Altertümer vor. Ich lud ihn auf einen Schluck Wein ein, worauf er sich kurz entfernte und mit einem Becher zurückkehrte. Wirklich vorgekommen war hier noch nie etwas, erfuhr ich, doch sei es seine Aufgabe, für die Unversehrtheit der Altertümer zu sorgen. Er hielt mich für einen Amerikaner, fragte nach den Lebensverhältnissen und finanziellen Bedingungen in Amerika und reagierte enttäuscht, als ich ihn belehren mußte, daß ich kein Amerikaner sei. Er führte mich zu einem Häuschen inmitten der Ruinen, wohin er zur Vorsicht alle behauenen und gemeißelten Steine (darunter einen, der eine Letter aus dem Alphabet zeigt) gebracht hatte. Aber ich fand weiter nichts Außergewöhnliches dort.

Wir wanderten durch das Gelände. Oberhalb des Osttores wies er auf eine stark verwitterte und für mich unleserliche Inschrift, die – wie er mir erklärte – den zu römischer Zeit alljährlichen Zug der Schafe von der apulischen Ebene ins Gebirge betraf. Sie stellte eine Anordnung dar, so hatte er Professoren sagen hören, kraft deren die Hirten und Herden bei ihrem Zug durch die Stadt hinauf zu den *tratturi* dem Schutz des Magistrates von Saepinum unterstellt wurden. Er erzählte mir, daß der gepflasterte, das östliche mit dem westlichen Stadttor verbindende Weg als Straße der Schafe galt. Auch heute könne man noch häufig die Hirten mit ihren Herden über die alte Straße zu den Monti del Matese ziehen sehen.

Diese unmittelbare Beziehung einer römischen Stadt zu den *tratturi* dürfte in ihrer Art wohl ohnegleichen sein. Meines Wissens hat Varro als einziger Schriftsteller der Antike diese Wanderung der Schafe erwähnt. Im Jahre 30 v. Chr. berichtete er, daß seine Schafe in Apulien überwinterten und den Sommer auf den Höhen des Gebirges verbrachten. Vielleicht sind Varros Schafe dabei auch gelegentlich durch Saepinum gekommen.

Der heutige Transport der Schafe mit Lastwagen hat uns somit eines alljährlich wiederkehrenden Anblicks beraubt. Schilderungen dieses Wanderzuges, wie er sich vor nicht allzulanger Zeit noch abgespielt hat, berichten von Tausenden, in Zwölferreihen nebeneinander und auf eine Länge von vielen Kilometern gleich einer grauen Wollwolke auf den *tratturi* sich langsam dahinbewegenden Schafen. Vor jeder Herdengruppe schritt der Hirte. Die ihn begleitenden weißen Hunde trugen mit Eisenstacheln versehene Halsbänder zum Schutz gegen die Wölfe. Bei Tageslicht sanften und freundlichen Wesens, verwandelten sich diese Hunde bei Einbruch der Dunkelheit in die unerbittlichsten, wildesten Wächter. Direkt hinter dem Hirten ging ein alter Schafbock, il *manso* genannt, was allgemein ‹zahm›, in der Hirtensprache jedoch ‹abgerichtet› bedeutet. In anderen Worten: ein zuverlässiger alter Leithammel.

Im Grunde bedauerte ich die Leute von Saepinum, durch deren Hauptstraße Tausende von blökenden Schafen und viele kläffende Hunde trotten, und hätte gern gewußt, ob die Stadt denn nicht zu umgehen sei. Der Wärter wußte darauf keine Antwort, wollte sich aber beim nächsten Besuch gelehrter Herren danach erkundigen. Ich verweilte an diesem angenehmen Ort noch bis in die späten Nachmittagsstunden, beobachtete Männer auf ihren Saumtieren die römische Straße entlangreiten und hoffte auf das Erscheinen einer Schafherde mit ihrem Hirten. Ich hoffte vergeblich. Der Aufseher empfahl mir, doch einmal wiederzukommen, damit er mir die Reste eines außerhalb der Stadtmauer gelegenen Theaters zeigen könne, drückte mir zwei Briefe in die Hand und bat mich, sie für ihn beim nächsten Postamt aufzugeben.

2

Die Halbinsel des Monte Gargano – Die heilige Höhle des Erzengels Michael – Padre Pio – In S. Giovanni Rotondo – Das Leben eines modernen Heiligen – Die Stigmatisierung des Padre Pio und seine Wundertaten – Das La Guardia-Krankenhaus

I

Es war Spätnachmittag, als ich die Höhen der Abruzzen hinter mir ließ und vor mir die nördliche Ebene Apuliens erblickte. Ich betrachtete sie mit Freude, denn immerhin zehrt das Autofahren in gebirgigem Gelände an den Nerven all derer, die noch am Leben hängen. Diese Gegend ist die altberühmte Capitanata, einst Residenzprovinz des Staufers Friedrich II., der sich hier inmitten seiner Sarazenen am wohlsten fühlte. Nirgendwo sonst in seinem Reich hat der Kaiser so viele Schlösser, Burgen, Villen, Jagdhäuser und Garnisonen bauen lassen; er war «von der Anmut der Gegend entzückt», wie er nicht müde wurde, immer wieder zu beteuern. Doch hat sich kaum eine Spur der einstigen Pracht erhalten.

Auf der Schwelle eines Landes zu stehen, das man aus Büchern kennt, jedoch nie betreten hat, ist stets ein spannendes Erlebnis. Denn wer weiß, ob es enttäuscht, ob und wieweit die Wirklichkeit von den Vorstellungen abweicht und welches der zuvor durchgeackerten Bücher sich mit den eigenen Erfahrungen am meisten deckt. Was ich zuerst von Apulien sah, überraschte mich. Ich hatte mit einer Wüste gerechnet. Wo immer Horaz von Apulien sprach, nannte er es «trocken» oder «dürstend». Ich indessen erblickte eine sich bis weit in die Ferne erstreckende wohlbewässerte Ebene, golden aufleuchtende meilenweite Weizen- und Kornfelder, Obsthaine und Weideland und Straßen, die so linealgerecht gezogen sind wie jene, auf denen die Legionen marschierten. Ich sollte bald erfahren, daß diese Verwandlung Apulien erst im Jahre 1939 widerfuhr, als nämlich der Apulische Aquädukt, an dem dreißig Jahre lang gebaut worden war und der das größte Bewässerungssystem Europas ist, sein lebensspendendes Naß endlich von den Ostabhängen des Apennin hinab in alle Winkel des Landes ergoß. Es war ein friedliches Bild. In der Luft hing der Rauch ferner Städte. Am Horizont blitzte es hell auf – dort lag die Adria.

Vergleicht man die Gestalt Italiens mit einem Reitstiefel, dessen Spitze gen Westen zeigt, so stellt die Region Apulien die Ferse dar, um deren nordöstlichen Teil die Wasser der Adria, um deren südlichen Teil hingegen die des Ionischen Meeres spülen. Heute gliedert sich die Region in fünf Provinzen: Bari (dessen Hauptstadt zugleich die Kapitale der Region ist), Foggia, Brindisi, Lecce und Taranto. Jede dieser Regionen hat ihre Geschichte. In Bari ruhen die verehrten, von den Seeleuten dieser Stadt einst in Kleinasien gestohlenen Gebeine des heiligen Nikolaus. Der Provinz Foggia gehörte die Liebe des Kaisers Friedrich II. Bei Brindisi endet die Via Appia. Lecce nennt sich «das Florenz des Barocks». Taranto, das Tarentum vorchristlicher Epochen, war von Verbannten aus Sparta gegründet worden, und hier erlebten Handel und Gewerbe eine solche Blüte, daß seine schönen Silbermünzen mit dem Bild eines auf einem Delphin reitenden Mannes zur Währung für die gesamte Region wurden.

Gleichzeitig ist Apulien sozusagen der Schlüssel zum Verständnis der süditalienischen Geschichte. Alle die Geschicke des Südens formenden Entwicklungen, die Entstehung des Königreiches Sizilien und des Königreiches Neapel gingen von Apulien aus. Das wohl entscheidendste Ereignis war die zu Beginn des elften Jahrhunderts einsetzende Eroberung durch die Normannen. William von Jumièges berichtet, wie ein normannischer Ritter eines Tages vor seinen Herrn trat und erklärte: «Ich bin arm. Hier in diesem Lande (in der Normandie) kann mir nicht geholfen werden. Ich will nach Apulien ziehen, wo ich ehrenhafter leben kann.» – «Wer hat dir diesen Rat gegeben?» fragte der Gebieter. – «Meine Armut», erwiderte der Vasall. Für die (fünfzig Jahre vor der Invasion Englands) in dem dynamischen

Fossacalsia, Portal der Basilika

kleinen Staat lebenden Normannen bedeutete demnach Süditalien das Land der Verheißung. Junge Herren ohne Ländereien und Einkünfte lauschten den Erzählungen über Geld, Gut und Ehren, die dort zu erringen waren; sie hörten von einem Land, in dem die Tapferkeit mit Grafschaften, Herzogtümern, wenn nicht gar mit Königreichen belohnt werden konnte. Die normannischen Abenteurer fanden ein Paradies für Söldner vor, ein vom politischen Chaos zerrissenes und zerrüttetes Land: Die Lombarden kämpften gegen die byzantinischen Griechen; beide Parteien hatten sich der Sarazenen zu erwehren; obendrein bot das launische Kriegsglück dem Opportunisten manch fette Beute. Die Normannen machten es nicht anders als die *Condottieri* der Renaissance. Doch die *Condottieri* vergossen nur Blut, wenn es keinen anderen Ausweg gab. Die Normannen hingegen suchten in den vordersten Reihen den Kampf.

Der erste aus den Nebeln der Vergangenheit hervortretende Name ist der des Rainulf, eines Abenteurers, der auf dem ihm bewilligten Stück Land im Jahre 1027 die Stadt Aversa nahe Neapel erbaute und befestigte. Hier entwickelte sich ein Markt für die Männer des Kriegshandwerkes, doch dauerte es nicht lange, bis den Söldnern die Lust verging, sich für die Taschen anderer Leute zu schlagen, und sie beschlossen, das Land nunmehr für sich selbst zu erobern. Die erste Familie, die auf diese Weise Geschichte machte, war die eines einfachen Ritters, der Tankred de Hauteville hieß und südlich von Cherbourg, im Cotentin, gelebt hatte. Tankred versammelte seine zwölf Söhne um sich und ließ sie wissen, daß er einem von ihnen etwas vererben könne, weshalb die übrigen ihr Glück anderswo suchen müßten. Selbstverständlich entschieden sie sich für Aversa, das den Normannen jener Zeit soviel bedeutete wie El Dorado dem Spanier des sechzehnten Jahrhunderts.

Zunächst verließen die drei ältesten Söhne ihre Heimat, die anderen folgten wenig später. Zwei haben ihre Namen ins Buch der italienischen Geschichte geschrieben: Robert und Roger de Hauteville. Das war 1057. Wären sie noch neun Jahre länger in der heimatlichen Normandie geblieben, dann hätten sie sich vielleicht dem Herzog Wilhelm angeschlossen und ihre Familien in England gegründet, also in einer Umgebung, die sich um Welten von der exotischen, halborientalischen Pracht unterschied, welche sie im Süden erwartete. Gemeinsam eroberten die beiden Brüder Apulien und Kalabrien, überquerten die Straße von Messina und unterwarfen Sizilien. Im Jahre 1130 wurde Rogers Sohn, Roger II., zum König von Sizilien gekrönt. Dessen Tochter Konstanze vermählte sich mit Kaiser Heinrich VI. Ihr gemeinsamer Sohn war Friedrich II., Kaiser des Heiligen Römischen Reiches, «das Wunder und der Wandler der Welt», wie ihn seine Zeitgenossen nannten.

Es ist recht interessant, auf der Fahrt hinab ins Apulische beide

Invasionen der Normannen einmal miteinander zu vergleichen: der Einfall in England, eine mit kirchlicher Beteiligung als dynastischer Kampf getarnte planmäßige militärische Aktion unter dem Oberkommando des Regierenden Herzogs, und die Invasion von Italien, das dem Zufall entsprungene Vorgehen einiger im Alleingang kämpfender Glücksritter. Der Einfall in Britannien war schnell beendet. Zur Eroberung von Süditalien bedurfte es fast eines Jahrhunderts.

Ich hatte erst eine kurze Strecke der nach Foggia führenden Straße zurückgelegt, als ich vor mir die Anlage einer offenbar befestigten, auf einem Hügel erbauten Stadt erblickte. Bald wurde mir klar, daß es sich um das Kastell Luzera handeln mußte. Seine Ausmaße versetzten mich in Erstaunen. Ich zählte fünfzehn bis zwanzig in regelmäßigen Abständen in die gigantische Befestigungsmauer eingefügte Türme. Mit einiger Mühe ließ sich dieses Kastell vielleicht in einer halben Stunde umwandern. Es herrschte vollkommene Stille. Nichts rührte sich, niemand war zu sehen. So mußten wohl einst die der Pest oder Plünderung zum Opfer gefallenen Kastelle und Städte ausgesehen haben.

In Foggia war bereits Unterkunft reserviert, und der Tag neigte sich. Dennoch wollte ich rasch noch das Haupteingangstor sehen. Die erste Straße endete jedoch in einer Schlucht. Ich versuchte es auf einer anderen, die mich aber auch nicht weiterbrachte. Unzugänglich erhob sich über mir das hellgelbe Gemäuer des Kastells. Ein Priester, der mit ein paar kleinen Jungen vorüberkam, wies mir einen dritten Weg, auf dem ich nun endlich zum Eingang des Kastells an einer von Bäumen gesäumten Allee gelangte. Während ich noch bewundernd vor dem Bauwerk stand, öffnete sich knarrend eine kleine Pforte am Hauptportal, und heraus trat ein großer alter Mann mit einem langen Stab. Wer sagt mir, daß es nicht ein wiedergeborener normannischer Raubritter war? Von höherem Wuchs als der durchschnittliche Italiener, hatte er auch die blauen Augen, denen man in diesem Teil Italiens häufig begegnen kann. Der auffällige Stock und die alten Soldatenstiefel, offenbar aus dem Bestand der deutschen Wehrmacht, verstärkten noch das Kriegerische seiner Erscheinung. Freudig triumphierend leuchtete es in seinen Augen auf, die mich aufmerksam beobachteten. Der Jäger hatte seine Beute erspäht, öffnete die Pforte und bat mich herein. Ich folgte der Richtung, die mir sein Stab wies, blickte um mich – und war überrascht: Die Mauern und ihre Türme hatten mir aus der Entfernung ein Stück von unversehrtem Mittelalter verheißen, aber sie umschlossen lediglich eine Wildnis von Heckenrosen und Gestrüpp. Zuerst war ich enttäuscht. Ich hatte gehofft, Lucera würde mir eines der charakteristischen von Friedrich II. in Süditalien gebauten Kastelle zeigen, die wegen ihrer Pracht und vorzüglichen Einrichtungen einst viel gepriesen wurden. Lucera war neben Lagopesole das größte gewesen. Als ich über das aus geborstenem Marmor sprießende Gras wanderte, dachte ich daran, wie selten heutzutage echte Ruinen – im Sinne eines Hesekiel oder Jeremia – sind. Dank der Arbeit der Archäologen, die verschüttete Säulen freigelegt und Stück um Stück wieder zusammengefügt haben, tritt das Bild der Zerstörung oft weniger grauenvoll in Erscheinung. Indes ist vieles in Süditalien bisher nicht ausgegraben worden, und so läßt sich am Beispiel von Lucera und einem Dutzend anderer Orte auch heute noch ablesen, wie gründlich die Zeit ihr Vernichtungswerk betreibt, wobei ihr freilich der Mensch mithalf, der nur zu gern ein hübsches Stück Marmor für den Viehstall mitgehen ließ.

Der Kustode deutete meine Nachdenklichkeit offenbar als Zeichen der Enttäuschung und begann deshalb mit einem ausführlichen Bericht über das Leben Kaiser Friedrichs II., auf den ich in diesem Augenblick wenig erpicht war. Viel dankbarer wäre ich gewesen, hätte er mir ein echtes Bildnis, eine authentische Büste Friedrichs zeigen können, des bemerkenswertesten Menschen seines Jahrhunderts, der doch all seiner geistigen Größe zum Trotz eine der am glänzendsten gescheiterten Persönlichkeiten der Geschichte war. Wie überzeugend bestätigte er Voltaires Epigramm, wonach das Heilige Römische Reich weder heilig, römisch noch ein Reich gewesen sei. Friedrichs Äußerem haftete nichts Heldenhaftes an; er war von mittlerem Wuchs und gedrungen. Überrascht sahen die Araber im Heiligen Land in sein bartloses Gesicht und behaupteten, ein solcher Mann erbringe auf dem Sklavenmarkt noch nicht einmal zweihundert

Drachmen. Doch ist uns aus arabischen Schilderungen die «gespenstische Unwiderstehlichkeit» überliefert, die von der Erscheinung dieses Herrschers ausging. In der Tat zeigt seine Statuette auf dem Aachener Schrein, der die Gebeine Karls des Großen birgt, ein faszinierendes Antlitz. Selbst wir Heutigen vermögen uns dem unheimlichen Bann dieser dämonischen Augen nicht zu entziehen. Es erstaunt nicht, daß seine Zeitgenossen immer wieder glaubten, ein Zaubermeister von übersinnlicher Kraft stehe vor ihnen. Ein römischer Kaiser, der in arabischer Sprache zu philosophieren wußte, ein würdevoller, freundlicher und überdies allen Forschungen ergebener Mann, der das gesamte Wissen seiner Zeit in sich vereinigte, hat Anspruch auf höchsten Respekt.

Lucera, Stadt und Kastell, ist eine der verblüffendsten Leistungen Friedrichs, ja, sie war nahezu unvorstellbar im Zeitalter der Kreuzzüge, in dem der Kaiser lebte. Lucera empörte die Welt der Christen und lieferte Friedrichs Feinden im Lateran willkommene Munition. Friedrich hatte sich nämlich zu einem nicht alltäglichen Schritt entschlossen: Er wollte endlich Schluß machen mit dem ewigen Schrecken, den die räuberischen Sarazenen über Sizilien brachten, verzichtete jedoch auf ihre Ausrottung, trieb sie statt dessen zusammen und verpflanzte sie, als handele es sich um eine seltene, ihm andernorts erhaltenswerte Gattung Wild, in die nördliche apulische Ebene.

Das alte römische Lucera, einstmals die Pforte nach Apulien, war in Trümmer zerfallen. Der Kaiser beschloß, die wenigen dort noch lebenden Christen an einen anderen Ort umzusiedeln, eine Stadt für Moslems zu bauen und dabei auch – zum Entsetzen seiner Zeitgenossen – die alte Kathedrale in eine Moschee umzuwandeln. Friedrich hatte seine Kindheit in Sizilien unter den Arabern verbrachte; er kannte sie genau und wußte, worauf er sich einließ. Mit fanatischer Treue hingen die neuen Bewohner von Lucera an ihrem Protektor. Aus ihren Reihen rekrutierte er seine berühmte sarazenische Leibwache, die ihn überallhin begleitete.

Wir gingen über die nun öde Stätte, dann und wann pochte der Kustode mit dem Stab auf den Boden, um mich auf einen darunter befindlichen Hohlraum aufmerksam zu machen. «Hier war einmal ein Tunnel, der in die Stadt hineinführte», erklärte er. «Er ist jetzt zugeschüttet. Aber die alten Leute können sich noch daran erinnern, wie sie als Buben da ein ganzes Stück entlanggekrochen sind.»

Wir kamen zu einer Stelle, wo unter dem Gras Steinplatten durchschimmerten. «Hier sind viele Sarazenen begraben.» Doch dies bezweifelte ich, denn weshalb sollten sie innerhalb der Mauern des Kastells bestattet worden sein? Zum Kastell gehörten eine Kirche, Werkstätten, Waffenlager, eine Kaserne – von all dem ist auch nicht eine Spur erhalten geblieben –; es befanden sich hier wahrscheinlich auch der kaiserliche Kronschatz und Friedrichs berühmter Harem, von dem der Lateran so viel Aufhebens machte. Aber Friedrich folgte, indem er seine Frauen absonderte und einschließen ließ, nur dem Beispiel seiner normannischen Vorgänger in Sizilien und auch jenem vieler Normannenritter in spanischen Landen und anderen Gegenden, die gern manche Sitte ihrer Feinde übernahmen.

Friedrichs Troß auf seinen Zügen von Kastell zu Kastell, von Palermo durch das kalabrische Bergland nach Apulien, mag dem Zirkus Barnum und Bailey nicht unähnlich gewesen sein. Voran trug der wohlabgerichtete kaiserliche Elefant die Standarte der Hohenstaufen. Kamele und Dromedare schleppten den kaiserlichen Kronschatz. Berittene Armbrustschützen der sarazenischen Leibwache behüteten die verhangenen Sänften der Frauen. Den Fürsten gleich reisten die Falken und Hunde des Kaisers, und nicht weniger vornehm taten sich die auf der Kruppe der Pferde hinter ihren Wächtern herreitenden Jagdleoparden. Benozzo Gozzoli hat an den Wänden der Medicikapelle in Florenz das Bild eines ähnlichen Zuges hinterlassen. Der Troß Friedrichs II. indessen reiste zweieinhalb Jahrhunderte vor der Renaissance und gab ein beredtes Zeugnis von dem halborientalischen Lebensstil des luxuriösesten und kultiviertesten europäischen Fürstenhofes.

Es wurde schon dunkel, als ich in Foggia eintraf, einer überraschend großen und von geschäftigem Leben erfüllten Stadt mit vielen Cafés und Restaurants und zahlreichen teilweise unter staatlicher Regie arbeitenden Papierfabriken (was unserem bürokratischen Zeitalter durchaus angemessen ist). Ich entschied mich für das offenbar erste Restaurant am Ort. In Apulien soll es die besten Schalentiere in ganz Italien geben, und in der Tat: Die *ragazzino*, ein Muschelgericht, schmeckten köstlich; nicht weniger mundeten die *scaloppina al Marsala*, der sich ein Sortiment von einheimischen Schaf- und Ziegenkäsen anschloß. Zum ersten Male kostete ich einen roten Castel del Monte, der in der Umgebung des berühmten Jagdschlosses von Friedrich II. bei Barletta wächst und allgemein (und nicht zu Unrecht, wie ich glaube) als der süffigste der vielen apulischen Weine gelobt wird.

Mein kurzer Erkundungsgang nach dem Essen zeigte mir wenig vorerst Bewundernswertes. Im achtzehnten Jahrhundert erschütterte ein Erdbeben die Stadt, im Zweiten Weltkrieg geriet sie als Eisenbahnknotenpunkt und Standort eines Flughafens unter schwere Bombardements. Neuerstanden demonstriert sie sämtliche Spielarten moderner italienischer Städtearchitektur. Kurz nach neun Uhr schon, und wie nach Zapfenstreich, erstarb in den Straßen das fröhliche Leben und Treiben, die Cafés leerten sich, und binnen kurzem schien Foggia nahezu ausgestorben.

Ich fand mich in einer bei Lampenlicht etwas gespenstisch erscheinenden Umgebung, einem kleinen Park mit Rabatten und Bänken, in dem etwa zwanzig Bronzefiguren von Überlebensgröße standen, Männer und Frauen, von denen einige historische Kostüme, andere moderne Kleider trugen. Wie irgend jemand es fertig bringen konnte, hier, unter den Augen derart bedrohlich sich reckender magerer Scheusale seiner heutzutage ohnehin beklemmenden Zeitungslektüre nachzugehen, schien mir schleierhaft. Ein Polizist informierte mich, daß dieser Garten zum Gedächtnis Umberto Giordanos, eines Komponisten, errichtet worden sei, der von 1867 bis 1948 lebte, Foggias berühmtestem Sohn. Die Bronzefiguren stellten Personen seiner Opern dar. Ich machte eine Notiz und nahm mir vor, in meinem Oxford-Musikführer unter Giordano nachzuschlagen, wo ich später aus der Feder eines ernst zu nehmenden Kritikers erfuhr, daß ‹Fedora› vermutlich die einzige Oper ist, in der auf der Bühne ein Fahrrad erscheint.

Auf der von Foggia in nordöstlicher Richtung nach Manfredonia führenden Straße begegnete mir nur hin und wieder ein Autobus oder ein Bauernkarren mit den für Apulien charakteristischen riesigen Rädern. In der Ferne wurde die Halbinsel von S. Gargano sichtbar, der Sporn am Absatz Italiens, wie sie häufig genannt, als solcher von den meisten Reitersleuten, denen dieser Sporn viel zu hoch säße, aber wohl nicht akzeptiert wird. Imponierend bis auf tausend Meter aus der Ebene der Capitanata aufsteigend, schiebt sich der Bergstock hinein ins Adriatische Meer.

Nun bin ich zwar auf allen von mir aufgesuchten spiritistischen Sitzungen von den Geistern schmählich ignoriert worden, indessen noch immer empfänglich für das Gespensterhafte mancher Häuser und nicht weniger Gegenden. Apuliens Meerebene und das hohe Vorgebirge, dem ich jetzt entgegenfuhr, schienen mir wirklich noch von den Geistern griechischer Abenteurer und Kaufleute belebt zu sein, die sich Jahrhunderte vor der christlichen Ära an den schützenden Buchten angesiedelt und die Kolonien der Magna Graecia gegründet hatten. All dies war zu spüren, auch die spukgleichen Schemen längst vergangener Römer, Byzantiner, Lombarden, Araber und zumal Normannen – jenen mit leeren Taschen hier eingetroffenen, aber in den seidenen Roben von Monarchen ihr Leben vollendenden Banditen und Freibeutern aus dem Norden.

2

Wenige Kilometer vor der Küste führte mich mein Weg durch ein Gebiet, das, zerrissen und aufgewühlt, mir zuerst auf ein Erdbeben in grauer Vorzeit hinzuweisen schien. Ein Blick auf die Landkarte indessen belehrte mich, daß ich hier das einstige griechische Sipus, in der römischen Zeit vor Christus ob seines Weizens, seiner Rinder und Pferde weithin bekannte Sipontum vor mir hatte. Auch Sipontum erging es nicht besser als vielen anderen Städten der Antike: es überstand die Angriffe aller seiner Feinde, nur nicht jene der Fiebermücke. Im Mittelalter war die Stadt zu einem üblen Malariasumpf geworden. Manfred, der uneheliche Sohn und Nachfolger von Friedrich II., siedelte die Bewohner nach seinem neuerbauten Hafen Manfredonia um. Angeblich mußte die Stadt erst bis auf die Fundamente geschleift werden, ehe sich die Bevölkerung zum Auszug bereit zeigte, und es ist bezeichnend für Süditalien, daß man das Gelände in diesem Zustand über sieben Jahrhunderte unverändert belassen hat.

Eine Kirche in einem kleinen Pinienwäldchen abseits der Straße scheint offenbar das einzige zu sein, das von dieser dereinst großen Stadt übriggeblieben ist. Ein alter, auf der Straße arbeitender Mann bezeichnete sie mir als das berühmte Heiligtum S. Maria di Sipontum; hier, unter den Pinien finde alljährlich ein Markt statt, und Pilger aus allen Gegenden des Landes kämen herbei, um die Madonna zu sehen.

Von quadratischem Grundriß und im byzantinisch-romanischen Stil erbaut, stellt diese Kirche einen letzten noblen Zeugen der verschwundenen Stadt dar. Bewundernd ruhte mein Blick auf den reichen Steinreliefarbeiten des Portalteils mit seinem feingewölbten runden Bogen und den – wie bei lombardischen Kirchen Norditaliens – auf Löwenrücken ruhenden Säulen. Das Kircheninnere bot wenig Sehenswertes. Von der berühmten Madonna war nichts zu entdecken. Ich klopfte an die Tür eines kleinen, an die Kirche angebauten Hauses, das bewohnt zu sein schien. Eine alte Frau öffnete mir, und als ich nach der Madonna fragte, holte sie einen Schlüssel und führte mich, ohne ein Wort zu sagen, über viele Treppen hinab in eine Krypta.

Das einzige dort vorhandene Licht gaben Kerzen, die auf einem Altar vor einem verhangenen Schrein brannten. Vom Boden bis zur Decke hinauf waren die Wände mit Exvotos behangen, wie man sie anderswo wahrscheinlich nicht finden dürfte. Ich entzündete Streichhölzer, eines nach dem andern, und gewahrte, ehe die Flämmchen jeweils verlöschten, Beine, Arme, Hände, ganze Brustkörbe und Mägen aus Gips und Wachs modelliert. Etliche waren schrecklich bemalt, und alle waren verschmutzt. Ich sah Krücken, Eisenkorsetts, Beinschienen und Bruchbänder. Als die Zündhölzer schließlich verbraucht waren, half ich mir mit dem Feuerzeug weiter. Prüfend glitt mein Blick über eine erstaunliche Ausstellung von Aquarellen, auf denen Frauen, Männer und Kinder zu sehen waren, welche alle dank dem gnädigen Eingreifen der zumeist in Wolken am oberen Bildrand auftauchenden Jungfrau von Sipontum dem jähen Tode entkommen waren. Meines Wissens gibt es kein Buch über Votivbilder und andere Exvotos, obgleich sich dieses Thema für eine Darstellung geradezu anbietet. Welch einen überquellenden Schatz an dramatischem Stoff bergen Heiligtümer von der Art der S. Maria in Sipontum! Rettung aus Eisenbahnen, aus Autos, aus Schiffen in Seenot und aus Fahrzeugen dicht am Abgrund, deren Sturz in die Tiefe nur die Madonna verhindert hatte. Ich bin mir darüber nicht im klaren, ob diese Errettungen aus höchster Not auch die Kraft zur eigenen bildlichen Darstellung des Geschehens verleihen oder ob sich allerorts talentierte Leute in den Gemeinden befinden, die diese Bildchen für ihre Freunde malen.

Als auch das Feuerzeug streikte, half mir die alte Frau mit einer Kerze vom Altar aus. Und nun erkannte ich Anzüge, Kleider, verstaubte Hüte, Spazierstöcke, Schirme und sogar ein Brautkleid aus einem Stoff, der einst weißer Satin gewesen sein mußte, das nun aber zerschlissen, von Motten zerfressen, schlaff und verdreckt mitsamt einem armseligen Brautkranz aus künstlichen Orangenblüten von einem verrosteten Nagel herabhing. Was mag eine solche Gabe an die Muttergottes wohl veranlaßt haben! War es Dankbarkeit, war es Verzweiflung, Ratlosigkeit oder eine Tragödie gewesen?

Ein fadenscheiniger Vorhang verdeckte die Muttergottes-Statue. Die Frau zog an einer Schnur, und nun zeigte sich im gelblichen Schimmer der Kerzen das Bildnis einer großen byzantinischen Madonna. Die Jahre hatten ihr Antlitz erdunkeln lassen; auf ihrem Schoß hielt sie einen kleinen braunen Römerknaben mit kurzgeschorenen Haaren, der an die römischen und griechischen Porträts erinnerte, wie man sie zuweilen auf den Mumienbehältern der ptolemäischen Epoche sieht. Die Ikone vervollständigte den Eindruck von Verfall und Alter und gab der dunklen Krypta etwas Geheimnisvolles. Und doch mußte ich mitfühlend jener gedenken, die der Muttergottes derart groteske Bekundungen ihres Leides dargebracht hatten.

Mein Weg führte mich weiter nach Manfredonia, wo sich mir ein bezaubernder Anblick bot, der bei näherer Bekanntschaft allerdings nur ein windiger kleiner Hafen aus neuerer Zeit ist. Die Stadt war 1620 von den Türken geplündert und niedergebrannt worden, die jedoch nichts gegen das Kastell am Meer ausrichten konnten, das allen späteren Umbauten zum Trotz noch immer eine jener wuchtig gedrungenen quadratischen Burgen mit runden Wachtürmen ist, wie sie vor Erfindung der Feuerwaffen erbaut worden sind. In strategisch günstiger Lage überblickt es das Meer, auf dessen Wassern die Fischerboote unter safrangelbem Segel in den Hafen gleiten. Eine baufällige Brücke führt über den Burggraben, doch ich fand die Anlage verschlossen. Manfredonia hat nur wenig Besucher und kann sich den Luxus eines Aufsehers nicht leisten. Ein Anschlag am Tor indessen ließ wissen, daß man auf Antrag im Rathaus einen Schlüssel ausgehändigt bekäme. Was das bedeutete, konnte ich mir vorstellen: lange, umständliche Erklärungen im *municipio,* Boten, die sich hastig auf die Suche nach dem Stadtsekretär begeben mußten, und dann: Untröstlichkeit, Bedauern, Entschuldigungen – der gesuchte Mann hatte den Schlüssel leider nach Foggia mitgenommen.

Ich entschied mich gegen eine Besichtigung. Zudem entdeckte ich durch eine Spalte des mit Brettern verschlagenen Tors die mir schon aus Lucera bekannte Wildnis. Eines Tages vielleicht, wenn sich die Archäologen des alten Kastells annehmen, wird auch nach Manfredonia das gute Touristengeld strömen und vor dem Tor ein Fremdenführer mit Schirmmütze seine Geschichten über den braven König Manfred und den schlimmen in ganz Apulien wenig geschätzten Karl von Anjou an den Mann bringen. Vorläufig jedoch verbleibt diese mächtige Festung so, wie Schicksal und Zeitläufte sie hinterlassen haben.

Nach wenigen Kilometern, landeinwärts von der Adria wegführend, windet sich die Straße kurvenreich ins Bergland hinauf, wo auf dem steinigen Boden krumme Olivenbäume und breite Büschel roter Mohnblumen wachsen. Ich fühlte mich an Judäa erinnert. Als ich anhielt und zum Meer zurückblickte, hörte ich das Sirren der Zikaden in der Wärme des Morgens.

Die Halbinsel Gargano ist eine jener Gegenden, die offenbar für Geschehnisse übernatürlichen Ursprungs besonders geeignet sind. Hier befinden sich zwei heilige Stätten, die eine von großem Altertumswert, während die andere aus der Neuzeit stammt. Bei der ersten handelt es sich um die Kirche des heiligen Michael, des Erzengels vom Monte S. Angelo, Vorläufer aller Michaelsberge in der westlichen Welt, bei der zweiten um das Kapuzinerkloster, in dem lange Jahre hindurch der stigmatisierte, für viele als Heiliger und Wundertäter geltende Padre Pio gelebt hat.

Ich fuhr zunächst nach Monte S. Angelo, das bei der normannischen Eroberung von Süditalien eine Rolle gespielt hat. Diese Stadt lag einst an der Hauptroute der Kreuzfahrer. Häufig legten die aus Venedig und anderen adriatischen Häfen kommenden Schiffe im längst verschwundenen Sipontum an, von wo aus der Aufstieg zum Monte S. Angelo nicht länger als eine knappe Stunde Zeit in Anspruch nahm. Die Geschichte dieses Heiligtums erinnerte mich an die Legenden, die mir in den spanischen Pyrenäen berichtet wurden. Demnach hatte im Jahre 490 n. Chr. ein Mann einen starken Stier verloren und ihn schließlich oben auf dem Berg, vor dem Eingang einer Grotte, wiedergefunden. Er versuchte, das Tier wegzulocken. Als dies mißlang, schleuderte der Mann zornig einen Pfeil gegen den Stier, der ihn jedoch verfehlte, wie ein Bumerang zurückflog und nun den Mann traf. Fassungslos ob solcher Bosheit geisterhaften Wirkens wandte sich der Mann ratsuchend an den Bischof von Sipontum, den heiligen Laurentius.

Und nun vollzog sich eine jener von der Frühkirche recht häufig geförderten Verdrängungen: Selten nur schlug die Ersetzung eines alten Gottes durch einen neuen Heiligen fehl, vor allem dann nicht, wenn sich einige der Eigenschaften der bisherigen Gottheit auch bei ihrem Nachfolger feststellen ließen; und mit Hilfe von Weihrauch, Weihwasser und Kerzen ließ sich der Konvertit überzeugen, daß zwischen Kirche und Tempel nicht allzuviel Unterschied bestehe. Den Kenner wird es nicht überraschen, daß die Grotte auf dem Monte Garganus lange als das Heiligtum eines seiner Traumheilung wegen berühmten heidnischen Orakels gegolten hat. In das Fell eines schwarzen Schafbocks eingewickelt, hoffte der Hilfesuchende dort, im Schlaf durch das Orakel geheilt zu werden. Und es war genau jene Art heidnischer Kultstätten, in denen der Erzengel Michael zu erscheinen pflegte.

Seinen Anfang nahm dieser Kult am Bosporus und in Kleinasien, und zwar durch Förderung des Kaisers Konstantin, der einstmals eine Kultstätte in Sosthenium aufsuchte, die wegen ihrer Traumkuren bekannt war und in der sich auch die Statue einer Gottheit mit Flügeln befand. Im Schlaf erschien dem Kaiser ein Mann mit Flügeln und gab sich als Erzengel Michael zu erkennen. Als der Kaiser erwacht war, zerstörte er Heidenstätte und Heidengott und hieß dem Heiligen eine Kirche bauen, das erste von vier dem Erzengel in und um Konstantinopel geweihten Gotteshäusern. Die Altäre des heiligen Michael waren gewöhnlich Stätten der Heilung, und sie waren stets einem Brunnen, einem Wasser oder einer heiligen Quelle benachbart.

Die Geschichte wiederholte sich somit lediglich, als der Bischof zur Grotte eilte, um die seltsame Angelegenheit des verlorengegangenen Stiers zu untersuchen. Im Gebet versunken erblickte er einen Mann mit Flügeln im scharlachroten Mantel, der sich – um nur einige seiner Titel und Funktionen zu nennen – als der heilige Michael, Erster unter den sieben Erzengeln, Anführer der himmlischen Heerscharen, Registrator der bösen und guten Taten der Menschen und Wächter vor dem Tor der Hölle ausgab und, wie er erklärte, auf diesen Bergesgipfel herabgestiegen sei, um die heilige Grotte aus ihrem früheren Orakelplatz zu reißen und statt desssen einen christlichen Altar erstehen zu lassen. Und er legte dem Bischof die Verpflichtung auf, diese Grotte ihm, Michael und allen seinen Engeln, zu weihen.

Zitternd betrat der Bischof die düstere Höhle und sah sie plötzlich von einem gleißenden Lichtschein erfüllt. In einer Ecke erblickte er einen vom Erzengel geweihten und nach byzantinischer Art in Purpur gehüllten Altar. So also gelangte der Michaelskult aus Byzanz ins byzantinische Apulien. Das Heiligtum auf dem Monte S. Angelo wurde eines der beliebtesten Wallfahrtsziele der Christenheit.

Vom Monte Garganus aus soll der Erzengel in der Folge mehrere nicht minder bedeutsame Ausflüge unternommen haben. Im Jahre 590, als in Rom die Pest umging, habe ihn Papst Gregor der Große gesehen, als er auf dem Grabmal des Hadrian das Schwert in die Scheide steckte zum Zeichen dessen, wie der Papst erklärte, daß die Pest nunmehr vorüber sei. Im Jahre 708 soll er abermals ausgeflogen sein, diesmal zum Gipfel eines Berges in der Normandie, wo man eine heilkräftige Quelle entdeckte. Diese Weihestätte ist unter dem Namen Mont Saint-Michel berühmt geworden. In England wurde auf Ersuchen von Eduard dem Bekenner der Sankt-Michaels-Berg in Cornwall der Amtsgewalt der normannischen Benediktiner unterstellt.

Kein Volk verehrte den heiligen Michael glühender als die Normannen, die ihn als einen himmlischen Krieger, einen unablässig gegen das Böse ankämpfenden Heiligen verstanden, dessen Schwert ebenso selten wie das ihre in der Scheide blieb. Wenn sie seinen Segen für ihre blutrünstigen Unternehmungen erflehten, so sahen sie in ihm ein übernatürliches Wesen, bei dem es sich in Wahrheit um einen Normannen handele. So ist es verständlich, daß diese von alten Erinnerungen an göttliche Drachentöter vielleicht nicht ganz freien Kriegersleute auch die Urzelle, die allererste Stätte des Auftretens des Erzengels im Abendland, gern besuchten.

Manches davon ging mir durch den Kopf, während ich die Straße hinauf zum Wallfahrtsort fuhr. Die Landschaft wirkte kahl und freudlos, glich da und dort dem steinigen Land, an anderen Stellen jedoch dem mit Oliven und Mandeln gesegneten Land, wie es das Gleichnis berichtet. Nach einer Straßenkrümmung sah ich den sich gegen den Himmel abzeichnenden, auf einen Hügelkamm gebetteten Ort Monte S. Angelo. Nun kann man die Hoffnung auf ein reizvolles Bild der Vororte einer durchschnittlichen italienischen Stadt heutzutage getrost fahrenlassen; denn in den meisten von ihnen machen sich scheußliche Betonkästen mit betten- und wäschebehangenen Balkonen breit, in deren Schatten auf den noch unfertigen Straßen die Kinder spielen. Auch Monte S. Angelo schenkte mir diesen ersten Eindruck. Dann kam ich in eine enge Hauptstraße, in deren Mitte sich die unter der Erde liegende, über sechsundachtzig (einige behaupten, es seien siebenundachtzig) Stufen zugängliche Kirche befindet. Es ist eine sehr seltsame Stadt, die vor Hunderten von Jahren einmal die Heimat von Höhlenbewohnern gewesen sein muß. Viele Häuser zeigen noch immer die Form einer Höhle, ja selbst in der Hauptverkehrsstraße wird der troglodytische Stil der Stadt durch Treppenstufen bewahrt, die zu Höhlenläden und grottengleichen Weinschenken hinabführen.

Man gelangt in die Kirche des *Arcangelo* über einen gotischen, von Souvenirbuden eingesäumten Hof. Dies ist vermutlich einer der ganz wenigen Orte, wo man noch einen echten Pilgerstab kaufen kann, auf dessen Spitze ein Pinienzapfen befestigt ist; er soll die Herkunft vom Monte Santangelo beweisen, obwohl ich dort keine einzige Pinie sah. Ich betrachtete mir eine Sammlung billiger Devotionalien, vor allem kleine figürliche Darstellungen des mit Speer oder gezogenem Schwert gewappneten Erzengels. Sie waren aus Gips, etliche aus Kunststoff und wenig anziehend, andere bestanden aus Zinn. Da gab es Rosenkränze, Schals, Körbchen und kleine Weihwasserbecken. Leider erspähte ich nichts von jener Spezialität des Wallfahrtsortes, von der man mir berichtet hatte, nämlich kleine Honigkuchenpferde und mit Käse gefüllte Pferdchen.

Ein gotischer Doppelbogengang leitete zu den vielen Treppen, und auf einem der Bogen war eine lateinische Inschrift zu lesen, welche besagte: «Dies ist ein Ort, der Ehrfurcht gebietet, das Haus Gottes und das Tor zur Hölle.» Gewiß, er weckte Ehrfurcht, und vermutlich läßt sich kein beklemmenderer Zugang zum Tor der Hölle vorstellen als dieser Abstieg im Halbdunkel unter gotischem Gewölbe. Er hätte genausogut in einen Kerker führen können. Die Stufen endeten in einem kleinen Atrium, das zum Himmel hin offen ist, rundherum läuft eine von einem Geländer eingefaßte Galerie. Mehrere alte Bauersleute standen dort oben, beteten flüsternd und bekreuzigten sich jedesmal, wenn sie das Geländer berührten.

Nur wenige Schritte entfernt befanden sich die Kirchentüren, die zu den schönsten alten Arbeiten gehören, die Italien aufweist. Im elften Jahrhundert beschloß ein reicher Kaufherr namens Pantaleone, der Erste Mann der amalfischen Kolonie von Konstantinopel, der Kirche des heiligen Michael zwei Türflügel aus damasziertem Silber zu stiften. Dies sind die gleichen Türen, die der Besucher auch heute noch auf dem Weg zur heiligen Höhle passiert. Jeder Flügel ist in vierundzwanzig bronzene Tafeln, Meisterstücke byzantinischer Gießereitechnik, eingeteilt, und jede dieser Tafeln zeigt einen Vorgang aus der biblischen Geschichte bis zur Erscheinung des Erzengels Michael vor dem Bischof von Sipontum. Noch immer läßt das von byzantinischen Schmieden bearbeitete Silber die Konturen der Gestalten, ihrer Gesichter, des Faltenwurfes ihrer Gewänder lebendig werden; die Arbeit ist nahezu vollständig erhalten geblieben. Eine Inschrift verzeichnet die Jahreszahl 1076 und bittet den Besucher um ein Gebet für Pantaleone, den Stifter. Am Fuß der Türen ist eine Ermahnung der Silberschmiede an die Priester angebracht: Sie sollen mindestens einmal im Jahr die Türen reinigen lassen, damit sie stets ihren Glanz behalten. Sie glänzen schon lange nicht mehr, haben statt dessen jedoch die schöne Patina alter Münzen angenommen.

Auswärtige und Einheimische, das Landvolk aus Süditalien und die Besucher aus Regionen, wo man sich allgemein für welterfahrener hält, erkennt man an der Art, wie sie die Kirche betreten. Während die Leute von außerhalb geradeswegs und ohne weiteren Aufenthalt hineingehen, betreten die Bauern die Kirche erst, nachdem sie die aus den Löwenmäulern hängenden Bronzeringe gegen die Tür geschlagen haben. Manche von ihnen küssen auch jene Stelle der Hand, die die Bronze berührt hat. Ich ging hinein und sah als erstes den warmen Lichtschein von Kerzen vor dem unter schrägem Felsgestein stehenden Hochaltar. In dieser großen Höhle kann sich in den vergangenen Jahrhunderten nur wenig verändert haben. Es ist noch immer die kalte Grotte, wie sie von der Natur geschaffen wurde und in der die bei Kalchas Rat Suchenden in ihren schwarzen Bocksfellen geschlafen haben. Auch die Bekehrung zum Christentum hat den rohen Felswänden nichts anhaben können, von denen unablässig das Wasser tropft und den Boden allmählich mit einer glitschigen Schlammschicht überzieht. In allen Vertiefungen sammelt sich das Wasser, aber dies kümmert die frommen Pilger nicht. Sie knien überall nieder, gleichgültig, ob es dort naß oder schmutzig ist.

In einer dunklen Nische in der Nähe eines Seitenaltars sah ich zwei Bauern auf den Knien einherrutschen. Es war ein seltsamer und bedrückender Anblick. Ich hatte diese Bekundung von Reue und Zerknirschung zuletzt in einer spanischen Kirche erlebt. Bei kirchlichen Festen in Süditalien ist sie, wenn offiziell auch nicht gefördert, noch immer allgemein üblich. Das Ablecken des Kirchenbodens, diese äußerste Demütigung, ist inzwischen untersagt worden. Aufmerksam beobachtete ich die beiden Gestalten, da man dergleichen heute nur noch selten zu sehen bekommt. Eine Ausnahme bildet natürlich die Scala Sancta in Rom, wo man dem ursprünglichen Ritus folgend die Treppen hinaufrutscht. (Mehr als nur ein Caesar hat sich auf eben diese Weise zum Kapitol hinaufbewegt.) Hinter dem Altar entspringt die für Heiligtümer des Michael übliche heilkräftige Quelle. Dort schöpft man das Wasser mit einem silbernen Eimer und reicht es dann – leider in Kunststoffbechern – an die Wallfahrer weiter.

In der Nähe dieses Altars steht die berühmte, überall in Monte S. Angelo hemmungslos reproduzierte und in Abbildungen in alle Winkel Süditaliens mitgeschleppte Statue des Erzengels. Die gewiß schöne ursprüngliche Figur ist bei einem der vielen Überfälle auf die heilige Stätte eingeschmolzen worden. Die heutige, aus dem siebzehnten Jahrhundert stammende und Sansovino, ja absurderweise sogar Michelangelo zugeschriebene Statue zeigt nicht den kriegerischen Erzengel, sondern eine ziemlich nichtssagende Figur. Sie hätte auch aus Marzipan gestaltet sein können.

Dann erspähte ich, nicht weit entfernt davon, in der Dunkelheit etwas wirklich Interessantes, nämlich einen auf zwei Löwen ruhenden Bischofsstuhl aus Marmor. Auf der einen Seite war die Gestalt des Erzengels als Drachentöter eingemeißelt; die Rückseite des Stuhles zeigte typisch arabische Ornamentik aus verschlungenen Kreisen und anderen geometrischen Figuren. Der diesem Stuhl immer wieder zugeschriebene Ursprung aus frühester Zeit ist jedoch wenig glaubhaft. Mir schien es sich eher um eine Arbeit aus dem normannischen Sizilien zu handeln. Vielleicht war er das Geschenk eines der ersten normannischen Könige.

Eines der in dieser düsteren Höhle mühelos zu rekonstruierenden Ereignisse war die Rückkehr von etwa vierzig normannischen Rittern aus dem Heiligen Land im Jahre 1016. Wahrscheinlich handelte es sich bei ihnen um jene Männer, die bei ihrer Landung in Salerno die Stadt von den Sarazenen belagert vorfanden, zu den Waffen griffen und den Ungläubigen einen derart erbitterten Kampf lieferten, daß die Räuber schleunigst zu ihren Schiffen eilten und das Weite suchten. Dies beeindruckte den Gebieter Salernos so sehr, daß er den Fremden reiche Belohnung versprach, wenn sie nur dablieben und für ihn streiten wollten. Es drängte die Männer jedoch, in die Heimat zurückzukehren. Also lehnten sie das Angebot ab und schieden, beschenkt mit seltenen Früchten, mit Seidenstoffen und anderen Dingen, die dazu angetan waren, die Freunde zu Hause zu einer Reise nach Italien zu verlocken. Fast das gleiche Anerbieten wurde ihnen in Monte S. Angelo gemacht. Ein im Exil lebender Edelmann aus Bari, ein Lombarde, wandte sich an die Normannen und bat sie um Waffenhilfe bei der Vertreibung der Byzantiner. Und sie gaben die gleiche Antwort, nämlich, daß sie ihren Freunden in der Normandie von diesem militärischen Vorhaben erzählen wollten. Die Geschichte beweist, daß sie es auch getan haben. Kurz nach ihrer Heimkehr setzte der Wanderzug normannischer Söldner nach Apulien ein, und damit begann die normannische Invasion und die Eroberung von Süditalien.

Als sich die Normannen zu Königen von Sizilien machten, wurde die Halbinsel Gargano zu einem Bestandteil der Mitgift der sizilischen Königinnen. Einmal hat sie zwei englischen Prinzessinnen gehört: Johanna, der Tochter des Plantagenet Heinrich II., die sich mit Wilhelm II. von Sizilien vermählte, und Isabella, der Tochter von König Johann, der dritten Gemahlin des Kaisers Friedrich II. Es ist reizvoll, sich vorzustellen, daß diese beiden englischen Prinzessinnen auch das berühmte Heiligtum besucht haben; und gewiß sind sie hier gewesen, obgleich die Halbinsel für Johanna zum Anlaß großer Besorgnis wurde. Als Wilhelm II. im jugendlichen Alter und ohne Erben starb, warf sich Tankred zum König auf. Er sperrte die Witwe ein und bemächtigte sich ihrer Erblande. Einen ungünstigeren Augenblick hätte er sich dafür freilich nicht aussuchen können, denn gerade zu dieser Zeit kam mit seiner Armee der Bruder der Königin, Richard Löwenherz, auf dem Wege zum Heiligen Land die italienische Westküste herabgezogen. Tankred mußte Johanna ihrem Bruder ausliefern und mit ihr noch eine gewal-

Hütten an den Abhängen des Monte Gargano

tige Summe Goldes für die Herrschaft über Monte S. Angelo. Es heißt, Richard und Johanna sollen dieses Geld auf dem Kreuzzug binnen kurzem vergeudet haben.

Daß man in Monte S. Angelo heutzutage noch mit einer großen Summe Goldes rechnen könnte, hielt ich für unwahrscheinlich, denn hier ist, im Gegensatz zu manch anderen Wallfahrtsorten, der Wohlstand ausgeblieben. Dies mag teilweise durch das wohltuende Fehlen kommerzieller Betriebsamkeit begründet sein. Es erklärt vielleicht auch, weshalb ich weder ein Hotel noch ein Restaurant finden konnte. Hilfesuchend wandte ich mich an einen Vorübergehenden. Er schickte mich zu einem abseits der Hauptstraße gelegenen Tor, durch das ich über viele Stufen in eine Grotten-Trattoria hinabgelangte. Dort standen auf unterschiedlicher Bodenhöhe und überdacht vom rohen Felsgestein Tische, die mit sauberen Tischtüchern bedeckt waren. Auf jeden Tisch war eine Karaffe mit Rotwein gestellt worden. Bauern und die örtlichen *signori* waren zugegen. Gleich neben mir hatte ein Reisender aus Bari Platz genommen. Er handelte mit Plastikeimern und Küchengeräten und blickte so unglückselig drein, wie es nur ein junger Italiener kann, der irgendwo nicht zum Zuge gekommen ist. Sein normaler Verkaufsbezirk sei Brindisi und Tarent, erzählte er, aber leider sei er durch die Erkrankung eines Kollegen gezwungen worden, auch diese abscheuliche Halbinsel Gargano zu beackern. «Eine barbarische Gegend!» meinte er. Auch das reizende junge Mädchen, das uns im karierten Rock bediente und in dessen Haar kastanienrote Lichter aufflackerten, konnte ihn nicht aus seiner Melancholie erwecken.

Ich bekam eine kräftige Suppe vorgesetzt, und darauf folgte der beste Ziegenbraten, den ich seit meinem Aufenthalt in Griechenland vor vielen Jahren verspeist hatte. Dort war dieses Gericht stets *agneau de lait* genannt worden. Anschließend erhielt ich einen bleichen, gummiartigen Käse aus Schafmilch, dem ich sicherlich nicht noch einmal nachjagen würde, obwohl er zugegebenermaßen recht gut zum starken, herben Wein und zu der felsigen Höhle von vorhin paßte.

Dann machte ich einen Spaziergang durch die Stadt, besichtigte einen Glockenturm aus dem zwölften Jahrhundert, und ein Kastell, das von den Normannen (ich glaube von Robert von Hauteville, dem Guiscard) erbaut worden war. Endlich begegnete ich am Straßenrand einer im Schatten der Bäume Schutz suchenden Ziegenherde. Silhouetten gleich hoben sich manche der Tiere von den sonnenüberschienenen Abhängen des gegenüberliegenden Berges ab. Ich betrachtete dieses harmonische Bild, als mir plötzlich auffiel, daß mich anscheinend eine der Ziegen aus der Herde mit feindseligen und zugleich neugierigen Blicken verfolgte. Ich sah näher hin und erkannte, daß es ein junger Mann war, der sich da unter dem Ziegenvolk verbarg. Mit einem Paar Hörner am Fellmantel wäre er vermutlich überhaupt nicht auszumachen gewesen. Erfreut darüber, hier einem echten Ziegenhirten, zumal einem so panähnlichen zu begegnen, rief ich ein paar Grußworte hinüber. Aber vielleicht erschreckte es den armen Kerl, in einer anderen Sprache als der der Ziegen angeredet zu werden. Er schleuderte einen giftigen Blick zurück, sprang auf, rannte zwischen Findlingen bergab und war verschwunden. Ein jähes Hochwerfen bärtiger Köpfe, Klicken eilig über Steine hastender Hufe, Glöckchengeklingel – und am Straßenrand war nichts mehr zu sehen.

3

In den Nachmittagsstunden fuhr ich weiter nach dem nur etwas über zwanzig Kilometer von Monte S. Angelo entfernten und etwas niedriger gelegenen S. Giovanni Rotondo, jener Stadt, die buchstäblich in den Fußspuren des Padre Pio gewachsen ist und den wohl Millionen von Katholiken in aller Welt für einen Heiligen halten. Ich wußte von ihm nicht mehr als das, was ich gelegentlich gelesen hatte: Er stammt aus bäuerlicher Familie und ist jetzt über achtzig Jahre alt. (Pater Pio starb kurz vor Drucklegung dieses Buches am Sonntag, dem 22. September 1968. Wenige Tage zuvor hatte er noch in seinem Rollstuhl den fünfzigsten Jahrestag seiner Stigmatisierung gefeiert. An seiner Bestattung am 24. September 1968 in S. Giovanni Rotondo haben mehr als 50 000 Menschen teilgenommen.) Vor etwa fünfzig Jahren waren die Stigmata – die Kreuzigungswunden – an Händen, Füßen und der Seite aufgetreten; seine Wunden bluten noch immer; er soll Wunder vollbringen, Gedanken lesen können und die Fähigkeit besitzen, an zwei Orten zugleich zu sein.

Ich erinnerte mich auch daran, daß die Kirche, die nicht gern über Heilige urteilt und eine Abneigung gegen Massenhysterie hat, Pater Pio das Predigen und Schreiben untersagte. Da er mit Hilfe der Geldspenden von arm und reich jedoch das schönste Krankenhaus Süditaliens, eines der modernsten in ganz Europa, gebaut hat, war er mit Rücksicht auf diese Arbeiten für die Stiftung vom Gelübde der Armut befreit worden.

Mehr wußte ich nicht, als ich an diesem Nachmittag in S. Giovanni Rotondo einfuhr und sah, wie sich das alte Dorf um die kreisförmige Johanneskirche (den ehemaligen Janustempel) drängte, wo eine moderne und zu beiden Seiten von zumeist neuerbauten Hotels, Pensionen und Villen gesäumte Straße beginnt. Sie endet vor dem Kapuzinerkloster, in dem Pater Pio fünfzig Jahre lang gelebt hat. Im rechten Winkel dazu erhebt sich vor der mächtigen Kulisse des Monte Calvo das sechsstöckige Krankenhaus.

Bevor ich mich auf Zimmersuche begab, machte ich einen Gang durch die Stadt. Sie quoll über von Souvenirläden mit Büchern über Pater Pio und mit Postkarten, die den Gottesmann, unter betonter Berücksichtigung der blutenden Hände, bei der Feier der Messe zeigten. Ich betrachtete Nahaufnahmen auf Glanzpapier. Beide Handinnenflächen zeigten die niemals ganz verheilenden Narben, die auf den ersten Blick wie eine Pelzbandage aussehen. Die Möglichkeit, einem lebenden Stigmatisierten gegenüberzutreten, muß jeden, der die Lebensgeschichten des heiligen Franz und der Katarina von Siena gelesen hat, faszinieren und vor außergewöhnliche Fragen stellen.

Wie eindeutig sich S. Giovanni Rotondo in die Aura der Heiligkeit begeben hat, war mir nicht entgangen. Ich sah eine Pension mit dem Namen Ave Maria, ein Restaurant, das sich San Pietro und ein anderes, das sich Villa Pia nannte und zudem auf seine «allernächste Nähe zum Kloster des Pater Pio» hinwies, was wohl nur in geographischer, nicht jedoch in faktischer Hinsicht zutreffen dürfte, nachdem Pater Pio schließlich nur einer von etwa einem Dutzend im Kloster lebender Kapuzinermönche ist. Schließlich entschied ich mich für das «Santa Maria delle Grazie», ein gutes Haus, in dem man Zimmer mit Bad haben kann. Es gab dort sogar eine amerikanische Bar. In diesem Hotel mit seiner angenehmen Halle und einem großen Restaurant (das eine beachtliche Weinkarte anbot) wimmelte es von denjenigen, die den Armen noch nicht alles geopfert hatten.

Der bestellte Tee wurde mir ohne jenen in entlegenen Gegenden Italiens noch immer üblichen leichten Anflug von Entrüstung serviert. Ich nahm mir eine amerikanische Zeitschrift, die auf einem Tisch in der Nähe lag, eine drei Jahre zuvor erschienene Ausgabe, die dennoch viel Interessantes bot und dem Thema Wallfahrten gewidmet war. «Italien ist herrlich ... Wollen Sie Pater Pio sehen? Dann buchen Sie eine Ave-Maria-Tour. Es wird Ihnen nichts entgehen!» verhieß eine ganzseitige Anzeige. Der Titel eines Artikels lautete: «Kann dieser Mann Wunder vollbringen?», der eines anderen: «Ich erlebte, wie sie seine Wunden reinigten.» Ich war ein wenig entsetzt und fragte mich, wo es heutzutage wohl noch möglich sei, diesem Mangel an Zurückhaltung zu entgehen.

Ich hatte bisher nur Sanktuarien von Heiligen besucht, die schon tot waren – ein Zustand übrigens, den die Kirche entschieden bevorzugt. Vielleicht nahm ich deshalb an, man werde Pater Pio, selbst wenn er sich zeigen sollte, nur mit Schwierigkeiten begegnen können. Aber nein, nichts sei leichter als dies, ließ mich ein Bediensteter des Hotels zu meiner Überraschung wissen. Jeden Morgen um fünf Uhr erhoben sich alle Gäste, um an der Fünf-Uhr-dreißig-Messe des Paters, dem großen Ereignis des Tages, teilzunehmen. Auf Monate hinaus war sein Beichtstuhl für die Damen, auf Wochen hinaus für die männlichen Beichtkinder ausgebucht. Und jeden Abend um halb sechs erschien er zur Segnung in der Kirche. Es war schon fast fünf Uhr nachmittags, als ich dies hörte, und ich begab mich eiligst dorthin.

Das Kloster war nur eine kleine Anlage mit einem bescheidenen Kirchlein gewesen, als Pater Pio nach dem Ersten Weltkrieg hier einzog. Das Kloster hat sich seitdem nicht verändert. Die Kirche allerdings mußte zu einer großen Basilika umgebaut werden, damit die herbeiströmenden Menschenmengen Aufnahme fänden. Davor wurde ein riesiger Parkplatz angelegt, auf dem sich häufig Autos und Reisebusse drängen; ja selbst an ruhigen Tagen warten dort Busse, die einen regelmäßigen Zubringerdienst vom Bahnhof in Foggia versehen. Ich ging hinein; selbst in den Seitenschiffen und um den Altar standen die Menschen dichtgedrängt. Es ist ein kahles Gebäude mit einer Empore an allen Seiten und ohne architektonischen Wert; auf mich wirkte es eher wie ein Postamt, das man rasch für höhere Zwecke hergerichtet hatte.

Das Flüstern der Menge verstummte plötzlich, und schweigend erhob sich die Gemeinde, als sich an der nördlichen Seite eine Tür öffnete und zwei Mönche mit schwarzen Bärten in braunen Kapuzinerkutten, die Kapuzen zurückgeschlagen, einen sehr alten Mann in das Innere geleiteten. Sie stützten den nur mühsam sich Bewegenden. Pater Pio ist grauhaarig und weißbärtig. Die Wangen sind hohl, und in sein Gesicht haben sich die Spuren eines Lebens in Gebet und Schmerzen eingegraben. Dennoch ist es kein ungewöhnliches, sondern das typische Gesicht so manches alten Mönches, dem man immer wieder in den Kirchen und auf den Straßen Italiens begegnen kann. Es war gewiß ein bewegendes Erlebnis, Pater Pio zu sehen und sich dabei nicht nur der außergewöhnlichen Berichte über die ihm verliehenen spirituellen Gaben zu erinnern, sondern sich auch vorzustellen, daß draußen am Fuße des Berges ein Krankenhaus mit tausend Betten steht, das dieser ans Gelübde der Armut gebundene Mann den Armen zu bauen vermocht hat. Der Pater senkte das Gesicht in die Hände und betete. Ich sah, daß jede Hand in einem Fäustling steckte, der die Male verhüllte, die Finger indessen freiließ.

Die Aufmerksamkeit der Gemeinde war nicht nur nicht zu übersehen, sie war auch zu spüren. Wie gebannt starrten die Menschen auf die braune Gestalt und auf die Hände. Als die Segnung zu Ende ging, bemerkte ich, daß einige Männer zur Sakristei eilten. Als der Priester den Altar verließ, stürzten die Männer auf deren Türe zu. Ich schloß mich ihnen an und befand mich plötzlich in einer erstaunlich schönen Halle mit einer Marmortreppe, die ins Obergeschoß führte. Die Männer sprangen diese Treppen hinauf, und mir war bald klar, weshalb: Dies war der Weg, den der Pater von der Empore zu seiner Zelle nahm. Diese Audienz finde täglich, jeden Morgen und jeden Abend, statt, erzählte man mir. Frauen dürfen ihren Fuß nicht über die Schwelle des Klosters setzen, wohingegen es allen männlichen Besuchern gestattet sei, dem Pater unter die Augen zu treten.

Wir mußten nicht lange warten. Es war wie bei einer Papstaudienz: Alle sanken auf die Knie, als sich Pater Pio, auf die Schultern der beiden Mönche gestützt, näherte. Die Gläubigen bekreuzigten sich. Einige Männer versuchten, ihn anzusprechen, was die Mönche jedoch verhinderten.

Wenn auch das Leben in Meditation, Kasteiung und Schmerzen die Gesichtszüge des Paters verfeinert und stärker ausgeprägt hat, so ist an seiner äußeren Erscheinung doch nichts, was Ungewöhnliches vermuten ließe. Diese Augen schienen mir durchaus eines bauernschlauen Blickes fähig zu sein, und ich konnte mir gut vorstellen, daß er sogar jetzt noch, als Achtzigjähriger, einem Sünder unverblümt ins Gewissen zu reden vermochte. Mir hat von jeher gerade der beißende Spott der Heiligen gefallen, und so würde ich nach meiner Begegnung mit Pater Pio auch ohne weiteres jene Antwort für wahr halten, die er angeblich auf die Frage eines Besuchers, ob denn seine Wunden schmerzten, erteilte: «Ja, glauben Sie denn, daß der Herr sie mir als Zierde gab?» Einer Witwe mit großer Familie, die ihn fragte, ob sie sich wieder verheiraten solle, gab er die für einen Dorfpfarrer kennzeichnende Antwort: «Bis jetzt hast du mit einem Auge geweint. Aber wenn du wieder heiratest, weinst du mit beiden.»

Ich beobachtete, wie er langsam Schritt für Schritt über den schmalen Teppich ging. Er war seit fünf Uhr des Morgens auf den Beinen gewesen, hatte die Messe zelebriert und viele Stunden im Beichtstuhl verbracht. Man sah ihm an, wie müde und begierig er war, wieder in der Stille seiner einfachen Zelle zu sein.

4

Die Lebensgeschichte des Pater Pio folgt dem Schema, das den Biographen italienischer Heiliger vertraut ist. Sein Vater war Orazio Forgione, ein Bauer aus Pietralcina, einer bergigen Gegend nördlich von Benevent, der nach Amerika ging und in New York arbeitete, um seine große Familie ernähren zu können. Pater Pio wurde 1887 in Pietralcina geboren und auf den Namen Francesco Forgione getauft. Er war ein zartes Kind. Im Alter von fünf Jahren verehrte er den heiligen Franz von Assisi als seinen Helden, mit fünfzehn besuchte er eine Schule der Kapuziner, ein Jahr später wurde er Novize und erhielt den Namen Bruder Pio. Sein Gesundheitszustand besserte sich nicht und wurde als Schwindsucht diagnostiziert. Trotz seiner Hinfälligkeit scheint er nach Bußen und Kasteiungen verlangt zu haben. Einmal lebte er drei Wochen lang von nichts anderem als den Sakramenten. Dies erinnert an die Geschichte der Katharina von Siena. Im Alter von dreiundzwanzig Jahren wurde er im Jahre 1910 in der Kathedrale von Benevent geweiht und nach Foggia berufen. Die Altersgenossen hielten ihn zu jener Zeit für abnorm empfindsam; außerdem fürchteten sie, er könne sie infizieren. In ihrem Buch «Padre Pio» läßt Nesta de Robeck einen Freund berichten:

«Uns alle erschreckte sein wachsbleiches Gesicht und die rauhe

Stimme. Seine Augen glänzten unnatürlich, und die heimtückische Krankheit ließ ihn unentwegt husten und erröten. Wir sahen ihn in der Kirche, aber da wir uns alle vor Ansteckung fürchteten, baten wir den Sakristan, Pater Pios Chorhemd, Meßgewand, Kelch und Purifikatorium in einem Schrank getrennt von den Sachen der anderen aufzubewahren. Ja, wir bestanden sogar darauf ... Im Gebet weinte Pater Pio ständig, lautlos zwar, aber doch so stark, daß der Boden des Chores von seinen Tränen feucht wurde. Wir anderen jungen Leute lachten ihn deshalb aus. Daraufhin breitete er, wo immer er betend niederkniete, ein großes Taschentuch vor sich auf den Boden.»

Die Messen des Paters dauerten zuweilen viele Stunden. Beim Memento verlor er sich derart ins Gebet, daß er manchmal für die Dauer einer Stunde nicht fortfahren konnte. Die Leute beschwerten sich, weil ihnen seine Messen zuviel Zeit nahmen, was seinen vorgesetzten Pfarrer zwang, sich in der Nähe des jungen Priesters zu postieren, um ihn rechtzeitig aus seiner Ekstase oder auch Agonie zu lösen.

Achtundzwanzigjährig weilte er zu Urlaub in Pietralcina und baute sich am Ende des Gartens aus Ästen eine Laube, wo er betete und meditierte. Am Tage der Feiern zum Gedächtnis der Stigmatisierung des heiligen Franz kehrte er nicht zur gewöhnlichen Zeit nach Hause zurück. Die Mutter ging hinaus, um nach ihm Ausschau zu halten. Sie sah ihn kommen und seine Hände merkwürdig hin und herbewegen. «Spielst du Gitarre, Francesco?» rief sie ihm lachend entgegen. Er sagte ihr, daß er in den Händen stechende Schmerzen verspüre. Dies war drei Jahre, bevor die Wundmale an seinem Körper sichtbar auftraten.

Beim Eintritt Italiens in den Krieg gegen Deutschland im Jahre 1915 wurde Pater Pio zum Militärdienst einberufen und der Sanitätstruppe zugeteilt, wo er als Krankenpfleger in einem Militärlazarett in Neapel Dienst tat. Wegen seiner schlechten gesundheitlichen Verfassung erhielt er ein Jahr Krankenurlaub und wurde schließlich als Tuberkulöser entlassen. Man schickte ihn nach S. Giovanni Rotondo, weil man hoffte, daß ihm die Gebirgsluft besser bekäme als das Klima in der Ebene von Foggia.

Hier, in S. Giovanni Rotondo, fand sich Pater Pio in dem

ruhigen Leben eines abgeschiedenen Klosters zurecht und ergab sich dem Gebet und der Kontemplation. Dann kam der September 1918. Die Gemeinde hatte das Fest der heiligen Wundmale gefeiert, und der junge Priester, jetzt einunddreißig Jahre alt, war in den Chor zur Meditation gegangen. Plötzlich hörten die Mönche einen lauten Aufschrei. Sie liefen zum Chor und fanden Pater Pio dort bewußtlos und mit blutenden Handflächen. Als sie ihn in seine Zelle gebracht hatten, entdeckten sie, daß seine Füße bluteten und auch an seiner Körperseite eine Wunde klaffte. Mit Ausnahme des Zeichens der Dornenkrone waren alle Wundmale sichtbar geworden. Der Provinzial der Kapuziner in Foggia ließ die Wunden ärztlich untersuchen und fotografieren. Anschließend wurden die Unterlagen an den Vatikan eingesandt. Zu den interessantesten Ergebnissen der vielen ärztlichen Untersuchungen gehört die Feststellung, daß die Lungen dieses angeblich Schwindsüchtigen keine Spur von Tuberkulose aufwiesen.

Etwa dreihundert Fälle von Stigmatisierung – unter ihnen als berühmteste die Stigmatisierung des heiligen Franz – sind seit dem dreizehnten Jahrhundert verzeichnet worden. Einige davon waren auf religiösen Wahn zurückzuführen. Die Kirche erkennt die Stigmata allein nicht schon als Beweis der Heiligmäßigkeit an, obgleich zahlreiche Heilige von diesen Malen gezeichnet waren. Andererseits gelten sie für viele Gläubige als ein von Gott auf dem Leib seiner Erwählten hinterlassenen Zeichen, weshalb Pater Pio von Millionen Katholiken wie ein bereits Heiliggesprochener angesehen wird. Um diese zweifellos voreilige Haltung nach Möglichkeit zu zügeln, ist Pater Pio von der Kirche – die sich niemals auf eine Heiligsprechung kraft Akklamation einlassen wird – mit Ausnahme seines Dienstes im Beichtstuhl zum Schweigen verpflichtet worden.

Seit Sichtbarwerdung der Wundmale ist ein halbes Jahrhundert verstrichen. Und während dieser Zeit sind von vielen kompetenten Beobachtern mehrere Merkmale der Heiligmäßigkeit für ihn geltend gemacht worden. Eines von ihnen ist ‹der Ruch der Heiligkeit›, ein sehr seltsames Phänomen, nämlich der Duft von Rosen, auch Veilchen oder Weihrauch, wie manche behaupten, mit Hilfe dessen der Pater seine spirituelle Anwesenheit bekundet. Auch Ärzte bescheinigten, daß seine Wundverbände zuweilen einen Raum mit Duft füllten. Er soll ferner die Gabe besitzen, Kranke heilen zu können; eine Reihe solcher Heilungen werden von Reverend Charles Mortimer Carty in seinem Buch «Pater Pio, der Stigmatisierte» erwähnt. Ferner wird ihm die Fähigkeit der Bilokation, also der gleichzeitigen körperlichen Anwesenheit an zwei verschiedenen Orten, zugeschrieben. Pater Pio hat S. Giovanni Rotondo niemals verlassen, ist jedoch fünfmal in Rom, und zwar von ernst zu nehmenden Männern der Kirche, gesichtet worden. Papst Pius XI., dem von einer dieser Erscheinungen berichtet wurde, bat Don Orione, einen Kenner der Heiligengeschichte, um nähere Prüfung. «Ich habe ihn ja selbst gesehen», erklärte Don Orione. «Wenn Sie mir dies sagen, glaube ich es», soll der Papst darauf erwidert haben.

Pater Carty veröffentlicht eine aufschlußreiche Unterhaltung zwischen Pater Pio und seinem Freund Dr. Sanguinetii.

»Pater Pio», sagte der Arzt, «wenn Gott einen Heiligen, beispielsweise einen Mann wie den heiligen Antonius, durch Bilokation zu einem anderen Ort entsendet: ist der Betreffende sich dessen überhaupt bewußt?»

«Aber gewiß», entgegnete Pater Pio. «Er ist einmal hier und im nächsten Augenblick dort, wo ihn Gott haben möchte.»

«Ist er wirklich gleichzeitig an zwei Orten?» fragte der Arzt. «Wie ist das möglich?»

«Durch eine Ausweitung der Persönlichkeit», antwortete der Pater.

«Diese für Pater Pio anscheinend so selbstverständliche Feststellung», bemerkt Pater Carty, «dürfte ein Problem sein, das näher zu erklären wir den Philosophen und Theologen überlassen.»

Ein Wunder indessen gibt es, das auch der mißtrauischste aller Beobachter sicherlich anerkennen wird, nämlich das großartige Krankenhaus, das ein Mönch, der die Halbinsel Gargano fünfzig Jahre lang nicht verließ, den Armen zu stiften vermochte. Im Winter des Jahres 1940, so berichten die Biographen, sprach der Pater in seiner Zelle mit drei Freunden über die Leiden der Menschheit und bekannte seinen Wunsch, ein Krankenhaus zu errichten. Er suchte in den Taschen seiner Kutte und holte eine kleine Goldmünze hervor, die ihm von irgend jemandem für das Werk der Nächstenliebe gegeben worden war, und legte sie als ersten Beitrag in die Mitte des Tisches.

Zunächst sammelten die vier Mönche erbärmlich geringe Beiträge, die jedoch im Laufe der Jahre immer mehr anwuchsen, bis schließlich eines Tages in S. Giovanni Rotondo eine englische Dame erschien, Miß Barbara Ward (heute Lady Robert Jackson), von der Zeitung «The Economist». Ihr gelang es, während einer Vortragsreise durch die Vereinigten Staaten, aus dem Fonds der UNRRA (IRO) eine Spende von zweihundertfünfzig Millionen Lire zu sichern. Mit allgemeiner Zustimmung erhielt das Hospital den Namen des kurz zuvor verstorbenen Leiters der UNRRA und Bürgermeisters von New York, Fiorello La Guardia.

Es erscheint wirklich wie ein Wunder, daß innerhalb von sechzehn Jahren ein derartiges Gebäude mit Operationssälen, chirurgischen Abteilungen, hellen Krankenstationen und einer Röntgenabteilung, die zu den modernsten in der Welt zählen soll, entstehen konnte. Ein neues Lourdes in diesem entlegenen Gebirgsstädtchen ist vorauszusehen.

Um halb fünf weckten mich Stimmen und das Öffnen und Schließen von Zimmertüren. Der große Augenblick, um den sich alles in S. Giovanni Rotondo dreht, nahte: die Morgenmesse des Pater Pio. Ich kleidete mich an und eilte zur Kirche. Auf dem Parkplatz standen mehrere Personenwagen und Omnibusse. Im Krankenhaus brannten die Lichter, und ein Leuchten vom Dach zeigte mir eine weitere außergewöhnliche Einrichtung dieses Hauses an: Dort oben liegt der Haupteingang zur Ambulanz, wohin zahlreiche Patienten aus den Gebirgsdörfern des Apennin, von denen Hunderte weltabgeschnitten liegen und viele auch heute noch nur über Saumtierpfade, im Winter teilweise überhaupt nicht erreichbar sind, per Hubschrauber gebracht werden.

Auch durch die schmalen Fenster der Westfront der Kirche schimmerten die Lichter. Kalt wehte es von den Bergen herab, aber es wurde mit jeder Minute heller, und bald würde die Sonne aufgehen. Ich fand die Kirche dichtbesetzt. Manche beteten den Rosenkranz, andere sangen Kirchenlieder, die meisten indessen knieten und beteten. Ich wartete in der Nähe des Altars und sah, wie einige Leute an die Kirchwände Botschaften für Pater Pio schrieben: Bitten um ein Gebet für einen Nächsten oder für irgendein Vorhaben. Wie ich später einem Buch entnahm, begeben sich in regelmäßigen Zeitabständen zwei Mönche mit einem Eimer Tünche in die Kirche, um diese *graffiti* wieder verschwinden zu lassen.

Das plötzliche Schweigen und die Erregung hätten auch einem Blinden und Tauben den Augenblick des Erscheinens von Pater Pio bewußt werden lassen. Ein Mönch stützte den bereits zur Messe Gekleideten beim Gehen. Alle Blicke waren auf ihn gerichtet, und vielleicht hätte man auf den Gesichtern einer Gemeinde des heiligen Franz, der freilich nicht Priester gewesen und niemals Messe gehalten hatte, einem ähnlichen Ausdruck der Hingabe begegnen können. Ich fühlte mich an die mittelalterlichen Tafelmalereien in Siena erinnert, auf denen der zu den Gläubigen predigende heilige Bernadin zu sehen ist.

Die in der Kirche installierten Lautsprecher wurden nicht angeschaltet. Es war eine stumme Messe, denn Pater Pio flüsterte allenfalls. Ich sah, wie oft er sich mit Tüchern, die auf dem Altar für ihn bereitlagen, die Tränen aus den Augen wischte. Ich bemerkte auch, daß er die Hände seiner Wunden wegen nicht ganz schließen kann und daß es ihm schwerfällt, kleinere Gegenstände zu greifen. In bestimmten Augenblicken, vor allem während der Wandlung, hielt er die Hände, hohlgeformt, nach oben geöffnet, was unnatürlich wirkte, jedoch, wie ich später erfuhr, darauf zurückzuführen ist, daß die Wunden während der Messe ungehemmt bluten und Pater Pio besorgt ist, das Blut nicht auf den Altar tropfen zu lassen.

Eine stille Messe dauert gewöhnlich zwanzig Minuten, und obgleich die Messe des Paters gut dreimal so lange währte, verstrich die Zeit unmerklich. Ich sah vermutlich als einziger gelegentlich auf die Uhr, aber nicht etwa aus Ungeduld, sondern weil ich die zeitliche Einteilung feststellen wollte.

Kein Zweifel, der Gemeinde wäre auch jene zweistündige Messe willkommen gewesen, die in den Jugendjahren des Paters selbst die Geistlichen erschöpfte: so versunken war sie in den

Anblick eines Menschen, den sie im stillen schon längst heiliggesprochen hat. Als sich der alte Mann den Versammelten zuwandte und mit erhobenen Händen «Pax vobiscum» flüsterte, sahen wir auf den dunklen Wundmalen das frische Blut.

Von einem Mitglied des Ordens erfuhr ich einiges über das tägliche Leben des Paters. Er durfte zwar nicht selbst schreiben, hatte aber sieben Sekretäre, die seine riesige, in vielen Sprachen geführte Korrespondenz erledigten. Jeden Tag mußte ihm das Postamt des Ortes etwa sechshundert Briefe und vierzig bis fünfzig Telegramme aus allen Teilen der Welt zustellen. Er wohnte, unter Bedingungen äußerster Kasteiung, in einer Mönchszelle, die sich von den Zellen anderer Brüder nicht unterschied. Seines hohen Alters und der Wundmale wegen bedurfte er der Hilfe zweier Mönche, die seine Wunden versorgten und ihn begleiteten, wenn er sich von seiner Zelle zur Kirche oder zum Beichtstuhl begab.

Es liegen zahlreiche ärztliche Berichte über die Wundmale vor. Die Handschuhe trug er nicht nur, weil die Verbände auf diese Weise am ehesten geschützt werden, sondern weil ihm von den Oberen das Vorzeigen der Stigmata untersagt worden ist. Selbst während der Messe versuchte er, die Handinnenflächen in den Ärmeln seiner Albe zu verbergen. Die Wundmale der Hände deckten sich völlig mit denen der Füße, die Wunde an der Oberseite entspricht genau jener an der Unterseite. Sie verheilten niemals. Aus der Seitenwunde soll angeblich innerhalb von vierundzwanzig Stunden ein Becher Blut geflossen sein.

Jemand erzählte mir von einer jener Personen, die angeblich von Pater Pio geheilt worden sein sollen, nämlich Gemma Di Giorgi aus Ribera in Sizilien, die blind und ohne Pupillen zur Welt gekommen war. Nach ärztlicher Auffassung war sie unheilbar. «Pater Pio sagte zu ihr: ‹Möchtest du sehen? Du sollst sehen!› und fuhr mit seinen Händen über ihre Augen. Sie schrie plötzlich laut auf und behauptete, sehen zu können. Ich war damals nicht dabei, begegnete aber Gemma nach ihrem Eintritt in ein Kloster und kann Ihnen versichern, daß sie wohl sah, daß ihre Augen aber keine Pupillen hatten.»

Wie ich hörte, gibt es freilich auch Menschen, die Pater Pio nicht berührt hat; manchen erteilte er keine Absolution. Er soll Gedanken lesen gekonnt haben. Als eines Tages ein Mann die Sakristei betrat, rief der Pater: «Hinweg mit dir, Mörder!» Nachdem der Mann gebeichtet hatte, stellte sich heraus, daß er seine Frau hatte umbringen wollen.

Während wir in einem Korridor des Klosters miteinander sprachen, sahen wir Pater Pio mit zwei Mönchen kommen.

«Knien Sie nieder, wenn er vorübergeht», sagte mein Gesprächspartner. «Ich werde Sie vorstellen.»

Ich kniete nieder. Verwirrt vielleicht ob des stundenlangen Anhörens weiblicher Sünden, vielleicht auch erstaunt ob der Begegnung mit einem Menschen, der nichts erbat, starrte mich der Mönch einen Augenblick lang aus blauen Augen an, denen so viele Tränen entflossen waren, dann segnete er mich, indem er mir mit einer Hand schmerzhaft auf den Kopf klopfte, und setzte den Weg zu seiner Zelle fort.

5

Selbstverständlich begegnet man in S. Giovanni Rotondo auch jenen, die vor vielen Jahren einmal einen Abstecher hierher machten und für immer geblieben sind. Bei einigen war es Neugier, die sie hierherführte, manche wollten sich wie theologische Besucher der heiligen Katharina von Siena einen Spott leisten, verharrten jedoch am Ort, da es ihnen die Sprache verschlagen hatte. Andere wiederum suchten geistliche Stärkung.

Am bekanntesten unter diesen Bekehrten ist Miß Mary McAlpine Pyle, eine Dame, die heute in den Siebzigern steht und mit ihrem selbstentworfenen Gewand, einer Abwandlung der Kapuzinerkutte, jedoch ohne Kapuze, eine vertraute Erscheinung geworden ist. Ihre geistige Verbindung zu Pater Pio wird gelegentlich mit jener verglichen, die zwischen der heiligen Klara und dem heiligen Franz bestanden hat.

Miß Pyle, eine Amerikanerin, hörte erstmals von Pater Pio während eines Urlaubs, den sie in den zwanziger Jahren auf Capri verbrachte. Sie suchte ihn in Begleitung eines Freundes auf, fand danach jedoch nicht mehr zu ihrem gewohnten Lebensstil zurück und ließ sich in S. Giovanni Rotondo nieder. Hier kaufte sie Land und baute ein Haus, das heute englischen und amerikanischen Besuchern wohlvertraut ist und ihnen immer offensteht. Leider habe ich Miß Pyle, die während meines Aufenthaltes unpäßlich war, nicht kennengelernt. Sie widmete sich dem Bau eines Klosters und einer Kirche in Pietralcina, dem Geburtsort des Paters, und erreichte, daß man sie während ihrer Internierung im Krieg in diesen Ort verlegte, wo sie sich mit den jetzt verstorbenen Eltern von Pater Pio anfreundete. Wie ich hörte, hat sie auch das kleine Haus gekauft, in dem Pater Pio geboren wurde und das eines Tages vielleicht in eine Kapelle umgewandelt wird.

Als ich meine Hotelrechnung bezahlte, machte ich einige Bemerkungen über die Stadt, und die Empfangsdame, eine freundliche Person, erwiderte:

«Ich bin vor fünfzehn Jahren aus Südamerika hierhergekommen und seitdem nie wieder abgereist. Ich interessierte mich für Religionen, hatte mich mit Yoga und dem Buddhismus beschäftigt. Ich war völlig verwirrt und unzufrieden . . .»

Ich lächelte insgeheim, weil sie nur wiederholte, was der heilige Augustinus von seiner eigenen Glaubenssuche berichtete.

«Aber dann sah ich Pater Pio», fuhr sie fort, «und ich war bekehrt. Es war, als trete man aus der Dunkelheit durch eine Tür ins Licht. Und ich war zum ersten Male glücklich. Es ist herrlich, hier leben zu können.»

Sie klebte eine Marke auf die Rechnung, quittierte, reichte sie mir mit einem glücklichen Lächeln und klingelte nach dem Gepäckträger.

6

Ich fuhr in Richtung Sannicandro Garganico. Hin und wieder sah ich ein Stückchen der fernen, in der Morgensonne glitzernden Adria. Die Straße stieg bergan, dann fiel sie wieder ab. Es ging einmal durch ödes Land grell leuchtender Kalksteinfelsen, ein andermal durch Haine, wo riesige, bizarr verzerrte Oliven ihre uralten Arme ausbreiteten. Sie schienen eher geologischer denn botanischer Natur zu sein.

Ich dachte daran, wie selten heutzutage eine Fahrt durch völlig einsame Gegenden ist, und tatsächlich begegnete mir nur gelegentlich ein Autobus oder ein Bauernwagen und dann, am Ortsrand eines Dorfes, ein kleiner Fiat.

Noch oft werde ich mich der Straße nach Sannicandro als der der selbstmörderischen Eidechsen erinnern. Diese für mich in ihrer Miniaturausgabe zu den wenigen schönen Reptilien zählenden Geschöpfe wählten stets den letzten Augenblick, um die Straße zu überqueren, was übrigens immer von rechts nach links geschah. Der Verkehrstod eines Huhns ist gemeinhin eine Folge von Unentschlossenheit. Bei der Eidechse ist es umgekehrt. Sie will die Straße in gerader Richtung überqueren. Nichts wird sie davon abhalten. Das Huhn dagegen wird sich nicht schlüssig, besinnt sich einmal so, dann wieder anders. Die Eidechse indessen wählt den allerletzten Moment, schießt über die Straße und unter die Räder. Es bleibt nur die Hoffnung, daß sie noch einmal davonkommt.

Sannicandro ist ein armes Bergnest, und ich beeilte mich, hinab zum Meer bei Cagnano auf der nördlichen Küste der Halbinsel zu kommen. Hier, an den Ufern des Sees von Varano, liegt ein kleiner, von der See durch einen winzigen Dünenstreifen abgetrennter Ort. Ich verließ die Hauptstraße, um Streichhölzer zu kaufen, und traf im Café des Ortes zwei französische Touristen, die sich nach dem Zustand der Straße nach S. Giovanni Rotondo erkundigten. Sie trugen blaue Overalls und genagelte Stiefel. Was ich zuerst für Pilgerstäbe gehalten hatte, waren Bergsteigerstöcke. Vor dem Café sah ich einen mit Seilen und anderer Kletterausrüstung beladenen Wagen stehen. Und es überraschte mich, daß jemand auf die Idee kommen konnte, die sanften Kalksteinerhebungen erkletten zu wollen, anstatt die nicht weit entfernten zerklüfteten Apenninen zu besteigen.

Aber es waren gar keine Bergsteiger, sondern das, was man geradezu Anti-Bergsteiger hätte nennen können: Es handelte sich um Speleologisten, also Höhlenforscher. Für mich ist die Erkundung von Höhlen, selbst bei illuminierten Stalagmiten, immer uninteressant gewesen. Mußte ich einmal hinunter – und ich gedenke dabei einer furchterregenden Unterwelt in den Pyrenäen –, konnte ich gar nicht schnell genug wieder hinaufkommen.

Dann wurde mir klar, daß der muskulösere der Höhlenforscher eine Frau war. Wie ich erfuhr, waren sie begeisterte Höhlenkundler und hatten gemeinsam mit der ‹Gruppo Speleologico Piemontese› in Norditalien Höhlen durchforscht und wollten nun die Halbinsel Gargano als ein bisher unerforschtes unterirdisches Gebiet kennenlernen. Dank ihnen weiß ich von den die ganze Halbinsel unterhöhlenden Grotten, die denen des Monte S. Angelo gleichen, jedoch viel eindrucksvoller und zumeist noch unbekannt sind.

Die beiden hatten noch niemals etwas von Pater Pio gehört, wußten aber alles über eine riesige Höhle nahe bei S. Giovanni, die Grava di Campolata, ihr Reiseziel. Sie war erstmalig – aber nur teilweise – im Jahre 1961 erkundet worden, so klärte mich die Dame auf, aber noch immer ein gefahrvoller Ort mit unermeßlichen Abgründen, die hinab in Finsternis und möglicherweise auch zu dunklen schweigenden Seen führen. Immerhin schien es mir beachtlich, daß in einer Zeit der Überfülle an Gefahren in der Luft und auf der Erde manche Leute sogar noch unter der Erde danach suchen.

Die Landschaft zeigte jetzt immer deutlichere Zeichen gründlicher Bewirtschaftung. Äcker mit Kohl und Salatköpfen wechselten ab mit Olivenhainen an Berghängen und gelbblühenden Kakteenhecken. Ich sah kaum jemanden auf den Feldern und begegnete nur hin und wieder einem Karren oder Lastwagen, alle auf dem Wege nach Rodi, einem Hafenstädtchen, dessen malerischen Zauber zu schildern keiner Übertreibung bedarf: terrassenförmig ansteigende Reihen weißgetünchter Häuser, unter ihnen auch manche von blauer oder rosa Farbe; nur etwa anderthalb Meter breite Gassen, die von vielen Treppen unterbrochen sind und an maurisch anmutenden Toreingängen vorbei sich bergan winden. Träg brachen sich die Wellen der seichten Adria, die hellgrün, aber auch tiefblau leuchtet, am kilometerlangen Sandstrand.

Rodi fehlt das Überspitzte und leicht Verrückte, dem Capri seine Anziehungskraft verdankt. Es ist noch immer unentdeckt und, soweit ich feststellen konnte, echt und unverdorben. Mir gefielen die auf dem Fischmarkt über Oktopus und Tintenfisch herrschenden alten Frauen, die überall im Ort schreienden und spielenden Kinder, und vergnügt blickte ich einem Bäckerjungen nach, der mehlbestäubt, weiß wie ein Clown, aus einem halb unter der Erde liegenden Raum kam und – köstliche Duftwolken frischgebackenen Brotes verbreitend – einen Korb mit riesigen apulischen Brotlaiben über die Piazza schleppte. Und diese kleine Piazza selbst mit ihren dicht aneinanderklebenden alten Häusern wäre wohl sogar von einer Filmgesellschaft als zu malerisch und daher unglaubwürdig abgelehnt worden.

An klaren Tagen kann man von den Anhöhen um Rodi weit draußen im Meer felsige Inselchen sehen, die Tremiti-Inseln. Auf dem größten Eiland dieser Gruppe, San Domino, ist nach zwanzig Exiljahren die Enkelin des Kaisers Augustus, Julia, gestorben, die ebenso wie ihre Mutter zuvor ehebrecherischen Treibens wegen verbannt worden war. Augustus wurde eines Tages um Vergebung für seine Tochter gebeten. Wutentbrannt schleuderte er der Menge entgegen: «Mögen euch die Götter mit lasterhaften Töchtern wie den meinen und mit ehebrecherischen Weibern verfluchen, wenn ihr diese Sache noch einmal vor mich bringt!»

In Rodi ist Julia seit langem vergessen. Nicht vergessen ist allerdings die Santa Rosa, ein Fischermädchen, das vor etwa fünfundzwanzig Jahren prophezeite und wundertätig heilte. Eines Tages sagte sie den genauen Termin eines Gewitters voraus, bei dem sie den Tod finden sollte. Danach werde der Krieg ein Ende nehmen. Santa Rosa war allerorts bekannt, und so fanden sich am festgesetzten Tag in Rodi derartige Menschenmassen ein, daß man schnellstens die Polizei aus Foggia herbeiholen mußte. Und tatsächlich, es ging ein heftiges Gewitter nieder. Als ein besonders greller Blitz herabfuhr, erklärten einige Leute, sie hätten die Seele der Santa Rosa zum Himmel aufsteigen sehen. Es herrschte eine derartige Aufregung, daß die Karabinieri das Feuer eröffneten, als plötzlich mit großem Krach ein Kaffeehaustisch umfiel. Nachdem alles vorüber war, lebte Santa Rosa allerdings noch immer, und auch der Krieg war nicht zu Ende. Aber die Leute von Rodi sind loyal und meinen, irren könne sich schließlich jeder einmal.

Es gibt in Italien nur wenige dem Touristen wirklich unbekannt zu nennende Gebiete; verglichen mit den bekannteren Regionen ist die Halbinsel Gargano, das Vorgebirge, unerforscht und wird vermutlich auch noch einige Zeit ziemlich isoliert bleiben. Ich entdeckte, daß das bezaubernde Rodi nur ein einziges Hotel, und zwar eines der vierten Klasse und mit elf Betten, aufzuweisen hat, und wäre gern länger geblieben. Ich mußte mich jedoch beeilen, um nach Bari zum Fest des heiligen Nikolaus zu kommen.

Jenseits von Rodi sah ich die südlichen Ausläufer der großen Foresta Umbra, des letzten Restes jenes urzeitlichen Waldes, der einst ganz Apulien bedeckte. Ein waldüberwachsenes Land war es also, das die Normannen eroberten. Im Dickicht verbarg sich das von Friedrich II. mit Falken und Hunden gejagte Wild. Dort suchte es auch noch zu jener Zeit Schutz, als der nach toten Keilern und Hirschen unersättliche Ferdinand IV. von Neapel seine fast irrsinnig zu nennenden Jagdzüge unternahm.

Dann kam ich nach Peschici, einem anderen hübschen kleinen Ort, der im Gegensatz zu Rodi auf einer Klippe hoch über dem blauen Meer nistet. Etliche Kilometer weiter erreichte ich Vieste, einen winzigen Fischerhafen. Mein Blick fiel auf eine einladend wirkende Trattoria. Sie hatte nur sechs Tische und keine Speisekarte, doch bat man mich in die Küche, wo mir frisch gefangene Fische und Schalentiere gezeigt wurden. Man riet mir zu Garnelen von der Größe eines kleinen Hummers, die gebraten, ohne Soße oder sonstige Würze, nur mit einer Zitrone garniert gereicht wurden. Der Rotwein war von der gleichen kräftigen Sorte, die ich erstmals in Monte S. Angelo gekostet hatte. Für das Ganze zahlte ich etwa drei Mark.

Ich unterhielt mich mit anderen Gästen, vier Arbeitern in verstaubten Trikothemden und Nietenhosen. Sie aßen zunächst Spaghetti, worauf sie zu Garnelen übergingen – der eine oder andere wählte statt dessen allerdings Kalbfleisch –, und schließlich wurden Kirschen bestellt. Sie leerten zwei mitgebrachte Flaschen Wein und eine Flasche Mineralwasser, redeten, lachten und witzelten während der ganzen Mahlzeit. Ich verstand zwar nicht viel von dem, was sie sagten, dachte aber amüsiert an den Unterschied zwischen dieser recht üppigen Mahlzeit und einem Mittagessen englischer Bauarbeiter.

Auf meinem Spaziergang durch den kleinen Hafen wurde ich von einem Mann im blauen Jersey angesprochen. Er erinnerte sehr an einen alten Phönizier. Aus dem mageren, scharf und semitisch geschnittenen Gesicht blickten mich abschätzend dunkle und schwermütige Augen an. Er wollte mir eine Grotte von unvergleichlicher Schönheit zeigen, die Grotto Campana, neben der die Blaue Grotte von Capri geradezu verblasse. Es reizte mich zuerst, sie zu sehen, doch erfuhr ich, daß damit eine Stunde Fahrt im Boot meines Phöniziers verbunden sei. Ich fragte ihn, ob es noch andere Grotten dieser Art gebe. O ja, antwortete er und nannte mir die Grotta S. Nicola, die Grotta dell'Abate, die Grotta dell'Acqua und manche andere. Aber ich erklärte ihm, daß ich keine Zeit hätte, all diese Herrlichkeiten zu besichtigen. Er zuckte die Achseln und seufzte. Sein bekümmerter Blick, den er über mich wandern ließ, gab zu verstehen, daß ich eine der großen Chancen meines Lebens versäumt hätte.

3

Das Nikolausfest in Bari – Eine Grabplünderung – Die Altstadt von Bari – Seefahrt eines Heiligen – Der heilige Franz in Bari – Der Heilige und die Dirne

1

Auf dem Weg nach Bari überholte ich mehrere Autobusse, in denen Pilger saßen, die alle gleich mir zum Fest des heiligen Nikolaus von Bari fahren wollten. Als wir an einer Kreuzung kurz aufgehalten wurden, konnte ich mir diese Leute ein wenig besehen und bemerkte, daß es fast durchweg Frauen waren. Schwarzgekleidet saßen sie steif und feierlich da mit Bündeln und Taschen; schwarze Schals bedeckten die Schultern, und um die ergrauten Haare waren schwarze Kopftücher gewunden. Sie sangen Litaneien, während sie auf die Weiterfahrt warteten.

Dies war also wohl die moderne, eine geistige Läuterung durch körperliche Strapazen ignorierende Art einer Wallfahrt. Freilich mögen auch die von Estella Canziani in den zwanziger Jahren beobachteten langen Prozessionen der paarweise hinter einem Kreuzesträger quer durchs öde Land herziehenden Wallfahrer da und dort noch üblich sein, nicht aber in den mit guten Straßen und Busverbindungen ausgestatteten Gegenden des Südens. Immerhin, was alter Brauch gewesen, geriet nicht in Vergessenheit. Noch immer wird die Pilgerschar von einem Kreuz angeführt. In diesem Falle war es am Kühler befestigt.

Dunkelheit brach herein, als ich in Bari, Süditaliens größter Stadt – wenn wir von Neapel absehen wollen –, eintraf. Auch hier liegen (wie in den meisten Hafenstädten der Adria mit alter Geschichte) eine Altstadt und eine häufig viel größere, sich von ihr scharf unterscheidende Neustadt dicht nebeneinander. Malerisch drängt sich das alte Bari um die Kathedrale, die Kirche

San Nicola und den Alten Hafen, einst Zeuge von Einschiffung und Abschied der Kreuzritter. Die Neustadt von Bari hingegen darf auf die ungewöhnliche Auszeichnung verweisen, von Murat, dem kurzfristigen König von Neapel, eingeweiht worden zu sein. Sie hat sich mittlerweile zu einer modernen City entwickelt. Der Tourist findet eine regelmäßig gestaltete Stadt mit breiten, palmenbepflanzten Straßen, die imponierende Gebäude und schöne Geschäfte hat und sich mit den sattsam bekannten Verkehrsproblemen herumschlagen muß.

Die Ausdehnung und das sprühende Leben überraschten mich. Ich genoß das Hotel, ein modernes Haus, wo ich überall auf freundliches Lächeln traf. Wie sich herausstellte, gehörte es zu den besten Hotels in Italien. Ich erhielt ein klimatisiertes Zimmer mit Bad, eingebautem Radio und Telefon am Bett. Die Leselampe entsprach den Erwartungen: sie stand genau dort, wo sie stehen mußte.

Freundlich trat der Hausdiener mit meinen Koffern ins Zimmer. Er erkundigte sich, ob die Temperatur meinen Wünschen entspreche und ob ich etwas aufgebügelt haben wolle. Dann zog er die Vorhänge zurück und zeigte mir eine in der Dunkelheit schlank aufragende lichtumflossene Kerze, den Campanile der Kathedrale. Er erzählte mir, daß er verheiratet sei und vier Kinder habe. Im Krieg war er Gefangener gewesen – man denke, in Indien! Und wieder lächelte er fröhlich. Wie fern war ich hier den Routen des Massentourismus, wo die nächtliche Ankunft der großen Reisegesellschaften, sosehr sie den Hotelbesitzern willkommen sein mögen, dem Hotelpersonal das Lächeln längst ausgetrieben haben. Die Feststellung, daß dieses Leben nicht mehr aus vielen liebenswürdigen Kontakten mit anderen Menschen besteht, daß man nur noch Woche für Woche und Monat für Monat jeden Abend Hunderte von Koffern treppauf und morgens wieder treppab trägt und anscheinend verrückt gewordene, einzig an ihre Weiterfahrt denkende Menschen auf den Weg bringt –, diese Erkenntnis muß der Italiener als erniedrigend empfinden. Wohl ist der Süden von dieser Erfahrung bislang verschont geblieben, doch wird sie nicht mehr lange auf sich warten lassen.

2

Ich entdeckte, daß sich das Hotel nur wenig entfernt von der Altstadt befand, und nahm mir vor, nach dem Abendessen einen Spaziergang dorthin zu machen. Nach wenigen Minuten schon betrat ich eine andere Welt. Nun herrschte an diesem Abend – einer im Freien abgehaltenen öffentlichen Veranstaltung wegen – in der Neustadt besonders viel Lärm; näselnd dröhnten Lautsprecherstimmen durch die Nacht, und auch der Verkehr schien sich an diesem Abend außergewöhnlich geräuschvoll zu gebärden, da man die Hauptverkehrsstraße gesperrt und ihm ungewohnte Seitenstraßen zugewiesen hatte. Aber all dies war vorbei und vergessen, als mich das Schweigen der Altstadt umfing. Das massive Mauerwerk verschloß sich der modernen Stadt und ihrer Hektik. Ich fand zumeist enge, orientalisch anmutende Straßen; andere wiederum, die Hauptstraßen der Altstadt, waren mit guter Beleuchtung versehen, und hier drängten sich die Menschen. Über weiße Schwibbogen und alte Tore ergoß sich das Licht des Mondes und lockte in kleine Höfe mit Treppenaufgängen zu alten, seit Jahrhunderten bewohnten Häusern.

Binnen kurzem hatte ich mich hoffnungslos verlaufen. Nur ungern wollte ich eine der vorüberhuschenden Gestalten ansprechen und mich als Ausländer zu erkennen geben, und so wanderte ich eben weiter, bog einmal nach links ab, dann wieder nach rechts, je nachdem, was mich noch lockte: ein vom Mondlicht beschienener Hof; in hoher Tonlage und mit dem im Süden überall zu hörenden arabischen Intervall singende Stimmen; ein festungsähnliches Gebäude, in dem wohl einmal Kreuzfahrer genächtigt haben.

Ich trat aus einer Gasse und befand mich plötzlich auf einer großen menschenleeren Piazza mit einer herrlichen, gleich einem stattlichen Schiff im Mondschein aufragenden normannischen Kirche, deren Turm von Scheinwerfern angestrahlt wurde. Ich erkannte in ihm jenen Campanile, den mir der Hausdiener des Hotels gezeigt und als Glockenturm der Kathedrale bezeichnet hatte. Dieses über dem Westportal mit einem Radfenster geschmückte Bauwerk erinnerte mich an so manche normannische Kirche in England – und dennoch gab es einen Unterschied.

Bari; S. Nicola, Kapitell vom Hauptaltar

Denn wo wären in England Fenster zu finden gewesen, deren seitliche Säulen auf den Rücken von zwei Elefanten ruhten?

Unter einem hohen Bogengang durchgehend kam ich zu einer zweiten, dem ersten Platz ähnelnden, aber noch sehr viel eindrucksvolleren Piazza. Auch hier erhob sich vom Scheinwerferlicht angestrahlt eine normannische Kirche in den Nachthimmel.

Hier befand sich der Mittelpunkt aller Feierlichkeiten der kommenden drei Tage, die Kirche des heiligen Nikolaus von Bari. Ein weit ausschwingendes Treppenwerk führte zu drei herrlichen, von einer Fensterrose gekrönten Portalen. Voll Bewunderung betrachtete ich dieses Gebäude, als auf dem bisher leeren Platz eine Schar von Wallfahrern mit langen Wanderstäben erschien, deren Spitzen wie in Monte S. Angelo mit Pinienzapfen gespickt waren.

Als sie die Mitte der Piazza erreicht hatten, wandten sich die Pilger der Kirche zu, gingen in die Knie und legten ihre Stäbe hinter sich auf das Kopfsteinpflaster. Mit Ausnahme von zwei oder drei Männern waren es alles alte Frauen, Bauernfrauen vielleicht aus der Murge oder aus der Capitanata. Heiser und krächzend vereinten sie ihre Stimmen in einem geistlichen Lied, dem ich nicht mehr als die Worte «San Nicola» zu entnehmen vermochte. Im gegenüberliegenden Priorat der Dominikaner wurde eine Tür geöffnet, ein Dominikanermönch mit einem Schlüsselbund trat aus dem Schatten und kam näher. Er stieg die Kirchentreppe empor und ging durch eine Seitenpforte hinein. Die knienden Pilger aber fuhren in ihrer Litanei für den Heiligen fort.

Für mich aber wurde es langsam Zeit, diese mittelalterliche Welt zu verlassen und mein Hotel wiederzufinden. Etwas ratlos mußte ich mich an einen Passanten wenden, der es sich voller Liebenswürdigkeit nicht nehmen ließ, mir den richtigen Weg zu weisen.

3

Seit nahezu tausend Jahren feiern die Bareser an drei Tagen im Mai, vom 7. bis zum 9. Mai, die Ankunft der Gebeine des heiligen Nikolaus von Myra im Jahre 1087. Diese Reliquien wurden von Bareser Seeleuten, die in Antiochia Weizen gelöscht hatten, auf der Rückreise aus einer Gruft in Kleinasien gestohlen (nach damaliger Verlautbarung sind sie allerdings «gerettet» worden). Sie haben alle Heimsuchungen und Prüfungen der Stadt Bari (zu deren letzten eine Landung der Alliierten im Zweiten Weltkrieg, die darauf folgenden Luftangriffe der Deutschen und die Explosion eines amerikanischen Munitionsschiffes im Hafen zählten) unversehrt in ihrem Silbersarg in der Krypta von San Nicola überstanden. Der wundersame Ruf der «Manna des heiligen Nikolaus» trug dazu bei, diese Stätte zu einem der beliebtesten Wallfahrtsorte Süditaliens zu machen.

Voll Ungeduld erwartete ich die Feierlichkeiten. Ich hörte, daß man die Statue des heiligen Wundertäters zum Hafen tragen und in einem Fischerboot hinaus aufs Meer fahren werde, weil sich der Schutzpatron der Seefahrer, wie man glaubt, über einen Tag zu Wasser freue. In manchen Gegenden Italiens, auch in Griechenland, werden Heiligenfiguren einmal im Jahr zum Meer gebracht, ja, sogar darin gebadet. Den großen Heiligen des Meeres, der zumindest in Griechenland den Poseidon ablöste, nun aber wirklich zu einer Schiffsreise aufbrechen zu sehen, bedeutete eines jener seltsamen, für mich immer reizvollen Rendezvous mit der Geschichte.

Doch Nikolaus ist nicht nur der Beschützer der Seeleute und Fischer, sondern gilt auch als der Schutzpatron der Kinder, Diebe, Pfandleiher und Wölfe sowie als Protektor Rußlands. Nach Meinung einiger Leute, die sich mit diesem Thema befaßten, stellt das Zunftzeichen der Pfandleiher nicht die *palle* der Medici dar, sondern drei Säcke mit Gold, die der fromme Mann einst einem Witwer zur Aussteuer seiner drei Töchter ins Haus brachte. Seine Verwandlung in den Weihnachtsmann oder Sankt Nikolaus ist eine weitere Abwandlung dieses vielseitigen Wundermannes.

Eine Statistik beliebter Heiliger würde Nikolaus vermutlich an erster Stelle erscheinen lassen. Über den Diebstahl seiner sterblichen Überreste liegen uns die Schilderungen von drei Zeitgenossen vor. Einer war der Archidiakonus Johannes, aus dessen bereits 1088, also im nachfolgenden Jahr, veröffentlichter Abhandlung das Echo der mit den Hauptakteuren dieses Dramas veranstalteten Interviews herauszuhören ist. Der Titel lautet: *Translatio S. Nicolai episcopi ex Myra Lyciae urbe ad Apuliae oppidum Barim vel Barim, scripta ab Johanne archidiacono Barensi jubente Ursone Barensi et Canusino archiepiscopo, circa annum Domini 1088, apud Surium die nono Maii.*

Wie der Verfasser berichtet, trafen die Bareser Matrosen nach dem Löschen des Weizens in Antiochia eine venezianische Schiffsmannschaft. Diese Leute vertrauten ihnen an, daß sie sich mit Hämmern und Brecheisen ausgerüstet hätten, um auf der Rückreise die Gebeine des heiligen Nikolaus aus Myra mitgehen zu lassen. Die Bareser sagten kein Wort, sondern segelten – nun auch mit Hämmern und Brecheisen versorgt – schnellstens von Antiochia ab.

In Unternehmungen dieser Art vermischten sich Frömmigkeit und Betrug auf die merkwürdigste Weise. Der Reliquienkult war vom Osten aus in die Kirche eingedrungen. Und obwohl die führenden und lautersten Geister die von Römern und Juden früherer Zeiten verabscheuten Exhumierungen verurteilten und den bereits in den Tagen des Augustinus schwunghaften

Handel mit unechten Reliquien beklagten, fand sich doch kein Mittel, die große Nachfrage nach Schutzheiligen und Wunderheilungen zum Stillstand zu bringen. Die Venezianer aber sammelten am eifrigsten von allen. Ihre Kapitäne hatten den Auftrag, von ihren Reisen gen Osten eine Reliquie, ob nun erworben oder gestohlen, mit nach Hause zu bringen, so lange, bis der schützende Kordon um die Lagune vollendet war. Alle Welt wußte davon.

Venedigs höchster Festtag galt dem Raub der Gebeine des Evangelisten Markus im Jahre 828 aus Alexandria, als der Heilige nach Ägyptens Wandlung zu einem Land des Islam in einem Traum selbst sich zu seiner «Errettung» und Umsiedlung in ein christliches Land bereit erklärt hatte. Einer ähnlichen Situation sahen sich die Bareser in Myra gegenüber, das kurz zuvor, im Jahre 1087, von den Ungläubigen erobert worden war. Wie in Alexandria war auch in Myra den Christen Religionsfreiheit und das Recht auf die Benutzung und Pflege ihrer heiligen Stätten zugestanden worden. In beiden Fällen also haben die Seeleute, sowohl die aus Venedig als auch jene aus Bari, Kirchen geplündert und den geheiligten Besitz christlicher Glaubensbrüder geraubt.

Nach ihrer Ankunft in Myra begaben sich die Bareser zur Ruhestätte des Bischofs Nikolaus, beteten und empfingen aus der Hand der griechischen Mönche eine Phiole mit der heiligen Flüssigkeit, dem den Gebeinen des Heiligen entfließenden «Manna», das hiermit zum ersten Male erwähnt wird. Sie machten das Grab ausfindig und handelten genauso wie zweieinhalb Jahrhunderte zuvor die Venezianer in Alexandria: Sie erboten sich, die Überreste gegen Gold zu kaufen. Die ägyptischen Mönche waren seinerzeit einem Geschäft mit den Venezianern nicht abgeneigt gewesen. Die griechischen Mönche in Myra indessen zeigten sich entrüstet. «Wir möchten diesen heiligen Leichnam in unser Land mitnehmen», sagten die Männer aus Bari. «Wir sind im Auftrag des Papstes zu diesem Zweck mit drei Schiffen gekommen. Wenn ihr zustimmt, bekommt ihr hundert Goldstücke von jedem Kapitän.»

Diese Lüge verfehlte ihren Zweck. Die Moral der Griechen war höher als die der Lateiner. «Wer ist hier so dreist, sich für solch einen Handel als Käufer oder Verkäufer herzugeben?» fragten sie. Als sie aber merkten, daß die Italiener zur gewaltsamen Öffnung des Grabes entschlossen waren, sprachen sie: «Seht zu, ob ihr den Mut habt, euch so verwerflich gegen Gott zu vergehen.» Dies versetzte die Bareser in Furcht. Doch nach einer Weile obsiegten die Kaltblütigen unter ihnen, griffen nach den Hämmern und brachen das Grab auf, in dem sie unter den Mauersteinen eine «Marmorurne» entdeckten. Dies war vermutlich ein Sarkophag. Kaum war der Marmor zertrümmert, wurden sie der Flüssigkeit gewahr, des «Manna des heiligen Nikolaus», und, gleich den Venezianern bei ihrem Einbruch in das Grab des Markus, rochen sie einen himmlisch süßen Duft, bei dem es sich vielleicht um den bekannten «Geruch der Heiligkeit» handelte.

Der Archidiakon stellt fest: «Alle Anwesenden fühlten sich von dem köstlichen Duft berauscht.» Ein junger Mann namens Matthäus, wahrscheinlich der Anführer, langte mit der Hand hinein und stellte fest, daß die Flüssigkeit den Sarkophag zur Hälfte füllte. «Danach streckte er den rechten Arm hinein, und als er die unermeßliche Kostbarkeit erspürte, die an sich zu bringen das Ziel seines heftigen Begehrens bedeutete, begann er sie furchtlos und schnell herauszuholen. Als zuletzt nur noch der Kopf fehlte, warf er sich vollends in die Urne, tastete nach dem gesuchten Stück und kam von Kopf bis Fuß von der heiligen Flüssigkeit durchnäßt wieder heraus.»

Anschließend machten sich die frommen Diebe mit ihrer Beute aus dem Staub. Sie eilten zu ihren Schiffen, ohne dem Beispiel der Venezianer folgend zur Täuschung der Einheimischen einen anderen Leichnam ins Grab zu legen. Die Venezianer hatten die Überreste des Evangelisten Markus unter Schweinefleisch verborgen, aber den Baresern schien eine derartige Vorsichtsmaßnahme unnötig. «Freudig traten sie den Heimweg an, wikkelten die Gebeine noch einmal in ein weißes Tuch und legten sie in ein hölzernes Gefäß jener Art, wie es von Seefahrern als Weinfaß benutzt wird.» Zornig und bekümmert eilten die Bewohner von Myra ans Ufer. «Sie rauften sich Haare und Bart und klagten laut um den Verlust ihres Hirten und Herrn.»

Kein venezianischer Rivale vermochte die Reisenden aufzuhalten, und so konnten sie im Mai 1087 ihren Raub unter dem Jubel der Menge in Bari an Land bringen. Der Wunsch des Erzbischofs von Bari, den Leichnam in der Kathedrale zu bestatten, fand kein Gehör. Schließlich lud man den Behälter mit den Gebeinen auf einen von Ochsen gezogenen Wagen, der sie zu einer Stelle in der Nähe der Küste brachte, wo nicht lange danach die Kirche San Nicola erbaut wurde. Dies erklärt, weshalb die Säulen des Kirchenvorbaus nicht von den sonst üblichen Löwen, sondern von zwei tierischen Wesen getragen werden, die wohl Ochsen darstellen sollen. Die bronzenen Hörner sind ihnen abhanden gekommen, aber noch immer sieht man die Fassungen, in den sie einst gesteckt haben. Vielleicht sollte man die Hörner doch wieder einsetzen, um diesen beiden sonderbaren Geschöpfen – zwei in ihrer Art für Italien einzigartigen Portalornamenten – wieder zu ihrer wahren Gestalt zu verhelfen.

Jeden Morgen nach dem Frühstück machte ich einen Spaziergang durch die Altstadt und besuchte die Messe in der Kathedrale oder in der Nikolauskirche. Die uralten Straßen erschienen mir tagsüber fast noch interessanter als zur Nachtzeit. Ich wüßte mich keiner anderen mittelalterlichen Stadt in Europa zu erinnern, die eine solche Ausdehnung wie die Altstadt von Bari besitzt, und vermutlich wird man dafür Murat und seinem Entschluß danken müssen, die Altstadt unverändert zu belassen. Männer verkaufen ihre Waren, andere machen Musik, Frauen tratschen über die Balkone hinweg, Kinder weinen. Und immer läutet irgendwo eine Kirchenglocke. Die meisten Straßen von Alt-Bari bieten keinen Platz für Autos. Mit einem Schiebekarren ziehen die Hausierer von Tür zu Tür. Die Frauen scheinen ständig am Brunnen zu stehen und Wasser zu schöpfen, und ich hatte ganz den Eindruck, daß die Einwohner der Altstadt am fröhlichen Straßenleben und an den alten Häusern hingen und sich gegen jeden Versuch einer Umsiedlung in die Neustadt wehren würden.

Nur wenigen mag vielleicht auffallen, was mir als das typisch mittelalterliche Merkmal von Alt-Bari erschien, nämlich die auf der Straße abgeladene oder zum Fenster hinausgeworfene erschreckende Menge von Abfällen: Kartons, Papier, verfaulte Fische, Früchte und Gemüse. Dieser Abfall wird von den *net-*

turbini, deren Namen einer Verbindung von *nettare* (reinigen) und *urbe* (Stadt) entstammt, zu früher Morgenstunde mit militärischem Tempo und Gründlichkeit zusammengekehrt und fortgeschafft. Ich war dieser Berufsbezeichnung zuvor übrigens noch nicht begegnet. In den meisten Gegenden von Italien heißt der Straßenkehrer *spazzino.* Die *netturbini* verrichten ihre Arbeit mit Hilfe von Handkarren, da sie mit den Müllwagen nicht bis in den Stadtkern eindringen können. Ich beobachtete, wie sie der Aufgabe des mittelalterlichen Heiligen nachgingen, der seine Stadt vor der Pest schützen muß. Als es acht Uhr war, lagen die Straßen blitzsauber und aufnahmebereit für den Abfallsegen eines neuen Tages da.

Unter den alten Bogengängen kamen die Kinder mit ihren Schultaschen. Sie trugen blaue Kittel und locker geschlungene Krawatten, die von der italienischen Jugend erduldet werden müssen. Sie sahen gesund und sauber aus. Auch die kleinen Geschäfte öffneten jetzt, darunter viele Fischstände. Ein Blick durch die geöffneten Haustüren zeigte mir die Frauen bei der ersten Arbeit ihres Tages: der Zubereitung der Pasta. Eine für Bari typische Art von Teigwaren sind die *reccietelle* – anderswo heißen sie *orecchietti* (Öhrchen) –, die nach dem Ausformen auf Drahtroste gelegt und ins Freie zum Trocknen gebracht werden.

Diese Stadt verändert sich für drei Tage, wenn die Pilger kommen. Sie sprechen die vielen bäuerlichen Mundarten des südlichen Italiens, und mancher Bareser, dessen Sprache einen Römer oder Florentiner in Bestürzung versetzen würde, sieht sich nun selbst durch den Dialekt eines Landsmanns aus den kalabrischen Gebirgsdörfern verwirrt. Bis zum Ausbruch des Ersten Weltkrieges kamen ganze Schiffsladungen mit Pilgern aus Rußland, das in dem heiligen Nikolaus seinen Schutzpatron sah, vom Balkan trafen die Wallfahrer noch bis zum Beginn des Zweiten Weltkrieges ein. Und heute begegnet man in Bari Hunderten von italisierten Albanern.

Ein kurzer Blick schon sagte mir, welche Wallfahrer mit dem Bus angereist waren, denn sie trugen nur Handgepäck bei sich. Diejenigen Pilger indessen, die den traditionellen mühevollen Wanderweg zu Fuß durchs Gebirge gewählt hatten, waren derb gekleidet und mit allen möglichen Dingen behangen, mit Trinkbechern und mit Brot, das sie zuweilen an ihrem Stab aufgespießt hatten, stets jedoch mit einer säuberlich zusammengerollten Decke auf den Schultern. Manche Wallfahrer führten mit leuchtenden Federn geschmückte Stäbe bei sich. Und noch etwas war an jeden Pilgerstab gebunden: nicht etwa der Haselnußzweig der Wallfahrer früherer Zeiten, sondern der ständige Begleiter des süditalienischen Bauern: der Regenschirm.

Viele Pilger kamen aus den armen Dörfern des Südens. Unter ihnen befanden sich nur wenige junge Männer, denn die anderen waren längst fortgezogen, um Arbeit zu finden. Die Frauen trugen zumeist schwarze, bauschige Röcke; manche hatten schwarze gestrickte Schals um die Schultern gelegt, aber alle trugen Kopftücher, die sie entweder unter dem Kinn oder im Nacken gebunden hatten. Ich begegnete einer Gruppe, die sich im Kreis auf dem Pflaster niedergelassen hatte. Es hätten Beduinen sein können. Aus ihren Gesichtern sprachen Resignation und Schwermut. Um diese Gruppe standen, auf ihre Stäbe gelehnt, ähnlich gekleidete Pilger, vorzeitig gealterte Menschen mit schmalen Lippen über zahnlosen Mündern, mit vor Erschöpfung grauen Gesichtern, in die Not und Armut Spuren gegraben hatten.

In der Kirche war die Messe soeben zu Ende gegangen. Die Basilika war überfüllt. Die eintretenden Pilger knieten nieder und begannen dann langsam und unter Zuhilfenahme ihrer Stöcke auf den Knien das Hauptschiff entlangzurutschen. Vor einer kleinen Pilgergruppe schritt ein etwa zehnjähriges Mädchen im Kommunionkleid mit einem Kruzifix in der Hand, und hinter ihm – als folgten sie einem kleinen Engel – rutschten die Familienangehörigen. Dann und wann machten sie eine Pause und wischten sich die Tränen aus den Augen. Ich bemerkte mehrere jüngere, besser gekleidete Frauen, die sich ohne Zögern und ohne Rücksicht auf ihre Nylonstrümpfe auf die Knie niederließen und mit den anderen dahinrutschten. Ihre Strümpfe sind wohl in Fetzen gegangen.

Der lebensbejahende Aspekt des christlichen Glaubenslebens schien diese Menschen nicht zu berühren. Sie sahen aus, als hätten sie sich lieber zu den weinenden Marien am Kreuze als zu den Augenzeugen der Auferstehung gesellt. Man kann sich vorstellen, was die alten, an Rheumatismus und Gicht leidenden Bauern durchstehen mußten. Vielleicht aber konzentrierten sie sich auf die Agonie der Heiligen und spürten den Segen der Buße. Auch wenn sie einmal aufstehen mußten, sanken sie doch gleich darauf wieder in die Knie.

Die Gebeine des wundertätigen Nikolaus ruhen in der Krypta der im Jahre 1087 erbauten Basilika. Hier wußten sie die Pilger am heiligen Ort. Ihre Blicke suchten den silbernen Altar, unter dem sich der Sarg befindet, in dem die Gebeine in der *sacra manna* schwimmen sollen. Zitternde Stimmen stimmten da und dort eine Litanei an, aber wiederum verstand ich nur die Worte «San Nicola». Bestürzt sah ich, wie sich eine alte Frau auf dem Boden ausstreckte und die Steine ableckend vorwärtskroch. Ihre Töchter (vielleicht waren es auch ihre Enkelinnen) flüsterten auf sie ein, wollten sie abhalten. Aber sie befand sich in der Gegenwart des von Gott Erwählten und kümmerte sich nicht um sie. Ich war zutiefst bewegt, denn wann würde ich jemals eine solche Wallfahrt wieder erleben? Vor Jahrhunderten sind solche andächtigen und büßenden Gemeinden an allen Heiligenaltären Europas ein vertrautes Bild gewesen. Ein 1889 von Janet Ross veröffentlichter Reisebericht gehört zu den wenigen englischen Büchern über Apulien. Gleich mir war die Verfasserin Zeugin der auf den Knien durch das Hauptschiff und in die Krypta hinabrutschenden Pilger gewesen. Gleichwohl beobachtete sie eine Handlung, die ich nicht sah. Sie berichtete:

«Ein Priester beugt sich tief in das Loch der Grabplatte und schöpft die heilige ‹Manna›, die den Andächtigen in einem silbernen Eimerchen zum Trank gereicht wird und alle Krankheiten heilen soll. Ich war zur Kirche in Begleitung eines Herrn aus Bari gegangen, der den Erzbischof gut kannte. Ein Priester erbot sich daher, mir etwas von der heiligen Manna zu bringen. Mit gedämpfter Stimme riet mir mein Bekannter davon ab und sagte, daß sie widerlich, so ähnlich wie schlechter brauner Zukker mit Wasser schmecke.»

Die Quelle dieser heiligen Manna ist nicht mehr zugänglich, und dennoch wird man die Flüssigkeit überall antreffen können. Man erzählte mir, daß es in der Provinz Bari nicht ein einziges Haus und nicht ein einziges Fischerboot gebe, in dem sich

Bari, Maskierte Pilger

nicht irgendwo eine Phiole mit dem heiligen Naß befinde. Es wird an die Wallfahrer in kleinen Arzneiflaschen verkauft, zeigt auf der einen Seite als Relief den Kopf des Heiligen und auf der anderen die Worte «Basilica di S. Nicola, Bari. S. Manna». Jede Flasche ist mit Blei versiegelt. Dieses «Manna» ist farblos und ohne Geruch und schmeckt, soweit ich selbst feststellen konnte, wie gewöhnliches Wasser.

Ich erhielt Erlaubnis, nach Schließung der Basilika mit einem Dominikanermönch in die Krypta hinabzugehen. Der Mönch erzählte mir die Bareser Legende, wonach in dieser Krypta bei ihrer Eröffnung 1089, also sechs Jahre bevor Urban II. in Clermont den französischen Adel zu einem Kreuzzug aufrief, schon der Erste Kreuzzug gepredigt worden war.

«Peter, der Einsiedler, soll hier schon früher als Papst Urban gepredigt haben», erklärte er. Ich fragte ihn, ob sich diese Geschichte historisch beweisen lasse, doch wußte er mir darauf nichts zu sagen. Viele Monate später stieß ich in der Geschichte der Kreuzzüge des Wilhelm von Tyreus, einer nahezu zeitgenössischen Autorität in diesen Dingen, abermals auf diese sogenannte hier aber eindeutig und in Einzelheiten geschilderten «Legende» von Bari.

Peter war als Pilger in Jerusalem gewesen, wo ihn Entsetzen ob der Christenverfolgung und des Zustands der Heiligen Stätten unter moslemischer Herrschaft befiel. Mit einem Hilfeersuchen des Patriarchen von Jerusalem an den Papst versehen, bestieg er das Schiff nach Bari. Nach seiner Landung erfuhr er, daß sich der Papst in der Nähe befand, so daß er also nicht erst nach Rom gehen mußte, um das Schreiben des Patriarchen zu überreichen. Man weiß, daß der Papst zweimal, und zwar 1089 und 1098, Bari besucht hatte. Da der zuletzt genannte Zeitpunkt zu spät liegt und sich zudem in die Lebensgeschichte Peters nicht einpassen läßt, ist der erste öffentliche Appell an die Christen zur Verteidigung der Heiligen Stätten wahrscheinlich zur Zeit der Eröffnung dieser Krypta ergangen.

Offensichtlich ist Peter, der Einsiedler, ein schwer zu beschreibender kleiner Mann gewesen. Wie die Augenzeugin Anna Comnena berichtet, wurde er auch *cucupiettore* oder ‹Kleiner Peter› genannt. Für das Fehlen heldenhaften Aussehens und Verhaltens finden sich noch andere Hinweise. «Er war ein Mann von kleiner Statur», schreibt Steven Runciman, «dunkelhäutig und mit einem langen, mageren Gesicht, das so schrecklich anzusehen war wie der Esel, auf dem er stets ritt und der kaum weniger verehrt wurde als er selbst. Er ging barfuß. Seine Kleider waren schmutzig. Er aß weder Brot noch Fleisch, sondern nahm nur Fisch und Wein zu sich. Trotz dieser armseligen Erscheinung hatte er Macht über Menschen.»

Er wurde vermutlich um 1053 in der Nähe von Amiens als Sohn des Reginald d'Ermite geboren und muß in seinen Vierzigerjahren gewesen sein, als er einen Pöbelhaufen dummer Bauern anführte, deren Zahl einige Gelehrte auf 15 000 bis 20 000 Mann schätzten, die in das Heilige Land fuhren, wo die meisten natürlich umkamen. Danach schloß sich Peter den Rittern des Ersten Kreuzzuges an. Er spielte hier jedoch keine bedeutsame Rolle.

Nach Ende des Ersten Kreuzzuges verschwand er, tauchte jedoch Jahre später wieder als Gründer eines Priorats bei Huy, am rechten Ufer der Maas nahe Lüttich, auf. Als er dort 1115 starb, bat er aus Demut, nicht in der Kirche, sondern draußen im Kirchhof beigesetzt zu werden. Man befolgte seinen Wunsch, ließ ihn im folgenden Jahrhundert aber wieder ausgraben und bestattete ihn innerhalb der Kirche unter einem Marmorstein. So schildert es der Bericht eines Reisenden aus dem Jahre 1761. Wenig später zerstörten französische Revolutionäre das Grab und verstreuten die Gebeine des Eremiten.

4

Unter den Ehrengästen auf der Tribüne erwartete ich den Beginn der Festlichkeiten. Inzwischen war es dunkel geworden. Zur anderen Seite der Piazza erhob sich die Westseite der Nikolauskirche. Scheinwerferlicht strahlte auf. Die Tauben flatterten aus ihren Nestern in den runden normannischen Fenstern und Arkaden. Ebenso plötzlich wurde die Kirche wieder dunkel. Die fast allen italienischen Veranstaltungen vorangehenden Aufregungen der letzten Minuten, das Gestikulieren und theatralische Geschrei, halfen die Wartezeit zu verkürzen. Wichtigtuerisch liefen graugekleidete Herren mit Mikrophonen hin und her und prüften die Lautsprecher. Unerwartet tauchten Elektriker auf (so zum Beispiel auch einmal auf dem Kirchendach, wo sie bleichen Gesichts wie verfolgte Diebe erschienen), schalteten ihre Lichtbatterien an und wieder aus und nahmen mit dem allen Technikern eigenen Mißtrauen die letzten Einstellungen vor. Auf der minutenlang wieder einmal vom Flutlicht übergossenen Bühne erschien wie ein wiederkehrender Reisender, verloren und verwirrt ob des bedauerlich veränderten Bildes, ein verwahrloster Hund. Bald aber hob er ergeben resignierend ein Bein und blickte sich nach allen Seiten um, als erhoffe er eine freundliche Einladung. Ein *Maresciallo dei Carabinieri* führte die Hand zum Dreispitz, als die Gattin des Bürgermeisters mit ihren Töchtern die Tribüne betrat. Erschrocken, weil er sich plötzlich Auge in Auge mit dem Erzbischof sah, ging ein Platzanweiser in die Knie und küßte dessen Ring, ehe er seines Amtes waltete. Wehmütig in die Nacht rufend beschwor eine Schiffssirene die Erinnerung an Myra und an den geheiligten Raub, den zu feiern wir uns anschickten.

Einen herrlichen Anblick bot die jetzt hell angestrahlte Westfront der Kirche. Ich saß so günstig, daß ich nach Öffnung der Tore geradeswegs durchs Kirchenschiff bis hinauf zur östlich gelegenen Apsis und dem Ziborium, einem charakteristischen Merkmal dieser apulischen Kirchen, zu blicken vermochte. Das Ziborium ist ein von vier Marmorsäulen getragener und von kleinen, zuweilen in zwei Etagen übereinander aufragenden Säulenarkaden überdachter Altarbaldachin aus Stein. Dieser Teil der frühen Kirchenausstattung scheint im elften Jahrhundert eine Renaissance erlebt zu haben. Das Ziborium von San Nicola erinnert an die von S. Clemente, S. Agata dei Goti und S. Giorgio in Velabro in Rom, übertrifft sie jedoch, wie ich meine, an Reiz.

Die uns inzwischen unterhaltende feierliche Musik verklang, und eine erregte Stimme erzählte die Geschichte von der Ankunft des Heiligen in Bari. Fernes Stimmengewirr kündigte den nahenden Festzug an. Mittelalterlich kostümierte Trommler betraten die Piazza, hinter ihnen gingen Trompeter. Gleich darauf erschien eine Gruppe von *scandietori*. Sie schwenkten ihre farbigen Fahnen, warfen sie in die Luft, ließen sie zwischen den Beinen hindurchflattern und mit kräftigem Schwung ins Scheinwerferlicht hinaufschießen, um sie beim Herabfallen wieder geschickt aufzufangen. Schließlich kam die Karavelle, eskortiert von Fackelträgern und gezogen von Männern in Seemannskleidern: ein dekoratives Schiff alter Werkmannskunst mit einem großen gerahmten Bildnis des Heiligen an Bord. Unter dem Halleluja der Chöre schritt der Prior der Dominikaner mit seinen Mönchen auf das Schiff zu, um das Bildnis des Heiligen in Empfang zu nehmen. Behutsam hoben die in ihren Kapuzenmänteln eher an Robin Hood und seine Schar erinnernden Seefahrer das Bild herab und überreichten es zwei Dominikanern. Alle Glocken der Altstadt erklangen, als die Mönche, die *flabelli* aus

Straußenfedern in den Händen, das Bildnis in ihrer Mitte, hinter dem Prior langsam die Treppe emporschreitend in die Kirche einzogen.

Auf dem Rückweg in mein Hotel stieß ich auf normannische Bogenschützen, Männer mit Fahnen und Bannern und zottelmähnige Jugendliche mit Äxten und Fackeln. Drunten am Hafen nahm eine lärmende Kirmes ihren Gang, auf der sich eine Vielfalt nützlicher Dinge finden ließen, so zum Beispiel ein Amulett gegen den bösen Blick, eine Babyrassel aus künstlicher Koralle, Stiefel, ein Bild des heiligen Nikolaus, ein Teller Spaghetti, Nylonstrümpfe, Hüte, Mäntel und natürlich auch *porchetta*. All dies war im Umkreis nur weniger Schritte im Licht elektrischer Birnen ausgestellt. Und dazu kam der fürchterliche Lärm, dem die Italiener innig zugetan sind.

Auch die Pilger verhielten sich nun anders. Die am Morgen noch so ernst blickenden alten Frauen sangen händeklatschend zu Akkordeonmusik, und in den zerfurchten Gesichtern funkelten die Augen. Eine kleine Gruppe gab sich besonders ausgelassen. Mit den Fingern schnalzend drehten sich die Leute im schnellen Tanz um einen Mundharmonikaspieler. Es war eine fröhliche, in arabischen Intervallen ausklingende Melodie. Niemand konnte mir sagen, woher diese Leute kamen oder was sie sangen. Irgend jemand meinte, sie kämen aus Neapel, andere hielten sie für Kalabreser.

Welten trennten mich von diesen Szenen und Erlebnissen, als ich im Hotel eintraf. Die Vertreter des Business griffen nach der Aktentasche, dem Statussymbol ihrer Kaste, und wollten wissen, ob Mailand angerufen habe.

5

Die lebensgroße Figur des Heiligen wurde von einem begabten Künstler im siebzehnten Jahrhundert modelliert und bemalt. Sie stellt einen gütigen Bischof mit Bart und Heiligenschein dar; die eine Hand umfaßt den Kreuzstab, die andere hält ein Buch, auf dem drei goldene Kugeln ruhen: der symbolhafte Hinweis auf jene drei Säcke Gold, mit deren Hilfe der Heilige – was den Psychologen vielleicht verblüfft – drei Jungfern vor einem Leben der Sünde bewahrt haben soll. Diese Statue wird einmal im Jahr durch Bari getragen und für die Dauer eines Tages in einem Fischerboot hinaus aufs Meer gebracht.

Am Tag nach dem Festzug ging ich frühzeitig zur Molo di S. Nicola hinab, um mir einen guten Platz zu sichern. Auf dem Hafendamm standen nur wenige Fischer und ein paar Karabinieri in großer Uniform, die Mützen unter den Arm geklemmt. Sie rauchten, redeten und lachten. Es war ein herrlicher Morgen. Türkisblau dehnte sich die Adria jenseits des Alten Hafens. Grell loderte die Altstadt im gleißend weißen Licht. Mit ihren flachen Dächern, ihren engen Gassen, den von Kuppeln, ja zuweilen sogar von Palmen überragten bergan wachsenden Häusern erinnern sie mich an die Häfen Nordafrikas.

Ein Polizist, den ich fragte, weshalb im Hafen ein italienisches Kriegsschiff liege, teilte mir mit, daß die Ehrengarde für den Bischof Nikolaus von Fischern und Matrosen gestellt werde. Dies schien mir begreiflich und angemessen, denn schließlich ist er der Schutzpatron beider Berufe. Ich verkürzte mir das lange Warten, während ich einem Fischer zusah, der bei den Felsenklippen am Hafenpier einen großen Tintenfisch einzufangen versuchte. Er mußte sich anstrengen, und jedesmal, wenn ein Fangarm sich um sein Bein schlang, wurde ich an Laokoon erinnert. Diesem Gefecht sah außer mir noch eine Schulklasse kleiner Mädchen in weißen Kommunionkleidern zu, die ihre weiß eingebundenen Meßbücher in den Händen hielten und ein sauberes Taschentüchlein ums Gelenk geschlungen hatten. Auch die Blicke der beiden begleitenden Nonnen verfolgten aufmerksam das Tun des Tintenfisches. Neugierig kamen die Karabinieri herbeigeschlendert und boten Laokoon scherzhaft einen Degen an. Auf der Mole begann sich die Elite von Bari zu versammeln. Aus der Ferne drang das Geläut der Kirchenglokken herüber. Der Stadtheilige Nikolaus war unterwegs.

Ich hatte mich in der Nähe einer kleinen Einzäunung eingefunden, nur wenige Schritte von der an einem Pier vertäuten und geschmückten Barke entfernt, welche die Heiligenfigur zum Fischerboot bringen sollte. In der Zwischenzeit waren die Offiziere der Garnison, der Kommandant des Zerstörers, der Bürgermeister, die Stadträte, Rechtsanwälte und Ärzte nebst Gattinnen und sonstigen Familienangehörigen erschienen, und ich wunderte mich, daß man meinen Platz, das von Gittern eingefaßte Stück, freiließ.

Kurz darauf wurde ich indes Augenzeuge, wie dieses Fleckchen zum Schauplatz einer für italienische Feierlichkeiten typischen Umgestaltung in allerletzter Minute wurde. Wir hörten bereits die Musikkapellen sich nähern, als sich ein kleiner Wagen den Weg mitten durch die Versammlung der Würdenträger bahnte. Lässig und ohne Eile entstiegen ihm drei Arbeiter, luden einen wuchtigen, golden und rot bemalten Barocksessel, zwei vergoldete Hocker und einen schäbig aussehenden, bereits bruchreifen Küchentisch aus und stellten diese ungleichen Gesellen nebeneinander in die Umzäunung. Binnen weniger Minuten wurde der alte Tisch, unter Zuhilfenahme von besteckten Tüchern, Spitze und vier großen Kerzen in einen Altar verwandelt. Auf dem Pflasterboden breiteten die Männer einen reichgewirkten Teppich aus, hinter dem Altar bauten sie einen scharlachroten Hintergrund auf. Ebenso gleichmütig, wie sie gekommen, fuhren sie wieder fort, und fast im gleichen Augenblick erschien der Erzbischof und ließ sich zu dem goldenen Thron in der prächtig dekorierten Einzäunung geleiten.

Die Spitze des Zuges erreichte das Ufergelände, und nun eilten Tausende von Pilgern mit ihren zapfengeschmückten Stäben herbei, bildeten ein Spalier und brachen in Lobgesänge aus.

Im Gefühlsüberschwang wollten viele Reden halten. Man reichte ihnen ein Mikrophon, und dröhnend prasselte über die Lautsprecher die Sturzflut stark dialektgefärbter frommer Lobeshymnen auf uns herab. Diese italienischen Bauern waren mitnichten wortkarg; manche klammerten sich geradezu an das einmal gewonnene Mikrophon, um es erst nach Kämpfen wieder preiszugeben. Ich weiß nicht, ob diese wortreichen Tiraden auf dem langen Weg nach Bari sorgfältig vorbereitet waren oder spontan entstanden. Jedenfalls bewiesen sie, wie sehr Beredsamkeit zum Naturell des Italieners gehört.

Auf seiner Planke hoch über den Köpfen der Menge bog die Heiligenfigur in die Gasse ein. Sein Strahlenkranz strahlte im Licht der Sonne. Leicht schwankend und nickend bewegte er sich vorwärts. Zu beiden Seiten schritten Dominikaner und Männer in weißen Chorhemden, die golden bemalte Stangen mit Buketts aus weißen und roten Nelken hochhielten. Diese Gebinde entsprechen den Wappenfarben Baris. Auch die aus dem achtzehnten Jahrhundert stammenden Kostüme zweier Ratsdiener mit dem Banner der Provinz und dem von Bari waren gleichfarbig. Weiß leuchteten ihre Schoßröcke, rot die Kniehosen, weiß die Strümpfe.

Einige Meter entfernt von mir kam der Zug zum Stehen. In goldener Mitra und goldenem Chorhemd trat der Erzbischof grüßend auf den Heiligen zu, um ihn zum Pier zu geleiten. Behutsam und geschickt wurde die Statue auf die Barke gebracht, Erzbischof und Notabeln folgten. Begleitet von den Gesängen der Pilger, vom Knallen der am strahlenden Himmel berstenden Raketen und vom lärmenden Chor der Schiffssirenen, begann die Statue des Stadtpatrons seine Fahrt durch den Alten Hafen hinüber zu einem Fischerboot. Dieses Boot war neu bemalt und am Heck mit einem Altar geschmückt worden, auf dem der Heilige seinen Platz fand. Bis zum Einbruch der Dunkelheit sollte er dort bleiben. Gleichzeitig setzte sich eine ganze Flotte schwer im Wasser liegender Ruderboote in Bewegung, um der Statue einen Besuch abzustatten. Und so ging es den ganzen Tag lang. Die am Ufer Zurückgebliebenen sahen den Heiligen, wie er, den Kreuzstab in der Hand, das Antlitz gen Bari richtete, und es schien, als segne er die Stadt. Alte Erinnerungen wurden wach, und Menschen aller Schichten fanden sich am Hafen ein oder fuhren zu ihrem Schutzpatron hinüber. Und wie typisch italienisch war es doch, daß gerade in diesen bewegenden Minuten ein Flugzeug über uns kreiste und für Lagerbier warb.

Fast noch dramatischer als die Einschiffung verlief die Rückkehr der Heiligenfigur am Abend. Er traf unter einem Bombardement von Feuerwerk ein. Sternschnuppen erblühten am Nachthimmel und erloschen. Lichterbogen illuminierten die Altstadt. Und jubelnd willkommen geheißen, zog Nikolaus von Myra durch die Straßen seiner neuen Heimat.

6

An jedem in Bari verbrachten Sonntag freute ich mich auf den Gang zu den Ständen mit Schalentieren unten am Hafen. Etwa dreißig Fischer hatten Verkaufstische aufgestellt – vermutlich eine günstige Gelegenheit, sich nebenher einen Groschen zu verdienen – denn an Wochentagen, da man auf See war, fehlten diese Stände. An Sonntagen jedoch fand man hier eine beeindruckende Auswahl an Schaltieren und vor allem köstliche Austern, das Dutzend für etwa dreieinhalb Mark, die man entweder mitnehmen oder in einem Zelt hinter den Ständen verzehren konnte.

Als ich eines dieser Zelte betrat und ein Dutzend Austern bestellte, brachte der Fischer einen Eimer, stellte ihn auf den Tisch, fischte die Austern heraus und reichte mir, nachdem er sie mit einer einzigen Drehung des rasch in die Spalte hineingestoßenen Messers geöffnet hatte, eine nach der anderen, damit ich sie direkt aus der Schale esse, der für einen Gourmet einzigen weil besten Art, eine Auster zu verzehren. Und unterdessen erzählte er mir, daß diese Austern nicht etwa aus der Adria, sondern von den berühmten Bänken bei Taranto im Ionischen Meer stammten. Ebenso vorzüglich mundeten die Muscheln und Seeigel. Nach Apicius zu schließen, nahmen die Römer Seeigel auf verschiedenste Weise, aber immer gekocht, zu sich, wohingegen ich sie bisher immer nur roh und so, wie sie aus dem Meer kamen, verzehrt habe. Es waren seltene Gelegenheiten, da ich sie erhaschen konnte, aber stets schmeckten die winzigen safrangelben Segmente wie Stücke von getrocknetem Ozon. Ich wüßte tatsächlich kein anderes Schaltier, das so unverfälscht nach Meer mundet. Noch mehr Wagmut forderte vom ungewohnten Gaumen ein von felsiger Kruste umschlossenes Schaltier, die *tarufi di mare*, die Seetrüffel, die ich jedoch nicht probiert habe. «Sie werden roh gegessen und sind auch sehr schmackhaft», erklärt Elizabeth David, eine Dame, vor der alle Gourmets den Hut ziehen. Auch die *datteri di mare*, Seedatteln, die von außen wirklich an einen Dattelstein erinnern, habe ich nicht gegessen, wagte mich hingegen aber an *cannolicchi*, den Schermesserfisch, ein etwa drei Zoll langes, wurmförmig gewundenes Tier, das ein zierliches anthrazitfarbenes Schalengehäuse bewohnt und beim Verzehr noch beunruhigend lebendig ist.

Herrlich sind auf diesen Ständen die Krabben, Krebse, Garnelen und Tintenfische. Nirgendwo bin ich einer solchen Vielfalt billiger Schalentiere begegnet. Sonntags morgens bat ich den Kellner im Hotel stets um einige mit Butter bestrichene Brotschnitten als Rüstzeug für meine Forschungsreise, denn auf diesem Fischmarkt hält man nichts von Gabeln und dergleichen. Es ist sehr reizvoll, gemächlich von Stand zu Stand zu schlendern, sich hier ein paar Seeigel, dort einige Austern oder Muscheln auszuwählen. Doch möchte ich jeden, der sich an einem schönen Morgen in Bari befinden sollte, davor warnen, meinem Beispiel ohne vorheriges Befragen eines zuverlässigen Kenners der örtlichen Verhältnisse zu folgen. Diese Stunden gehören indessen für mich zu den unvergeßlichen Erinnerungen an Bari. Ruhig plätschernd brach sich die tiefblaue Adria am Kai. In der Nähe hörte ich immer wieder ein Klatschen. Dieses Geräusch kam von toten Tintenfischen her, welche die Fischer, damit sie weich würden, gegen die Steinklippen schmetterten.

Wie eindrucksvoll ist ein über Jahrhunderte hinweg bewahrter Brauch. Straßenmärkte und Fischstände haben alle Wechselfälle der Geschichte und Kaiserreiche überdauert. Als Horaz in Begleitung seines wohlhabenden Freundes Maecenas auf der Via Appia von Rom nach Brundusium (Brindisi) reiste, kamen sie auch nach Bari – das damals Barium hieß. In seinem Bericht nennt Horaz Bari «das ob seiner Fische berühmte Barium». Während ich sonntags zwischen den Fischständen hindurchschlenderte, dachte ich daran, daß Horaz und Maecenas vielleicht dasselbe wie ich getan und eine ähnliche Ansammlung von Mollusken betrachtet hatten, die von ebenso kleingewachsenen, dunklen und wettergehärteten Männern gefangen worden waren.

7

In einigen Ausgaben der «Blümlein des heiligen Franz» fehlt die Episode vom Heiligen und der Dirne, zweifellos deshalb, weil sie den Herausgebern nicht erbaulich genug war. Während des

Ersten Kreuzzuges, im Jahre 1219, befand sich der heilige Franz im Heiligen Land. Bei seinem Aufenthalt in einer Herberge versuchte eine junge Frau ihn zum gemeinsamen Nachtlager zu verlocken. «Ich bin gern dafür bereit», erwiderte der Heilige und folgte dem Mädchen in ein Schlafzimmer, wo ein riesiges Feuer brannte. Er entkleidete sich, legte sich nahe am Feuer nieder und forderte das Mädchen auf, seinem Beispiel zu folgen. Während Franziskus indessen die fürchterliche Hitze in gleichbleibend froher Verfassung ertrug, bekam es das Mädchen mit der Angst zu tun und soll, wie berichtet wird, seine sündhaften Absichten bereut haben.

Welch eine einfältige Geschichte. Es fragt sich, weshalb sie überhaupt in den «Blümlein» Eingang fand. Sie eignet sich weder zu einer Allegorie noch hat sie die für eine glaubhafte Erzählung wichtige Pointe. Auf diese Weise werden mehr wahre Begebenheiten entstellt. Ich habe mich schon oft gefragt, was denn nun wirklich zwischen dem heiligen Franz und dem Mädchen vorgefallen sein mag. Ich hätte nie damit gerechnet, die Antwort gerade in Bari zu finden. Ich wußte nicht einmal, daß der Mann von Assisi hier gewesen war.

Eines Morgens ging ich zum Kastell am Ortsrand der Altstadt, einem gewaltigen Bollwerk mit einem zum Garten umgewandelten Burggraben. Dieses Kastell stammt aus der Normannenzeit, war von Friedrich II. erweitert und in den folgenden Epochen immer weiter ausgebaut worden. In früheren Zeiten spülten noch die Wellen des Meeres an die Mauern, heute sind Kastell und Meer durch einen breiten Korso getrennt. Ich entrichtete meine Eintrittsgebühr in einem Torhäuschen und wanderte einen sanft ansteigenden, zur Linken mit altem Mauerwerk, offensichtlich den Resten der alten Anlage, bestandenen Hang hinauf. Mein Blick fiel auf eine Inschrift, und ich las, daß hier, im Kastell von Bari, der heilige Franz von einer jungen Frau in Versuchung geführt worden war.

Jedermann in Bari kannte die Legende von der Rückkehr des Armenheiligen aus Palästina im Jahre 1220. Bari war damals einer der bevorzugten Häfen für die Kreuzzüge. Zur nämlichen Zeit hielt Friedrich II., damals sechsundzwanzig Jahre alt und umgeben von seiner gewohnten farbigen Entourage – Sarazenen, Astrologen, Gelehrte, Tänzerinnen, Falken, Leoparden und dem berühmten Elefanten –, hof im Kastell zu Bari. Es reizte Friedrich, die Tugend dieses Mannes auf die Probe zu stellen, der die Armut auf sich genommen und so oft über die Keuschheit gepredigt hatte, und er lud ihn zu sich aufs Schloß. Dort ließ er dem Heiligen ein schönes Mädchen aufs Zimmer bringen, das ihn verführen sollte. Friedrich verfolgte durch ein eigens für diesen Zweck gebohrtes Guckloch die Vorgänge im Zimmer. Wie die Geschichte verlautbart, erwehrte sich der damals achtunddreißigjährige Franz der Versucherin mit Hilfe rotglühender Kohlen, was Friedrich so entzückte, daß er den Rest der Nacht im Gespräch mit dem Heiligen verbrachte.

Diese Geschichte klingt glaubwürdig, auch ist sie charakteristisch für die von Friedrich II. so geliebte listenreiche Erprobung seiner Mitmenschen. Ganz ähnlich stellte er einen seiner Mathematiker, den legendären Michael Scott, auf die Probe, den er aufforderte, die Entfernung zwischen der Spitze eines Turmes und dem Himmel zu messen. Nachdem er den Turm heimlich von Handwerkern hatte verkürzen lassen, bat er nochmals um Überprüfung. Als Scott bei seiner zweiten Messung eine etwas größere Entfernung feststellte, zeigte sich Friedrich über den Mathematiker ebenso erfreut wie über Franz.

Sechs Jahre nach der Begegnung mit dem Kaiser verstarb der Heilige, und es war kein anderer als Jakob der Deutsche, der Architekt des Kaisers, den man zum Bau der Kirche in Assisi entsandte, in der noch heute die Gebeine des Heiligen ruhen. Jakob ließ sich in Italien nieder, heiratete dort (der Name wurde auf Lapo abgekürzt) und verdiente sich zu gegebener Zeit die keinesfalls einzigartige Auszeichnung einer fehlerhaften Biographie aus der Feder von Vasari. Interessant ist auch die nach seinem Tode wachsende Freundschaft zwischen Bruder Elias und dem Kaiser. Wie bedauerlich, daß kein Protokoll ihrer Unterhaltungen existiert, die gewiß oftmals dem «kleinen Mann aus Assisi» gegolten haben.

Ein unter den apulischen Kastellen ungewöhnliches Merkmal kommt dem Kastell von Bari als Sitz eines Renaissancehofes zu. Hier hielt Bona, Königin von Polen und letzte Herzogin von Bari, hof. Sie starb darin im Jahre 1558. In der Basilika San

Nicola, in der Apsis dieses Gotteshauses neben dem Ziborium, wurde sie beigesetzt. Dieses Grabmal zeigt Bona, die mit süßer Miene auf dem schwarzen Marmorsarkophag kniet und daneben in Nischen von Kasimir und Stanislaus (zwei wohl unwahrscheinlichen Heiligen) bewacht wird. Bona erinnert uns wieder an Mailand und die große Zeit des Lodovico ‹Il Moro› und seiner bezaubernden jungen Frau, der Beatrice d'Este. Bonas Mutter war Isabella von Aragon, Herzogin von Mailand und Gemahlin des schwachen und kränkelnden sechsten Herzogs Gian Galeazzo Sforza. Daß Lodovico, der Onkel, ihn vergiftete, um siebenter Herzog zu werden, konnte zwar niemals bewiesen werden, dennoch galt die vertriebene Isabella binnen kürzester Zeit als der Welt ärmste, bemitleidenswerteste und geplagteste Witwe. Zu dieser Zeit unterzeichnete sie ihre Briefe mit «Isabella von Aragon, Unglückliche ohnegleichen».

Das Unglück einer stolzen Renaissanceherzogin mag freilich nicht das sein, was ein gewöhnlicher Mensch unter Unglück versteht. Falls sie in ihrem Gatten das Opfer eines Giftmordes sah (und das tat sie offensichtlich), so erlebte sie doch die Rache, kostete sie aus, als die Franzosen Mailand eroberten und Lodovico in lebenslängliche Gefangenschaft schickten. Anstelle der erhofften Wiedereinsetzung als Herzogin von Mailand und Regentin für den ältesten Sohn wurden ihr die beiden Söhne genommen und aus politischen Gründen nach Frankreich gebracht. Sie selbst verließ mit den beiden noch jungen Töchtern die Lombardei und begab sich nach Bari. Sie war auch Herzogin von Bari, und die Bareser empfingen sie mit offenen Armen.

Von nun an widmete sie sich ganz der Erziehung ihrer Tochter Bona, eines anmutigen, schönen und hochbegabten Kindes. Sie bemühte sich, nach Bari das geistige Leben des Hofes von Mailand, so wie sie es gekannt hatte, zu verpflanzen. Stets fanden Künstler, Musiker und Schriftsteller freundliche Aufnahme im alten Bareser Kastell. Mit fünfzehn Jahren wurde Bona dem einundfünfzigjährigen König von Polen, Sigismund I., vermählt, einem munteren und wie so viele körperliche Riesen anscheinend sanftmütigen Herkules. Ein Tagebuch von Giuliano Passero hat uns Einzelheiten der Abschiedsfeierlichkeiten für Bona bewahrt. Der Verfasser berichtet von einem über neun Stunden sich hinziehenden Fest, dem Bona in einer Robe aus blauer venezianischer Seide präsidierte. Dieses Kleid war mit Bienen aus gehämmertem Gold übersät; auf ihrem Kopf glitzerte eine mit Juwelen besetzte, perlenbestickte Kappe.

Der alternde Bräutigam war entzückt über seine junge Frau. Vielleicht ist es bemerkenswert, daß Verbindungen dieser Art häufig gutgingen. Schulmädchen (und dies waren sie in unseren Augen) bewiesen oft eine große Fähigkeit, grimmige und gefürchtete ältere Männer zu zähmen oder gar unter den Pantoffel zu manövrieren. Etwas Ähnliches entwickelte sich auch in Polen. Sigismund und Bona regierten dreißig Jahre lang, bis zum Tode des Königs, der ihn im Alter von einundachtzig Jahren ereilte. Die zunächst allseits sehr beliebte Bona wuchs heran und war bald wegen ihrer Habgier und Findigkeit, sich auf Kosten des Staates zu bereichern, verhaßt. Man warf ihr auch vor, hinterhältig zu sein und sich intrigenreich in politische Angelegenheiten einzumischen. Wahrscheinlich genoß sie größere Freiheiten, als ihr von einem jüngeren Ehemann zugestanden worden wären. Sigismund alterte, und obwohl er nach außen hin immer noch den starken Mann präsentierte, wurde er mit den Jahren apathisch und unfähig, der neuen Zeit und den ihn nun umgebenden neuen Männern entgegenzutreten. Bona gebar ihm einen Sohn, der Nachfolger Sigismunds wurde, und vier Töchter. Aber ihr Ruf hatte schwer gelitten. Als die Gemahlin ihres Sohnes, Barbara Radziwill, drei Tage nach der Krönung starb, wurde allgemein angenommen, daß sie von der Schwiegermutter vergiftet worden war.

Es ist vielleicht verständlich, daß Bona, die nicht nur Königinwitwe von Polen, sondern auch Herzogin von Bari war, sich zur Rückkehr nach Italien entschloß. Sie richtete ihren Hof im alten Kastell ein, das abermals wie in den Tagen ihrer Kindheit zum Schauplatz gesellschaftlicher und kultureller Begegnungen wurde. Dieser Nachklang des glänzenden Mailänder Hofes zur Zeit der letzten Sforzas verhallte nach zehn Jahren, als die königliche Herzogin im Alter von fünfundsechzig Jahren starb.

Dies ist die Geschichte, die sich hinter dem Grabmal einer Königin von Polen in der Apsis von San Nicola verbirgt.

8

Eine der Sehenswürdigkeiten von Bari ist ein bis zur Decke mit roten und schwarzen bildreichen Tongegenständen aus dem sechsten und fünften Jahrhundert vor Christus vollgestapeltes Museum. Der mich dorthin begleitende Archäologe entschuldigte sich ständig für dieses Gebäude, die Nachbildung eines Renaissancepalastes, das mich bezauberte und an die vatikanische Bibliothek erinnerte. Offensichtlich hielt er es jedoch für altmodisch und Baris gänzlich unwürdig und erläuterte mir, daß man bald an den Bau eines neuen Hauses mit besseren Lichtverhältnissen gehen werde.

Doch mir genügte dieses alte Museum. Für mich war es der erste Anblick der Magna Graeca, und strahlend genug fiel das Licht jener Zeiten ein, da Sparta und Athen jung gewesen und Rom noch nicht gegründet war. Die hier ausgestellten Vasen, Rüstungen, Spielsachen, Gliederpüppchen und zierlichen bemalten Statuetten waren in Gräbern und an jenen Küstenstätten Süditaliens und Siziliens gefunden worden, die zuerst von Siedlern aus den Staaten des antiken Griechenland kolonisiert wurden.

Ein großer Teil dieser Tonwaren war am Ort Jahrhunderte vor Christi Geburt hergestellt worden, erläuterte mir mein Begleiter, obgleich man auch manches importiert hatte. Und er bereitete mich darauf vor, daß ich auf meinem Weg gen Süden noch vielen antiken Formen aus der Hand heutiger Töpfer begegnen werde. Nur wenige Fachleute wissen gemeinhin von den gewaltigen Mengen gehorteter griechischer Keramik in den Museen Süditaliens. Das große Werk des Klassifizierens und Katalogisierens der Vasen und Malereien hat kaum erst begonnen.

Nicht anders als ihre Vorfahren in Griechenland liebten auch die in den griechischen Küstensiedlungen lebenden Menschen diese reizvoll bemalten Terracottastatuetten, die sogenannten Tanagrafiguren. Es sind Männer und Frauen in natürlich wirkenden Posen: die Frauen beim Tanz oder Knöchelspiel oder aufrecht stehend in Kleidern der damaligen Mode, während die Männer häufig karikiert wirken, entweder komisch oder tragisch.

Besonders interessierten mich die in der apulischen Erde so vollkommen erhalten gebliebenen griechischen Rüstungen. In Magna Graeca wurde die am Körper modellierte bronzene Brustplatte verwendet. Sie gelangte von Griechenland nach Rom. Ich bemerkte, daß einige Helme mit Nasenteilen versehen waren, wie sie auch von den Normannen und viel später von den «Ironsides» Cromwells getragen wurden. Ich sah eine wundervolle Sammlung von Silbermünzen der Magna Graeca, darunter einige der schönsten jemals geprägten Drachmen, aber immer wieder kehrte ich in die Korridore und Zimmer der Vasen zurück, um die Darstellungen von Göttern und Helden, von einfachen Männern und Frauen zu betrachten, die von Künstlerhand bei ihrem geschäftigen Treiben in den reichen Handelshäfen vor zweitausend Jahren festgehalten worden waren.

4

Die normannischen Kathedralen von Apulien – Die Hautevilles – Normannische Könige von Sizilien – Das Schlachtfeld von Cannae – Die «Disfida» Barlettas – Friedrich II., «Das Staunen der Welt» – Castel del Monte – Friedrichs Buch über die Falkenzucht – Das Begräbnis

I

Apuliens Küste ist eine der schönsten, die ich kenne. Jahrhunderte anhaltender Sonneneinstrahlung haben den beim Bau der alten Häuser verwendeten Kalkstein ins Kreideweiß gebleicht. Auf eine Länge von fast hundert Kilometern zu beiden Seiten Baris zieht sich eine Kette kleiner Hafenorte und Fischerstädtchen, und in keinem dieser Orte fehlen das wuchtige, von den Normannen erbaute, da und dort von den Hohenstaufen oder Angevinern renovierte Kastell und die normannische Kathedrale sowie das dichte Gehege der Gassen, von denen manche so orientalisch anmuten, daß man sich nach Marokko versetzt fühlen könnte. Doch es ist das gleißend helle Licht, das ich in Erinnerung behalten werde. Dies und natürlich die blaugrüne, unmerklich in jene Farbe übergehende Adria, die für Homer «dunkel wie Wein» gewesen ist.

Nirgendwo in Europa wird man innerhalb eines so kleinen Umkreises so viele normannische Kathedralen finden. Pedanten mögen mir die Wahl der Bezeichnung «normannisch» anstelle von «apulisch-romanisch» vorwerfen. Darauf ließe sich nur mit dem Hinweis auf die eindeutig normannischen Charakteristika der dunklen und feierlichen Kirchenschiffe mit ihren gerundeten Bogen, mächtigen Portalen und schlanken Arkaden und vieler anderer Einzelheiten erwidern. Welche von diesen Kirchen nun die allerschönste oder interessanteste ist, läßt sich freilich schwer bestimmen. Da sie jedoch sozusagen nur auf einen Katzensprung voneinander entfernt liegen, ist es ein leichtes, sie mehrfach aufzusuchen und miteinander zu vergleichen.

Etwa fünfzehn Kilometer außerhalb von Bari erhebt sich die 1283 erbaute Kathedrale von Giovinazzo; nur drei Kilometer weiter liegt das liebliche Molfetta mit seiner weißen Kirche, deren drei Kuppeln und zwei Glockentürme sich in den Wassern der Felsenbuchten spiegeln. Zwölf Kilometer weiter ist Bisceglie mit seiner Kathedrale aus dem zwölften Jahrhundert gelegen, nach weiteren acht Kilometern grüßt die gleich ihrer Schwester von Molfetta über dem Meere gelegene Kathedrale von Trani (1096) mit ihren prächtigen Bronzetüren. Nach abermals fünfzehn Kilometern erreicht man Barletta, dessen Kathedrale aus dem Jahre 1139 stammt – und noch immer ist Bari nicht mehr als fünfzig Kilometer entfernt.

Wer bei Barletta die Küste verläßt und die durchs Landinnere führende Straße nach Bari fährt, gelangt nach etwa zwölf Kilometern aufs Schlachtfeld von Cannae und kann nach weiteren zwölf Kilometern die Kathedrale von Canosa sowie das Grabmal des Bonemund besichtigen, der im Jahre 1098 Antiochia eroberte. Knapp zwanzig Kilometer entfernt liegt Andria. In der dortigen Kathedrale ist die englische Gemahlin von Kaiser Friedrich II. beigesetzt. Weiter geht es nach Ruvo und seiner normannischen Kirche, dann zu der um 1200 erbauten Kathedrale von Bitonto. Und so kommt man schließlich nach Bari zurück.

Ich wüßte mich keines anderen so kleinen Gebietes zu erinnern, das für den Historiker, vor allem für den Kunsthistoriker und Architekten, derart interessant ist. In der Geschichte normannischer Baukunst füllen diese apulischen Kathedralen und Kirchen ein noch recht unbekanntes Kapitel aus. Was bisher über sie berichtet wurde, ist kaum nennenswert. Sie verharren fast unbekannt, während rings um sie her das geschäftige Treiben kleiner Häfen seinen Lauf nimmt und die Wochenmärkte in ihrem Schatten abgehalten werden. Sie sind die schönste Erinnerung an die normannische Eroberung Süditaliens.

Eine Invasion durch Normannen wird vermutlich nur in England und in Süditalien im Lehrplan des Geschichtsunterrichts einen wesentlichen Platz einnehmen. Indessen sind es verschiedene Arten von Eroberungen. In England landete ein Heer von Lehnsmännern unter der Führung des Herzogs und nahm das Land nach einer einzigen Schlacht in Besitz. In Italien hingegen stellten aus der Normandie herbeigekommene Abenteurer die Kraft ihres Schwertes in den Dienst der Meistbietenden, machten sich nach und nach zu den Herren ihrer Arbeitgeber und schließlich zu den Herren des ganzen Landes.

Diese Normannen scheinen etwas mit jenen Menschentypen gemein zu haben, denen gegenüber man instinktive Abneigung empfindet, um nicht das Wort Abscheu zu gebrauchen. Habgier und Grausamkeit hießen vor allem ihre Untugenden. Zu ihren Tugenden gehörte außerordentliches Draufgängertum, nicht zu vergessen Disziplin und Treue gegenüber ihrem Oberhaupt. Im Vergleich zu ihnen sind die Angelsachsen trotz ihres Hangs zur Melancholie ein sympathisches, poetisch veranlagtes Bauernvolk gewesen, die Lombarden, Byzantiner und Sarazenen, mit denen es die Normannen in Italien aufnehmen mußten, hingegen das Produkt einer Zivilisation auf höherer Stufe. Es waren furchtlose Soldaten, kühne Politiker und Staatsmänner und gute Administratoren, diese Normannen.

Aber weshalb fällt es schwer, sie sympathisch zu finden? Weil sie so abstoßend grausam waren. Vielleicht geht der dem Wort Kerker anhaftende Schauer des Grauens auf die Invasion Englands zurück, als unheimliche Berichte umgingen, über das Geschick der von den Eroberern in Bergkastelle verschleppten und seitdem für immer verschollenen Menschen. Odericus Vitalis, ein englischer Mönch, erwähnt in seiner Chronik des zwölften Jahrhunderts ganz nebenbei einen Ritter namens William Fitz-Girole, der einer freundlichen Einladung zu einer Hochzeit folgte und erleben mußte, daß man ihn dort «ohne jeglichen Grund und ohne etwaige Anschuldigung grausam der Augen und Genitalien beraubte und ihm die obere Hälfte der Ohren abschnitt». Und da war Norman, der von seiner Frau zur Raserei gebrachte Normanne. Er befahl ihr, das Hochzeitskleid anzulegen; anschließend verbrannte er sie auf dem Scheiterhaufen. Derselbe Mann pflegte übrigens seine Söhne gesattelt und gezäumt auf allen vieren auf dem Boden vor sich kriechen zu lassen. Doch so verhielten sich nicht etwa nur einige Wahnsinnige oder Sadisten. Man könnte einen dicken Katalog normannischer Brutalitäten zusammenstellen. Waren sie im Krieg, so brannten sie ganze Landschaften nieder, vernichteten die Ernte und den Viehbestand, wie uns die Beispiele der ‹Plünderung des Nordens› in England und die von den Normannen in Kalabrien verursachten Hungersnöte beweisen.

Die eingehende und zuverlässige Schilderung der normannischen Eroberung von Süditalien durch Edward Gibbon hat spätere englische Schriftsteller von einem ähnlichen Vorhaben offenbar abgehalten. Eine Ausnahme bildet John Julius Norwich, dessen kürzlich erschienenes Buch *«The Normans in the South»* als erste in englischer Sprache verfaßte Arbeit sich ausschließlich diesem Gegenstand zuwendet. In diesem Buch, das von jedem gelesen werden sollte, der in die Landschaften südlich von Rom reisen will, hat Lord Norwich peinlich säuberlich die Masse zeitgenössischer Berichte entwirrt und eine ganze Reihe bisher verschwommener und geheimnisvoller Gestalten ins erhellende Licht gerückt. Hauptakteure im Schauspiel der Eroberung waren die Mitglieder einer bereits erwähnten Familie, die Hautevilles. Der Vater, Tankred von Hauteville, war ein schlichter Ritter, Besitzer eines Lehngutes mit zehn Bewaffneten in Hauteville-la-Guichard, etwa zwölf Kilometer entfernt von Coutance südlich von Cherbourg. Aus zwei Ehen hatte er zwölf Söhne und mehrere Töchter. Aus der ersten Ehe stammten die fünf Söhne Wilhelm (genannt Eisenarm), Drogo, Humfried, Gottfried und Serlo. Sieben Söhne hatte ihm die zweite Frau geboren; sie hießen Robert (der unter dem Namen Guiscard, der Schlauberger, bekannt wurde), Mauger, Wilhelm, Aubrey, Tankred, Humbert, und der jüngste – er sollte am bekanntesten werden – Roger. Bald wurde das kleine Schloß, in dem diese wilde Brut heranwuchs, zu eng für alle. Laut Vitalis, der seine Chronik zur Zeit der nachfolgenden Hautevilles schrieb, vererbte der Vater den Besitz dem vierten Sohn, Gottfried, und erklärte den anderen, daß sie sich «den Lebensunterhalt mit Hilfe ihres Mutes und der ihnen gegebenen Talente außerhalb der Grenzen ihres Heimatlandes verdienen» müßten.

Wären die Hautevilles erst 1066 und nicht schon 1036 erwachsene Männer gewesen, hätten sie diese Tapferkeit samt Talenten zweifellos der Invasion Englands zur Verfügung gestellt. Im Jahre 1036 war Wilhelm der Eroberer indessen noch ein neunjähriger Knabe. Niemand, der die ersten drei Brüder Hauteville von zu Hause davonreiten sah, konnte ahnen, welche Auszeichnung ihrer harrte und wie beständig das sonst so launische Schicksal auf sie – aber auch auf die Jüngeren der Hautevilles – Herzogskronen und zuletzt gar Königskronen niederregnen lassen sollte.

Die um 1035 in Aversa eintreffenden Brüder Drogo und Humfried sahen sich in einer politischen Situation, die in puncto Söldnerdienste bei weitem alles übertraf, was andere Zeitläufte, bis hin zur Renaissance, zu bieten in der Lage waren. Die als brauchbare Soldaten bekannten Normannen waren so geschätzt, daß Lombarden, Byzantiner und andere Lokalgrößen die Einwanderer umwarben. Und diese für Kondottieri so paradiesischen Verhältnisse ließen ausreichend Spielraum für die den Normannen so leicht von der Hand gehenden raffinierten Manöver. Sie können nicht allesamt solche Paladine gewesen sein, wie es die vielen Zeitgenossen unterstellen, und vielleicht war die normannische Eroberung des Südens gar nicht eine so sehr mühsame militärische Operation. Gewiß, das Gelände war wild, die Sarazenen waren nicht minder zahm, und doch war ein geübter normannischer Reitersmann wohl fähig, es mit mehreren Byzantinern oder Lombarden gleichzeitig aufzunehmen.

Zwanzig Jahre vor Ankunft der Hautevilles war der normannische Stützpunkt Aversa im Norden von Neapel an den Normannen Rainulf übergegangen. Aber Rainulf lebte noch und muß über drei derart kraftstrotzende Neuerwerbungen erfreut gewesen sein. Die Normannen waren an sich keine Menschen von besonders hohem Wuchs, aber immer wieder heben die alten Quellen die Körpergröße der Hautevilles hervor. Man meint fast, es mit einer Familie von Riesen zu tun zu haben.

Erste Auszeichnung verdienten sich die Brüder während einer von Byzanz gegen die Sarazenen in Sizilien gerichteten Attacke. Wilhelm, der sich ohne Beistand mit seinem Pferd in den Kampf warf und einen berühmten sarazenischen Krieger niedermetzelte, errang hier seinen Kriegsnamen «Fer-de-Bras», Eisenarm. Binnen zehn Jahren wurden die Brüder reich und berühmt. Als

Rainulf starb, übernahm Eisenarm das Kommando. Drogo war Graf von Apulien, und Humfried wurde Graf von Lavello. Die näheren Umstände von Wilhelms Tod im Jahre 1046 liegen im dunkeln. Sein Nachfolger wurde Drogo.

Man wird sich vorstellen können, welche Geschichten und Berichte in der Normandie die Runde machten und wie Italien in den Köpfen ehrgeiziger und ruheloser junger Männer zu spuken begann. Die Hautevilles vor allem werden stolz auf ihre Brüder gewesen sein, und es wäre interessant, Näheres über die zwischen Aversa und Hauteville-la-Guichard hin und her wandernden Botschaften zu erfahren, eine Hoffnung, die jedoch für immer aufgegeben werden muß. Auch für die Unverbrüchlichkeit brüderlicher Liebe in großen Familien gibt es, wie man weiß, keine Garantie. Immer weiterschwelende Erinnerungen an frühe Erlebnisse verletzter Gefühle, Ungerechtigkeit und Eifersucht vermögen dem Haß zwischen Brüdern sogar eine besonders krasse Note zu verleihen. Ein wenig mag davon in den Beziehungen der Familie Hauteville mitgespielt haben, denn die bereits Etablierten begrüßten die eintreffenden jüngeren Brüder häufig durchaus nicht mit offenen Armen.

Als Robert, der spätere Guiscard, ältester Sohn aus zweiter Ehe und wohl der Ungebärdigste der ganzen Sippe, in Italien eintraf, war Wilhelm kurz zuvor gestorben und die Befehlsgewalt auf Drogo übergegangen. Dieser verweigerte dem jungen Stiefbruder nicht nur alle Hilfe, sondern schickte ihn kurzerhand in ein malariaverseuchtes Gebiet von Kalabrien, um einen bestimmten Gebirgspaß zu bewachen. Robert war darüber keineswegs erfreut, denn dafür war er ja nicht eigens nach Italien gezogen. Aber er war ohne Geld, und der Bruder weigerte sich, ihm unter die Arme zu greifen. Also tat er das für einen Normannen Naheliegende: Er wählte sich eine Bergfeste aus und wurde Räuberhauptmann. Von S. Marco Argentano, seiner Operationsbasis, aus befehligte er eine Bande räuberischer Schurken, die Reisende überfielen, Bauerngehöfte, Klöster und Kirchen niederbrannten, die Ernten vernichteten, das Vieh wegtrieben und zum Schrecken der Gegend wurden. Er bediente sich dabei der Methode, zuerst einmal Getreide, Weingärten, ein Haus oder eine Kirche in Brand zu setzen, das Feuer aber bereitwillig wieder zu löschen, sobald ihm ein bestimmter Betrag an Gold übergeben worden war. Es wimmelt in den Chroniken von Kniffen und Winkelzügen dieses Mannes, zu denen sogar ein Scheinbegräbnis gehörte (ein mit Schwertern gefüllter Sarg und dann die unvermittelt angreifenden trauernden Hinterbliebenen), wenngleich man doch erstaunt ist, daß irgend jemand in Kalabrien auf derartige uralte Tricks noch hereinfallen konnte. Amatus, der Chronist aus Monte Cassino, fertigte einen Katalog der Missetaten Roberts an. Er verzeichnete die Zahl der von ihm gestohlenen Ochsen, Stuten und Mastschweine und vermerkt, Robert habe noch nicht einmal die Bauern selbst verschont und von ihnen ein Lösegeld in Form von Brot und Wein verlangt. Es überrascht daher, daß er so arm blieb und immer magerer wurde. Während eines Aufenthalts in Apulien, wo er vielleicht etwas Geld aus Drogo herauszupressen versuchte, begegnete er einem Verwandten namens Girard, der ihn – so berichtet der Chronist – erstmals Guiscard nannte. «Aber Guiscard», meinte Girard, «was wanderst du von einem Ort zum anderen? Mache ein Ende damit. Heirate meine Tante, die Schwester meines Vaters, und ich werde dir als Ritter dienen. Ich werde mit dir Kalabrien erobern und dir zweihundert Berittene verschaffen.»

Robert folgte seinem Rat und heiratete die Tante, die Alberada hieß und am Ruhme insofern teilnimmt, als sie die Mutter des großen Kreuzfahrers Bonemund von Antiochia wurde. Sie muß damals übrigens eine ungewöhnlich junge Tante gewesen sein, da sie nachweislich siebzig Jahre später noch immer gelebt hat.

Robert Guiscards Stellung verbesserte sich weiter. Als sich Drogo eines Tages im Jahre 1051 zur Meßfeier begab, trat hinter einem Tor ein Mann namens Risus hervor und erstach ihn. Drogo war trotz seiner Herzlosigkeit gegenüber dem jungen Stiefbruder wahrscheinlich noch der liebenswerteste der drei älteren Hauteville. Sein Nachfolger, Humfried, war nicht ganz so angenehm. Er war ein ausgesprochener Sadist. «Um seinen Kummer zu lindern» – so drückt es der Chronist aus –, ließ er dem Mörder seines Bruders Arme und Beine abhacken und den Rumpf lebendig begraben.

Drogos Ermordung war Teil einer möglicherweise von den Byzantinern unterstützten Verschwörung, gleichzeitig aber auch ein deutliches Signal dafür, daß die einheimische Bevölkerung von der Habgier und Grausamkeit der Normannen genug hatte. Robert Guiscard war nicht der einzige Räuberhauptmann; es gab Hunderte davon. Disziplinierte Kommandos unter Anführern wie beispielsweise Humfried konnten noch als verhältnismäßig gemäßigt gelten. Unerträglich wurde das Leben durch Einzelgänger, mit der Landplage von Halunkenrotten gemacht. Herzzerreißende Bittrufe um Vertreibung der Normannen erreichten den Papst Leo IX. Im Jahre 1053 marschierte er mit einem riesigen, jedoch undisziplinierten und von deutschem Fußvolk verstärkten Heer gen Süden. Diese bislang bedrohlichste Gefahr für ihre Machtstellung alarmierte die Normannen. Die Vorstellung, ihre Schwerter gegen den Stellvertreter Christi richten zu müssen, beunruhigte sie nun doch. Aber in Stunden der Gefahr standen sie zueinander, und eilends kam Robert Guiscard mit jedem noch auftreibbar gewesenen Mann aus Kalabrien seinem Stiefbruder zur Hilfe.

Die päpstliche Armee überschritt den Fortore an der nördlichen Pforte der Capitanata und bezog außerhalb von Cività Lager (einer Stadt, die es nicht mehr gibt, deren Überreste jedoch die in der Nähe eines Bauernhofes etwa fünfzig Kilometer nordwestlich von Foggia gelegenen Ruinen sein dürften). Die Normannen schickten dem Papst eine Abordnung von respektvollen Gesandten entgegen, die Fehler bekannten und Reformen versprachen, aber die blonden Riesen der deutschen Infanterie machten sich über die Normannen lustig und verhöhnten sie als Zwerge, die deshalb zu Pferde kämpften. Humfried und Robert erkannten, daß eine Auseinandersetzung unvermeidbar war. Je eher sie begann, um so günstiger, zumal sie wußten, daß der Papst byzantinische Verstärkungen erwartete.

Was nun folgte, war ein Massaker. Die Normannen machten das päpstliche Heer nieder, während Leo IX. dieser Schlächterei von den Wällen Civitàs zusah. Nur das deutsche Fußvolk erwehrte sich der Normannen und kämpfte bis zum letzten Mann. Aus Furcht vor normannischer Rache lieferten die Herren von Cività den Papst an Humfried und Robert aus. Jetzt aber geschah etwas Eigenartiges: Angesichts des würdevollen, gebrochenen Papstes fielen die siegreichen Normannen auf die Knie, baten um Vergebung und geleiteten ihn unter dem Schutz einer Ehrengarde nach Benevent, seiner Heimatstadt, «und ließen ihm ständig Wein und Brot zukommen». Leo IX. traf im folgenden Jahre wieder in Rom ein, wo er wenige Wochen später starb.

Diese Schlacht veränderte den Status der Normannen und brachte Robert Guiscard nach oben. Übrigens blieb sie auch in der Normandie selbst nicht ohne Auswirkungen. Seit drei Jahren schon waren Wilhelm dem Eroberer durch das vom Papst ausgesprochene Verbot einer Heirat mit Matilda von Flandern (wahrscheinlich wegen Blutsverwandtschaft) die Hände gebunden gewesen. Als er von der Gefangennahme des Papstes erfuhr, setzte er sich über das Verbot hinweg und vermählte sich mit Matilda im Münster von Eu. Vier Jahre später ernannte Humfried auf dem Sterbebett seinen Stiefbruder Robert Guiscard zum Erben und Vormund seines noch jungen Sohnes, der damit gleichzeitig aus der Geschichte verschwindet, wofür der Onkel allerdings niemals, direkt oder indirekt, verantwortlich gemacht worden ist. Nun war der Guiscard auf dem Weg zu Ruhm und Reichtum, war nicht mehr Straßenräuber, sondern Anführer der Normannen, Verteidiger des Papsttums, bald auch Herzog von Apulien und Kalabrien. Er war der Mächtigste in Süditalien. Nun fand er auch, ihm gebühre eine vornehmere und eindrucksvollere Gemahlin als Alberada. Er entdeckte den verhängnisvollen Makel ihrer Verbindung: die enge Blutsverwandtschaft, ein im Mittelalter häufiger Scheidungstrick. Er versah Alberada mit reichen Geschenken und schied von ihr. Alberada nahm Roberts einzigen Sohn, den damals noch kleinen Bohemund, mit sich.

Danach verheiratete sich Robert mit Sichelgaita, der Schwester des Lombardenfürsten von Salerno. Er hätte sich kein imposanteres Eheweib wünschen können. Gleich vielen Frauen ihrer Zeit schlüpfte sie gern in Männerkleider, ja sie ließ sich sogar eine Rüstung auf den Leib ‹schneidern›. Als Anna Comnena ihren Anblick furchterregend nannte, gab sie vielleicht die Äußerung eines anderen wieder, der Sichelgaita in ihrer Kriegsbemalung gesehen hatte. Nun mag hier vielleicht die Vorstellung von einer Bühnen-Brunhilde auftauchen, doch war Sichelgaita weitaus schrecklicher. Sie wuchs in Salerno auf, dessen medizinische Fakultät seit langem in hohem Ruf stand. Die Berichte bezeichnen sie als eine leidenschaftliche Giftmischerin. Was daran wahr ist, bleibe dahingestellt. Jeder plötzliche Sterbefall wurde im Mittelalter mit Gift in Verbindung gebracht. Odericus Vitalis, der sicher oft die fahrenden Mönche und Geistlichen von den Eskapaden der hohen Herrschaften Süditaliens erzählen hörte, bewahrte uns eine Episode aus den späteren Jahren der Herzogin. Sie haßte ihren Stiefsohn Bohemund, so berichtet er, und ließ ihm einen ihrer speziellen Gifttränke verabreichen. Schon war der Junge dem Tode nahe, als im letzten Moment Guiscard, der Vater, erkannte, was hier gespielt wurde. Er ließ eine Bibel und ein Schwert bringen. «Hör zu, Sichelgaita», sagte er, «ich schwöre bei dieser Heiligen Schrift, daß ich dir dieses Schwert in den Busen stoßen werde, falls mein Sohn Bohemund diese Krankheit nicht übersteht.» Sichelgaita, so schließt der Bericht, begab sich in ihr Laboratorium. Bohemund wurde langsam wieder gesund, behielt jedoch zeitlebens, wie Vitalis bemerkt, ein bleiches Aussehen.

Von diesen Gerüchten abgesehen scheinen Robert Guiscard und Sichelgaita harmonisch miteinander gelebt zu haben. Sie trennten sich nur höchst selten in all der Zeit zwischen ihrer Eheschließung und dem Tode Robert Guiscards nach siebenundzwanzig Jahren. In den Chroniken begegnet uns Sichelgaita als Begleiterin ihres Gemahls auf den Reisen zu gefährdeten Punkten des Landes; im Triumph und oftmals den Speer in der Hand ist sie an seiner Seite im Sattel zu sehen. Sie stand ihm auch bei, als er auf dem Sterbebett lag.

Als Graf Humfried starb (kurz bevor Robert Guiscard in den Rang eines Herzogs von Apulien erhoben wurde), trafen nach und nach noch weitere Hautevilles ein. Einer von ihnen sollte selbst den Guiscard in den Schatten stellen. Es war Roger, das jüngste Kind aus der zweiten Ehe des Vaters, zu dieser Zeit etwa sechsundzwanzig Jahre alt. Der berühmte Bruder zählte zweiundvierzig Jahre. Und nun entwickelte sich haargenau die gleiche Beziehung, wie sie schon einmal zwischen Robert Guiscard und Drogo bestanden hatte. Der Ältere legte dem Jüngeren allerlei Steine in den Weg; sie stritten sich häufig sogar vor aller Öffentlichkeit. Bei einem dieser Zwischenfälle zog Roger das Schwert und bedrohte den Guiscard, der ihm den Kerker androhte. Sie belagerten einander in Städten und Kastellen. Aber in Stunden echter Gefahr hielten sie zusammen. So begann ihr gemeinsames Werk.

In Roger begegnet uns zum ersten Male ein liebenswürdiger Hauteville, ein heiterer, unkonventioneller junger Mann, der, wie man sich leicht vorstellen kann, seinen mächtigen und vielleicht pompösen herzoglichen Bruder mit Vergnügen provozierte und immer wieder an der Nase herumführte. Wie entspannend ist es aber, in dieser von Blut, Qual und Eroberungen schweren Geschichte auf eine bezaubernde Romanze zu stoßen: Kurz vor seiner Abreise aus der Normandie verliebte sich Roger in ein junges Mädchen namens Judith, eine nahe Verwandte des Eroberers. Dies mag für einen unreifen, unbedeutenden Hauteville freilich ein wenig vermessen gewesen sein. Immerhin, Judith kam nach Italien, übrigens mit ihrem Vormund, der sich offenbar dem Zorn des Eroberers zu entziehen gedachte. Roger wartete nicht lange, vermählte sich mit ihr und nahm sie mit auf sein Kastell in Mileto an der Nordwestküste Kalabriens. Vitalis läßt sich hier recht bösartig aus. Will man ihm glauben, so war Judith in St. Evroult eine Nonne gewesen, welche – vom allzu ruhigen Leben allmählich gelangweilt – die Gelübde brach und nach Italien reiste, um Roger Hauteville zu heiraten, der nicht wußte, daß sie den Schleier genommen hatte. Judith soll gar unfruchtbar geblieben sein, weil sie das Mißfallen ihres himmlischen Bräutigams erregt hatte.

Doch soviel man weiß, sind Roger und Judith glücklich gewesen. Zumindest wissen wir von ihren Tränen, als er einstmals Mileto verließ, um sich in eines seiner sizilischen Abenteuer zu stürzen. Bei einem späteren Kriegszug nahm er sie mit. Sie überquerten die Straße von Messina und eroberten Troina, die höchstgelegene Stadt Siziliens. Hier, in der Zitadelle, hielten sie in der Winterkälte eine monatelang währende Belagerung aus. Wie man den späteren Erinnerungen Rogers entnehmen kann, besaßen Judith und er nur einen einzigen Mantel, den sie sich abwechselnd umlegten. Als brave Normannenfrau versah auch Judith den Dienst eines Ordonnanzoffiziers und inspizierte die auf den Burgwällen aufgestellten Wachposten. Die Gatten ernährten sich von Pferdefleisch und allem, was sie auf ihren Erkundungsgängen nach Einbruch der Dunkelheit zusammenstehlen konnten.

Robert Guiscard widmete sich in seinen späteren Jahren vorwiegend der Eroberung von Bari, dem letzten Stützpunkt der Byzantiner in Italien. Roger überließ er die Eroberung von Sizilien. Die furchtbarsten aller Feinde, mit denen es die Normannen aufnehmen mußten, waren die Sarazenen, deren Organisation übrigens gut funktionierte. In den Kampf zogen sie beispielsweise stets unter Mitnahme von Brieftauben (die sie mit Getreidekörnern und Honig fütterten). Und es war echte Normannenart, daß Roger nach einem Sieg eingefangene Feindtauben mit einem Blatt Papier zurückschickte, das er zuvor in Sarazenenblut getaucht hatte. 1071 fiel Bari nach dreijähriger Belagerung. Im darauffolgenden Jahr ergab sich Palermo. An der Spitze des Triumphzuges durch die Straßen der sizilischen Stadt schritten Robert Guiscard und Sichelgaita. Sechsunddreißig Jahre nach Ankunft der ersten Mitglieder dieser kriegerischen Sippe in Italien hatten sie die Byzantiner aus dem Lande vertrieben und machten sich an die Unterwerfung der Sarazenen. Es war der Beginn des zweiten Aktes ihres erstaunlichen Epos.

Nun aber ließ der Ehrgeiz Robert Guiscards sich nicht mehr bändigen. Er stand in seinen Sechzigern, aber Kraft und Leidenschaft waren ihm geblieben. Weshalb sollte er daher nicht auch Konstantinopel angreifen, den Kaiser Alexius I. entthronen und sich selbst das Diadem von Byzanz aufsetzen? 1081 schickte er eine Armee und eine Flotte über die Adria. Diese Vorhut wurde von Bohemund, dem Sohn aus erster Ehe, befehligt. Robert und Sichelgaita folgten. Ein Erfolg dieses Unternehmens hätte die englische Invasion des Herzogs der Normandie zu einem Ereignis von sekundärer Bedeutung in der Geschichte absinken lassen. Kaum aber hatte der Guiscard seine Armee in der Gegend des heutigen Albanien versammelt, als das Unheil über Rom und Papst Gregor VII. hereinbrach. Vier Jahre waren vergangen, seit dieser Papst Kaiser Heinrich IV. exkommuniziert und zu dem Bittgang durchs Gebirge nach Canossa, oberhalb von Modena, gezwungen hatte, wo Gregor damals residierte. Der Kaiser erhielt seine Absolution. Um diese Demütigung zu rächen, befand sich Heinrich jetzt auf dem Marsch nach Rom. Gregor sollte entthront werden. Der Papst aber rief seinen normannischen Vasallen um Beistand an.

Dieser Hilferuf erreichte Guiscard erst im folgenden Jahr. Er reagierte sofort, obwohl die Botschaft in einem für ihn denkbar ungünstigen Augenblick eingetroffen war. Bei der Seele seines toten Vaters schwor er, sich weder waschen noch barbieren zu wollen, ehe er sich nicht zur Unterstützung Gregors nach Italien aufmachte, übergab seine Soldaten in die Obhut Bohemunds und ließ sich so schnell wie möglich über die Adria bringen. Im Süden Italiens rekrutierte er Normannen, Kalabrier und Sarazenen, jene fürchterlichen Horden, die später Rom plünderten. Als sie im Mai 1084 nach Rom gelangten, war die kaiserliche Armee geflohen, der Papst jedoch noch immer als Gefangener in der Engelsburg. Der Guiscard befreite Gregor, anschließend aber überließ er Rom dem Schwert und der Brandschatzung seiner Soldaten. Lanciani berichtet: «Die unglückliche Stadt wurde zu einer Stätte des Grauens, mit der verglichen die Plünderung durch die Vandalen noch gnädig erscheint.»

Das normannische Heer verließ das teilweise metertief in Asche versunkene Rom und wandte sich südwärts. Die Sicherheit Gregors gebot, ihn mit nach Salerno zu nehmen. Der Guiscard gab ihm Wohnung in seinem Palast, zog abermals über die Adria und gesellte sich zu seinen Truppen auf dem Balkan. Im folgenden Jahr, 1085, starb der Papst in Salerno mit den Worten: «Ich habe die Gerechtigkeit geliebt und das Unrecht gehaßt, deshalb sterbe ich in der Verbannung.» So mancher, der nach Salerno kommt und an das Grabmal in der Kathedrale tritt, wird sich fragen, weshalb der größte der Päpste des Mittelalters so weit von Rom entfernt bestattet worden ist.

Dasselbe Jahr verzeichnet auch den Tod des Robert Guiscard, der den Papst nur um zwei Monate überlebte. In ihrer großartigen Chronik jener Zeit berichtet Anna Komnena, die Schwester des Alexius I., daß der Guiscard im Beisein der Sichelgaita im Alter von siebzig Jahren an einem Fieber gestorben sei. Einige Historiker bezeichnen Durazzo als seinen Sterbeort, Anna Komnena hingegen spricht von der griechischen Insel Kephalonia, was wahrscheinlicher sein dürfte. Während meines früheren Aufenthaltes in Griechenland legte jede Woche (ich glaube, donnerstags) ein kleines, nach Ziegen und Oliven riechendes Boot vom Piräus ab und kam auf seinem Zickzackkurs auch zur nördlichen Spitze von Kephalonia, wo man allerseits mit Nachdruck, und so als sei es gestern erst geschehen, darauf bestand, daß der Guiscard hier und nirgendwo sonst gestorben war und zum Beweis dessen stets auf den Namen des kleinen Hafens wies. Er lautet Phiscardo.

2

Sichelgaita hatte dafür gesorgt, daß das Herzogtum nicht an den mit etlichen Hautevilleschen Zügen versehenen Stiefsohn Bohemund, sondern an ihren eigenen Sproß Roger fiel, einen mittelmäßigen jungen Mann, der stets sein Geld zu zählen pflegte und deshalb *borsa* (Geldbörse) genannt wurde. Er regierte sechsundzwanzig Jahre und hinterließ das Herzogtum einem jungen Sohn, der ohne Erben verstarb.

Die heroische Phase der normannischen Eroberung von Süditalien war damit zu Ende. Nunmehr begann die Phase der Staatskunst und der Monarchie. Das Interesse wendet sich dem vierundfünfzigjährigen Roger, dem jüngsten der Familie, zu. Ihm ging es nicht um Byzanz, sondern um Sizilien, wo er eine Dynastie gründete, deren Blut in den Adern der Hohenstaufen und vieler königlicher Familien Europas fließen sollte. Roger II., sein Sohn, wurde 1139 zum König von Sizilien gekrönt und einer der gefeiertsten Monarchen Europas. Sein exotischer Hof zu Palermo genoß hohen Ruf ob seines Luxus und seiner Kultur, aber auch der gegenüber Arabern, Griechen und Juden bezeugten Toleranz wegen. Sizilien wurde zur führenden Seemacht im Mittelmeer, und es wäre reizvoll, feststellen zu können, daß die Nachfahren der Wikinger zu den Schiffen zurückgefunden hatten. Dem ist jedoch nicht so. Was auf sizilischen Schiffen fuhr und arbeitete, waren Araber oder Griechen aus den Jahrhunderte vor Christi Geburt von griechischen Seefahrern besiedelten Gegenden Kalabriens. Etwa zu dieser Zeit schmuggelte sich auch das Wort «Admiral» aus Sizilien in europäische Sprachen. Sein Stamm geht auf das arabische *emir* oder *amir* (Befehlshaber) zurück.

Spürbar war in jenen Tagen auch der englische Einfluß in Sizilien. Als Erzbischof von Palermo amtierte Walter Offamil, ein Engländer. Wilhelm II., der König, hatte sich mit Johanna, der Tochter Heinrichs II. von England und Schwester des Richard Löwenherz, vermählt. Einem Reisebericht aus dieser Zeit zufolge umgab sich Wilhelm mit Eunuchen und Frauen; er trug seidene, mit kufischen Lettern bestickte Roben und sprach arabisch. Er blieb jedoch ohne Erben, und so ging die Thronfolge auf Wilhelms Tante Konstanze über, eine Dreißigjährige, die sich in ein Kloster der Basilianischen Nonnen zurückgezogen hatte. Sie heiratete Kaiser Heinrich VI. und wurde Mutter von Kaiser Friedrich II., dem als *Stupor Mundi* (Staunen der Welt) in die Geschichte eingegangenen größten Herrscher des dreizehnten Jahrhunderts.

Einhundertsechzig Jahre nachdem die Abenteuer suchenden Hautevilles mit leeren Taschen den Boden Italiens betreten hatten, waren sie die Herren der südlichen Hälfte der Halbinsel geworden. In den Adern der bedeutendsten Hohenstaufen floß normannisches Blut. Dies ist die Geschichte der zweifellos größten Karriere im Mittelalter.

3

Ich fuhr in diesen heißen Vorsommertagen immer wieder die Küste entlang, und doch war ich mir eine ganze Weile nicht schlüssig, welchem dieser Städtchen ich den Vorzug geben sollte. Sie alle ähnelten einander sehr: das blendende Weiß, ihre Lage am Rand des blauesten aller Meere auf Sandboden oder wie im Falle von Polignano a Mare auf Felsenklippen, eng zusammendrängende Häuser, und sie alle haben ihre von geschäftigem Treiben erfüllten Fischerhäfen und eine Kathedrale entweder normannischen Ursprungs oder aus der Zeit der Hohenstaufen. Zuletzt entschied ich mich dann doch für Molfetta und Trani, dachte dabei freilich immer wieder an Giovinazzo zurück.

Molfetta gehört zu den lebhaftesten der kleineren Fischerorte. Das Hafengelände ist eine erhöhte gepflasterte *piazza,* und hier erhebt sich auch die alte Kathedrale. Hunderte von buntbemalten, auf den Namen eines Heiligen getaufte Boote (viele darunter sind einfache, mit zwei riesigen runden Karbidlampen für die Nachtfahrt ausgerüstete Ruderboote) legen hier an und entladen im Schatten dieses altehrwürdigen Gebäudes die seltsamen Gaben der adriatischen See. Einer der Fischer erzählte mir, daß er soeben von der jugoslawischen Küste zurückkehre, wo er den größten Oktopus seines Lebens gefangen habe. Ich wollte wissen, wie man einen Oktopus fängt, worauf er zu seinem Boot ging und mit einem dreizackigen Speer zurückkehrte, einer Waffe, wie sie an dieser Küste seit dem Altertum verwendet wird.

Vom Hafen aus bietet sich eine herrliche Aussicht, und auch jetzt bin ich mir nicht sicher, ob sie jene von Trani an Schönheit nicht doch übertrifft. Draußen, am Ende der Mole, hat man große Steinblöcke ins Wasser gerollt, die die Wucht der Winterstürme brechen sollen. In den dadurch entstandenen kleinen Felsbuchten baden die Kinder und fangen Krebse und Garnelen. Wie aus Kreide gemeißelt, ragen im Hintergrund die Zwillingstürme der Kathedrale auf und spiegeln sich in den Buchten wider. Die Kirche wurde noch zu Lebzeiten Rogers II., etwa um 1150, eingeweiht. Die aus dem Zweiten Kreuzzug zurückkehrenden Könige und Ritter gingen in den apulischen Häfen an Land. Nur ein Jahr zuvor war der als glückloser Kreuzritter tief enttäuschte Ludwig VII. von Frankreich auf seiner Heimreise – aller Demütigungen nicht genug – von griechischen Piraten überfallen und gefangengenommen, schließlich aber von einem sizilischen Admiral befreit worden, der dreist ins Goldene Horn hinaufsegelte, als Abschiedsgruß noch schnell ein paar versilberte Pfeile in die kaiserlichen Gärten abschoß und dann den geretteten König bei Roger II. in Palermo ablieferte.

Vorfreude erfüllte mich jedesmal auf meinem Weg nach dem fünfzehn Kilometer entfernten Trani, einem etwas kleineren Ort als Molfetta, das wie alle Küstenstädtchen der Adria ein

Doppelleben führt: neben dem alten Fischereihafen gibt es einen neuen Ortsteil, in dem während der letzten fünfundzwanzig Jahre Industriebetriebe entstanden sind. In Trani handelt es sich bei einem dieser Unternehmen allerdings um ein sehr altes Gewerbe, nämlich um einen Umschlagsplatz des süditalienischen Weinhandels. Dort, wo sich der alte Hafen am weitesten ins Meer hinausschiebt, steht die Kathedrale. Vor der Kulisse des Himmels und der Adria erhebt sie sich am Ende einer weiten und ehrwürdigen Piazza, gegen deren Kaimauer die Wellen spülen. Selten genug trifft man heute in einer Stadt auf einen so großen und zudem leeren Platz, und es war ein Genuß, den Blick frei und ungestört von parkenden Autos und Omnibussen über die elegante Architektur dieser schönen Kirche schweifen zu lassen. Auf dem gegenüberliegenden Hafengelände spielen die Kinder im Schatten von Ilex und Palmen, inmitten eines freundlichen Parks, wo die Gärtner den Strahl ihrer Schläuche auf die roten und gelben Blumenrabatten richten. Hier, in einem der Beete, sah ich auch eine Blumenuhr, deren Zeiger mit Hilfe eines in die Erde gelassenen elektrischen Uhrwerks vorrückten. Nun halte ich freilich mehr von Sonnenuhren; daß diese Uhr indessen in einem von kleinen Jungen derart unsicher gemachten öffentlichen Park noch immer ging, schien mir für das gute Betragen der jungen Leute zu sprechen.

Sonderbar, mit welcher Begeisterung sich Süditaliener die Zukunft voraussagen lassen, und sei es selbst durch mechanische Orakel. In diesem Park befand sich eine Maschine, die gegen Einwerfen einer Münze eine Weissagung ausspie, die es an Zweideutigkeit mit der Pythia durchaus aufnehmen konnte. Es war eine recht gewöhnliche Sybille, der äußeren Gestalt nach einer Waage ähnelnd, deren gegen meinen Obolus verabreichten Weisheit zufolge ich mich vor einer dunkelhaarigen Frau hüten und nach Amerika fahren sollte. «Sie werden sich schon bald mit einer ungewöhnlichen Situation konfrontiert sehen», hieß es am Ende: eine Prophezeiung, die sich in der Tat auf der Stelle erfüllte. Nicht weit von der Maschine entfernt plauderten nämlich zwei Männer miteinander. Der eine kehrte mir den Rücken zu. Von meiner Zukunftsprognose kurz aufblickend sah ich, wie dieser Mann die Hände nach hinten nahm und – unbemerkbar für den anderen – das Zeichen gegen den bösen Blick schlug. Fürwahr – eine für mich ganz ungewöhnliche Situation, denn nie zuvor hatte ich irgend jemanden diese Gebärde ernsthaft vollziehen sehen. Da stand er und redete, während Zeigefinger und kleiner Finger der rechten Hand bodenwärts wiesen. Ich ging ein Stück zur Seite, um mir seinen Gesprächspartner etwas genauer anzusehen, fand in dessen Gesicht jedoch nichts Bösartiges, ja er schien mir sogar ein recht sympathischer Bursche zu sein. Wahrscheinlich hätte ich, nach dem wahren Übeltäter befragt, auf den anderen Mann gewiesen, indes, der böse Blick bleibt eine rätselhafte Sache, und auch vom besten Freund wird man nicht erfahren, ob man ihn hat oder nicht. Auch Pius IX. soll damit ausgestattet gewesen sein, und ich habe gelesen, daß manche, die kniend seinen Segen empfingen, gleichzeitig das Zeichen der Hörner schlugen.

Dieses Bild des halbkreisförmigen, kleinen sauberen Hafens von Trani, der die Erinnerung an die Calla von Palermo weckt mitsamt der abseits am Meer und just an einer Stelle stehenden Kathedrale, wo man sonst eigentlich einen Leuchtturm erwartete, scheint dem Schaufenster eines Reisebüros entsprungen zu sein. Und die Geschichte dieser Kirche ruft Bilder aus farbenreicher Palette ins Bewußtsein. Drei Kirchen sind übereinander gebaut. Anfangs, zur Zeit der Römer, war diese Merkwürdigkeit das Grab oder die Katakombe eines Märtyrers des heiligen Leucius, wie den Zeugnissen der Christen jener Tage zu entnehmen ist. Im sechsten Jahrhundert wurde unter Verschonung des römischen Unterbaus und seiner gleichzeitigen Einfügung als Krypta eine neue Kirche zu Ehren der Himmelsjungfrau gebaut; sie war nahezu vierhundert Jahre lang die Kathedrale von Trani. Die Zeit der Kreuzzüge kam. Auf ihrem Höhepunkt, als die Edelsten und Verworfensten Europas durch die adriatischen Hafenorte zu den Kampfstätten des Heiligen Landes zogen, erschien eines Tages, das schwere Kreuz auf den Schultern und das Kyrie Eleison auf den Lippen, ein junger griechischer Pilger namens Nicola Pellegrino oder Nikolaus Pellegrinus. Er blieb und schien seine Zeitgenossen mehr als nur oberflächlich beeinflußt zu haben, denn fünf Jahre nach seinem Tod im Jahre 1094 wurde er von Urban II. heiliggesprochen. Für die Traneser wurde der heilige Leucius jedoch allmählich uninteressant; sie verabschiedeten ihn, erwählten sich den heiligen Nikolaus Pellegrinus zum Schutzpatron und beschlossen, auf die alte Kathedrale eine neue Kirche zu setzen, deren Baukosten durch *aere minuto,* kleine Spenden, finanziert werden sollten (was die lange Bauzeit vermutlich erklärt). Mit dem Bau dieser Kirche wurde noch im Todesjahr des Pilgers, also 1094, begonnen; vollendet war er allerdings erst nach hundert Jahren. Das Ergebnis ist nun eine großartige normannische Kirche mit einer ‹Unterkirche› byzantinischer Art, und weit darunter ist die kleine römische Katakombe gelegen.

Das schönste äußere Detail der Kathedrale sind die Bronzetüren, die 1179 eingepaßt wurden und seitdem an ihrem Standort verblieben sind. Sie zählen zu den Sehenswürdigkeiten von Süditalien. Neunhundert Jahre Sonnenwärme, vom Nachmittag bis zur Dämmerung, haben diese Türen allmählich mit dem leuchtenden Grün eines Kleeackers überzogen. Sie mögen vielleicht nicht so elegant wie die byzantinischen Türen der Höhlenkirche von Monte S. Angelo sein; sie sind grober und massiver. Die aus zweiunddreißig Paneelen hervortretenden Reliefgestalten wirken jedoch weitaus lebensechter. Von dem Künstler wissen wir leider nur, daß er Barisanu hieß und aus Trani stammte und auch die Türen der Kathedrale von Ravello und die Seitentüren von Monreale in Palermo gegossen hat. Man wüßte gern, wo er diese gediegene Gußtechnik erlernte und ob er vielleicht auch die zweiunddreißig Tafelbilder (die Heiligen sitzend, stehend, einige zu Pferde) entworfen hat. Zweifellos ist das Modell seines lanzenbewehrten heiligen Georg ein normannischer Adeliger gewesen. Der mit seinen Lieblingshunden zur Jagd ausreitende heilige Eustachius muß zu jener friedlichen Zeit, da Wilhelm II. der Gute und seine englische Gemahlin in Apulien regierten, ein wohlvertrauter Anblick gewesen sein. Schwere bronzene und mit verschlungenen Ornamenten und Medaillons reichbesetzte Rahmen fassen diese Türen ein. Jedes dieser Medaillons zeigt ein Tier, Wild und Vögel, darunter ist ein Medaillon zu sehen, auf dem zu meinem Entzücken ein Zentaur – den Pfeil nach rückwärts losschießend – geradeswegs aus der Welt des Mythos herangaloppiert.

Drinnen ist es so dunkel wie in einer spanischen Kirche. Wie in manchen Kirchen von Ravenna sickert auch hier das Sonnenlicht durch dünne Alabasterplatten gleich Goldregen auf die im Innern des Schiffs paarweise angeordneten Doppelsäulen herab, die sich nach oben in normannischen Rundbogen und einem Lichtgaden fortsetzen, der in Gruppen von jeweils drei kleineren Bogen mit teilweise kannelierten, aber auch glatt gearbeiteten Marmorsäulen angelegt worden ist. Ein dichter Wald jahrhundertealter Säulen ragt in der daruntergelegenen eindrucksvollen Kirche auf, von der aus Treppen hinab in die alte Kathedrale führen. Dort, unterhalb des Altars der Krypta, sah ich die mit rotem Band fein säuberlich zusammengeknüpften Gebeine des Nikolaus Pellegrinus in einem gläsernen Reliquiar ruhen.

In der untersten Kirche begegnete ich schließlich zum ersten Mal in Süditalien einer Mater Dolorosa. Eine schwarze Samtrobe nach der Mode des sechzehnten Jahrhunderts, würdig einer Shakespeareschen Heroine – vielleicht der Olivia –, umhüllte die lebensgroße, mit wächsernem, schmerzerfülltem Antlitz in einem Glaskasten stehende Figur. Den Kopf drapierte ein Schleier, an dem Handgelenk war ein peinlich sorgsam gefaltetes Spitzentaschentüchlein befestigt worden. Dort, wo das Herz ist, ragte der Messinggriff eines Dolches hervor.

Jeder apulische Küstenort hat seinen eigenen Lido, einen schmalen Streifen Sandstrand mit Sonnenschirmen, die auf die Sommergäste warten. Ich hatte die Adresse eines Hotels an einem dieser *lidi* erhalten, das angeblich mit einem guten Koch aufwarten konnte. Ich fand es schließlich und beschloß, dort zu Mittag zu essen. Im Speisesaal wimmelte es von hochgewachsenen, grimmig dreinblickenden Männern einander ähnlichen Typs. Sie kannten sich offenbar nicht, zumindest taten sie so, und ich tippte auf eine Konferenz von Leichenbestattern oder Privatdetektiven. Der Kellner klärte mich jedoch auf: Es handelte sich um lombardische Weinhändler, die Traneser Wein für Verschnittzwecke einkauften. Er brachte mir eine Probe *moscato,* die mich von dessen außerordentlichem Bukett überzeugte. Ohne eine geringe Beimischung von Traneser Wein wären die Weine der nördlichen Regionen ungenießbar, ließ man mich wissen, was ich jedoch für Lokalpatriotismus halte. Und doch scheinen mir die Weine des Nordens im Vergleich mit jenen des Südens kraftlos und schal zu schmecken.

4

Im Jahre 1203 wurde Konstantinopel geplündert. Diese Plünderung war das Werk der Männer des Vierten Kreuzzuges, welche die Schätze aus Jahrhunderten über ganz Europa zerstreuten, und zugleich der größte Raub der Weltgeschichte. Jeder Venedigbesucher hat schon die vier Bronzerösser über dem Eingangstor von San Marco bewundert, die die Venezianer für sich ergatterten. Der Stadt Barletta spielte der schiere Zufall ein fettes Stück Beute zu, als eine vor der Küste sinkende Galeere den Wellen die bronzene Kolossalfigur eines römischen Kaisers überlassen mußte.

Ich hatte eigentlich angenommen, daß diese Statue in der Nähe der Kathedrale von Barletta aufgestellt worden sei, fand sie dort jedoch nicht, und auch niemand der von mir befragten Leute schien etwas davon zu wissen, bis ein älterer aufgeweckterer Mann plötzlich sagte: «Natürlich, Sie meinen Aré!» Aré, also der hier am Ort gebräuchliche Name für die Figur, zeigt deutlich seine Ableitung aus «Ereclio» oder Herakles. Der Mann führte mich ins Stadtinnere und vor die Kirche San Sepolcro, wo die größte aller noch vorhandenen römischen Kolossalbronzen steht: eine Statue, die mehr als viereinhalb Meter hoch sein soll, mir jedoch viel größer zu sein schien.

Diese Männergestalt trägt die Rüstung eines römischen Generals. In der einen Hand hält sie die Weltkugel, die andere umfaßt ein Kreuz, aber ob es sich nun um Herakles oder um Kaiser Valentinian – zwei der häufigsten Vermutungen – handelt, weiß niemand zu sagen. Es ist eine gedrungene, nicht sehr anziehende und sich zudem äußerst unvorteilhaft darbietende Statue, was darauf zurückzuführen ist, daß sie ursprünglich für eine Säule oder das Dach eines hohen Gebäudes bestimmt und dementsprechend entworfen worden war. Nun, auf Pflasterhöhe stehend, nimmt sie sich plump und unproportioniert aus. Wie mein Begleiter erzählte, hatte die Statue zweihundert Jahre lang am Strand herumgelegen, ehe man sie endlich in der Stadt aufstellte. Während dieser Zeit allerdings waren aus Manfredonia etliche Dominikaner gekommen, die sich einer Hand bis zum Arm bemächtigten. Jedenfalls sollen sie sich ausreichend mit Metall für den Guß einer neuen Kirchenglocke versorgt haben.

Bei aller Beliebtheit des Aré unter den Einwohnern Barlettas steht er an Bedeutung doch hinter der *Disfida* zurück, dem Gefecht von Barletta, einem Ereignis, von dem man bei Gesprächen über die Vergangenheit der Stadt immer wieder hören wird und das zu den jedem Kind geläufigen Episoden der italienischen Geschichte gehört. Nach wie vor liefert die *Disfida* Material für Artikel und Kurzgeschichten.

Wir gelangten zu einem Haus in der Altstadt und stiegen die Stufen eines mit Wappenschildern dekorierten und von Fackeln erleuchteten Kellergewölbes hinab. Dies sei die *cantina*, erklärte mein Begleiter, eine ehemalige Schenke, die 1503, bei der Belagerung durch die Franzosen und der Verteidigung durch eine italienisch-spanische Garnison unter Gonsalvo da Cordova betrieben worden war. Und hier, in der *cantina*, höhnte eines Tages ein gefangener gehässiger französischer Hauptmann namens La Motte über die italienische Tapferkeit und behauptete, jede Menge italienischer Soldaten mit der nämlichen Menge Franzosen zur Strecke zu bringen. Diese Herausforderung wurde angenommen. Wenig später, am 13. Februar, traten außerhalb von Barletta dreizehn französische Ritter und dreizehn Italiener zum Kampfe an. Die Italiener warfen alle ihre Gegner aus dem Sattel. An der Walstatt wurde ein Stein mit einer Gedenkinschrift errichtet, der während der napoleonischen Kriege im Jahre 1805 von französischen Soldaten umgestürzt, nach der Schlacht bei Waterloo indessen voller Genugtuung wieder aufgestellt wurde. Er steht noch immer abseits der Straße auf halbem Wege zwischen Andria und Corato.

In der im Widerschein großer Tage aufleuchtenden Altstadt von Barletta führte man mich zu einer kleinen Kirche, in der sich die Kreuzfahrer vor dem Aufbruch ins Heilige Land zum Gebet versammelten. Einer Legende zufolge hat auch *Riccardo Cuor di Leone*, also Richard Löwenherz, mit einer Spende zum

Bau der Kathedrale von Barletta beigetragen, was in einer Inschrift eigens vermerkt sein soll. Nach einiger Zeit vergeblichen Suchens entdeckte ich schließlich auf einer der Säulen zur Linken des Mittschiffs das Relief eines Mannes in einem Boot und darüber eine Schrift, die allerdings viel zu verwittert und viel zu hoch angebracht war, um noch leserlich zu sein. Der Küster versicherte mir, dieser Mann im Schiff stelle Riccardo beim Aufbruch zum Kreuzzug dar. Richard fuhr jedoch nicht von Barletta ab und hat, soviel ich weiß, diese Stadt niemals betreten.

Ich erstand eine kleine Rarität, einen im Jahre 1926 erschienenen und somit seit rund vierzig Jahren überholten Stadtführer. Aus derselben Zeit etwa stammten auch einige Postkarten, die ich mitnahm und die zeigten, wie groß damals in den apulischen Häfen die Zahl arabisch wirkender Daus gewesen ist, jener ansehnlichen Schiffe mit aufrechtstehendem Hauptmast, vor dem sich die riesige Sichel des einst für das Mittelmeer typischen lateinischen Segels blähte. Sie scheinen in der Zwischenzeit nahezu verschwunden zu sein, und wahrscheinlich wird man in den Häfen Apuliens eher einem Motorschnellboot begegnen.

Die Lektüre des Stadtführers rief wieder Kaiser Friedrich II. in Erinnerung, der im Jahre 1228, am Vorabend seines Aufbruchs zum Kreuzzug, alle Edelleute seines Königreiches nach Barletta einberufen und hier seinen Sohn Heinrich zum Erben des Reiches und des Königreiches beider Sizilien eingesetzt hatte. Aber in Barletta gehen wir nicht eigentlich in den Spuren Kaiser Friedrichs, sondern in jenen seines illegitimen Sohnes Manfred, des interessantesten und anziehendsten seiner Sprößlinge. Barletta, das voller Erinnerungen an ihn ist, war die Lieblingsstadt dieses bezaubernden jungen Mannes, der zur Nachtzeit, wie berichtet wird, gern und oft in Begleitung zweier sizilianischer Musikanten durch die Straßen zog und alte Volkslieder sang.

5

Ich verließ die Hauptstraße und gelangte in eine Landschaft voller Oliven- und Mandelbäume. Hin und wieder begegnete mir ein Bauernkarren mit den für Apulien so charakteristischen mannshohen Rädern. Zuweilen war das Geschirr des Pferdes mit Messing verziert und einer Kette blauer Perlen gegen den bösen Blick versehen worden. Diesen Schutz trugen allerdings, wie mir auffiel, nur die wirklich schönen Pferde, was vermuten läßt, daß magere und unansehnliche Tiere vom Blick des Neides verschont bleiben. Die Bauernhöfe sahen wohlhabend aus, das Vieh wirkte gesund, die Armut des Südens trat – wenigstens oberflächlich betrachtet – nicht in Erscheinung.

Dann kam ich zu einem Weg mit einer Hinweistafel. Ich las: *«Canne della Battaglia»* – und befand mich somit auf dem Schlachtfeld von Cannae. Auf dieser anheimelnden Ebene also wurde im Jahre 216 v. Chr. die Schlacht von Cannae ausgefochten, in deren Verlauf der Karthager Hannibal, einer der genialsten Feldherren, mit seinen Truppen ein zahlenmäßig stärkeres römisches Heer einkreiste und so fürchterlich zurichtete, daß «Cannae» bis auf den heutigen Tag gleichbedeutend mit dem Begriff der völligen Niederlage geblieben ist. Ein wenig sonderbar mag die Verbindung zwischen dem Grafen Schlieffen, dem Chef des deutschen Generalstabs von 1891 bis zur Pensionierung im Jahre 1913, und Hannibal berühren. Jedenfalls hypnotisierte diese klassische Umfassungsschlacht Schlieffen, und er verfaßte Studien über sie, auch noch als er schon im Ruhestand war. «Es wird zum Kampf kommen. Macht mir den rechten Flügel stark!» murmelte er, als er achtzigjährig starb. Ein Jahr später sollte der ‹Schlieffen-Plan› in die Tat umgesetzt werden. Die deutschen Armeen zogen durch Belgien, um Frankreich nach dem Beispiel Hannibals in die Zange zu nehmen. Die von Schlieffen als schneller Bewegungskrieg gedachte Operation entwickelte sich jedoch zum lange anhaltenden, stagnierenden Stellungskrieg.

Neben der Straße stand ein kleines Museum, ein recht modernes Haus, und ich war gespannt, ob ich hier etwa einige ernsthafte Eleven der Kriegführung antreffen werde. Aber es schien zunächst überhaupt niemand dazusein, bis ich schließlich aus dem Restaurationsraum Lachen hörte und dort einen jungen Mann fand, der – gegen eine Kühltruhe gelehnt – seiner Begleiterin gerade den ‹Liebeskuß› kaufte, eine Portion Eiskrem, auf der eine Kirsche saß. Sie interessierten sich natürlich nicht für militärische Strategie, weshalb auch! Ich sah ihnen zu, wie sie auf der Vespa, das Mädchen sittsam im Damensitz, wieder abfuhren.

Ich hatte auf Bronzeschwerter und Helme gehofft, doch außer Keramikscherben bot dieses Museum wenig Sehenswertes. Am interessantesten war noch eine gute Wandkarte, die deutlich veranschaulichte, wie Hannibal die römischen Generale in die Falle lockte und im genau richtigen Augenblick die Zange schloß. Es wäre falsch, glauben zu wollen, die Kriegführung in der Antike sei nichts anderes als das Gegeneinandermarschieren zweier Heere und ein furchtbarer Zusammenprall gewesen, wobei sich das stärkere Heer als Sieger erwies. Wie Schlieffen schon sagte, ändern sich wohl die Waffen, aber nicht die Strategie, und die Befehlshaber der Antike kannten ihr Handwerk und noch so manchen zusätzlichen Trick, der seitdem vergessen worden ist.

Sextus Julius Frontinus, ein Römer der Kaiserzeit, zeitweilig Gouverneur von Britannien und in späteren Jahren Leiter der römischen Wasserverwaltung, hat eine Sammlung militärischer Anekdoten, die *Strategems,* zusammengestellt, ein noch nicht einmal den Humanisten sehr geläufiges Werk, und darin auch mehrere Hannibal-Anekdoten der Nachwelt bewahrt, die wohl größtenteils, wie ich glaube, Polybius oder Livius entnommen sind. Auf den Gedanken, eine Stadt dadurch zu erobern, indem man ihren Soldaten zuerst einmal einen ganz gewöhnlichen Schnupfen anhängte – der vielleicht erste Fall bakteriologischer Kriegführung – konnte wohl nur ein bedeutender Feldherr kommen. Genau dies bezweckte Hannibal, so berichtet Frontinus, wenn er die Soldaten einer von ihm belagerten Stadt im Winter über einen Fluß lockte. Die eigenen Leute wurden schleunigst ins Lager zurückbeordert, getrocknet und mit Öl massiert. Er verließ sich darauf, daß seinen Feinden solche Fürsorge und Pflege abging, ließ ihre Erkältung sich erst einmal richtig entwickeln, um die Stadt dann in den ersten Stunden eines frostklirrenden Morgens zu stürmen.

Ein ähnliches, für seine Strategie typisches Verhalten bewies er auch an jenem Tag, als seine Elefanten einen breiten Strom zu durchqueren sich weigerten. Hannibal befahl einem seiner Treiber, eines der Tiere hinter dem Ohr zu verletzen und sodann selbst, den Fliehenden spielend, den Fluß zu durchschwimmen. Wild vor Wut jagte der verwundete Elefant dem Manne nach, und unverzüglich folgten ihm auch die anderen Tiere.

So wie es viele erstaunte, daß Hitler nach Dünkirchen eine Invasion Englands unterließ, stellte man auch 216 v. Chr. die Frage, weshalb Hannibal nach Cannae nicht den Marsch auf das unverteidigte Rom wagte. In beiden Fällen mag der Grund die Flotte gewesen sein. Hannibal hatte wohl die größte jemals eingesetzte römische Armee zerschlagen, die römische Flotte indessen war unversehrt geblieben. Und seltsamerweise scheint es dem Grafen Schlieffen niemals aufgefallen zu sein, daß Rom trotz dieser Schlacht von Cannae letzten Endes doch noch Hannibal besiegte.

6

Nach einigen Kilometern traf ich in Canosa di Puglia ein, und zwar just während jener geheiligten Spanne des Nachmittags, da die Bevölkerung ihre Siesta hält. Kein Laut war zu hören, die Piazza verwaist, Geschäfte und Kirchen waren verschlossen. Nichts vermag den oft von weither angereisten Touristen in größere Verzweiflung zu bringen als dieser tagtägliche Verlust von vier Stunden seiner kostbaren Zeit durch eine Sitte, die ihm, zumal im Frühjahr oder Herbst, als eigensinnige italienische Genußsucht erscheinen muß. Da stand ich nun herum und blickte auf die alte, in einer Senke, der Bodenhöhe des normannischen Canosa, liegende Kathedrale herab.

Ich bemerkte einen etwa zwölfjährigen Jungen, der auf einer Mauer lag, jedoch den Schlafenden bloß simulierte und mich heimlich beobachtet. Ich fragte ihn, ob es keine Möglichkeit gebe, in die Kathedrale zu kommen. Der *parroco* schlafe jetzt, erfuhr ich, und der Mann mit den Schlüsseln schlafe auch, aber um vier Uhr ... Ich hatte bereits eine Fünfhundert-Lire-Note hervorgezogen. Und weg war er wie der Wind und in Kürze mit den Schlüsseln zur Stelle. Auch der Millionär, der angeblich ein Hotel kaufte, weil er im Grill-Room irgend etwas nicht bekam, kann kaum berauschter von der Macht des Geldes gewesen sein als ich, der sich durch Bestechung Eintritt in eine italienische Kirche während der Siesta erzwang.

Wir traten in einen kühlen dunklen Raum, in dem es nach kaltem Weihrauch roch, und obwohl dies vielleicht nicht die schönste der apulischen Kathedralen war, erschien er mir doch als der feierlichste an diesem stillen Nachmittag. Diese Kathedrale ist angeblich von Bohemund errichtet worden, der hier auch im Jahre 1111 von seiner Mutter Alberada begraben worden sein soll. Es fällt mir auf, daß die Historiker der Frühzeit seine Mutter erwähnen, nicht aber seine Gemahlin Konstanze, die Tochter Philipps I. von Frankreich. Und weshalb soll Bohemund, der Fürst von Otranto, in Canosa di Puglia und nicht in der eigenen Kapitale seine letzte Ruhe gefunden haben?

Gleich Molfetta weist auch diese Kirche mit ihren fünf Kuppeln auf byzantinische Tradition hin, wohingegen Molfetta nur drei besitzt. Aber auch hier rückt wie in allen anderen Kirchen Süditaliens wieder das massive normannische Langhaus in den Mittelpunkt, verweilt das Auge auf den hohen, zumeist in Ruinenstätten aufgespürten und mit unterschiedlichen, kaum jemals zusammenpassenden Kapitellen bestückten riesigen Säulen, die in der Düsternis aufragen. Im dunklen Raum der Apsis fand ich einen jener Bischofsthrone, wie sie zu den apulischen Kirchen gehören. Er wird jedoch im Gegensatz zum Bischofsstuhl von Bari, der auf Figuren menschlicher Gestalt ruht, von zwei Elefanten gestützt. Vielleicht sollte mit diesen ungewöhnlichen Schmuckdetails des Elefanten von Kaiser Friedrich II. gedacht werden, der ihn auf seinen wiederholten Zügen durchs Land begleitet hat.

Bohemund ruht seit achteinhalb Jahrhunderten in einer Grabkapelle an der Südmauer des Hofes dieser Kirche. Ich versuchte, mich des Grabes eines anderen prominenten Mannes des Ersten Kreuzzuges zu erinnern, doch fiel mir nur die Ruhestätte des Herzogs Robert von Normandie in Gloucester ein. Die Tür zum Grab des Bohemund ist ein schönes Zeugnis früher Bronzearbeit. Während für den linken Türflügel eine durchgehend gegossene massive Platte benutzt wurde, zeigt der rechte Flügel vier einzelne, in ihre Rahmen so genau eingepaßte Platten, daß auch ein Fingernagel die Naht kaum erfühlen könnte. Über dem ganzen Tor liegt grüne Patina. Zwei der Paneele am rechten Türflügel zeigen eingravierte und vordem in byzantinischem Stil in Silber ausgearbeitete Figuren. Der linke Flügel ist mit erhabenen Arabesken in großen Medaillons geschmückt; und hier findet sich auch eine lateinische, noch leserliche Inschrift, welche die Tapferkeit des Bohemund preist und den Namen des Gießers, Ruggero von Melfi, vermerkt.

Als wir die Türen öffneten, gaben sie ein Summen von sich, das zu einem Ton anschwoll, der an die ‹singenden Türen› im Baptisterium des Lateran erinnerte. Drinnen war es kalt und ungemütlich. Zwei nach oben sich in Rundbogen fortsetzende Säulen enthielt der Raum. Und zu ihren Füßen stand, allein dem durch die fünf schmalen Kuppelfenster einfließenden Licht dargegeben, ein kahler Grabstein mit dem einzigen Wort:

Boamundus

Neun, in Blumentöpfe gepflanzte Aspidistra umgaben diesen Stein als seltsame Ehrung für einen Krieger. Wie ergreifend war dieses eine einzige Wort auf dem Grabstein: als wisse jedermann, wer dieser Bohemund gewesen ist. Heute sagt dieser Name, ein paar Gelehrte und die Bürger von Canosa ausgenommen, wohl niemandem mehr etwas. Aber welch einen Klang hat er einmal besessen! Eigentlich war Bohemund auf den Namen Markus getauft worden. Von den Taten eines Riesen namens Bohemund jedoch hellauf begeistert, ließ sich Robert Guiscard, der Vater, nicht davon abbringen, seinem Sohn diesen fremdartigen Namen beizulegen. Äußerlich glich Bohemund seinem Vater; er war von überdurchschnittlich hohem Wuchs, seine Augen waren blau. Auch Anna Komnena, obwohl sie ihn seiner Absichten auf den Thron ihres Bruders wegen verabscheute, übersah nicht seinen Charme und sein gutes Aussehen und würdigte ihn, wenn auch zurückhaltend, in ihrer Chronik. Bohemund aber war alles andere als ein selbstzufriedener Riese. Er war, wie schon erwähnt, ein Kind von vier Jahren gewesen, als Robert Guiscard der Mutter, Alberada, den Rücken kehrte, um Sichelgaita zu ehelichen. Sichelgaita wiederum fürchtete sich zeitlebens vor Bohemund und sicherte das Erbe des Herzogtums und das Guiscardsche Vermögen für ihren eigenen mittelmäßigen Sohn Roger ‹Borsa›. Gekränkt, aber erfüllt von Hauteville-scher Energie, beschloß Bohemund nun, sich selber einen Namen zu machen und reich zu werden. Und wie es das Glück so wollte, wurde just zu dieser Zeit zum Ersten Kreuzzug aufgerufen.

Die Nachsicht so mancher Epochen wußte den Kreuzfahrern die Ehrenhaftigkeit ihrer Ziele zu bescheinigen, obwohl dies nur auf wirklich wenige zutraf, und Bohemund zählte nicht zu ihnen. Für ihn ging es viel mehr um die Eroberung eines Königreiches als um die Befreiung der Heiligen Stätten. Männer solcher Art wußten aus den Kreuzzügen allerhand Kapital zu schlagen. Musterten sie an, so übergab man ihnen den Befehl über Armeen. Mit dieser Macht wurde Bohemund erster Fürst von Antiochia. Sein unverhüllt materialistisches Streben lassen die ihm von seinen Zeitgenossen entgegengebrachte Verehrung unbegreiflich erscheinen. Vielleicht galt sie seiner Furchtlosigkeit. Als er auf der Geldsuche in Italien eintraf, strömten die Leute herbei, um ihn anzustarren, «so als sähen sie Christus persönlich vor sich». Abermals siegten Charme und Ruhm, als er, noch immer auf der Suche nach Geld, an den Hof Philipps I. von Frankreich kam, und der dreiundfünfzigjährige schlachtenerprobte Veteran erhielt die Tochter des französischen Königs zur Gemahlin.

Vier Jahre später, als er zu einer neuen, kriegerischen Ausfahrt rüstete, starb Bohemund an einer Krankheit in seinem Heimatland Apulien. Und wir erfahren, daß es Alberada, die Mutter, war, welche ihn bestattete und den Bau seines einzigartigen Mausoleums überwachte. Als Persönlichkeit gesehen, ist Bohemund interessanter als sein Vater, der gefürchtete Guiscard. Der Sohn empfing aufrichtige Liebe und Bewunderung. Das Auf und Ab seines Weges, die stürmischen Kämpfe in seinem Leben, der ihn auf die Jagd nach Ruhm und Reichtum hinaushetzende Verlust seines Erbes: all dies umgibt ihn mit mehr Romantik als seinen stets erfolgreichen Erzeuger. Der Staub von Kaisern und Königen ist im Laufe von achteinhalb

Jahrhunderten in alle Winde verweht worden. Aber Bohemund schläft seinen Schlaf weiter. Dann und wann kommt jemand in diese Grabkapelle und befeuchtet die Blätter der neun Aspidistrapflanzen, der Welt letzte Huldigung seiner Größe. Und so ganz verfehlt scheint mir die Wahl der Aspidistra als Tribut für einen Kriegersmann nach all dem nicht mehr zu sein: stammt ihr Name doch aus dem griechischen *aspidion,* was Schild bedeutet.

Nach weiteren vierundzwanzig Kilometern traf ich in Andria ein, wo man nach beendeter Siesta soeben wieder das gewohnte Alltagsleben aufnahm. Von überall in der Stadt vernahm ich das Rattern hochgehender Ladengitter. Wenig von den Spuren seiner so weit zurückliegenden Anfänge ließ Andria auf den ersten Blick erkennen, und doch war es schon eine alte Stadt gewesen, als sich die Normannen 1046 ihrer als eines der ersten Stützpunkte im Süden bemächtigten. Mit Stolz weist man in Andria auf die Verbindung zu Friedrich II., der hier gern weilte und, wie betont wird, Andria jeder anderen apulischen Stadt als Aufenthalt vorzog. Zu den kaiserlichen Marotten gehörte auch die Erfindung lateinischer Wahlsprüche, die er seinen Städten zueignete und als Inschriften auf Bogen und Mauern hinterließ. Für diese Stadt fand er eine von den Einwohnern noch immer hoch und heilig gehaltene Bezeichnung, nämlich das «treue Andria».

Die zweite Gemahlin von Friedrich II., Jolanthe, ist in Andria sechzehnjährig im Kindbett gestorben und beigesetzt worden. Sicherlich ist sie die bedauernswerteste seiner vier Gemahlinnen gewesen. Ohne jede Mitgift besaß sie nur den inhaltlosen Titel einer Thronerbin des Königreichs Jerusalem, was damals für Friedrich allerdings doch einen gewissen Anreiz bot. Sie war vierzehn Jahre alt, da man sie als Braut dem einunddreißigjährigen Kaiser zuführte, der sie angeblich unmittelbar nach der Heirat einer liebreizenden und erfahrenen zwanzigjährigen Dame ihrer Entourage zuliebe verließ. Und so verbrachte die arme Jolanthe die ihr verbleibenden zwei Jahre als Kaiserin vermutlich in tränenreicher, wenn auch luxuriöser Verlassenheit. Ihr Kind Konrad überlebte.

Ein prächtiger Herzogspalast und mehrere schöne alte Kirchen stehen an verborgenen Stellen der Stadt. Die im Laufe der Zeiten mannigfachen Änderungen ausgelieferte Kathedrale ist so alt wie Andria selbst, wenn nicht noch älter. Der Küster führte mich durch das normannische Langhaus in eine Krypta, die wir mit Kerzen ableuchteten, und wie bei den Italienreisenden auf einer Aquatinta des neunzehnten Jahrhunderts fielen auch unsere Schatten auf die steinernen Bogen und gleich Pilzen ohne Frontgiebel vom Boden aufsprießenden Säulen mit ihren Kapitellen.

«Sind Sie Amerikaner?» fragte mich der Küster.

«Nein, das bin ich nicht», versetzte ich. «Ich bin Engländer.»

«Dann will ich Ihnen etwas zeigen. Kommen Sie mit.»

Er hielt die Kerze hoch, so daß deren Schein auf eine Wandinschrift fiel, die mir, übersetzt, folgendes mitteilte:

Hier liegen die sterblichen Überreste der
Iolanthe von Brienne
1228
und Isabella von England
1241
der erlauchten Gemahlinnen von Friedrich II.,
König von Apulien und Sizilien

Auf meine Frage nach etwa noch verbliebenen Gebeinen hob der Küster ein Stück der Fußbodenplatten auf, das gerade ausreichte, um mit meiner Kerze hineinleuchten zu können. Ich sah nur Staub, Steine und ein Leitungsrohr. «Da unten liegt ein Brustkorb», behauptete der Küster. «Haben Sie es denn nicht gesehen?» Aber ich hielt ihn von einem nochmaligen Aufheben des Steines ab.

Hier also ruht, was von zwei Kaiserinnen geblieben ist, die beide jung und beide im Kindbett gestorben sind. Jolanthes unglückliche zwei Ehejahre habe ich schon erwähnt. So traurig sind die sechs Jahre, welche Isabella als Kaiserin gehörten, wohl nicht gewesen. Wahrscheinlich ist es Friedrich, den sicherlich niemand einen idealen Ehemann nennen konnte, sogar gelungen, seine schöne englische Frau glücklich zu machen. Die traditionelle Auffassung, wonach grundsätzlich alle Prinzessinnen schön seien, scheint für Isabella, der Tochter des verleumdeten Königs

Johann von England, jedenfalls gegolten zu haben. Als Kaiser Friedrich II. 1235 um ihre Hand anhielt, war sie einundzwanzig Jahre alt, der Vater seit einigen Jahren tot und ihr Bruder Heinrich III. König von England. Dieser Bruder stattete sie auf ihrer Reise zur Eheschließung mit einer ganz Europa in Erstaunen versetzenden Pracht aus. Laut Roger von Wendover sind sogar ihre Kochtöpfe aus Silber gearbeitet gewesen. In Köln nahm sie vor den auf ihren Balkons sich drängenden Menschen ihren Schleier ab und ritt barhäuptig durch die Straßen, was die Menschen hellauf begeisterte.

Friedrich war entzückt von ihr und verglich sie gewiß mit ihren beiden Vorgängerinnen. Seine erste Gemahlin war zehn Jahre älter als er gewesen, die zweite siebzehn Jahre jünger als der Kaiser. Unter den seinem Schwager Heinrich III. übersandten Geschenken befanden sich – in Anspielung auf das königliche Wappen – drei Leoparden. Sollte es sich dabei um jene verzärtelten, mit der Hand aufgepäppelten Jagdleoparden gehandelt haben, die – an die Gesellschaft des Menschen gewöhnt – auf den Kruppen der Pferde reisten, so verdienen sie unser nachträgliches Mitgefühl: sie landeten nämlich im Londoner Tower, wo sich ihnen nach einiger Zeit noch ein Polarbär und ein Elefant hinzugesellten. Sie waren die ersten Tiere der Königlichen Menagerie, aus der nach Verlegung der Insassen in den Regents Park im neunzehnten Jahrhundert der Londoner Zoo entstanden ist.

Isabella verdanken wir einen flüchtigen Einblick in das Leben eines kaiserlichen Harems von Sizilien. Im Jahre 1241 traf dort ihr Bruder Richard von Cornwall vom Heiligen Lande kommend ein. Sofort sah er sich von der Fürsorge seines Schwagers umgeben, der ihm «Aderlässe, Bäder und diverse medizinische Heilmittel zur Gesundung und Kräftigung nach der gefahrvollen Seereise verabreichen ließ», wie uns Matthäus Paris berichtet. Die Schwester allerdings ließ sich nicht sehen, und Richard wurde langsam ungeduldig. Etliche Tage vergingen, ehe man seinen Bitten entgegenkam und ihn in ihre Gemächer bat. Dort endlich traf er die Schwester, umgeben von kostbaren Spielsachen und Musikinstrumenten, und – wie man sich denken kann – von Eunuchen und sarazenischen Wachen. Erfreut unterhielten sich die Geschwister. Als sie ihr Gespräch beendeten, traten Richard zu Ehren Jongleure und Tänzerinnen auf, von denen zwei seine ganze Aufmerksamkeit gefangennahmen. «Sie schritten auf die vier gläsernen Kugeln zu, die man auf dem glänzend polierten Boden ausgelegt hatte; jedes der Mädchen wählte zwei dieser Kugeln, bestieg sie und begann darauf zu tanzen. Auf den sich drehenden Kugeln anmutig und heiter vorwärts und rückwärts schreitend, gestikulierten sie mit den Armen; sie klatschten in die Hände und zwitscherten Liedchen dazu, wanden und drehten ihre Körper zur Melodie, schlugen den Takt mit Zimbeln und Kastagnetten, ließen sich die amüsantesten Posen einfallen und ergötzten die Zuschauer auf bewundernswerte Weise», schreibt Matthäus Paris.

Diese eingehende, aber sicherlich nicht dem Erfahrungsschatz eines Mönches entsprungene Schilderung kann wohl zuverlässig als einer jener zahlreichen Beiträge des Richard von Cornwall zur *Chronica Majora* des Matthäus Paris angesehen werden.

7

Kaum fünfzehn Kilometer hinter Andria tauchte vor mir die berühmteste Stätte Apuliens, Castel del Monte, auf. Ich hatte es auf seiner Anhöhe von fern, äußerlich als runder Turm erscheinend, wohl von jedem Winkel der Provinz aus sehen können, war ihm jedoch noch niemals so nahe gewesen.

Während ich den Berg umrundete, entschwand das Kastell aus meinem Blickfeld, und als ich oben angelangt war, entdeckte ich erstaunt, daß es gar nicht kreisförmig, sondern achteckig angelegt und alles andere als klein ist. Im Gegenteil, dieses Kastell ist gewaltig und eindrucksvoll. Mächtig wachsen die Kalksteingemäuer in den Himmel. Ich hatte fast den Eindruck, das Gebäude sei bewohnt.

Es zeigte sich, daß das Kastell an diesem Tage geschlossen war. In der Ferne sah ich jedoch eine kleine Taverne, wo ich einen Mann mit dem Schlüssel zu finden hoffte. Aber dieser Mann war nicht anwesend. Ich ließ mich zu einem Glas roten Castel-del-Monte-Weins nieder. Auf eine Rebenfläche deutend,

Castel del Monte

informierte mich der Wirt, daß dieser Wein von dort stamme. Im Geschmack erinnerte mich der Tropfen übrigens an die duftenden, herben Rotweine aus den Tavernen in der Mancha – Weine, deren Reben in einer dieser Gegend sehr ähnlichen heißen und sonnenverbrannten Landschaft gedeihen.

Daß Italiens Weine nach Süden zu immer besser werden, dürfte verallgemeinernd gesagt wohl zutreffen. Gewiß ist der südliche Wein weniger verdünnt und kräftiger als die bekannteren Lagen Nord- und Mittelitaliens. Und sicherlich würden die Weinkenner den Lorbeer dem Wein von Castel del Monte, den es weiß, rot und auch rosé gibt, zusprechen, obwohl ich selbst eine sehr hohe Meinung von einem dunkelroten Wein mit der einfachen Bezeichnung Barletta habe. Daneben sei noch ein in seiner strohgoldnen Farbe dem Chablis nicht unähnlicher herber Wein, der *Torre Giulia*, genannt, der gut zu Schaltieren paßt, sowie ein köstlicher, starker, von den Kennern als «voll und würzig» bezeichneter Tropfen, der *Torre Quarto*. Apulien ist reich an gehaltvollen, süßen Dessertweinen: da ist der *Moscato di Trani,* sein Bukett läßt an Rosen denken. Dann gibt es den *Mistella,* einen anderen duftreichen Süßwein, und den aromatischen, bernsteinfarbenen *Moscato delle Murge*. Und jeder, der etwas für einen süßen, kräftigen Wein übrig hat, sollte ein Glas des dunkelroten *Zagarese* kosten.

Ich wanderte vor meinem Aufbruch noch um das Kastell,

das von Friedrich II. errichtet (angeblich auch von ihm entworfen) und um 1240, also während der letzten zehn Jahre seines Lebens, vollendet worden war. Niemand weiß, weshalb er die Form des Achtecks wählte, das allgemein besehen den Eindruck einer Riesenkrone hervorruft. Von einigen Seiten wurde die Vermutung aufgestellt, Friedrich habe damit die achteckige Form der Krone des Heiligen Römischen Reiches architektonisch nachgestalten wollen. Andere wiederum sagen, er sei hier wahrscheinlich dem Modell der oktagonalen Anlage der Omar-Moschee in Jerusalem gefolgt, die er ja bekanntlich während seines Aufenthaltes im Heiligen Lande bewundert und genau besichtigt hat. Der kronenähnliche Charakter des Kastells wird durch die an den Winkelpunkten aufragenden acht oktagonalen Türme unterstrichen. Seine wenigen Fenster sind in großer Höhe eingelassen worden, und es gibt nur einen einzigen Eingang, ein herrliches klassisches Marmorportal.

Ich kehrte am nächsten Tage zurück, als die Sonne schon hoch am Himmel stand, und fand es so wohltuend, auf dem Kastellhügel zu sitzen und über Apulien und die adriatische Landschaft nachzudenken, daß ich die Besichtigung des Kastells noch etwas hinausschob. Zum Meer hinüberblickend sah ich das Rund der auf ihren mit Olivenhainen, Kirschen- und Mandelbäumen bestandenen Ebenen aufwachsenden Kathedralenstädtchen: ein Kontrast zu der gen Süden weisenden Aussicht über die Wellenketten der Hügel hinab zu jener öden Landschaft, auf deren verkarsteten Kuppen (nur fünfzig Kilometer Luftlinie entfernt) in ihrer heidnischen Vergangenheit verhaftete einsame Dörfer wie Grassano und Gagliano liegen – eine Gegend, die Carlo Levi in seinem Buch «Christus kam nur bis Eboli» so treffend geschildert hat. Noch weiter gegen Südwesten, fünfzig bis achtzig Kilometer entfernt und genau südlich des alten normannischen Stützpunktes Melfi, beherrscht das gewaltige Eruptionsfeld des Monte Vulture die Szenerie, ein erloschener Vulkan. Diesen heutzutage mit Wald bewachsenen Krater hat Horaz als kleiner Junge vom nahegelegenen Venusium, dem jetzigen Venosa, aus erkundet.

Zur Zeit Friedrichs II. sind die heute planmäßig angebaute Ebene und die kahlen Ausläufer der Hügel ein dichtes Waldgebiet gewesen, in dem sogar noch im fünfzehnten Jahrhundert eine geradezu unglaubliche Menge Wild erjagt wurde. Über Friedrich I. von Aragon wird berichtet, daß er einmal, bei Tagesanbruch von Barletta aus zu einem Überraschungsangriff aufbrechend, derart beunruhigende Meldungen seiner Späher über eine riesige Staubwolke feindlicher Kavallerie erhielt, daß er den Rückzug ins Lager befahl. «Als sich die Sonne wieder erhob», so schreibt Pontanus, «zeigte sich, daß diese furchterregende Feindeshorde ein Hirschrudel war.»

Ich beobachtete die über dem Kastell mit der Windströmung und fast bar jeglichen Flügelschlages segelnden Sperber, und natürlich dachte ich wieder an Friedrich II. Es reizt mich die Vorstellung, er habe einen Teil seines Werkes über die Falken hier in diesem Schlosse verfaßt, was vermutlich ja auch zutrifft. Vor dem Jahre 1248 bereits abgeschlossen, erscheint es heute, nach siebenhundert Jahren in immer neuen Ausgaben. Nach einer Überlieferung war es Manfred, der illegitime Lieblingssohn des Kaisers, der den Vater zur Abfassung gedrängt hat und dem das Werk auch gewidmet ist. Nach Friedrichs Tod brachte Manfred eine neue Ausgabe heraus. Unter den verlorengegangenen kostbaren Büchern betrauern die Bibliophilen den Verlust der persönlichen Exemplare des Kaisers, zweier mit Abbildungen von Vögeln (die von Friedrichs eigener Hand stammen sollen) herrlich illustrierter und mit Silber und Gold verzierter Bände. Zuletzt hat man von ihnen 1265 gehört. Seitdem sind sie spurlos verschwunden.

De Arte Venandi ist nicht das erste Buch über Falken gewesen (sowohl Alfred der Große als auch Eduard der Bekenner sollen über dieses Thema geschrieben haben); jedoch war es die erste im Mittelalter erschienene wissenschaftliche Abhandlung über Ornithologie und das Jagen mit Vögeln. Friedrich schrieb nur über beobachtete und geprüfte Vorgänge. Verschloß sich ihm die Erkenntnis, so gab er seine Unwissenheit unumwunden zu. Im Gegensatz zu dem Werk, das Eduard zugeschrieben wird, überließ er nichts den Aussagen der Heiligen Schrift, sondern schrieb in schlichter lateinischer Sprache die reichen Erfahrungen eines Mannes nieder, für den die Falknerei weniger ein Zeitvertreib als eine ernste Kunst darstellt, ein

Mann, dem es nicht um den zahlenmäßigen Umfang der Strecke ging, sondern nur um die Brücke des Verstehens zwischen Mensch und Tier, um die Fähigkeit eines Menschen, seinen Willen bis in den Bereich des Himmels durchzusetzen und den entsandten Sendboten wieder aus den Wolken zurückzuholen. Friedrich ist der erste Beobachter der Vögel gewesen. Er war es auch, der dem Nistverhalten des Kuckucks auf die Spur gekommen ist. Als er im Nest ein fremdes Ei fand, hatte er es entfernt und von anderen ausbrüten lassen. Ebenso eingehend befaßte er sich mit der absurden mittelalterlichen Behauptung, wonach sich die Ringelgänse mit Hilfe gewisser in fauligem Schiffsholz wuchernder Algen fortpflanzten. Er ließ sich aus dem Norden derartiges Holz holen und bewies durch Versuch, daß es sich hierbei um eine reine Fabel handelte.

Erstaunlich, daß ein so beschäftigter Mann wie Friedrich, ein Kaiser, der ununterbrochen im Konflikt mit dem Papsttum stand und sich den unzähligen Problemen seines großen Reiches widmen mußte, die Zeit fand, ein Buch über Falken zu schreiben! Es umfaßt sechs Teile, von dem nur einzelne vollständige Exemplare existieren. Nach einer allgemeinen Betrachtung über die Vogelarten, das Verhalten der Tiere beim Nisten und Brüten, der Aufzucht und des Vogelfluges und Darstellung der körperlichen Struktur schildert er die verschiedenen Arten von Falken und ihre Abrichtung. In seinen eigenen Mauserkäfigen hausten Vögel aus allen Teilen der Welt. Er empfahl den Falknern, dem Vogel zur Fütterzeit stets vorzusingen, und zwar immer dasselbe Lied, damit die Falken diese Melodie mit dem Vorgang der Nahrungsaufnahme in Verbindung brachten. Auch sollte er sie liebkosen und nach gründlichem Waschen seiner Hände streicheln und sanft berühren. Um sie zu beruhigen, sollte er sie mit Wasser aus seinem Munde bespritzen, jedoch erst, nachdem er dreimal gegurgelt hatte. Sollte ein Falke an eine neue Umgebung gewöhnt werden, so verschrieb der Kaiser eine gute Mahlzeit in Form eines Hühnerbeins oder in Milch gekochter Eier. Er betonte, wie wichtig es sei, daß ein Falkner seine Tiere wirklich liebte. Der Heger mußte auch bereit sein, sie während der Nacht zu beaufsichtigen und zu umsorgen. Der letzte Teil des Werkes ist mehr technischer Natur, aber dennoch ungeheuer aufschlußreich für jene wenigen Jünger der edelsten aller Sportarten. Zu den von Friedrich aus dem Orient eingeführten Gegenständen gehört auch die bis dahin in Europa angeblich unbekannte Kappe. Merkwürdig, daß die sizilischen Araber niemals von ihr gehört haben sollen.

Wer Castel del Monte betritt, gleitet in den Bereich der mathematischen Formel hinein, denn das Gebäude ist geradezu ein Rechenexempel in Achtecken, dargestellt auf der Ebene zweier Geschosse. So betritt man zuerst einen achteckigen Hof, dessen Mitte bis vor kurzem noch von einem achteckigen Brunnenbekken oder Badebassin ausgefüllt war. Die acht Räume des achteckigen Erdgeschosses wiederholen sich nahezu exakt im oberen Geschoß. Die acht oktagonalen Türme enthalten Wendeltreppen, Baderäume und Toiletten mit Wasserrohren aus Blei, die zu einer Wasserzisterne auf dem Dach führen und die gewiß eines der ersten Zeugnisse mittelalterlicher Installationstechnik darstellen. Von einigen Ausnahmen abgesehen sind alle Räume des Kastells gleich groß und von gleicher Form. In allen finden sich erlesenster Marmor und Mosaikboden. Eine Besonderheit der Anlage besteht darin, daß sämtliche sechzehn Zimmer durch Türen miteinander verbunden sind. *Scala del Falconiere* – Treppe der Falken – heißt eine über eine Leiter und eine in dem darunterliegenden Raum angebrachte Falltür erreichbare Wendeltreppe, die zum Dach führt, wo der Kaiser, wie man annimmt, seine Falken untergebracht hatte. Auf diese Weise sonderte er sie vom übrigen Schloß und von unbefugten Bewunderern ab. Möglicherweise war das Kastell von Anfang an dazu bestimmt, den Vögeln des Kaisers einen künstlichen Horst zu schaffen.

Denn für wen soll das Kastell gebaut worden sein? Welche Gäste wollte Friedrich in diesen miteinander verbundenen Räumen bewirten und unterhalten? Wo waren die Küchenräume, die Stallungen und die Quartiere des Gesindes? Ich nehme an, daß sie – aus wenig haltbarem Material gefertigt – seit langem zerstört sind. Für mich bleibt dieses Bauwerk ein Rätsel. Gleicht es von außen mit den Schießscharten seiner achteckigen Türme einem normannischen Verlies, so entfaltet es im Inneren den Luxus und die Eleganz eines Palastes der Renaissance und hätte sehr wohl von den Medicis erbaut werden können. Dessenungeachtet ist es ein düsterer Ort, und ich könnte mir nicht vorstellen, einem Wochenende in dieser Ummäuerung mit besonderem Vergnügen entgegenzusehen. Jedes Gebäude mit hohen Mauern, wenigen Fenstern und nur einer Eingangstür wird notgedrungen an ein Gefängnis gemahnen. Gewiß, Friedrich II. konnte ein sehr liebenswürdiger Gastgeber sein. Meiner Ansicht nach muß es aber einige seiner Gäste (vor allem jene mit nicht ganz reinem Gewissen) nervös gemacht haben, gewissermaßen auf dem Präsentierteller zu sitzen und obendrein auch noch von dem Gedanken geplagt zu werden, daß sie das Kastell nur durch das einzige, unmittelbar unter den Räumen des Hausherrn liegende Tor verlassen konnten.

Ich atmete auf, endlich wieder im Freien zu sein und die Sperber über mir kreisen zu sehen.

8

Wer ein Land kennenlernen will, geht am besten zu Fuß. Die nächstbeste Methode ist das Pferd oder ein Fahrrad, je nachdem, in welchem Lande man gerade ist. Dann erst kommt das Auto und zuletzt die Eisenbahn. So gesehen, ist Apulien ein ideales Radlerland. Denn die Ortschaften mit ihren schönen Kathedralen liegen alle so nahe beieinander, daß man zu Rade innerhalb einer Woche sehr viel besichtigen kann. Überdies hält sich der Verkehr auf den Hauptstraßen zur Zeit noch in Grenzen, und die Seitenstraßen und Wege sind leer und verlassen.

Nur wenige Kilometer von Bari entfernt liegen Ruvo und Bitonto, zwei Städte von so naher Nachbarschaft, daß man in dem einen Ort die Kirchenglocken des anderen vernimmt. Ruvo ist besonders alt. Jahrhunderte vor der Zeitwende war hier der Sitz einer Kolonie griechischer Töpfer, die nicht nur selbst fabrizierten, sondern auch Vasen, Teller und Trinkgefäße aus Griechenland einführten. Tausende herrlicher Exemplare süditalienischer und attischer Keramik sind aus den vor etwa hundert Jahren entdeckten Gräbern geborgen worden. Etwa zweitausend dieser Fundstücke können im Jatta-Museum, einer der größten und besten Privatsammlungen, besichtigt werden. Man muß sich dort allerdings vorher schriftlich anmelden.

Ruvo interessierte mich besonders, da es in einer der gerühmtesten Satiren des Horaz, nämlich seiner humorvollen Schilderung der Reiseabenteuer im Jahrhundert vor Christi Geburt, Erwähnung findet. Streckenweise von seinem Freund Vergil begleitet, reiste der Dichter mit seinem schwerreichen Maecenas auf der Via Appia von Rom nach Brundusium (Brindisi). Erschöpft trafen sie in Ruvo ein. Offensichtlich war das Reisen mit einem römischen Millionär nicht das, was man sich unter einer Luxus-Safari vorstellt, da sich Horaz über verschiedene unangenehme Situationen, an einem Aufenthaltsort sogar über ungenießbares Wasser, beklagte. Vielleicht ist Maecenas einer jener Millionäre gewesen, die ihre Freunde durch besonderes Maßhalten zu beeindrucken liebten. Jedenfalls findet sich hier nicht der geringste Hinweis auf so luxuriöse Verhältnisse wie beispielsweise den in anderen Quellen erwähnten Schlafwagen – die *carruca dormitoria* –, welcher Martialis zufolge soviel wie ein ganzes Bauerngut gekostet hat.

Der Dom von Ruvo gehört zu den schönsten Kirchenbauten der Provinz Bari und liegt, wie der Dom von Canosa, unterhalb des heutigen Niveaus in einer Senke, die der Straßenhöhe zu Ausgang des zwölften Jahrhunderts entspricht. Selten hatte ich ein so reich verziertes Portal gesehen. Dem lombardischen Stil getreu wurden die flankierenden Säulen von zwei Löwen getragen, während aus dem Gemäuer, gleich Wasserspeiern, seltsame Geschöpfe hervortraten, darunter zwei böse blickende Greifvögel. Ihre Klauen krallten sich um Menschenköpfe. Im Inneren führte ein normannisches Langhaus zum Ziborium.

Weiter ging es nach Bitonto, dessen Wappen zwei Löwen unter einem Ölbaum zeigt. Es ist ein apulisches Landstädtchen, dessen Geschichte ebenfalls bis in die vorchristliche Epoche zurückreicht. Vom römischen Butundum ist außer dem Namen und ein paar Münzen nichts erhalten. Als ich der Kathedrale von Bitonto ansichtig wurde, schien sie mir an Schönheit alle anderen ausstechen zu wollen, und einen Augenblick lang schwankte ich in meiner Treue zu Trani. Als Zeugnis apulisch-romanischen Stils steht die Kathedrale von Bitonto architektonisch wahrscheinlich

Bitonto; Kathedrale

über all ihren Geschwistern. Auf einem großen Platz zwingt sie den Blick sofort auf eine hoch oben an der einen Wand verlaufende Galerie mit byzantinischen Kapitellen geschmückte Säulenreihe, über denen sich mehrere runde Bogen wölben. Das Innere der Kirche zeigt üppige Meißelkunst und erinnerte mich ein wenig an die Nikolauskirche in Bari. Dem Langhaus und dem Triforium wäre man wohl auch in jeder normannischen Kirche Englands oder Frankreichs begegnet, jedoch nicht den byzantinischen Kapitellen oder den kunstvollen Ambonen, deren einer übrigens eine etwas seltsame, primitiv gestaltete Gruppe zeigt, in der manche Friedrich II. mit Isabella von

England und zwei seiner Söhne erkennen wollen. Der Versuch einer Porträtdarstellung ist allerdings nicht festzustellen.

Ich stand auf der Piazza und bewunderte diese offene Galerie, und dabei fiel mir ein, daß im Dezember 1250 der Chronist Spinelli nach Bitonto reiste, wo er den Leichenzug Friedrichs II. sehen wollte, der hier Rast hielt, ehe der Leichnam von Tarent aus per Schiff nach Palermo gebracht wurde. Eskortiert von den weinenden sarazenischen Leibwachen des Kaisers wurde die mit karmesinrotem Samt verhängte Bahre auf die Piazza getragen. Zu Pferde folgten die großen Herren des Reiches; schwarze Überwürfe bedeckten ihre Rüstungen. Die Herolde ließen ihr Trompetensignal ertönen. Sie verkündeten den Tod Friedrichs und die Nachfolge seines Sohnes Konrad. So also zogen die sterblichen Überreste des großen Kaisers – Antichrist für die einen, Staunen der Welt für die anderen – durch Apulien nach Sizilien, wo sie bis zum heutigen Tage in ihrem von Löwen getragenen Sarkophag aus Porphyr ruhen. Als das Grab im Jahre 1781 geöffnet wurde, sah man, daß Friedrich in reich bestickten Seidengewändern mit goldenen kufischen Lettern bestattet worden war. Auf den roten Mantel war ein Kreuz, das Symbol der Kreuzfahrer, aufgenäht worden; an die silbernen Stiefel waren Sporen geheftet. Ihm zur Seite lag sein Schwert. Am Gürtel hing eine Börse, den Ringfinger der linken Hand umschloß ein goldener Ring mit einem großen Smaragd.

So manches von dieser Geschichte ging mir auf dieser Piazza durch den Sinn, als ich hinter mir plötzlich Geräusche hörte und, mich umwendend, einen Leichenzug langsam herankommen sah. Zwei magere Pferde zogen den italienischen Leichenwagen über das Pflaster, ein altes, schwarzglänzendes Gefährt. Neben diesem Karren und mit weißen Satinbändern daran angebunden, schritten sechs kleine Mädchen im Kommunionskleid. Die Prozession näherte sich, und ich bemerkte, daß der Sarg noch keine anderthalb Meter maß. Langsam bewegten sich die Kinder in ihren weißen Glacéschuhen dahin, in ihren Händen das Seidenband, die letzte Verbindung zu einem der Ihren. Und das Sonnenlicht des italienischen Spätnachmittags ließ dieses herzbewegende Bild noch einmal aufleuchten, ehe der Zug im Schatten der Kirche verschwand.

5

Apuliens Küste – In Conversano – Der erste Sohn Wilhelms des Eroberers – Im Land der Trulli – Brindisi – Barock in Lecce – Am Stiefelabsatz Italiens – Das Schloß von Otranto – Gallipoli – Der fliegende Mönch von Copertino – Ein Tanz namens Tarantella – Das Rätsel des Tarantismus

1

Zu früher Stunde verließ ich Bari und fuhr die Küstenstraße entlang in Richtung auf Brindisi. Die Sonne schien mir ins Gesicht. Zur Linken glitzerte die Adria. In Abständen weniger Kilometer tauchten neben der Straße kleine Buchten auf, die bislang noch nicht als *lido* oder *marina* geadelt wurden und wo die Bareser an Sonntagen im Familienverband baden gehen und picknicken. Die Namen der auf den Felsklippen nistenden alten Städtchen, deren schneeweiße und orientalisch anmutende Flachdachhäuser sich in Terrassen in die Höhe ziehen oder halbmondförmig um den Hafen lagern, haben ihren Platz in den Annalen der Weltgeschichte gefunden. Heute freilich begnügt man sich dort damit, daß die Fischereiflotte zu tun hat, und im übrigen ist man dankbar für alle neuen Industriebetriebe.

Im Hafen von Mola di Bari drängten sich die Menschen. Alle Fischerboote waren mit Girlanden geschmückt. Von einem Polizisten, der sich liebenswürdig für den Mangel an Parkplätzen entschuldigte, erfuhr ich, daß gerade das alljährliche Fest des Oktopus gefeiert werde. Zu Ehren dieses Ereignisses war von den Fischern auf dem Marktplatz eine stattliche Kollektion von Adriafischen aufgeschichtet worden. Weit draußen auf der Mole segnete ein Priester im grünen Chorrock die Boote und dankte Gott für die Gabe eines seiner wohl seltsamsten Geschöpfe, des Oktopus.

In einem Fischerdorf mit dem passenden Namen Cozze – das italienische Wort für Muscheln – fiel mein Blick auf einen Wegweiser nach Conversano. Die angegebene Entfernung war nur gering. Conversano war zu normannischer Zeit Wohnsitz und Stützpunkt des Gottfried von Conversano gewesen, dessen Tochter Sibylla sich mit Robert von der Normandie, dem ältesten Sohn Wilhelms des Eroberers, verehelichte. Es reizte mich, festzustellen, ob sich dort noch ein Verbindungsglied zur Familie einer jungen Frau aufspüren ließ, die König von England hätte werden können, oder – korrekter ausgedrückt – hätte werden sollen.

Ich fand ein altes und sauberes Städtchen auf einem Hügel vor, der einen herrlichen Blick über die Haine der Oliven-, Pfirsich- und Kirschbäume hinüber nach Bari und zur Küste schenkte. Nur zu bereitwillig unterbrach im Dom der gerade auf seinen Knien die Treppen bis zum Hochaltar hinauf schrubbende Mann die Arbeit, zog an der Schnur eines Satinvorhangs und enthüllte mir Conversanos bedeutsamsten Kunstgegenstand, die Madonna des Brunnens, eine byzantinische Ikone unbestimmbaren Alters, die vor vielen hundert Jahren nach Conversano gelangt sein und die älteste Muttergottes in ganz Apulien darstellen soll. Offenbar machte ich ein etwas ungläubiges Gesicht, denn der Mann ging in die Sakristei und kehrte mit einem Büchlein zurück, das die Altersangabe sämtlicher apulischen Madonnen enthielt. An erster Stelle stand die Madonna von Conversano; Bischof Simplicio soll sie 487 n. Chr. aus Afrika mitgebracht haben. In der Reihenfolge ihres Alters erschienen des weiteren: die Jungfrau der Sieben Schleier in Foggia (500 n. Chr.), die Madonna des heiligen Lukas in Bari (733 n. Chr.), die Jungfrau von Konstantinopel in Acquaviva (750 n. Chr.), S. Maria di Siponto (900 n. Chr.) – ich hatte sie dort in der düsteren Krypta gesehen – und schließlich die Madonna vom Sterpeto in Barletta (1000 n. Chr.). Er erzählte mir, die Madonna von Conversano sei per Schiff gekommen und in Cozze an Land gebracht worden. Zum Gedächtnis dessen wird sie einmal jährlich im Mai durch die Umgebung und hinunter zum Meer getragen.

Mein Spaziergang ließ mich Conversano als eines der wichtigsten Zentren des Kirschenanbaues erkennen. Ich sah die mit Kirschen beladenen großrädrigen Karren, wie sie vor Souterraineingängen vorfuhren, wo das Obst abgeladen wurde, betrat eine dieser Sammelstellen und beobachtete, wie man die Früchte zuerst abwog und dann dem Bauern bar bezahlte. War das Geschäft abgeschlossen, wurden die Kirschen von jungen Mädchen sortiert und zur Auslieferung in die Städte und Abnehmerbetriebe verpackt. Ich hörte Namen wie *Donnalella, Tosta, Francia* und *Ferrovia*: Sorten, die in dieser Gegend am bekanntesten sind. Ich erkundigte mich, ob ich vielleicht ein halbes Kilo erwerben könne, und erhielt daraufhin gut fünf Kilo, für die man mir nicht mehr als eine Mark fünfzig abverlangte. Es waren köstliche Kirschen, groß, von festem Fleisch und süß.

Das massive Kastell von Conversano besteht aus einem normannischen Kernstück mit vielen in den folgenden Jahrhunderten hinzugekommenen Anbauten. Es ist lange Zeit ununterbrochen bewohnt gewesen, heute aber, mangels fürstlicher Familie, in Wohnungen unterteilt. Nichts ist geblieben, was an jenen Tag des Jahres 1100 erinnern könnte, da, vom Ersten Kreuzzug heimkehrend, hier Robert von der Normandie, der liebenswürdigste und unfähigste aller Söhne des Eroberers, seinen Fuß über die Schwelle setzte. Wilhelm konnte seinen ältesten Sohn nicht leiden. Er wurde ihm gegenüber ausfallend, er brüllte ihn an, aber nicht nur das – er verspottete ihn ob seines Aussehens (Robert war klein und dick), nannte ihn «Robin Curthose» und «Gamberon», Namen, die den «Knirps» ersetzten. Robert reagierte mit Revolten gegen den Vater, die das spätere Leben des Eroberers vergifteten, weil Robert das Lieblingskind seiner Mutter war. Sie unterstützte ihn hinter dem Rücken ihres Gemahls.

Dieser Robert war jedoch kein Tölpel, sondern ein lustiger und charmanter Verschwender, seelisch labil und gleichzeitig doch einer jener zahlreichen lässig-fröhlichen Menschentypen, welche im Kampf durch Mut überraschen. Der Ruhm seiner Siege im Heiligen Land war noch frisch, als er nach Conversano kam – ein gutaussehender Mann in mittleren Jahren, ein schwarzes Schaf vielleicht und ein Don Quichotte, der hatte erleben müssen, wie ein jüngerer Bruder den Thron von England bestieg, während er selbst sich zu einem Zug nach Jerusalem aufmachte. Gottfried von Conversano, der ihn zweifellos für ein gutes Zugpferd hielt, gab ihm nicht nur seine Tochter Sibylla zur Ehefrau (trotz mehrfacher Vaterschaft war Robert noch nicht verheiratet), sondern auch einen ansehnlichen Batzen Geld. Robert hatte die Absicht, als ältester Sohn den Anspruch auf den englischen Thron durchzusetzen, aber es ist bezeichnend für ihn, daß er nicht heimkehrte und sich den Thron eroberte, nachdem sein Bruder Rufus in New Forest erschlagen worden war, sondern blieb, sich treiben ließ und damit einem anderen jüngeren Bruder, Heinrich I., Gelegenheit gab, nach der Krone zu greifen.

Nähere Einzelheiten über Sibylla fehlen bis auf die Berichte eines Zeitgenossen, die sie als eine blendend schöne Frau schildern und ihr die Fähigkeit zusprechen, mit Geschick die Angelegenheiten des ungeschickten Robert in die Hände zu nehmen. Viel Zeit blieb ihr dafür allerdings nicht. Drei Jahre nach der Hochzeit starb sie in der Normandie – an Gift, das ihr, wie einige behaupten, von einer machtlüsternen, auf königliche Würde erpichten Witwe verabreicht wurde; sehr wahrscheinlich aber ging sie an den Folgen ungenügender Pflege nach einer schweren Entbindung zugrunde. Sie hinterließ einen unmündigen Sohn, Wilhelm, den «Clito» oder Prinzen, der die englische Geschichte hätte verändern können und zwanzig Jahre lang Mittelpunkt von Intrigen gewesen ist.

Robert gehörte zu jenen Menschen, die unweigerlich falsch entscheiden oder das Richtige jeweils im falschen Augenblick tun; jedenfalls begleitete ihn sein Mißgeschick so hartnäckig, daß die Chronisten seiner Zeit einen Grund hierfür finden zu müssen meinten: Er habe Gott durch die Ablehnung der Krone von Jerusalem erzürnt, worauf Gott beschloß, «ihm überall etwas in den Weg zu legen» (wie Wilhelm von Malmesbury sagte), «und ihm alles Schöne zu versauern». In seinen Fünfzigerjahren wurde Robert von seinem Bruder Heinrich I. gefangengenommen und auf Lebenszeit eingesperrt, zunächst vermutlich im Londoner Tower, sodann in Bristol und schließlich im Schloß von Cardiff, wo er mit achtzig Jahren starb. Während dieser achtundzwanzig Jahre währenden Gefangenschaft soll er die Waliser Sprache erlernt und ein Gedicht in Walisisch verfaßt haben, zu dem ihn eine grüne Eiche vor seinem Fenster angeregt hatte. Es sind sechs Strophen mit jeweils drei Verszeilen, die im Vergleich zu den Liedern der heutigen Barden von Eisteddfod gar nicht so schlecht abschneiden. Leider ist das Original verschwunden und nur das an Text übriggeblieben, was im letzten Jahrhundert dank der Sammlerwut des Waliser Barden Edward Williams (bekannt auch unter dem Namen «Iolo Morganweg») bewahrt worden ist.

Sein Wärter war der eigene, wenn auch illegitime Neffe, Robert Graf von Gloucester, unehelicher Sohn seines Bruders Heinrich I., der erste Mäzen des literarischen Lebens in England. Er war nicht nur Herr von Gloucester, sondern auch von Glamorgan mit dem Schloß Cardiff. Als Freund der Schriftsteller und Dichter unterrichtete er ständig Wilhelm von Malmesbury über die Neuerscheinungen, der dem Grafen zum Dank dafür seine Englische Chronik widmete. Es mag sonderbar anmuten, daß sowohl der gebildete Graf als auch sein Gefangener die Bardengesänge liebten; immerhin jedoch straft diese Gemeinsamkeit jene späteren Geschichten über die unglückselige und entbehrungsreiche Gefangenschaft des Herzogs Robert Lügen. Nach den Berichten des Malmesbury ist Roberts Leben wirklich so angenehm wie möglich verlaufen, und es fehlte ihm weder an Erheiterung, Ablenkung noch an Nahrung. William oder ein anderer Zeitgenosse erwähnte auch die Ritter, die dem in Haft gehaltenen Herzog – dem rechtmäßigen König von England, wie einige glaubten – als Diener zur Seite standen.

Etwaige Hoffnungen des ältesten Sohnes des Eroberers, er oder sein Sohn «Clito» könnten noch einmal auf den Thron gelangen, dürften 1120, dem vierzehnten Jahr der Gefangenschaft, neue Nahrung gefunden haben. Zu dieser Zeit ging das «weiße Schiff» unter und mit ihm die Söhne und Thronerben Heinrichs I., die Prinzen William und Richard. Somit waren der sechsundsechzigjährige Robert und sein Sohn (er war neunzehn Jahre alt) die einzigen direkten und rechtmäßigen Abkömmlinge von Wilhelm dem Eroberer. Aber das Mißgeschick Roberts blieb weiter sein treuer Gefährte. Acht Jahre nach der Zerstörung des «weißen Schiffes» träumte er von einer Lanze, die ihm den rechten Arm durchbohrte. Nach dem Erwachen teilte er seinen Ge-

Trulli bei den Feldern von Fasano

fängniswärtern mit: «Welches Unglück! Mein Sohn ist tot!» Dies stellte sich als wahr heraus. Nicht lange danach wurde bekannt, daß der «Clito» sich im Verlauf eines belanglosen Scharmützels in Flandern eine Wunde an der Hand zugezogen hatte, die sich jedoch entzündete, eine Sepsis brachte und zum Tode führte. So starb im sechsundzwanzigsten Jahr seines Lebens der einzige Sohn von Sibylla von Conversano und Robert Curthose, einziger überlebender und legitimer Enkel des Eroberers.

Ich glaubte nicht, daß in Conversano auch nur ein einziger Mensch etwas von diesen Dingen wußte, aber ich irrte mich. Dem Historiker am Ort waren die Verästelungen der Familie vertraut.

«Es ist hier durchaus bekannt, daß die Tochter von Gottfried den König von England geheiratet hat», betonte er.

Welch eine Ironie! Und ich versuchte nicht, ihn zu korrigieren. Später stellte ich dann fest, daß jene wenigen, die sich mit derlei überhaupt abgeben, häufig überzeugt sind, Robert habe tatsächlich den englischen Thron bestiegen.

Ich gelangte wieder zur Via Appia und erreichte nach einigen Kilometern die Ruinen einer römischen Siedlung, deren Straßenbänder und Hausfundamente sich über mehrere Morgen Land hinzogen, ehe sie in den Wölbungen eines Abhangs verschwanden. Auf der Hauptstraße blühte der Mohn. Dies war einmal Egnatia, bekannt nur deshalb, weil es kurz von Horaz erwähnt wurde, der hier zum letzten Male vor Brundusium auf seiner Reise mit Maecenas Aufenthalt machte. Hier war es, wo sich der Dichter über das Wunder des Ortes lustig machte (eine von Plinius dagegen sehr ernst und feierlich geschilderte Erscheinung: einen Altar, auf dem Weihrauch ohne Feuer brannte). Es nimmt wunder, daß Horaz sich dermaßen erregt haben soll. Eine ähnliche unterirdisch glühende Altaranlage gehörte doch auch zu den Erfindungen des Hero von Alexandria. Vielleicht aber wollte Horaz sich nur nicht beeindruckt zeigen.

2

Ein ungewohntes und zugleich höchst anziehendes Bild auf dem Wege nach Brindisi sind die in Wingerten und Olivenhainen verstreuten runden Steinhäuser mit ihren kegelförmigen Dächern aus Kalksteinschindeln, die ohne Mörtel zusammengefügt worden sind. Sie heißen Trulli. Ihre Vorgeschichte wie auch die Herkunft ihres Namens liegen im dunkeln. Der erste am Wege stehende Trulli ist wahrscheinlich ein Werkzeugschuppen, in dem die Winzer ihre Leitern und Schiebekarren unterstellen. Wer jedoch weiter ins Land der Trulli vordringt, begegnet ganzen Siedlungen runder Wohnhäuser, ein jedes mit seinem Kegeldach aus zusammengeschobenem Kalkstein. Es ist ein sehr sonderbares Bild. Man möchte meinen, afrikanische Eingeborenendörfer hätten sich hierher verirrt.

Auf die Metropole dieser Trulli treffen wir in Alberobello. Hier stehen etwa zweitausend solcher Häuser. Es gibt regelrechte Straßenzüge. Man kann sich mit den freundlichen Bewohnern unterhalten, die den Fremden bereitwillig zur Besichtigung einladen. Die Mehrzahl der Häuser zeigt den Rundbau; die wichtigen Gebäude indessen sind rechteckig, wiewohl auch bei ihnen das Dach eine konische Form behält. Anfangs mag solch ein Haus nur ein einziges Zimmer haben, dann aber wächst die

Familie, der Besitzer kommt vielleicht zu Geld, und so wird das Haus durch den Anbau eines weiteren erweitert. Gelegentlich trifft man auf einen Komplex von fünf oder sechs aneinander gedrängten und miteinander verbundenen Trulli, wobei jedoch jeder einzelne das charakteristische Kegeldach aufweist. Der Trullo sovrano kann sich das größte und aufwendigste Gebäude dieser besonderen Art nennen: er ist zweistöckig.

Natürlich wird Alberobello von den Künstlern und den Fotografen heimgesucht. Man erzählte mir von einem Kanadier, der mit seiner ganzen Familie kam, um festzustellen, ob diese bizarrste aller italienischen Siedlungen wirklich existierte oder ob er damals, bei der Landung der Alliierten, da er Alberobello bei Mondschein erblickte, einer Sinnestäuschung erlegen sei. Der Mann besaß mein Mitgefühl. Denn dieses Städtchen hat etwas Unwirkliches, das an der eigenen Wahrnehmungskraft zweifeln läßt.

Sehr sauber und kühl waren die meisten Trulli, die ich betrat. Manche quollen über von Hausrat, und bei vielen waren die Betten in Alkoven gerückt worden. Die Wandstärke erreicht häufig anderthalb Meter, die Fenster hingegen sind gerade so groß wie ein Stück Schreibpapier und lassen nur einen kleinen Schimmer des Tageslichts herein. In einigen größeren fand ich auch separate Schlafzimmer mit dem den Raum fast ausfüllenden Familienbett. In einem Haus lud mich der Besitzer auf ein Glas Wein, und ich nahm dankend an. Er hob eine Steinplatte vom Boden auf, und ich sah darunter zu meinem Erstaunen den Weinkeller, genauer ausgedrückt: einen mit Wein gefüllten Betontank. Der Mann ließ einen Gummischlauch hinab, durch den der Wein nach dem Prinzip des Hebers in einen Krug lief, ein dunkler, roter und vollmundiger Wein von leichter Süße. Hier in der Trulli-Zone wüchsen einige der apulischen Spitzenweine, erzählte man mir. Sie werden meist von den Weinhändlern zum Verschnitt aufgekauft. Ich kostete auch ein mit Mandeln, Rosinen und kandierten Früchten zubereitetes Gebäck, das *pan pepeta,* oder Gewürzbrot, das mir auf byzantinische Herkunft hinzuweisen schien.

3

Müde vom vielen Wandern durch Brindisi, hielt ich nach einem Lokal Ausschau, wo ich essen konnte. Ich stand auf dem berühmtesten Punkt der Stadt: auf der herrlichen Treppe, wo sich die hohe römische Säule erhebt, die das Ende der Via Appia bezeichnet. Heute wie vor Jahrhunderten überblickt sie den Hafen, dieses gelungene Werk der Natur. Durch einen schmalen Eingang einfließend bildet das Meer zur Linken und Rechten der Stadt zwei Buchten, in denen Schiffe auch bei Sturm Schutz finden.

Der Tag war warm. Enzianblau strahlten Himmel und Meer. Ich stieg die Treppen hinab und ging am Westarm des Hafens entlang in Richtung auf das Kastell, das von Friedrich II. errichtet und von den späteren Bewohnern ausgebaut worden war. Hier, fast am Rande der Kaimauer, fand ich eine bescheidene Trattoria. Die Tische waren ins Freie, in den Schatten einer Pergola getrockneter Palmzweige, gerückt worden. Der Wirt, ein stämmiger Mann im Trikothemd der Fischersleute, empfahl mir seine *cozze alla marinara*, Muscheln, von denen ich in den vergangenen Tagen so oft und viel hatte kosten müssen, daß ich diesmal zögerte und ablehnen wollte, was den Mann augenblicklich veranlaßte, einen Jungen herbeizurufen, der gerade mit einem Eimer über den Kai lief. Ich blickte in den Eimer und sah schöne große Muscheln im Salzwasser liegen, frisch aus der Adria. Ich gab mich geschlagen.

Es war angenehm, hier bei einem Glas Weißwein zu sitzen und aus dem Schatten der Palmen hinaus in die heiße, weißflimmernde Welt zu blicken. Durch den Eingangskanal zum Hafen schob sich eine Yacht, Kinder planschten im klaren grünen Wasser, und vom gegenüberliegenden Ufer, auf dem sich das unproportionierte große Schiffsruder, ein Zeugnis faschistischer Architektur, erhob, glitt eine Fähre herüber. Dieses als Turm konstruierte Monument entsprach in seiner Höhe wohl der Nelson-Säule auf dem Trafalgarsquare. Man berichtete mir von einem Aufzug, der zur Spitze fahre, von wo man eine einmalige Aussicht genießen könne, was ich gern glaubte. Gen Osten geht der Blick hinüber zum Außenhafen, der vor der Wucht des Sturmes und des Meeres durch das vorgelagerte Eiland S. Andrea und die kleineren Petague-Inseln geschützt wird.

Als schließlich die *cozze* auf meinem Tisch landeten, zeigte sich, daß sie wirklich, wie vom Wirt prophezeit, der Mühe des Wartens wert gewesen waren. Inzwischen hatte das Lokal durch das Erscheinen eines Afrikaners mit Frau und Kind einen Hauch von Exotik bekommen. Der Vater stellte seinen kleinen Sambo, einen etwa dreijährigen, mit großen Augen um sich blickenden Jungen, auf den Tisch und ließ ihn hingebungsvoll am Daumen lutschen. Für mich waren es die ersten Afrikaner, denen ich in Süditalien begegnete. Welcher Zufall mochte sie gerade nach Brindisi gebracht haben? Nein, es gelang mir nicht, sie irgendwie einzuordnen. Da saßen sie, isoliert, ein Stück Afrika, und das Palmblätterdach über ihren Köpfen rundete die Vorstellung von einer Momentaufnahme aus dem häuslichen Alltag in ihrer Heimat ab.

Da sie sich nur eine Flasche Orangeade bestellt hatten, aus der sie einander abwechselnd mit dem Strohhalm tranken, nahm ich an, sie seien knapp bei Kasse oder überhaupt abgebrannt hier gestrandet. Schon überlegte ich mir, ob ich ihnen wohl in irgendeiner Weise helfen konnte. Wie überrascht aber war ich, als der Kellner kam und auf ihrem Tisch Vorspeisen und riesige Spaghettiberge ablud. Hatte ich erwartet, sie würden sich wie Ausgehungerte über das Essen stürzen, so täuschte ich mich abermals. Wählerisch kosteten sie einen Bissen von diesem, einen Bissen von jenem, dann schoben sie die Teller zurück. Dem folgenden Gang, einem Fleischgericht, wurde die gleiche unliebenswürdige Behandlung zuteil. Das Obst – Apfelsinen, Kirschen und Bananen – wurde nicht einmal angerührt.

Ich verließ das Lokal und erging mich am Kai, wo mir als erstes ein englischer Wagen vornehmer Marke auffiel, der freilich geringfügig von der mir sonst bekannten äußeren Gestalt abwich. Es schien sich wohl um ein neues Modell zu handeln. Während ich ihn mir noch genauer ansah, vernahm ich dicht neben mir plötzlich eine tiefe, mit ihrem samtenen Schmelz fast ein wenig an «Ole Man River» erinnernde, freundlich-vergnügte Stimme:

«Gefällt Ihnen mein Wagen?»

Der Afrikaner war mir aus der Trattoria nachgefolgt. «Ich habe ihn mir extra mit Linkssteuerung und mit Ballonreifen für unsere Straßen zu Hause ausstatten lassen.»

Ich beglückwünschte ihn zu diesem Gefährt. (Und diesen Mann hatte ich für hilfsbedürftig gehalten!) Er sprach fließend das Englisch der gebildeten Kreise, und dennoch klang es afrikanisch. Er holte seine Brieftasche hervor, öffnete sie und suchte nach einer Visitenkarte. Mein Blick fiel auf Geldscheine – es war mehr, als die meisten Leute mit sich herumtragen. Ich überlegte, ob ich hier wohl den König oder den Finanzminister eines afrikanischen Staates vor mir hatte. Aber ich irrte mich. Die Visitenkarte trug seinen Namen und die Heimatadresse in Afrika. Und in einer Ecke fand ich die Worte «Heuschrecken-Kontrollbehörde».

Meine Bemerkung, er sei hier wohl etwas abseits der Heuschrecken-Route, schien ihn etwas aus der Fassung zu bringen. Wahrscheinlich hatte ich ihn beleidigt, da er mich abrupt um die Rückgabe der Karte bat. Wieder irrte ich mich. Er nahm die Karte und reichte mir eine andere, auf der ich nun an Stelle der Worte «Heuschrecken-Kontrolle» den Vermerk «Verwaltungsbehörde» las. Er erzählte mir, daß er gerade einen Halbjahreskursus in Verwaltungstechnik an der Universität von Manchester absolviert habe und mit der Autofähre über Griechenland in die Heimat zurückfahren wolle. Und dann ließ er eine für mich unvergeßliche Bemerkung fallen:

«Griechenland gilt als unterentwickeltes Land.»

Der Geist der Antike spukt noch in Brindisi, nicht weniger übrigens als im Namen der Stadt, in dem sich die alte Form Brundisium verbirgt. Die alte Verbindung des einst bedeutendsten römischen Hafens mit Griechenland und dem Orient scheint allen Zeitläuften standgehalten zu haben. Auf dem Corso Garibaldi sah ich, in Abständen von nur wenigen Schritten, Ladenschilder mit griechischen Inschriften.

Der Schiffsverkehr nach Griechenland ist heute ebenso lebhaft wie zur Zeit der Cäsaren. Vom März bis in den Oktober verkehren zwei mit Klimaanlagen ausgestattete Autofähren zwischen Brindisi, Korfu und Patras, deren eine mehr als siebenhundert Passagiere und hundert Kraftfahrzeuge faßt. Die andere ist etwas größer. Man kann sich vorstellen, wie interessiert die römischen Techniker an solchen Autofähren gewesen wären! Ich sah zu, wie eines dieser Schiffe, die «Egnatia», anlegte und die Passagiere samt Fahrzeugen an Land kamen. Dabei mußte ich an einen kranken Mann denken, der neunzehn Jahre vor Christi Geburt nach Griechenlandreisen an ziemlich dem gleichen Ort an Land gebracht wurde und nach wenigen Tagen starb. Es war Vergil, der Dichter. Er wurde nur einundfünfzig Jahre alt.

Der Name des Schiffes, Egnatia, beschwor die Erinnerung an die alte Kreuzfahrerroute von den Häfen der adriatischen Küste hinüber nach Dyrrhachium, dem heutigen Durres in Albanien, wo die Kreuzritter auf die nach Konstantinopel weiterführende Via Egnatia stießen. Robert von der Normandie entschied sich für Brindisi als Ausschiffungshafen, verlustierte sich dort jedoch derart lange, daß viele seiner Rittersleute kampfesunlustig wurden und desertierten. Im Frühjahr schließlich brachte er die

Brindisi; Kapitell-Skulptur der Kirche S. Benedetto

Truppen an Bord, doch sank die erste Galeere schon während der Fahrt durch den Außenhafen, wobei vierhundert Menschen, zahlreiche Pferde, Maultiere und Geldkassetten verlorengingen. Mit Genugtuung wurde berichtet, alle bei Brindisi angeschwemmten Toten seien wundersamerweise auf den Schulterblättern mit dem Mal des Kreuzes gezeichnet gewesen, was all diejenigen beruhigte, die ihren Kreuzzug eigentlich schon aufgeben wollten.

Mein Weg führte mich zu zwei ansehnlichen Stätten aus der Kreuzfahrerzeit, nämlich zu der von den Templern errichteten schönen Johanneskirche, einem Rundbau, und zu einem prächtigen alten Brunnen, wo die Kreuzritter, der örtlichen Überlieferung zufolge, vor der Einschiffung ihre Pferde tränkten. Hier ergießt sich das Wasser aus Maskenspeiern in einer lang verlaufenden Mauerwand, die zu beiden Enden von einem an muselmanische Weihestätten erinnernden Kuppelwerk begrenzt wird.

In den noch vor vierzig oder fünfzig Jahren erschienenen Veröffentlichungen wird Brindisi als ein schmutziger sterbender Ort beschrieben. Auf die lebensprühende Stadt unserer Tage war ich demnach nicht vorbereitet. Wie ich hörte, sind Aufblühen und Reichtum Brindisis auf die in jüngster Zeit hier errichteten gigantischen Werke der Chemie- und Ölindustrien zurückzuführen, die zu den größten Fabrikanlagen in Italien gehören, aber auch – wie ich meine – doch zu einem gewissen Grad auf die Beliebtheit Griechenlands als Ziel des Tourismus.

Ich fuhr weiter südwärts, hinab zum Stiefelabsatz Italiens, und meine Gedanken wanderten zurück zu dem anmutigen Hafen von Brindisi, der dem Ufer eines Sees nicht unähnlich ist. Ich erinnerte mich der griechischen Wortfetzen, die ich auf den Straßen gehört hatte, und des Afrikaners, der so gönnerhaft dem «unterentwickelten» Land Homers und Platos entgegenreiste. Ich dachte an die hohe Marmorsäule am Ende der Via Appia (einstmals waren es zwei Säulen), und die zu ihr hinaufführende Treppe blieb mir im Gedächtnis als eine der majestätischsten in ganz Italien – eine Treppe, die den Vergleich mit denen der Piazza di Spagna und des Quirinals in Rom nicht zu scheuen braucht.

4

Als ich mich Lecce näherte, spürte ich zum ersten Male die Gluthitze des Sommers. Unbarmherzig brannte die Junisonne auf die steinige Erde. Weingärten und Tabakfelder wechselten einander in der glühenden Landschaft ab, und außer den auf Steinmauern liegenden Eidechsen war nirgendwo Leben zu erblicken. Aus den Olivenhainen und Rebenhecken ertönte unentwegt das Zirpen der Zikaden, das Lied eines heißen Nachmittags. Lecce hielt Siesta. In einem großen altmodischen Hotel reichte mir der schläfrige Portier den Schlüssel zu einem Zimmer mit Bad, und erleichtert ging ich durch die halbdunkle Halle.

Aus dem Kaltwasserhahn ergoß sich ein Strom von torfbraunem Wasser. Ich ließ die Wanne vollaufen, gleichgültig, ob das Wasser nun Rost enthielt oder nicht, legte mich hinein und spürte, wie meine Körpertemperatur nach und nach sank. Später saß ich im Zimmer und genoß die Dunkelheit. Einer der vielen Vorzüge eines altmodischen Hotels liegt in der allen Dingen mitgegebenen Großzügigkeit: das Bett ist breit und lang, das Zimmer hoch, die Badewanne wurde nicht für einen Zwerg gebaut, und das Badetuch ist nicht etwa ein elender Fetzen Leinen, sondern ein Umhang von fürstlichen Ausmaßen.

Abgekühlt und wieder angekleidet machte ich einen Streifzug durchs Hotel und entdeckte dabei in einem Korridor eine faszinierende Serie englischer Drucke über das Reisen, die diesmal jedoch nicht den Vierspänner zeigten, sondern die ersten «Dampfwagen» Englands in den Jahren zwischen 1830 und 1840. Dies ist sicherlich ein nur wenig bekanntes Kapitel aus der Geschichte der Personenbeförderung und des Reisens, denn diese mit vier Meilen Geschwindigkeit in der Stunde auf englischen Landstraßen dahinpuffenden seltsam aussehenden Ungetüme waren ein außergewöhnliches Experiment der mechanischen Zugkraft, das so plötzlich, wie es begonnen hatte, auch wieder verschwand, als die dafür finanziell einspringenden Firmen in Konkurs gingen. Da gab es den merkwürdigen Wagen des Mr. William Churd aus dem Jahre 1832, der von London nach Birmingham fuhr, das Modell des Mr. Walter Hancock mit dem verdächtigen Namen «Autopsy» von 1833, und aus demselben Jahr einen Dampfwagen (ein braungelbes Gefährt), in dem fünf Männer mit Zylinderhüten und ein furchtloses Frauenzimmer saßen, sowie andere, ebenso sehenswerte und ebenso zum traurigen Mißerfolg verurteilte geniale Zukunftsvisionen.

Die Sonne stand schon tief, aber immer noch brannte sie heiß und leuchtend, als ich zu meinem ersten Erkundungsgang in die Stadt aufbrach, die man sowohl «Athen von Apulien» als auch «Florenz des Barock» nennt. Diese freundlichen und gutgemeinten Komplimente besagen gleichwohl nur wenig. Als Handel und Gewerbe gegen Ausgang des siebzehnten und zu Beginn des achtzehnten Jahrhunderts einen ungewöhnlichen Aufschwung nahmen, ist Lecce im Stil der Zeit, dem früher so verachteten und heute hochgeschätzten Barock, neu erbaut worden. Die Stadt ist wirklich ein dekoratives Stück siebzehntes Jahrhundert. Historie wird neu erlebt. Um ihr jedoch ganz gerecht zu werden, müßte man durch die Straßen der Stadt reiten, die Feder am Hut und hinter sich Sancho Panza auf seinem Maulesel, anstatt sich zwischen Autos hindurchzuschlängeln. Ich witterte etwas Spanisches in Lecce: die ernste Würde der Menschen und ihre Förmlichkeit. Das Barock von Lecce ist nicht imposant zu nennen, sondern hält sich an die klassischen Vorbilder. Und nachdem ich den Dom, den bischöflichen Palast, mehrere Kirchen, einige Straßen mit schönen Balkonen, die vornehme Porta di Rugge und eine Anzahl prächtiger Paläste besichtigt hatte, konnte ich mich nicht des Eindrucks erwehren, daß die den klassischen Fassaden aufgesetzten und sie überziehenden exotischen Verzierungen von Bildhauerhand mehr mit den spätrömischen Tempeln in Syrien, zum Beispiel mit Baalbek, als mit den baulichen Extravaganzen verband, die in Rom unter jesuitischem Einfluß entstanden.

Nicht die phantasiereichen Arbeiten von Giuseppe Zimbalo und Cesare Penna jedoch sind es, die am eindrucksvollsten in die Vorstellungswelt ferner Epochen führen; dies ist vielmehr ein riesiges Loch auf der großen Piazza, in dessen Rund sich ein zur Hälfte erhaltenes Amphitheater kauert, das aus Roms größter Zeit, vermutlich der Regierungszeit des Hadrian, stammt. Auf der nahebei aufragenden hohen Säule – sie ist der Zwilling der Säule von Brindisi und wurde, nachdem sie umgestürzt war, von der Stadt Lecce erworben – steht der Schutzpatron, der heilige Oronzo im Bischofsornat. Seine Hand ist erhoben. Ob dies eine Gebärde des Segens, der Kümmernis über die Enthüllungen zu seinen Füßen ist, weiß wohl niemand zu sagen.

Zweifellos muß es in Lecce Aufregungen gegeben haben, als zu Beginn dieses Jahrhunderts mitten im Herzen der Stadt dieser außergewöhnliche Eindringling aus ferner Vergangenheit entdeckt worden ist. Das Amphitheater faszinierte mich. Wer will, kann darin umhergehen und wie das Publikum vor achtzehnhundert Jahren zu den im Halbkreis angeordneten Sitzen emporsteigen. Die Kinder aus Lecce spielen Fangen zwischen den Bogen und Gewölben. Nicht anders dürften es die jungen Römer an den vorstellungsfreien Tagen gemacht haben. Am Himmel flogen die Mauersegler, sie tauchten nieder und schwangen sich wieder empor. Ihre Rufe erfüllten die Luft mit schrillem, die Geräusche des Abends übertönendem Lärm. Es klang wie ferner Applaus.

Für seine Größe bietet Lecce viele Cafés und Bars. Ich kehrte in einem Lokal in der Nähe des Amphitheaters ein. Während ich dort saß, sann ich über die erstaunliche Tatsache nach, daß in diesem Lecce, von dessen römischer Vergangenheit so wenig bekannt ist, in unseren Tagen plötzlich ein Amphitheater zum Vorschein kommt, in dem gut und gerne fünfundzwanzigtausend Personen Platz nehmen können. Unaufdringlich näherte sich mir ein alter Mann und bot mir frische Mandeln zum Kauf. Ich erstand eine kleine Tüte. Die Mandeln waren ziemlich geschmacklos.

Eine ungewöhnliche Eleganz zeichnete die Geschäfte der Stadt aus. Zu den von der heimischen Industrie gefertigten Waren gehörten, wie ich überrascht feststellte, Dekorationsartikel und Gegenstände aus Papiermaché. Wie die meisten süditalienischen Städte, bemüht sich auch Lecce um die Ansiedlung neuer Industrien und ist bereits Sitz einer staatlichen Tabakmanufaktur geworden. Der Markt macht deutlich, daß der Wohlstand der Stadt auf der Landwirtschaft beruht. Im Schatten eines schönen Schlosses, das von Karl V. erbaut wurde und vielleicht einen kleinen Fingerzeig auf die Verwandtschaft mit Spanien gibt, versammelten sich die Bauern. Es war ein malerisches Bild. Die Stadt beherbergt die Salentinische Akademie der Schönen Künste, eine Dante-Gesellschaft, ein Studienzentrum, ja, es hat sogar einen Rotary-Club und auch den Lionsklub. Gerechterweise seien hier auch noch elf große Tankstellen und Reparaturwerkstätten aufgeführt.

Es war tiefe Nacht, als mich ein Warnsignal meines Unterbewußtseins weckte. Ich wurde von Moskitos angegriffen, die ich mehr noch als Schlangen und Vampire fürchte. Ich knipste das Licht an. Die Uhr zeigte die zweite Tagesstunde. An den Wänden lauerten die Feinde, aber es waren keine Moskitos, sondern Schnaken von erschreckender Größe. Ich ging mit einer zusammengerollten Zeitung auf sie los und entdeckte dabei an den Wänden die Schmierspuren ähnlicher Kämpfe meiner Zimmervorgänger. Der Raum lag zwar im ersten Stock, doch befand sich außerhalb meines Fensters eine Art Dachgarten, auf dem Dutzende von eingetopften Geranien und Oleanderbäume blühten. Über diesen Anblick war ich tags zuvor noch entzückt gewesen! Wahrscheinlich aber bot gerade diese Anlage meinen Gegnern günstigen Hinterhalt. Ich schloß das Fenster. Die Temperatur im Zimmer stieg. Es wurde unangenehm stickig. An Schlaf war nicht mehr zu denken, und also verbrachte ich die frühen Stunden im ständigen Gefecht. Endlich zog der langersehnte Morgen herauf, es wurde hell. So also büßte ich für die Nichtbeachtung eines der ersten Gebote auf der Reise: Wer die Schreie der über einer Stadt dahinjagenden Mauersegler vernimmt, versorge sich unverzüglich mit einer Flitspritze.

Das Museum von Lecce ist im schönen Palast des Gouverneurs untergebracht, was nicht unbedingt günstig ist. Dennoch ist es möglich, aus der großen Ansammlung von Urnen und Vasen, lateinischen und griechischen Inschriften und geheimnisvollen Marmormasken deutliche Eindrücke zu gewinnen und mit nach Hause zu nehmen. Eine kleine hauchdünne Schale, die ein attischer Künstler vor wohl fünfhundert Jahren vor Christi Geburt gearbeitet hat, würde ich sicherlich gern jeden Tag erneut betrachten. Die in schwarzer Farbe auf rotem Untergrund ausgeführte Dekoration zeigte listige Satyrn und aufgeschreckte Faune mit langen Hälsen. Auf einer größeren Vase besticht Polineikes gerade die Eriphyle mit dem berühmten Halsband der Harmonia. Verführerisch hält er das in seiner ganzen Länge herabfallende und jeden einzelnen zaubrischen Stein aufleuchten lassende Geschmeide hoch, und sie wendet sich ihm zu, begierig, das Band um den Hals schlingen und die schwindende Jugend wiedergewinnen zu können.

Das Museum trug den Namen seines Gründers, des Herzogs Sigismundo Castromediano. Wer die berühmte Arbeit von Trevelyan über das Risorgimento kennt, wird sich daran erinnern, daß dieser Herzog zu den drei Adeligen gehörte, die von der neapolitanischen Regierung wegen ihrer liberalen Haltung schwer bestraft wurden. Gladstone, der damals in Neapel weilte, ging nicht nur zu den Gerichtsverhandlungen, sondern besichtigte auch die Gefängnisse in Neapel und sammelte dabei das Material für seine folgenreichen Attacken gegen die bourbonische Monarchie. Ihr Prestige sank danach in den Augen Europas. Als der Herzog von Castromediano schließlich nach England fliehen konnte, war es nur zu natürlich, daß er als erstes Gladstone aufsuchte. Und wie der Zufall so spielt, las der Premier in diesem Augenblick, da der Herzog bei ihm erschien, gerade dessen abgedruckten Bericht über seine Haft.

Janet Ross berichtete darüber in ihrem Buch *Land of Manfred.* Während ihres Aufenthaltes in Lecce im Jahre 1888 zeigte ihr der Herzog sein Museum und schilderte ihr das Leben in grauenerregenden Kerkern, wo er, mit dem Bein an einen der verworfensten Verbrecher gekettet, seine Tage verbracht hatte. Manchmal holten sie beim Graben im Boden des Gefängnisses menschliche Gebeine hervor. Der Herzog ist fast mittellos im kleinsten Zimmer seines außerhalb von Lecce gelegenen Schlosses Cavallino gestorben. Auf den Sarg wurden ihm die Kette eines Galeerensklaven und die von neapolitanischen Häftlingen getragene rote Jacke gelegt. Denn dies waren, wie er stets zu sagen pflegte, seine Auszeichnungen gewesen. Seine in Lecce veröffentlichten Bücher *Memorie* und *Carceri e Galere politiche* gehören zu den klassischen Berichten über den Kampf um die Einheit Italiens.

5

Ich fuhr im Sonnenlicht südwärts zur Küste bei Otranto und merkte plötzlich, daß es nicht die hochsommerliche Hitze war, die mich umgab. Es war der *sirocco*, jener trockene und böse Wüstenwind, der auf Magen und Leber schlägt und die Menschen reizbar und streitsüchtig macht. Er weht von den Steppen und Sandwüsten Nordafrikas herüber, wo er unter dem Namen *khamsin* ebenso verhaßt ist.

Zur Provinz Lecce gehört das als Stiefelabsatz von Italien bekannte Gebiet, das allerdings zutreffender als Salentinische Halbinsel bezeichnet wird. Die eine Seite grenzt an die Adria, das Ufer der anderen wird vom Ionischen Meer benetzt, und hier gibt es wohl kaum einen Ort, den von der einen oder der anderen See mehr als dreißig Kilometer Entfernung trennen. Es ist eine jener Gegenden von Italien, in denen sich alte Traditionen und Gebräuche vorchristlicher Zeiten gehalten haben sollen, und in vielen Reiseführern findet sich die Behauptung, manche Bewohner sprächen heute noch griechisch wie zu Zeiten der einstigen Magna Graeca. Wahrscheinlich dürfte es sich hier jedoch um die Nachkommen griechisch sprechender Albanier handeln, die vor einigen Jahrhunderten in Süditalien einwanderten.

Ich fuhr durch Städtchen und Dörfer, die voneinander durch wenige Kilometer steiniger Ländereien getrennt waren, auf denen Wein wuchs und Olivenbäume von gewaltigem Umfang silbern in der Hitze flimmerten. In Kürze erreichte ich die Küste bei Otranto. Mein Blick fiel auf ein am Rand dunkelgrünen Wassers stehendes altes Kastell mit vollständig erhaltener Bastei. In der Nähe zog sich ein Geflecht alter Gassen einen Berg hinan, auf dessen Anhöhe ich den Dachfirst einer großen Kathedrale erspähte. Einige Meter von mir entfernt sah ich Ferienhäuser und ein freundlich wirkendes Hotel. Gegenüber stand ein Restaurant, das über dem Meer wie auf einem Kai erbaut worden war.

Unter den vielen durch Kastelle verschönten Orten Italiens zeichnet sich Otranto dadurch aus, daß es den Anstoß zu dem vielleicht beliebtesten Titel der englischen Romanliteratur gegeben hat. «Das Schloß von Otranto» von Horace Walpole gilt als Ahnherr aller «Thriller» oder Gruselgeschichten. Der gute Titel entschuldigt die Vermutung, er sei zuerst entstanden und das Buch danach geschrieben worden. Dies stimmt jedoch nicht. Walpole selbst berichtet, wie er sich nach einem heftigen Traumerlebnis ans Werk machte und in höchster Erregung wie rasend fast zwei Monate lang schrieb und nach Beendigung seines Romans erst nach einem Titel suchte. Er war niemals in Otranto gewesen. Er wußte nicht einmal, daß es dort ein Schloß gab, wie er Lady Craven gestand, die ihm eine Zeichnung des Schlosses schickte. «Als ich mit dem Buch fertig war», erzählte er, «suchte ich auf der Karte des Königreiches Neapel nach einem wohlklingenden Namen. Der Name Otranto besaß einen besonders guten Klang.»

Ich ging zum Schloß hinauf, in dem jetzt eine Schule untergebracht ist. Der Weg der Schüler führt unter einem großen Wappenschild des Kaisers Karl V. hindurch, das über dem Hauptportal eingemeißelt ist. Anschließend überqueren sie einen gepflasterten Hof. Ihre Klassenzimmer sind vermutlich einmal die Unterkünfte der Garnison gewesen. Hinter diesen Gebäuden entdeckte ich Treppen, die zu einem schönen Rundgang hinaufführen. Von hier aus, wo früher die Wachen Dienst taten, schweift der Blick über dieses schöne indigoblau und smaragdgrün leuchtende Meer und die weiße Küste. Ich sah auch in zarten, undeutlich verschwimmenden Linien die fernen Gebirge Albaniens an den jenseitigen Küsten der Adria.

Ich entschied mich für das über der See erbaute Restaurant. Dort beglückwünschte ich mich zu dem persönlichen Erfolg, die Wälle des Schlosses von Otranto umrundet zu haben. Wie schön sind die Farben im Süden Italiens! Als blickte ich durch mehrfache Schichten grünen Glases, sah ich die im Wasser sich hin und her bewegenden purpurnen Pflanzen, ein gelbes *sandolino* fuhr darüber, von einem Mädchen im roten Bikini gepaddelt.

Die Speisekarte bot *pesce spada*, Schwertfisch, an, den *xiphias gladius* der Antike. Er wird an den Südküsten Italiens seit den Tagen des alten Hellas und sicherlich auch schon länger gefangen. Der Kellner erzählte mir, daß man den Fisch nicht häufig bei Otranto finde. Dieser Schwertfisch erinnerte mich an ein Lachs-

Steak; er war auf beiden Seiten gegrillt worden und mit einer aromatischen Soße aus Olivenöl, Zitrone und Oregano bedeckt. Ich hatte damit gerechnet, daß er wie Thunfisch schmecken würde, aber sein Geschmack ähnelte mehr dem des Heilbutts, und ich nahm mir vor, ihn bei nächster Gelegenheit wieder zu bestellen.

In der Stadt wurden mir Kanonenkugeln gezeigt, wie ich sie noch nie gesehen hatte. Bei dieser Größe müssen sie mit Katapulten abgeschossen worden sein. Sie gemahnen an jenen Albtraum, unter dem Otranto noch heute leidet, nämlich dem fürchterlichen *sacco*. Die Einzelheiten dieses Ereignisses hörte ich von zwei alten Männern, und sie beschrieben sie so lebendig, als habe sich das Geschehen eine Woche zuvor ereignet und nicht schon im Jahre 1480.

Damals war Otranto ein geschäftiger Hafenort mit fünfundzwanzigtausend Einwohnern. Aber im August 1480 begann eine aus Rhodos vertriebene starke türkische Flotteneinheit mit der Beschießung der Stadt. Die Türken landeten, massakrierten die Einwohnerschaft und hißten die türkische Flagge. Die Eroberung von Otranto ließ ganz Europa erschauern; denn viele befürchteten, daß die Fahnen des Islam nun auch bald über dem Petersdom oder sogar über Notre-Dame wehen würden. Im folgenden Jahr jedoch starb Mohammed II. Unter den Erben kam es zu Streitigkeiten um die Thronfolge. In dieser Zeit zogen sich die Türken aus Otranto zurück. Doch die Stadt erholte sich niemals wirklich von dieser Katastrophe.

«Gehen Sie in den *duomo*, wenn Sie wissen wollen, wie wir der achthundert Märtyrer gedenken», wurde mir gesagt.

Die Kathedrale, größte Überraschung in Otranto, ist eine Basilika, deren Säulen im Inneren aus einem griechischen Tempel stammen. Sie hat sich seit ihrer Einweihung 1088 sicher kaum verändert. Damals war auch Bohemund zugegen, berichtete mein Informant.

«Bohemund, der Kreuzfahrer?» fragte ich.

«Ja, der Sohn von Robert Guiscard. Die Stadt war sein Lehen – sein *feudo*.» Dieser normannische Ausdruck ist gewiß nur in Süditalien zu hören.

Die Kathedrale von Otranto hat als einzige aller italienischen

Kirchen noch einen normannischen Mosaikfußboden, der vom Westportal bis zum Altar führt und sich in der Apsis fortsetzt. Ich hatte das Gefühl, auf einem Teppich aus Bayeux zu gehen. Von einem Priester erfuhr ich, daß dies das Werk eines Mönches namens Pantaleone gewesen und im Jahre 1166, dem Todesjahr von Wilhelm I. von Sizilien, fertiggestellt worden war. Das Bodenmuster wirkt dekorativ, wenn auch unfertig, doch vermittelt es einen Einblick in die geistige Welt eines Menschen, der in dem von normannischen, arabischen und byzantinischen Einflüssen geprägten Süden Italiens geboren und aufgewachsen ist. Das Muster beginnt am westlichen Ende des Langhauses mit drei «Lebensbäumen», in deren Zweigen sich eine bunte Gesellschaft von Männern, Frauen und Tieren versammelt. Adam und Eva werden aus dem Paradies vertrieben, Noah baut an seiner Arche, Kain und Abel sind zu erkennen. Noch interessanter allerdings sind die Bilder aus dem säkularen Bereich. Die mit der Historie der Tafelrunde König Arthurs Vertrauten mag es überraschen, daß auch Pantaleone dieses Thema gekannt und seinem Boden das Bild eines berittenen bartlosen «Rex Arturus» von normannischem Aussehen einverleibt hat. Die mythischen Tierfiguren und Tierkreiszeichen hätten Kopien byzantinischer Stoffdekorationen sein können.

Der Priester führte mich in eine Seitenkapelle, in deren Wände mit Doppeltüren verschlossene Schränke eingelassen worden waren. Er öffnete eine, und ich blickte durch Glas hindurch auf einige Hunderte von Schädeln. Er öffnete einen zweiten Schrank, dann einen dritten.

«Die achthundert Märtyrer von Otranto!» sagte er.

Er beschäftigte sich mit der Geschichte von Otranto. Da der Ort die dem griechischen Ufer am nächsten liegende Stelle Italiens ist, wurden in der Römerzeit von hier aus die kürzesten Schiffsreisen zwischen den beiden Ländern unternommen. Auch Cicero bevorzugte diese Route.

«Der alte Name der Stadt lautete Hydruntum», fuhr er fort, «und es mag Ihnen als ein bemerkenswertes Beispiel für konservatives Verhalten erscheinen, daß sich die paar tausend hier lebenden Einwohner bis zum heutigen Tage selbst noch als Idruntuni bezeichnen. Wußten Sie, daß seit 1964, nach einer

Pause von vielen Jahrhunderten, wieder regelmäßig eine Fähre zwischen Otranto und Griechenland verkehrt? Die Reise dauert nicht länger als drei Stunden. Man behauptet zwar überall, daß man am schnellsten von Brindisi nach Griechenland komme, aber das stimmt nicht.»

Ich versicherte, daß ich Otranto für eine der bezauberndsten kleinen Städte hielte, die ich bisher auf meinem Wege gesehen hatte, und gern einmal für einen ganzen Monat zurückkehren würde. Dies schien ihn zu freuen. Zum Abschied überreichte er mir die kolorierte Reproduktion einer Zeichnung älteren Datums. Dieses Bild zeigte die nackt zur Hinrichtung angetretene Bevölkerung von Otranto. Im Vordergrund der Szene lagen kopflose Menschenleiber in Blutlachen. Am Himmel kreisten drei Cherubine mit Märtyrerkronen in den Händen. Es war ein sehr seltsames Andenken an einen Ort, der mir immer als friedlich und heiter in Erinnerung bleiben wird.

6

Gut fünfzig Kilometer lang zog sich die Straße am Rand der Klippen entlang zum äußersten Punkt des italienischen Stiefelabsatzes, der *Finibus Terrae*. Die Wogen spülten über einsame Strände und schlugen gegen Klippenbuchten. Wo das Land sich weit ins Meer hinausschob, dröhnte es aus den Grotten. Ich machte einen Abstecher und fuhr in die Fischerdörfer hinab. Rosa- und blaugetüncht leuchteten die Häuser. Die wenigen Boote bargen sich im Schutz einer winzigen Mole. Dann ging es wieder hinauf und zurück zur Hauptstraße über dem Meer.

Auf halbem Wege zum Kap gelangte ich nach Santa Cesarea Terme, einem staatlichen Badeort. Hier wird heißes Schwefelwasser aus den Grotten gepumpt. Die mit Flachdächern versehenen blendendweißen Häuser stehen in Reihen übereinander auf den Bergen. Ein arabisch aussehender Palast verstärkt den an Marokko erinnernden Gesamteindruck der Ortschaft. Sie ist eine anziehende Umgebung für eine Kur gegen Gicht. Leider war die Quelle geschlossen. Und so konnte ich weder das Schwefelwasser kosten noch den Heilschlamm sehen.

Für diesen Verlust entschädigte man mich allerdings durch eine phantastische Geschichte, als ich mich nebenbei erkundigte, wer diese Santa Cesarea eigentlich gewesen sei. Zu einer nicht näher bezeichneten Zeit lebte in der Nähe des Ortes ein Mann namens Aloysius. Als seine innigst geliebte Frau plötzlich starb, war er so verzweifelt, daß er beschloß, seine einzige Tochter, das Ebenbild der teuren Verstorbenen, zu heiraten. Von solchem Vorhaben entsetzt, faßte die Maid den Entschluß, von zu Hause fortzulaufen. Eines Abends sagte sie dem Vater, daß sie ein Bad nehmen wolle. Sie band zwei Tauben an den Füßen zusammen und ließ sie am Ufer, im Wasser plätschernd, zurück. Dann floh sie in die Nacht hinaus. Am folgenden Morgen machte sich der Vater auf die Suche und entdeckte die Tochter einsam die Küste entlangwandernd. Als er sich ihr nähern wollte, stieg jedoch vom Meer dichter Nebel auf, der sie seinen Blicken verhüllte. Aloysius verirrte sich im Nebel und ertrank. Cesarea aber lief und lief, bis sich vor ihr plötzlich ein Felsen öffnete, aus dem himmlischer Lichtschein drang. Sie trat ein, hinter ihr schloß sich der Felsen wieder, und Cesarea stieg zum Himmel auf. Es wird erzählt, daß auch heute noch die vor dieser Küste auf See weilenden Fischer am Vorabend des Himmelfahrtstages das geöffnete Felsentor und den überirdischen Lichtschein sehen. Alljährlich wird in einer Kirche nahe der Grotte eine Messe gelesen.

Bergauf und bergab führte die Straße zum Stiefelabsatz von Italien, dem Kap S. Maria di Leuca oder auch *S. Maria di Finibus Terrae*. Mir fiel auf, daß ein kurzes Stück lang fast alle Häuser mit einem besonderen Rot getüncht worden waren, das genau jener Tönung entsprach, die sich im Faltenwurf vieler griechischer Terracotta-Figuren im Museum von Bari erhalten hat. Niemals zuvor hatte ich Hauswände von dieser Farbe gesehen, die übrigens nicht sehr anziehend wirkte. Kurz darauf fuhr ich zum südöstlichsten Punkt der italienischen Halbinsel hinab, dem Kap S. Maria die Leuce, dessen Namen (griechisch *akra leuca*) von den weißen Kalkfelsen herrührt, die sich bis zu einer Höhe von sechzig Metern über jener Stelle erheben, an der Adria und Ionisches Meer zusammentreffen. Dieses Kap ist früher allen Seefahrern auf dem Weg von und nach Sizilien und den Städten der Magna Graeca unter dem Namen *Iapygium*

Promontoium wohlvertraut gewesen. An seinem höchsten Punkt stand das antike Gegenstück zu einem modernen Leuchtturm, nämlich ein Tempel der Minerva. Auf dem Gipfel des in Terrassen zum Meer sich hinabsenkenden Landes steht heute eine hohe Säule mit einer Statue der Jungfrau Maria. Nicht weit entfernt davon – dort, wo einst der Tempel war – erhebt sich die Kirche S. Maria de Finibus («Heilige Maria von den Enden der Erde»). Der Altar soll noch aus dem Tempel der Göttin stammen.

Seit Bari war ich in südlicher Richtung gefahren, jetzt aber ging es nach Norden, um Finibus Terrae herum, dessen Küsten von den Wassern des Ionischen Meeres umspült werden. Doch welche Enttäuschung! Ich vermißte im Golf von Tarent das farbige Funkeln, das ich bisher an den Küsten gesehen hatte. Vielleicht war es das flache, baumlose Ufer mit seinen beinernen Kalksteinhöckern und seinen kümmerlichen Fischerdörfern, das mich so melancholisch stimmte. Vielleicht aber war es auch der *sirocco*, der dies bewirkte, denn er schien an der ionischen Küste der Halbinsel stärker zu wehen als an der adriatischen. Dennoch freute ich mich, nach Gallipoli – Kallipolis, «der schönen Stadt» – zu kommen, die wie ihre Namensschwester an den Dardanellen viele Jahrhunderte vor der Zeitenwende gegründet worden ist. Beim Einfahren in die Altstadt begegnete mir mitten auf der Straße ein Mann mit einem Prozessionskreuz. Er war mit der Kutte einer Brüderschaft bekleidet, die ihn ganz vermummte. Über den Kopf war eine Kapuze gezogen, durch deren Schlitze er spähte. Hinter dieser düsteren mittelalterlichen Erscheinung schritten einige ältere Nonnen, ihnen folgte ein klappriger Leichenwagen, den ein mageres Pferd zog, und schließlich kam der Priester mit einem Meßbuben gegangen, der das Weihrauchfaß schwenkte. Im Hintergrund leuchteten die weißen Häuser des alten Gallipoli im Licht der Abendsonne auf. Überirdisch blau erschien das die Stadt umfangende Meer.

Der unter Murat in Bari eingeführte Brauch, an die Altstadt ein neues Viertel anzubauen, hat das äußere Bild Süditaliens derart verändert, daß Reisende wie Ramage (1828) und Edward Lear (1847) es zweifellos nicht mehr wiedererkennen würden.

Dieser Prozeß hat sich seitdem durch Maßnahmen und Subventionen der Regierung nur noch beschleunigt. Daß jede alte Stadt im Süden Italiens eine brandneue Gefährtin haben muß, scheint zum anerkannten Grundsatz geworden zu sein. Diese neuen Städte sind fast immer nicht nur häßlich, sondern auch deprimierende Schulbeispiele der Mittelmäßigkeit. Eine segensreiche Wohltat bieten sie allerdings, die die alten Städte niemals gekannt hatten: nämlich zumindest ein ordentliches Hotel mit fließendem Wasser.

Wer sich versuchsweise einmal den von Reisenden früherer Tage geschilderten mittelalterlichen Verhältnissen aussetzen möchte, wird mit diesem Vorhaben nicht gerade in Gallipoli beginnen müssen. Der *Guida d'Italia del' Touring Club Italino* verzeichnet nicht ein einziges Hotel in der Altstadt, und nur eines in der Neustadt. In der an ein dicht besiedeltes Inselchen der venezianischen Lagune erinnernden Altstadt findet sich kaum ein Baum, aber keine venezianische Lagune ist jemals so blau gewesen wie das Meer bei Gallipoli und keine venezianische Insel so weiß und afrikaähnlich. Und Venedig besitzt nichts, was der mächtigen Festung der Angeviner mit ihren runden Bollwerken vergleichbar wäre, in deren gewaltigem Mauerwerk sich ein kleines Kino eingenistet hat.

Der Stolz der Stadt ist ein von Zeit und Witterung nahezu vernichteter griechischer Brunnen, ein Nymphaeum, das in der hellenistischen Epoche sehr beliebt war. Die Skulpturen der darauf abgebildeten Männer und Frauen sind einem griechischen Mythos entnommen, und vermutlich ist hier mit manchem Hammer in puritanischer Hand dem Zerstörungswerk der Zeit nachgeholfen und versucht worden, gewisse Details eines olympischen Gelages undeutlich zu machen. Dies ist freilich nicht ganz gelungen. Bei Mondlicht übertrifft die am Tage schon so deutliche Schönheit von Gallipoli alle Wirklichkeit. Dann gleicht Gallipoli einer verwunschenen, von nachtblauem murmelndem Meer umgebenen Stadt des Schweigens. So muß sie auch den Griechen erschienen sein – *kallipolis* – die schöne Stadt.

7

Auf dem Wege nach Tarent machte ich in Copertino Aufenthalt, einer kleinen Stadt, dem Geburtsort des fliegenden Heiligen Joseph. Ich hielt bei einem Brunnen, an dem gerade ein paar Mädchen ihre Wasserkrüge füllten, deren Form den griechischen Gefäßen glich. Auf der anderen Seite des Brunnens, ihm gegenüber, stand eine hübsche Statue des heiligen Joseph, die ihn im Habit der Franziskaner und mit ausgebreiteten Armen zeigte.

Joseph wurde im Jahre 1603 geboren. Der Vater, ein Schreiner, starb noch vor der Geburt des Kindes und ließ seine Witwe mittellos zurück, so daß der spätere Heilige das Licht der Welt in einem Stall erblickte. Joseph scheint schon in frühen Jahren imstande gewesen zu sein, auf besonders barocke und eindrucksvolle Art zu schweben. Er konnte sich angeblich in die Luft erheben und in der Kirche, aber auch in freier Luft umherfliegen. Die meisten von uns werden sich erinnern, vor allem als Kind Träume ähnlichen Inhalts gehabt zu haben: Erlebnisse, die nach der Psychologen Urteil eine ferne Erinnerung an abenteuerliche Unternehmungen während der Evolutionsphase als Halbaffe, der auf Bäumen lebte, sein sollen. Joseph vermochte solche Flüge allerdings im wachen Zustand zu unternehmen, sofern die solches ernsthaft Bezeugenden nicht unglaubwürdig gewesen sind.

Copertino machte mir den Eindruck eines seltsam stillen und verlassenen Städtchens, und ich begriff nicht ganz, weshalb es im italienischen Reiseführer als *simpatica cittadina* wurde. Ich fand die Josephskirche, die 1754, neunzig Jahre nach dem Tod des Heiligen und mehrere Jahre vor seiner Kanonisierung, erbaut worden ist. Einige Schritte entfernt entdeckte ich ein bescheidenes weißes Häuschen ohne Fenster, über dessen geöffneter Tür ein Schild *Casa Paterna* angebracht war. Ich trat ein. Es dauerte eine Weile, bis ich etwas erkennen konnte, denn das einzige Licht im Raum stammte von einigen Kerzenstummeln auf einem Holzbrett. Ich bemerkte eine Tafel mit dem Hinweis, daß hier im Jahre 1603 der heilige Joseph geboren wurde, und einen Glaskasten, in dem sich ein braunes Kleidungsstück befand, das ich für seinen Habit hielt. Nur selten wird man in Italien das Geburtshaus eines Heiligen in seinem ursprünglichen

Zustand antreffen, und sicherlich liegt es an den fehlenden Geldmitteln, daß diese Stätte bisher nicht mit kostbarem Marmor verkleidet worden ist.

In der Kirche öffnete der Priester einen Schrank der Sakristei und verkaufte mir die Lebensgeschichte des heiligen Joseph von P. Bonaventura M. Popolizio.

«Nein, der Heilige ist hier nicht bestattet», erwiderte er auf meine Frage. «Er ruht in der Kathedrale von Osimo in der Nähe von Loreto, wo er gestorben ist. Aber wir besitzen sein Herz. Sehen Sie, hier, unter dem Altar. Wir haben es 1953 zurückbekommen.» Die Hauptquelle für den Bericht, den Norman Douglas in sein Buch «Das alte Kalabrien» über das Leben und die Flüge des heiligen Joseph einflocht, ist die im Jahre 1853 erschienene Biographie von Giuseppe Ignazio Montanari, ein Werk, das auch in dem Band vermerkt ist, den ich in der Kirche erstand und der nahezu hundert Jahre später erschien. Keiner der beiden Autoren versucht die Tatsache zu verschleiern, daß auf Joseph zutraf, was wir heute zurückgeblieben oder geistig behindert nennen würden, oder – freundlicher ausgedrückt – infantil. Liturgie und Meditation versetzten den Heiligen in ekstatische Trance, dann ließ er einen Laut vernehmen, der als «lauter Aufschrei» oder «Oh!», zuweilen auch als «ein Geräusch wie Donner», beschrieben wird, hob sich vom Boden und flog in der Luft mit erstaunlichem Orientierungssinn umher, wobei er häufig einem unerreichbaren Wesen oder einem Porträt der Madonna andachtsvolle Ehrenbezeigungen erwies. Dieses Umherfliegen muß schon recht besorgniserregend und verwirrend gewesen sein. Viele Male wurde er wie ein übermütiger Kanarienvogel von seinen Oberen energisch zur Erde zurückbefohlen.

Wären diese Flüge nur auf unbekannte Kirchlein in entlegenen Gegenden beschränkt geblieben, hätte man die Berichte über seine Nichtachtung der Gesetze der Schwerkraft vielleicht für übertrieben halten können. Aber er flog auch in Rom, in Neapel und in anderen Städten vor den Augen gebildeter und ernst zu nehmender Menschen, einschließlich eines Papstes, Urban VIII. Es gibt Augenzeugenberichte über das Erstaunen, das er verursachte. Ein Mitglied einer erlauchten Versammlung wurde ohnmächtig vor Furcht, als Joseph über seinen Kopf hinwegflog.

Zuweilen nahm er auch einen Freund mit auf die Reise. Bei der Einkleidungsfeierlichkeit für einige Nonnen wurde er von der Schönheit dieser Zeremonie und dem Hymnus *Veni, sponsa Christi* derart überwältigt, daß er zum zelebrierenden Priester lief, ihn bei der Hand ergriff und mit ihm zur Decke der Kirche aufstieg. Bei einer anderen Gelegenheit rannte er zum Beichtvater des Klosters, und nun stiegen beide, Hand in Hand, vom Erdboden in die Höhe, wo sie in einem *violento ballo* ihre Kreise zogen. Der beachtlichste seiner Passagierflüge ereignete sich in Assisi. Nachdem Joseph wieder seinen üblichen Schrei «Oh!» ausgestoßen hatte, griff er einem gewissen Chevalier Baldasaare in den Haarschopf und zog ihn, zur großen Bewunderung der Zuschauer, in die Höhe. Als sie wieder auf der Erde landeten, behauptete der Chevalier, von ernsten Nervenschmerzen geheilt zu sein.

Der Großadmiral von Kastilien, der als neuer spanischer Botschafter am Heiligen Stuhl von Joseph gehört hatte, reiste 1645 mit seiner Gattin eigens nach Assisi, um diesen Mann kennenzulernen. Er unterhielt sich lange mit ihm in dessen Zelle und bemerkte hinterher zu seiner Frau: «Ich habe gerade einen zweiten heiligen Franz kennengelernt.» Sie wandte sich an den Prior, er möge Joseph in die Kirche bitten, damit auch sie ihn sehen könne.

Joseph wurde benachrichtigt. In dem Augenblick, da er die Kirche betrat, heftete er seine Blicke auf die Gestalt der Himmelsjungfrau hoch über dem Altar, ließ einen lauten Schrei hören und schwebte über die Köpfe der Anwesenden hinweg zur Statue und umarmte sie. Die Gemahlin des Admirals fiel in Ohnmacht.

Die Zeitgenossen wollten in Joseph eine auffallende Ähnlichkeit mit dem heiligen Franz wahrnehmen. Wie sein großer Vorgänger nannte er seinen Leib einen «Bruder Esel» und bekannte sich zur Gemeinschaft mit der Schöpfung, mit Pflanzen und Tieren. Eine heilige Klara fehlte jedoch in seinem Leben, bis er 1650 schließlich der Infantin von Savoyen, der Prinzessin Maria, begegnete, einer tief religiösen Frau und Angehörigen des Dritten Ordens der Franziskaner. Ihre Begegnung soll dem Zusammenklang von Zwillingsseelen geglichen haben. Die Prinzessin zog nach Perugia, um in seiner Nähe zu sein. Zu seinen übrigen

Freunden von Rang zählten Fürst Kasimir, der später König von Polen wurde und mit Joseph noch viele Jahre lang korrespondierte, sowie der Fürst Leopold von Toskana und der Herzog Friedrich von Braunschweig, der konvertierte, nachdem er Joseph hatte in die Luft gehen sehen.

Josephs Ruhm wuchs schließlich derart, daß er vor Bewunderern und zudringlichen Neugierigen geschützt und in die Klausur eingeschlossen werden mußte. Trotz seiner Hinfälligkeit und Krankheit erhob er sich am Tage vor seinem Tode noch einmal kurz in die Lüfte. Auf dem Sterbebett hörte man ihn flüstern: «Der kleine Esel macht sich auf den Weg und will den Berg besteigen. Der kleine Esel kann nicht weiter und läßt sein Fell zurück.» Er starb im Alter von sechzig Jahren und wurde in der Kathedrale von Osimo beigesetzt. Einhundertvier Jahre später wurde er heiliggesprochen.

8

Ich fuhr durch viele Salentiner Städtchen, von denen einige so klein waren, daß man sie hätte Dörfer nennen mögen, wäre nicht in den noch so winzigen und staubigen Flecken jener Ausgangspunkt romanischer Urbanität zu finden gewesen, die *piazza*. Am Morgen verlassen die Kleinbauern und Landarbeiter die Stadt, um bis zum Abend in den Wingerten und Olivenhainen zu arbeiten. Mag es auch nur eine romantische Illusion sein – allerorts in diesem Teil von Italien lassen sich griechische Gesichtszüge entdecken. Die Zeit scheint in dieser Landschaft stillezustehen. Unverändert rauschen in den Felsengrotten die Wasser des Ionischen Meeres, und die tiefe Stille der Olivenhaine, das Leben und Treiben in den Ortschaften, lassen die Vergangenheit greifbar nahe empfinden.

Auf der Weiterfahrt nach Taranto hielt ich in einem Ort, um die Kirche zu besichtigen. Als ich zum Wagen zurückging, hörte ich Musik, eine rasche Tanzmelodie, die von einer Geige und einer Gitarre gespielt wurde, zu denen sich noch eine Trommel und ein Tamburin zu gesellen schienen. In einer Seitenstraße entdeckte ich dann eine Menschenansammlung und – über die

Köpfe der Leute hinwegspähend – sah ich eine Frau, die mit geschlossenen Augen und seltsam entrückter Miene allein auf der Straße tanzte. Winkend schwang sie ein rotes Taschentuch, während sie sich überraschend anmutig im Kreise drehte. Ich staunte über den Ernst in den Mienen der Zuschauer. Niemand zeigte auch nur das geringste Lächeln; all das kam mir sehr seltsam vor. Ich fragte mich, ob die Tanzende vielleicht verrückt oder – so ungewöhnlich dies hierzulande auch sein mochte – betrunken war. Unschlüssig blickte ich in die Runde verschlossener Gesichter, wagte jedoch nicht, mit Fragen zudringlich zu werden und diese sichtlich ernste Zeremonie zu stören. Ich werde diesen Entschluß stets bereuen.

Als mir diese tanzende Frau einige Tage später wieder einfiel und ich einem Bekannten in Taranto davon erzählte, antwortete er: «Sie wissen wohl gar nicht, was Sie dort gesehen haben? Diese Frau ist von einer Tarantel ergriffen worden, und deshalb tanzt sie, vielleicht tagelang, bis zur völligen Erschöpfung, um das Gift aus dem Körper auszutreiben. Ich lebe hier im Salentiner Land, seit ich mich erinnern kann, und doch habe ich solche Szenen nur zweimal beobachtet. Es ist eben reine Glückssache. Die *tarantolati* sind zuweilen auf den Dorfstraßen, an Straßenkreuzungen, zumeist aber in Häusern anzutreffen. In der Region Lecce tanzen immer noch zahllose Bauern die Tarantella, weil sie glauben, von der Spinne vergiftet worden zu sein, obwohl allerorts behauptet wird, daß dies seit langem schon nicht mehr geschieht.»

«Sie sagen, daß die Frau von der Tarantel ‹ergriffen› wurde. Was verstehen Sie darunter?» erkundigte ich mich.

«Sie wurde ganz einfach gebissen. Diesen Biß nennen wir *pizzica*. Und *pizzicati* heißen diejenigen, die glauben, gebissen worden zu sein. Den Tarantelbissen sind vor allem die Frauen ausgesetzt, die ja auf den abgeernteten Feldern arbeiten, wenn diese Spinnen besonders häufig auftreten.»

«Soviel ich weiß, ist die Tarantel aber nicht giftig», wandte ich ein. «Jedenfalls soll sie nicht gefährlicher als eine Biene sein.»

«Das mag stimmen», entgegnete mein Bekannter achselzukkend. «Aber wer weiß, was hinter solchen Dingen wirklich steckt, die schon seit Jahrhunderten passieren.»

Nun hatte ich also eine *tarantolata* in Aktion gesehen. In der Hoffnung, noch einmal einem dieser tanzenden Menschen zu begegnen, kehrte ich in den Ort zurück, jedoch vergeblich. Ich hörte, daß die Frau mit kurzen Pausen die ganze Nacht hindurch und den ganzen nächsten Tag lang bis zur eigenen Erschöpfung und der der Musiker getanzt hatte und dann eingeschlafen war, um als völlig normale Person zu erwachen. Die Familie maß der Angelegenheit nicht mehr Bedeutung als einer bösen Erkältung zu und dankte mir höflich für meine besorgten Nachfragen.

Daß diese Krankheit oder Selbsttäuschung, die ich selbst stets im Zusammenhang mit den kultischen Tänzen der Antike oder der Tanzmanie im Mittelalter gesehen hatte, noch immer existierte, überraschte mich dermaßen, daß ich mich an mehrere Kenner dieses Phänomens, darunter zwei Ärzte, wandte, die mir liebenswürdigerweise alles sagten, was sie davon wußten. Die Literatur über den Tarantismus, die Tanzwut, ist umfangreich und geht bis ins sechzehnte Jahrhundert zurück. Symptome und Therapie sind die gleichen geblieben und das, was sich heute auf der salentinischen Halbinsel abspielt, ähnelt aufs Haar den Schilderungen des italienischen Arztes Epifanio Ferdinando aus dem siebzehnten Jahrhundert.

Etliche *tarantolati* führen ihre Erkrankung auf den Biß eines Skorpions oder eines anderen giftigen Tieres zurück, wenngleich die Hauptursache der sie befallenden und erheblichen Geistesverwirrung bei jenen Spinnen zu suchen ist, die im Sommer auf den Stoppelfeldern Italiens auftreten. Die eine Art dieser Geschöpfe ist die *Lycosa tarantula*, ein behaartes Tier von etwa anderthalb Zentimeter Länge und schnellen Bewegungen. Trotz ihres gräßlichen Aussehens soll diese Spinne harmlos sein. Ihr Name weist auf die Stadt Taranto (Tarent), wo sie bisher angeblich am häufigsten aufgetreten ist, obgleich mir mehrere meiner Bekannten versicherten, dieses Tier noch niemals gesichtet zu haben. Die andere Art ist der *lactrodectus tredecim guttatus,* eine kleinere, sich langsam fortbewegende Spinne, deren Gift zwei Tage lang Schmerzen, Fieber, Erbrechen und Halluzinationen verursachen kann. Keiner der von mir befragten Ärzte hielt es jedoch für möglich, daß dieses Gift zwölf Monate im Körper verbleibt und dann, am Jahrestag der ersten Attacke, erneut sich rührt, wie so viele behaupten, die vom *lactrodectus* gebissen worden sind. Es läge wohl nahe, daß eine solche Erkrankung samt ihrer ungewöhnlichen Therapie durch Tanz und Musik von den Befallenen geheimgehalten wird. Aber das Gegenteil ist der Fall. Die Erkrankten sprechen häufig offen über ihre Symptome, und gewiß wird jeder Bauer auf dieser Halbinsel mit dem Brustton der Überzeugung behaupten, wer gegen den Spinnenbiß angehen wolle, müsse so lange tanzen, bis das Gift herausgeschwitzt sei, und eben weitertanzen, falls die Symptome abermals auftauchten. Die vom Gift Befallenen werden außerordentlich farbenempfindlich, ja sie reagieren auf die Begleitmusik überhaupt nur dann im vollen Umfange, wenn man ihnen zuvor ein Band oder ein Taschentuch von jener Farbe gegeben hat, die sie jetzt am meisten anregt.

Über dieses Erlebnis berichtete eine von der Spinne gebissene Frau gegenüber Giuseppe Gigli: «Ich arbeitete auf einem Gut. Wir ernteten Getreide. Vor lauter Hitze konnten wir kaum atmen und hörten deshalb schon vor Mittag auf und legten uns im Schatten einer Mauer nieder. Ich aß noch einen Bissen Brot, dann schloß ich die Augen und versuchte zu schlafen. Plötzlich fühlte ich in meiner Hand einen scharfen Schmerz, sah aber nichts. Aber ich wußte sofort, daß ich von einer Tarantel gebissen worden war. Ich fing zu weinen an, weil so ein Biß für arme Leute ein großes Unglück ist. Mit dieser Krankheit kann man lange nicht arbeiten.

Ich ging nach Hause. Ich wußte, daß das einzige, was ich tun konnte, das Tanzen war. Der Schmerz in der Hand blieb und ließ nicht nach. Ich fühlte mich tief bedrückt. Alles erschien mir schwarz – ich sah die Menschen nur in schwarzen Kleidern, alle Gegenstände erschienen mir schwarz, auch die Häuser. Ich dachte immerzu an den Tod. Ich dachte an meinen armen Mann mit den vier Kindern, von denen das jüngste erst zwei Jahre alt war und die ich allein zurücklassen würde. Wie unter Zwang lief ich hin und her durchs Haus, hinauf und hinunter. Ich konnte kaum atmen. Es war so, als würden mir Herz und Brust von eisernen Händen zusammengepreßt.

Ich setzte mich aufs Bett. Eine halbe Stunde später sprang ich auf. Ich konnte nicht mehr ruhig sitzen. Dann gingen sie und holten die Musiker. Zehn oder zwölf Taschentücher der verschiedensten Farben wurden vor mir ausgebreitet. Ich begann zu tanzen, aber ich litt fürchterlich. Die Farben halfen mir nicht. Dies bedeutete, daß keine von ihnen der Farbe meiner Tarantel entsprach. Plötzlich aber schrie ich auf! Ich hatte einen jungen Mann im schwarzen Anzug entdeckt. Nun fühlte ich mich wohler. Hier war die Farbe, die ich so dringend brauchte, denn anscheinend war meine Tarantel schwarz gewesen. Ich hielt meinen Blick auf diese Farbe geheftet. Nach drei Tagen, in denen ich pausenlos tanzte, ging es mir wieder gut.»

In der langen Geschichte des Tarantismus wimmelt es von Berichten über die wichtige Rolle der Farben und über den verzweifelten Wunsch der Kranken nach einem Farbmuster, das genau der Tönung ihrer Tarantel entspricht. Freilich ist es Einbildung, daß diese Spinnen verschieden gefärbt seien. Ein Autor des siebzehnten Jahrhunderts berichtet von einem von der Spinne gebissenen Kapuzinermönch in Taranto, der sich seiner Tanzwut derart hingab, daß sich sogar Kardinal Caetano unter die Zuschauer begab. Als der Mönch dessen rote Robe erspähte, rannte er seltsam gestikulierend auf ihn los und hätte ihn fast umarmt, wäre er nicht zurückgehalten worden. Er weigerte sich, weiterzutanzen, wurde gleichgültig gegenüber der Musik, die ihn bislang in solche Verzückungen gebracht hatte, verfiel in tiefe Traurigkeit und verlor schließlich das Bewußtsein. Als der Kardinal auf ihn zuging und ihm seinen roten Umhang reichte, sprang der Mann sofort wieder hoch, preßte das Gewand an sein Gesicht und tanzte damit wie wild umher.

Aber ebenso bedeutsam wie die Farbe ist auch die Musik für die Heilung suchenden *tarantolati.* Es gibt etwa dreißig verschiedene Tarantellen, von denen einige aus dem siebzehnten Jahrhundert stammen und die allerorts bekannt sind. Eine der ältesten heißt *panno rosso* (rotes Tuch); eine andere, etwas langsamere trägt den Namen *panno verde* (grünes Tuch). Zur Tarantella gehören eine Geige, eine Gitarre und ein Tamburin, zuweilen auch noch eine Flöte und ein Akkordeon. Von den Musikern wird ein recht umfangreiches Repertoire verlangt, denn manchmal müssen sie die Anfangstakte von zehn bis zwölf verschiedenen Melodien anstimmen, ehe die passende gefunden ist.

Bei dem in früheren Jahrhunderten verzeichneten Tarantismus scheint Hysterie in nicht unbeträchtlichem Maß mitgespielt zu haben. Viele, die überhaupt nicht gebissen worden waren, ließen sich von der Tanzwut der echten *tarantolati* anstecken und tanzten mit, entweder selbst in Ekstase versetzt oder nur aus Spaß an der Sache. Durch ganz Süditalien zogen Musikanten, um bei diesen Tanzorgien aufzuspielen. Und da, wie alle Welt schon damals wußte, Frauen viel häufiger als Männer von dem Spinnenbiß heimgesucht wurden, nannte man diese sommerlichen Geisterbeschwörungen alsbald *il carnevaletto delle donne,* den Kleinen Karneval der Frauen.

Zu den am häufigsten erzählten Geschichten gehört jene über einen reichen Mann in der Nähe von Tarent, der Tarantismus für ein Märchen hielt und weibliche Hysterie dafür verantwortlich machte. Er drohte mit schweren Strafen, sollte irgendeine Weibsperson in seinem Haushalt mit Anzeichen dieser Krankheit kommen. Das Schicksal wollte es, daß er selbst von einer Tarantel gebissen wurde. Schwere Schmerzen und Fieber befielen ihn; er sprang aus dem Bett und begann zu tanzen. Man holte die Musikanten herbei. Immer ekstatischer und wilder wurden seine Sprünge, schließlich rannte er auf die Straße und schrie: *«Hanno ragion' le femmine! Hanno ragion' le femmine!»* – «Die Frauen haben recht! Die Frauen haben recht!»

Ein anderes unfreiwilliges Opfer war der Bischof von Foligno, Baptist Quinzato. Er wollte diese Geschichten ebensowenig glauben, ließ sich zum Spaß von einer Tarantel beißen und wurde so krank und unruhig, daß er sich nur noch durch Tanzen Erleichterung verschaffen konnte.

Das bedeutendste Buch über den Tarantismus erschien 1961 unter dem Titel: *La terra del rimorso* – «Land der Reue» und stammt von Ernesto de Marino, Professor für Religionsgeschichte in Rom. Dieser Gelehrte kam auf den Gedanken, den Tarantismus aus moderner Sicht zu behandeln, und stellte eine Gruppe von Wissenschaftlern zusammen, zu denen ein Psychiater, ein Psychologe, ein Anthropologe und ein Musiker gehörten.
Er fuhr mit ihnen auf die salentinische Halbinsel, in die Provinz

Lecce. Im Juni 1959 ermittelten sie fünfunddreißig Personen, die sich für Opfer des Spinnenbisses hielten. Neunzehn wurden in ihrem häuslichen Bereich weiteren Beobachtungen unterzogen.

Die Untersuchungskommission fand an den Erscheinungsformen zwar nichts, was nicht schon von Augenzeugen während des siebzehnten Jahrhunderts geschildert worden war, prüfte diese seltsame Manifestation jedoch unter neuen und wissenschaftlichen Gesichtspunkten. Dabei entdeckte sie einen Ort der salentinischen Halbinsel, an dem nach der Überlieferung der Tarantismus ausgeschlossen ist, nämlich Galatina, eines der bedeutenderen Zentren des Weinhandels mit mehr als zwanzigtausend Einwohnern. Eine Kirche dieser Stadt ist den Aposteln Peter und Paul geweiht, weshalb der gesamte Ort, als *feudo* des Apostels nach allgemeiner Auffassung von Schlangen, Reptilien, Spinnen und giftigen Tieren verschont wird. Als Begründung wird angegeben, daß dem heiligen Paulus – wie wir aus der Apostelgeschichte wissen – nichts Böses durch die Otter widerfuhr, die sich ihm in Malta um die Hand ringelte. Nicht nur auf der salentinischen Halbinsel, sondern in fast allen Gegenden des tiefen Südens wird der Apostel Paulus als Beschützer vor dem Biß giftiger Tiere angesehen. Die Landbevölkerung spricht vom «*feudo di Galatina*» – «dem Lehen Galatina», wenn von der Stadt die Rede ist. Hier traf ich auf eine andere Auslegung dieses Wortes, das sich (wie ich schon in Otranto herausgefunden hatte) seit der Zeit der Hautevilles und der normannischen Könige von Sizilien in der Umgangssprache erhalten hat.

Wie Professor de Martino und seine Kollegen feststellten, tritt der Tarantismus alljährlich im Juni auf. Die *tarantolati* werden unruhig und melancholisch. Sie spüren, wie das Gift Macht über sie gewinnt, bis sie schließlich tanzen müssen. Das Kollegium beobachtete eine Frau, die nach tagelangem Tanzen wie ein Hund zu bellen begann, plötzlich jedoch wieder aus ihrem Trancezustand erwachte, den Musikern Einhalt gebot und danach erschöpft, aber geheilt, zu Bett ging. Diese Geheilten begeben sich am 29. Juni, dem Namenstag der Heiligen Peter und Paul, zum Lehen Galatina, um dem Apostel zu danken. An diesem Tage kleiden sie sich in Weiß. Von einem versteckten Platz der

Empore aus konnte der Professor die erstaunlichen und seltsamen Vorgänge beobachten, die sich in der Kirche abspielten. (Die Priester hatten sich taktvoll zurückgezogen.) Ein Mann warf sich beim Eintritt in die Kirche auf den Rücken, stieß laute Schreie aus und schleppte sich in dieser Lage wie in Krämpfen zuckend zum Altar. Dann kletterte er auf den Altar und berührte das darüber hängende Bild des heiligen Paulus. Eine Frau legte sich in voller Länge darauf, eine andere stand über ihr. Ob die *tarantolati* dabei nun ihren Dank für die Heilung bekunden oder dem Apostel die letzten, in ihrem Körper verbliebenen Giftspuren darbringen wollten, wird nicht leicht festzustellen gewesen sein.

Dieses Buch dürfte all diejenigen überraschen, die den Tarantismus für ausgestorben halten und der Meinung sind, eine Tarantella sei lediglich ein Tanzlied, das man da und dort den Touristen zur Freude aufspiele. Zu den wohl aufregendsten Einzelheiten dieses Werkes gehören die Bilder, die ersten Fotografien, die jemals von dem Tanz der *tarantolati* gemacht worden sind. Sie entkleiden das Wort Tarantella auch des letzten Anflugs fröhlicher Beschwingtheit. Was sie zeigen, sind arme Bauernfrauen mit irren, erschreckt blickenden Augen, Frauen in dicken, schwarzen Wollstrümpfen und ohne Schuhe, die sich kummervoll in engen, weißgetünchten Zimmern drehen; sowie Musiker in offenen Hemden und Trikots, die ohne die Spur eines Lächelns ihr uraltes Beschwörungswerk verrichten. Die Bilder zeigen die Tanzenden zu Beginn ihrer Besessenheit und an deren Ende, wenn sie nach Tagen der Tanzerei in den Armen der Freunde zusammenbrechen. Außergewöhnlich sind die in der Paulskirche aufgenommenen Bilder – hier endet offensichtlich das tarantistische Erlebnis dieser Menschen. Und dennoch haftet ihm ein tieferes Geheimnis an. Denn obwohl niemand ernstlich annehmen kann, daß sie wirklich von einer Spinne gebissen wurden, wäre es doch möglich und auch wahrscheinlich, daß sie sich unbewußt des Bildes der Spinne bedienen, um in sich uralte heidnische Impulse freizusetzen, die diese apulischen Bauern vielleicht – so sonderbar es auch klingen mag – mit den ekstatischen Diensten der einstigen Priester der Kybele verbinden.

Möglich ist es auch, daß sich in dieser, einer mehr oder weniger harmlosen Spinne zugeschobenen nervösen Störung der letzte Überrest der im Mittelalter so häufigen Massenmanien verbirgt. Es gab ihrer vielerlei. Einige Erscheinungsformen der Kreuzzüge, zum Beispiel der Kinderkreuzzug von tausenden kleiner Jungen und Mädchen, die sich ins Heilige Land aufmachten und umkamen oder in die Hände von Sklavenhändlern fielen, sind als zu diesem Phänomen gehörend anzusehen. Flagellanten zogen vor und nach der großen Pestseuche kreuz und quer durch ganz Europa, büßten unter dem Schlag ihrer Peitschen für die Sünden der Welt und verleiteten zahllose Menschen, ihrem Zug zu folgen. Die Städte verschlossen ihre Tore, sobald sich diese zum Schrecken gewordenen Massen näherten. In Mailand und in einigen anderen Gemeinden wurden Galgen zur Abschreckung errichtet.

Den Flagellanten folgte die Welle der Tanzwütigen, die sich über ganz Europa ergoß und in Deutschland nach der Pest zum ersten Male auftrat. Zu Tausenden verließen die Menschen, dem Klang der Trommeln und Dudelsäcke folgend, ihre Häuser und tanzten draußen, Hand in Hand hüpfend, springend und in Krämpfen zuckend, bis sie bewußtlos niederfielen. Viele von ihnen starben, viele stürzten im Delirium in Bäche und Flüsse oder brachten sich sonstwie ums Leben. Nicht anders als die letzten *tarantolati* im heutigen Süditalien glaubten auch diese Tanzenden, von einer schrecklichen Krankheit befallen zu sein, die nur mit Hilfe äußerster Anstrengung ausgetrieben werden konnte. In Lüttich, Utrecht und anderen Städten des europäischen Nordens trugen die Tanzenden Blumen im Haar und Tücher um die Taille, damit ein Helfer, sobald der Tänzer bewußtlos wurde, in das Tuch einen Stock schieben und den Mann festbinden konnte, weil dies angeblich Linderung bis zur nächsten Attacke bereiten sollte. In den Straßen von Metz sprangen und schrien einmal mehr als tausend Tanzende. Die Bauern verließen ihre Äcker, die Handwerker ihre Werkstätten, die Frauen rannten aus ihren Wohnungen: Alle stürzten sich ins Gewoge der Tänze und machten mit. Binnen kurzem hatte sich die Stadt in eine wüste Stätte verwandelt.

Gleichzeitig mit diesem Massenwahn kursierte freilich auch das von vielen ernstgenommene und standhaft verteidigte Gerücht, die Erkrankten könnten in den Kapellen des heiligen Veit bei Zabern und Rotenstein geheilt werden. Gewiß sind dort auch solche Heilungen vorgekommen. Paracelsus studierte dieses Problem im sechzehnten Jahrhundert und vermerkt, daß manche, denen kein anderer Ausweg, als sich ‹totzutanzen›, übrigblieb, geheilt wurden, sobald sie den heiligen Veit aufsuchten.

Dieser Veit indessen war ein Kind Süditaliens, in Sizilien geboren und unter Diokletian im Jahre 303 n. Chr. als Märtyrer gestorben. Viele Kirchen in Süditalien sind ihm geweiht, doch läßt sich in seiner Vita und in den Legenden kein Hinweis auf eine Verbindung mit Tanz finden. Die Geschichte, wonach er das Haupt dem Scharfrichter entgegenreckte und Gott um die Kraft bat, alle von der Tanzwut Besessenen heilen zu können, worauf eine himmlische Stimme «Deine Bitte sei erhört!» erwiderte, kam erst im Mittelalter auf. In ihr spiegelt sich zweifellos das Bemühen der Kirche, dieser schrecklichen, die Dörfer entvölkernden und ganze Städte ins Chaos stürzende Hysterie Einhalt zu gebieten.

Wie im Falle der *tarantolati* übte auch hier die Musik eine so starke Wirkung auf die Tanzenden aus, daß die Behörden alles versuchten, um sie ihren Städten fernzuhalten und gelegentlich selbst Musikanten bereithielten, die sie in andere Gegenden des Landes locken sollten.

In der Kapelle des heiligen Veit wurden die Hilfesuchenden nach einem Gottesdienst zum Altar geführt, wo man die Tanzdämonen austrieb. Viele wurden geheilt, andere wiederum zeigten bis zum Ende ihres Lebens krampfartige Zuckbewegungen. Die Bezeichnung ‹Veitstanz› hat sich bis zum heutigen Tage erhalten und wird in der Medizin zur Bestimmung nervöser Muskelkrämpfe verwendet. Mit dem ansteckenden Tanzwahn des Mittelalters hat dieser Veitstanz allerdings nichts zu tun.

Seit Beginn des achtzehnten Jahrhunderts ist den Reisenden, die sich nur selten weiter südlich als Neapel wagten, die Tarantella nur als munterer Bauerntanz bekannt gewesen. Ramage verglich ihn mit dem Pillow, einem alten, ziemlich vulgären schottischen Tanz, der nach dem Auftauchen der Quadrille aus der Mode gekommen war. Als Nathaniel Wraxall am Abend des 15. April 1801 Sir William Hamilton einen Besuch abstattete, fand er ihn in Gesellschaft einiger Freunde. Emma Hamilton saß am Spinett und sang. Dann verkündete sie, nun werde sie Tarantella tanzen. «Sir William eröffnete den Tanz mit ihr», berichtet der Besucher, «und hielt sich mehrere Minuten wacker auf den Beinen. Als er nicht mehr weiterkonnte, löste ihn der Herzog de Noia ab, aber auch er, fast vierzig Jahre jünger als Sir William, mußte bald erschöpft aufgeben. Lady Hamilton ließ daraufhin ihre Zofe holen, die ebenfalls binnen kürzester Zeit schachmatt war, und danach ein anderes Mädchen der Dienerschaft, eine schwarze Koptin, die ihr von Lord Nelson nach seiner Rückkehr aus Ägypten überlassen worden war.»

Zu diesem Zeitpunkt war Emma Hamilton vierzig. Sir William zählte einundsiebzig Jahre.

6

Der antike Hafen von Tarent – Ein irischer Schutzpatron – Der Sirocco und die Nerven – Auf dem Fischmarkt – Plato in Tarent – Die Töpferstadt Grottàglie – Rudolph Valentinos Geburtsort – Matera und seine Höhlenbewohner – «Christus kam nur bis Eboli»

1

Tarent darf neben andern rühmlichen Taten von sich behaupten, es habe die *cattus domesticus*, die Hauskatze, nach Europa importiert. (Das meint wenigstens François Lenormant in seinem Werk «La Grand Grèce».) Vermutlich kam sie aus Ägypten oder Kreta. Doch sollten wir uns nicht allzusehr mit dieser Legende beschäftigen, denn es wäre unschön, einen Makel in ihr zu entdecken.

In der Antike war Tarent wegen seiner geographischen Lage weithin bekannt; außerdem wurden seine Schalentiere gerühmt, die auch heute noch gezüchtet werden. Wenngleich das Entwicklungsprogramm Tarent mit gigantischen Stahlwerken und andern Industriebetrieben ausgestattet hat, wirken doch als typisch nur der Fischmarkt und jene Männer, die mit blauschwarzen Muscheln und Eimern voller Austern vom Meer zurückkehren.

Tarent – das griechische Taras – wurde siebenhundert Jahre vor Christi Geburt gegründet; die Stadt ist demnach mehr als zweitausendsechshundert Jahre alt. Die ganze Welt hat sich verändert, Nationen und Städte sind entstanden, aufgeblüht und wieder von der Bildfläche verschwunden; die Fischer von Taras – Tarentum – Tarent jedoch scheinen unsterblich zu sein, und sie sehen mit ihren ziegelbraunen Gesichtern und ihren griechischen Nasen noch heute so aus, wie sie wohl zu allen Zeiten ausgesehen haben werden.

Taras hatte einen andern Ursprung als die übrigen griechischen Städte in Süditalien. Die Griechen gründeten ihre überseeischen Kolonien oft auf Geheiß des Delphischen Orakels, und zwar aus unterschiedlichen Ursachen: Entweder vermochten die landwirtschaftlichen Erträge die «Vaterstadt» nicht mehr zu ernähren, oder die Kolonisten wollten Überseehandel treiben; ein dritter Anlaß war die Abenteuerlust. Meist aber verließen die griechischen Auswanderer die Heimat, weil das karge felsige Land ihnen zu wenig Zukunftschancen bot. Die späteren Tarentiner freilich machten sich davon, weil sie als Bastarde geschmäht wurden, wenngleich der damalige Ausdruck etwas freundlicher klang, nämlich «Parthenier» (was wiederum nichts anderes hieß als «Mädchen»).

Diese Jünglinge waren im Verlauf eines neunzehnjährigen Krieges in Sparta geboren worden, als die Armee abwesend war. Da sie nun als illegale Brut angesehen wurden, beschlossen sie, Sparta zu verlassen und eine eigene Kolonie zu gründen, wo sie politisch unabhängig waren und ihr Glück machen konnten. Dies geschah denn auch. Taras wurde die berühmteste und reichste Stadt im hellenischen Reich, und auf dem Gipfel ihres Ruhmes war sie imstande, dreißigtausend Mann Infanterie in den Kampf zu werfen, von der tapferen tarentinischen Reiterei ganz zu schweigen.

Jetzt, an einem warmen Abend, als sich kaum ein Lüftchen regte, lag Tarent im Glanz der sinkenden Sonne vor mir: Eine schmale Insel mit weißen Häusern blockierte die Einfahrt zu der blauen Lagune. Zwei Brücken verbanden die Insel mit dem Festland. In der Lagune lagen Fischerboote und Kriegsschiffe nebeneinander, als lebten wir noch immer in den Zeiten der Magna Graeca und als hätte noch kein Mensch etwas von Rom gehört.

Leider war ich recht melancholisch gestimmt, denn ich mußte mir eine Erkältung geholt haben. Ärgerlich auf mich selbst, weil ich ausgerechnet jetzt krank wurde, fuhr ich trübsinnig durch das neue und rechtwinklige Tarent und konnte mich für kein Hotel entscheiden. Schließlich wählte ich eines dieser Wohnhotels, die lediglich Übernachtung und Frühstück bieten; allerdings war dieses Haus das großartigste seiner Art, das ich je betreten habe. Es war erst kürzlich eröffnet worden und zeigte sehr deutlich den Wandel Süditaliens.

Ich trat aus dem Lift in einen halbdunklen kühlen Flur aus Marmor. Ich fühlte mich so deprimiert, daß ich schon geneigt war, diese an eine Trauerfeier erinnernde Szenerie für reizvoll zu halten. Ich näherte mich meinem Zimmer, als sei es die Grabkammer der Großen Pyramiden. Die eine Wand des Raumes bestand aus Glas, so daß ich auf den Stadtpark herabblikken konnte, wo alte Männer unter Bäumen saßen, während Kinder sich einander auf Kieswegen jagten.

Dann begab ich mich zu einem Apotheker. In Italien verkauft der Apotheker – mit lateinischer Logik – Medizinen. Was er dagegen nicht verkauft, sind Kameras, Uhren, Badesalze, Schönheitspräparate, Feuerzeuge, Bleistifte, Lippenstifte und Rasierapparate. Der *farmacia* haftet also noch immer ein wenig von der Würde des Äskulap an. In der Tat wirken manche sogar noch älter: Man glaubt, der ausgestopfte Alligator sei eben erst entfernt worden. Der Laden, den ich betrat, war düster und roch nach Gewürzdrogen. Ein älterer Mann von gelehrtem Äußerem löste sich aus dem Schatten, und ihm vertraute ich den Ernst meiner Unpäßlichkeit an.

«Signore», erwiderte er, «das ist nur der Sirocco. Sobald er vorbei ist, werden Sie sich augenblicklich wieder erholen.»

«Aber wann wird er vorbei sein?»

Der Apotheker hob die Schultern und seufzte:

«Wer kann das wissen? Noch einen Tag, vielleicht noch zwei Tage, länger aber nicht.»

Er verordnete mir eine Salbe für die Lippen, ein pechschwarzes Mundwasser zum Gurgeln, das so duftete, als sei es von einem der Medici zusammengebraut worden, und ein Röhrchen mit Aspirin.

2

Mit Freude gedenke ich des Tages, da der Sirocco uns in Ruhe ließ. Eines Morgens nahm ich bei einem Spaziergang durch den Stadtpark mit Vergnügen wahr, daß die Welt nun wieder so aussah, wie es sich gehörte. Die Beklemmung war gewichen, und die Leute lachten schon und lächelten einander zu.

Nun war ich auch in der Lage, das neue Nationalmuseum mit

größerem Eifer zu betreten. Selbst in den Tagen meiner Depressionen war ich dort von einigen Frauen in Bann geschlagen worden, die einige Jahrhunderte vor unserer Zeitrechnung in Taras gelebt hatten. Ich glaube, in diesem Museum befindet sich die größte Sammlung griechischer Terrakottafiguren der Welt. Man erzählte mir, daß sie fast fünfzigtausend Stücke enthalte, und es werden immer noch welche entdeckt, wenn neue Wohnblöcke gebaut und Vorortstraßen angelegt werden.

Die Wiederauferstehung des griechischen Taras während der vergangenen achtzig Jahre ist ebenso sensationell wie die Entdeckung von Herculaneum und Pompeji. All diese reizenden Gegenstände wurden in den Friedhöfen von Taras gefunden. Die Erde gab sie frei, als Tarent zu einer Flottenbasis gemacht und die Neustadt errichtet wurde. Es ist merkwürdig, daß offenbar niemand etwas von der Existenz dieser vergrabenen Schätze wußte. Swinburne schrieb zu Ende des achtzehnten Jahrhunderts über diesen Ort: «Nie wurde eine Stadt vollständiger vom Antlitz der Erde gewischt als diese.»

Von allen kleineren Kunstwerken der Vergangenheit halte ich die Tanagrafiguren für die entzückendsten. Sie sind nur etwa dreißig Zentimeter hoch (oder noch kleiner), aus gebranntem Ton geformt, und manche tragen schwache Farbspuren. Gewöhnlich sind es Frauen in schön drapierten Gewändern. Einige haben flache oder spitze Hüte auf dem Kopf; zuweilen sind auch zwei Personen zusammen dargestellt, die einen Schwatz miteinander halten; wieder andere sitzen. Diese Frauen spielen meist mit einem Fächer, einem Spiegel oder einem Ball. Hin und wieder findet man eine Tänzerin, die auf einem Bein steht. Zwei Mädchen, die Seite an Seite tanzen, wurden in Tarent gefunden; offenbar handelte es sich um Berufstänzerinnen. Das waren wohl auch das afrikanische Mädchen und jene reizende Tänzerin, die mit angehobenem Bein pausiert, um ihren Schuh zu befestigen. Doch die übliche Tanagrafigur zeigt eine Frau, die sich im Spiegel bewundert.

Diese Figürchen sprechen den Betrachter deshalb so an, weil sie das Alltagsleben vor zwanzig Jahrhunderten widerspiegeln. Sie sind unendlich lebenswahrer als die posenhaften Darstellungen auf Porzellan aus Sèvres oder Meißen. Viele unter uns, die antike Stätten erforscht haben und durch Museen gewandert sind, fragen sich gelegentlich, wie es wohl sein würde, wenn wir einen Menschen träfen, der in solch fernen Zeiten gelebt hat und welche Kontakte wir zu ihm fänden. Nun, die Tanagrafrauen erwecken den Eindruck, daß zumindest sie sich mit uns verständlich machen könnten. Tatsächlich ähneln manche von ihnen jungen Frauen von heute, die des Nachts auf den Stufen vor einem Theater stehen und auf ein Taxi warten.

Einige Schriftsteller haben die reichen und betriebsamen Städte der Magna Graeca mit den Vereinigten Staaten von Amerika verglichen. Falls dies ein angemessener Vergleich ist, dann muß Taras das New York des vierten Jahrhunderts vor Christi Geburt gewesen sein. «Die griechischen Städte des Westens waren wohlhabend. Ihre Bewohner waren *nouveaux riches*. Ihre Tempel waren etwas größer als die in der Heimat. Ihre Kunst war etwas überladener», schrieb John Boardman.

Die einst verachteten Parthenier wurden bald millionenschwere Schiffsbauer, Viehzüchter, Holzmagnaten, Mühlenbesitzer, Färber- und Töpfermeister. Ihre Docks und Lagerhäuser waren mit den schönsten Waren der Epoche gefüllt. Um zu zeigen, wie reich und bedeutend sie seien, schufen sie die nach dem Koloß von Rhodos höchste Statue der Welt: den Bronzejupiter, der über der Akropolis leuchtete. Meilenweit erstreckten sich Straßen, Tempel, Marktplätze; an den Küsten der Lagune entstanden Villen und Bäder, Obstgärten und Parks, aber auch Imkereien, die einen vorzüglichen Honig lieferten, der es mit dem von Hymettus aufnehmen konnte.

Einmal, so erzählten die Griechen gern, habe ein Hund des Herkules ein Schalentier am Ufer von Taras zermalmt, worauf seine Kiefern für immer purpurrot geblieben seien. Das Schalentier war der Murex, eine Molluske, die jenes rote Färbemittel hergab, das in der Antike so hoch geschätzt war. Die Färber von Taras waren berühmt. Noch vor hundert Jahren galt ein Berg aus Murexschalen als eine der Sehenswürdigkeiten von Tarent, doch nach dem Bau der Neustadt verschwand dieses einzigartige Monument. Der Farbstoff des Murex befindet sich in einer kleinen Drüse, deren Sekret zunächst farblos ist, jedoch purpurrot wird, sobald es an die Luft kommt.

Auch die Wolle von Taras war einstmals ebenso berühmt wie die Purpurfarbe, in die sie getaucht wurde. Eine andere Spezialität war ein zartes Gewebe, das vor allem von den Tanzmädchen begehrt war: Es wurde aus den seidenen Fäden gewirkt, mit denen ein Schalentier, das heute noch *lana pesce* (Wollfisch) heißt, sich mit den Felsen verband. Dies war freilich ein sehr kostbares Material. Es wurde sowohl in seiner braunen Naturfarbe verkauft als auch purpurn gefärbt. Dieses Gewebe wird natürlich nicht mehr hergestellt.

Das Museum birgt Gegenstände aus der Zeit um 409 v. Chr., als Taras in seiner Blüte stand. Die Geschicke der Stadt leitete ein Mann, dessen Name die Jahrhunderte ohne Makel überdauert hat (was ziemlich selten vorkommt): Archytas, der in seiner Person die Fähigkeiten eines Philosophen, Mathematikers, Astronomen, Erfinders, Staatsmannes und siegreichen Generals vereinigte. Wenn er sich jemals eines Irrtums schuldig gemacht, so ist er nicht überliefert, falls er jemals gesündigt hat, so ist dies über seinen vielen Tugenden vergessen worden. Es wird berichtet, daß er sich um Bequemlichkeit, Glück und Erziehung seiner Sklaven genauso zu kümmern pflegte wie um das Wohlergehen seiner eigenen Familienangehörigen. Unter seinen Erfindungen war eine hölzerne Taube, die als ein Wunderwerk der Antike galt, denn Archytas konnte sie durchs Zimmer fliegen lassen. Es gereicht den Bürgern von Taras zur Ehre, daß sie diesen Mann Jahr um Jahr neu ins Amt wählten.

Zu den Freunden des Archytas zählte Plato, der in Taras mehr als einmal weilte, wenn er nach Sizilien reiste, wohin man ihn beorderte, damit er – wie ein Psychiater – das Wesen des Dionysius II. ergründe und feststelle, ob er auf eine Behandlung reagiere. Wie die meisten Psychiater – und selbst wohlmeinende gute Freunde – erweckte der Philosoph jedoch die Feindschaft des Patienten. Es heißt, Plato sei einmal nur durch die Intervention des allmächtigen Archytas aus ernster Gefahr gerettet worden.

Wie aus dem alten Taras das spätere Tarentum wurde, ist eine interessante Geschichte. Sie trug sich im Jahre 272 v. Chr. zu. Seit langem schon erregte der Machtzuwachs Roms den Unwillen der reichen griechischen Stadt im Süden. Taras erklärte

Rom einen «kalten Krieg»: Die Stadt schlug sich diplomatisch auf die Seite der Feinde von Rom, spielte die Rolle des großen Bruders und versprach finanzielle und militärische Hilfe (die nicht immer geleistet wurde) all jenen, die im Konflikt mit Rom lagen. Die Stadt selbst aber hütete sich wohlweislich, direkt in die Auseinandersetzungen verwickelt zu werden.

Das Theater von Taras bot einen schönen Blick aufs Meer. Eines Tages nun im Jahre 302 v. Chr. wurde aus dem Beifall des Publikums mit einemmal Zorngeheule: Zehn römische Kriegsschiffe tauchten im Golf auf und nahmen Kurs auf die Wälle der Stadt. Ein solcher Bruch eines Vertrages mit Rom, der den römischen Kriegsschiffen die Passage verbot, wurde spornstreichs gerächt: In aller Eile bemannten die Griechen ihre Triremen und warfen sich den Eindringlingen entgegen. Das Publikum, das noch vor wenigen Minuten wohl einer jener Burlesken zugeschaut hatte, welche die Griechen so liebten, sah jetzt ein echtes Drama: Ihre Schiffe versenkten vier der römischen Galeeren, ertränkten den feindlichen Admiral und kaperten ein römisches Schiff, das im Triumph in den Hafen geschleppt wurde. Dies war der Auftakt zu einem neunjährigen Krieg, der mit der Unterwerfung von Taras endete. Der Name wurde latinisiert: Fortan hieß die Stadt Tarentum, behielt indessen ihre griechischen Gesetze und Sitten bei, doch wurde in der Zitadelle eine römische Legion garnisoniert.

Es gab allerdings nach wie vor eine starke antirömische Partei in Tarentum, und sie schlug während des Zweiten Punischen Krieges zu. Der Bericht des Livius über den Verrat der Stadt an die Karthager und über die spätere Treulosigkeit gegenüber den Römern ist eine faszinierende Lektüre. Hannibal, der drei Tagesmärsche vor Tarentum kampierte, war nur allzu gern bereit, den Anführer der antirömischen Partei zu empfangen. Dies geschah heimlich und bei Nacht. Mit ihrer Hilfe stellte er eine seiner charakteristischen Fallen.

Der Führer der Griechen war ein junger Mann namens Philomenus, seines Zeichens ein leidenschaftlicher Jäger. Ihm wurde aufgetragen, von jetzt an jeden Abend auf die Pirsch zu gehen, und zwar so lange, bis sein Gehen und Kommen nicht mehr auffiel. Nach Anbruch der Dunkelheit verließ er mit seinen Jagdhunden das Stadttor, kehrte vor Tagesbeginn mit seiner Beute heim (manchmal war es Wild, das ihm Hannibal zur Verfügung stellte) und beschenkte jedesmal die Wachen. Bald öffneten die Römer automatisch das Tor, wenn sie sein Pfeifen hörten.

Nachdem die Opfer dergestalt eingelullt worden waren, kam der Moment, da die Falle zuschnappen konnte. Eines Nachts näherte sich Hannibal der schlafenden Stadt mit seiner nur leichtbewaffneten Armee fast lautlos. Angeführt wurden die Karthager von Philomenus, unter dessen Beute sich diesmal ein großer wilder Bär befand. Auf seinen Pfiff hin öffneten die Wachen wie üblich, und während sie den Bären noch bewunderten, wurden sie auch schon erstochen. Zur selben Zeit machten andere Verschwörer die Wachen am Osttor nieder, und alsbald drang die karthagische Armee stumm und schnell gegen das Forum vor. Der Alarm kam zu spät. Die römische Garnison zog sich in die Zitadelle zurück (die heutige Altstadt). Diese Feste vermochte Hannibal nicht zu nehmen. Die Zitadelle beherrschte auch den Ausgang der Lagune, in der die griechische Flotte lag.

Dies machte Hannibal indessen wenig Sorgen. «Viele von Natur schwierige Probleme können durch ein wenig Nachdenken gelöst werden», soll er – laut Livius – gesagt haben. «Hört zu: eure Stadt liegt auf offenem Gelände. Ihr habt breite und ebene Straßen, die in alle Richtungen verlaufen. Ich kann eure Schiffe ganz einfach in Fuhrwerken auf der Straße transportieren lassen, die vom Hafen quer durch die Stadt und dann zum Meer führt.» Um das Unternehmen zu erleichtern, wurde diese Hauptstraße neu gepflastert, und nach ein paar Tagen waren die Kriegsschiffe mittels Gleitrollen und Karren tatsächlich von der Lagune ins Meer befördert.

Drei Jahre darauf eroberte der römische Feldherr Fabius die Stadt Tarentum durch List zurück. Der alte Trick, das schwache Glied in einer Kette zu finden, war vor Tausenden von Jahren ebenso bekannt wie heutzutage, wenn die Wissenschaftler versagen. Der Hauptmann einer karthagischen Abteilung hatte sich in die Schwester eines römischen Soldaten verliebt. Sie schickte ihrem Bruder einen Brief in die Zitadelle und beschrieb darin ihren Bewunderer als einen wohlhabenden und einflußreichen Mann. Der Soldat glaubte – wie Livius meint –, daß «durch seiner Schwester Geschick der liebeskranke Hauptmann veranlaßt werden könne, alles zu tun, was sie wünschten». Er trug diesen Plan seinem Feldherrn vor, der die Sache eines Versuchs wert fand. Der Soldat wurde nun angewiesen, Tarentum in der Verkleidung eines Deserteurs zu betreten und sich durch Vermittlung seiner Schwester mit dem Hauptmann anzufreunden. Die Einzelheiten dieses Komplotts sind nicht bekannt. Jedenfalls wurden dank des Treubruchs dieses unseligen Hauptmanns eines Nachts die Tore geöffnet, und die Römer drangen ein. Die Stadt wurde geplündert, die Statue des Herkules nach Rom gesandt, und dreißigtausend Tarentiner wurden in die Sklaverei verkauft.

Ihrer Macht und Größe beraubt, scheint die Stadt Tarentum sich eines glücklichen Alters erfreut und ihren Anteil am augusteischen Frieden gefunden zu haben. Noch war sie schön und elegant, noch hatte sie nicht unter barbarischen Völkerscharen und der Moskitoplage zu leiden. Noch immer war ihr duftender Honig nicht minder berühmt als ihre Wolle. (Den Schafen schneiderten – Horaz zufolge – die Tarentiner eine Art Mantel auf den Leib, damit die Güte der Wolle keinen Schaden nahm.)

Einige der im Museum von Tarent aufbewahrten Dinge lassen ahnen, daß gewisse Züge dieser antiken Menschen uns äußerst befremdlich erscheinen würden, während andere dagegen – vor allem die Tierliebe – uns mit jenem vorzeitlichen Volk verbinden. Welch einer liebevollen Beobachtungsgabe bedurfte es doch, um springende Delphine, langhalsige Faune, edle Pferde, hochmütige Kraniche und eitle Enten zu modellieren und zu malen. Nur Menschen, die Tiere wirklich liebten, konnten so humorvoll Vasen in Gestalt eines Igels formen oder einen Krug in der eines Esels. Doch was die Katzen anlangt: Entgegen der Legende ist keine zu entdecken. Wie sonderbar!

3

Die Altstadt von Tarent ist auf der schmalen Landzunge gelegen, deren eine Seite vom Meer und deren andere von der Salzwasserlagune umspült wird. Es gibt nur drei parallele Hauptstraßen, die von einem Labyrinth enger Gassen durchschnitten sind, so daß jedermann – falls er sich nicht gerade verirrt – in wenigen Minuten von der Lagune zum Meer hinüberwechseln kann.

Dies also ist die Stätte der einst so großartigen Akropolis von Taras: kein ragender Fels, sondern ein Strand, der kaum höher ist als die Meeresoberfläche. Deshalb errichteten wohl auch die Tarentiner die Kolossalstatue des Jupiter, dessen leuchtende Krone den Rudergängern schon von weitem den Weg zu der berühmten Stadt wies. Einer der Plätze, von denen aus man das Alltagsleben Tarents am besten überschauen kann, ist nahe der Drehbrücke, welche die Neustadt mit der Altstadt verbindet und einen Kanal überspannt, der erst im fünfzehnten Jahrhundert ausgehoben wurde. Die Maschinerie ist in einem der Rundtürme des Angevinischen Kastells untergebracht, das zur nämlichen Zeit erbaut wurde. Durch diesen Kanal fahren die italienischen Kriegsschiffe in die Lagune und von dort zur Werft, wo einst die Kriegsgaleeren von Taras ankerten. Dieser Ort wurde im Ersten Weltkrieg den britischen Soldaten bekannt, die in den Nahen Osten beordert waren. Im Zweiten Weltkrieg beschossen englische Schiffe Tarent und setzten im Jahre 1943 in der Lagune Truppen an Land.

Ich habe glückliche Stunden beim Bummeln durch die Altstadt verbracht, wo ich die Fischer beobachtete und mich fragte, welche Späße sie wohl in ihrer Abart des Tarentiner Dialekts von sich gaben. Manche haben dieses Idiom fälschlicherweise für griechisch gehalten, was es mitnichten ist, wenngleich ich vermute, daß viele griechische Worte darin verborgen sind.

Das Quartier der Fischer ist nicht etwa am Meer, sondern an der Lagune gelegen. Auf den Kais drängen sich die Menschen, Boote legen an oder laufen aus, im Hintergrund sieht man auf den Balkonen alter Häuser Teppiche und Bettzeug hängen. Es ist kurios, daß Fischersleute der See den Rücken kehren; die von Tarent haben jedoch stets auf gutem Fuß mit Poseidon gestanden, der, scheint's, zu ihren Gunsten einige seiner Gesetze umgestoßen hat. Sie sind nicht etwa tagelang auf See; die meisten Nächte verbringen sie in ihrem Bett. Die reiche Ernte wird von den Gezeiten tagtäglich in die Lagune geschwemmt. Zudem züchten sie Austern. Diese merkwürdigen Muschelzuchtstätten sind durch Pfähle markiert, an denen die dicken blauschwarzen Schalentiere wie Stränge herabbaumeln. In der Tat ähnelt die Arbeit dieser Fischer eher der Tätigkeit von Gärtnern.

In Bari hatte ich geglaubt, nie wieder würde ich so viele Schalentiere sehen und essen, doch erkannte ich erst jetzt, daß Bari in dieser Hinsicht untergeordneten Rang hat: Die wahre Metropole der Fischkunde ist Tarent. Der Fischmarkt gleicht einem Museum. Mir wurde erzählt, daß es dort an die hundert Sorten von Fischen und Schalentieren gibt, und ich meine, daß ich sie allesamt zu Gesicht bekommen habe.

Die Austern von Tarent – berühmt seit Jahrhunderten – wurden von vielen römischen Epikureern allen andern vorgezogen. Ich aß ein Dutzend auf dem Markt. Ein Matrose nahm sie nacheinander aus einem Eimer, brach sie auf und reichte mir die Muschel auf der Schale. Nach einigen Schwierigkeiten fand sich auch eine Zitrone. Meine Bekannten meinten, der Preis – etwa sechs Mark das Dutzend – sei reiner Wucher, aber so könnten die Fischer wenigstens sehen, daß ich ein ausländischer Millionär sei! Dies empfand ich jedoch als nicht ganz gerecht, denn nicht alle Fischhändler verlangten Wucherpreise. Wenn ich in der Neustadt vor Läden stehenblieb, um nach dem Namen eines mir unbekannten Schalentiers zu fragen, wurde ich fast immer zum Eintreten aufgefordert, und man bot mir eine Kostprobe dar oder auch zwei. Lobte ich den guten Geschmack, dankte man mir mit Lächeln und Komplimenten. Die Gelehrten behaupten, es habe sich kein Tropfen vom griechischen Blut hier erhalten, doch fühlte ich, daß Tarent von vielen Menschen bewohnt wird, die den Typen des Aristophanes gleichen ...

Die Kathedrale des heiligen Cataldo, eines Iren, steht im überfülltesten Teil der Altstadt. Sie ist eine erhabene Basilika aus dem elften Jahrhundert. Das Schiff wird von klassischen Marmorsäulen getragen, die von byzantinischen Kapitellen verziert sind. Einige Merkmale gemahnen an die apulischen Kathedralen aus normannischer Zeit.

Ich wußte nichts über diesen heiligen Cataldo, und der Küster wiederum wußte bloß, daß der Heilige ein großer Wundertäter gewesen sei, der im siebenten Jahrhundert nach Tarentum kam, und zwar aus einem Ort namens Rachau in Irland. Später erfuhr ich, daß dieser Cataldo (oder Cathay) auf der Rückkehr aus dem Heiligen Land in Tarent Station machte und sich entschloß, künftig hier seine Pflichten zu erfüllen, denn die Stadt habe sich im Zustand der fürchterlichsten Gottlosigkeit befunden. Er soll einen Bruder gehabt haben, den heiligen Donatus (was vermutlich die lateinische Version von Donagh war), der zum Namensheiligen von Lecce wurde.

Mit Vergnügen beobachtete ich kleine Schulmädchen, die von einer ältlichen Nonne in eine Seitenkapelle geführt wurden, wo sie das Einmaleins aufsagen mußten. Die Sonne fiel durch ein ovales Fenster ein, und der gewölbte Bogen, unter dem die Kinder an ihren Pulten saßen, schwang sich zu einer bemalten Decke empor. Die Grabstätte des Heiligen war durch ein Gitter in einer dunklen Confessio zu sehen, die über Stufen zu erreichen ist. Ich stieg hinunter und blickte in die Krypta, wo die Finsternis einen Sarkophag verbarg, der angeblich irische Gebeine enthält.

Am Abend ging ich in eines der kleinen Restaurants am Fischmarkt. Die Tür stand offen. Ich saß wenige Meter entfernt von Fischerbooten, die kaum merkbar schaukelten, als wollten sie beweisen, daß sie nicht auf dem Trockenen lagen. Der Mond stand in seinem zweiten Viertel und goß grünes Licht über die stille Lagune. Zu meiner Rechten blinkte ein Kriegsschiff eine Botschaft in die Nacht.

Die *zuppa di pesce* war die beste, die ich in Italien gegessen habe. Sie enthielt eine Vielzahl der etwa neunzig Zutaten. Dann wurde mir eine *triglie* empfohlen, eine rote Seebarbe, die auf besondere Weise gebacken wird. Ich bestellte sie, obwohl ich mir nie viel aus diesem Fisch gemacht habe und auch nicht verstehen kann, weshalb die Römer sie eigentlich so schätzten. Mein Fisch wurde mir in einer Stanniolfolie serviert, in der er auch zubereitet worden war. Nun, er war frischer als alle Seebarben, die ich früher verspeist hatte, und er schmeckte nach Meer; doch fand ich noch immer, daß er ein recht fader Fisch sei. Dann wanderte ich durch die Altstadt zurück und blickte durch offenstehende Fenster in Zimmer, wo man sich herzhaft seines Lebens erfreute. Radiomusik dröhnte von Balkonen und aus dunklen Gassen, und ich schaute in Cafés, wo Männer stumm wie in einer Kirche saßen: Sie betrachteten auf der Mattscheibe ein Fußballspiel.

Als ich die sanfte Steigung zur Drehbrücke hinaufspazierte, stellte ich fest, daß die eine Hälfte zur neuen Stadt und die andere zur alten zurückgeschwenkt war. Der Kanal, der zu den Werften führt, war frei. Ich wartete inmitten einer Menge Autofahrer und Leuten auf Motorrollern, während der Mond diese phantastische Szenerie erhellte. Das Angevinische Kastell ragte in seinem grünlichen Licht auf, die runden Bastionen wurden von der trägen See benetzt, es flammten aber auch andere grüne und rote Lichter durchs Dunkel, dann füllten plötzlich graue Schatten den Kanal: Drei Zerstörer liefen ein und verschwanden in Richtung der Lagune. Nur das Wasser plätscherte. Die beiden Brückenhälften wurden herabgelassen, und ein Maat lief mit ein paar Matrosen nach vorn und verschloß alles, wie es seine Ordnung hatte. Die Wagen starteten, und wir drängten in das neue Tarent hinein.

4

Nachdem ich mich an mein Zimmer mit seinem Atelierfenster und seinem Hollywoodbad gewöhnt hatte, unternahm ich verschiedene Streifzüge in die Umgebung. Eine dieser Touren führte mich in das etwa zwanzig Kilometer entfernte Grottàglie, einer kleinen Stadt in einer von Höhlen durchsiebten Landschaft. Es wird berichtet, daß vor langer Zeit Gruppen von Höhlenbewohnern sich zusammentaten, ihre Grotten verließen und Grottàglie gründeten, das eine Stadt der Töpfer ist. Schöne Nachbildungen von Amphoren, die mir an öffentlichen Brunnen aufgefallen waren, altgriechisch geformtes Gerät, das man in jedem Kramladen und in jeder Küche findet, sowie hübsch (manchmal

Grottàglie, Apulien

allerdings auch gräßlich) bemalte Vasen stammen aus den Werkstätten und Brennöfen von Grottàglie.

Vielleicht knüpft diese Industrie an die berühmte Keramik von Taras an, deren Erzeugnisse in viele Gegenden Italiens geliefert wurden. Der tönerne Topf war für die Menschen der Antike, was in der modernen Zivilisation die Konservendose ist. Hunderte von Waren wurden in Töpfen verkauft: Wein, Getreide, Honig, Oliven, Öl, Salzfische und dergleichen wurden in Amphoren transportiert. Die Töpfer, die ich in Grottàglie traf, glaubten, daß sie in der Tat direkte Abkömmlinge der antiken Keramiker seien, wenngleich nichts ihre Meinung zu bekräftigen vermag. Sie verwenden einen schönen einheimischen Ton, und mir schien, daß ihre beliebtesten Formen jenen glichen, die vor Jahrhunderten fabriziert wurden.

Diese Stadt vermittelt einen recht getreuen Einblick in das Töpferquartier – *cerameicus* – der hellenischen Welt. Es gibt Meister, von denen jeder seine Werkstatt – *officina* – leitet;

jeder hat seine Lehrlinge und seine geheimen Herstellungsmethoden. Ich fand es bewundernswert, daß in unserer zerrütteten Zeit so viele junge Männer glücklich sind, in die Fußstapfen ihrer Väter treten zu können.

Wohin ich mich auch wandte, überall sah ich Töpfe, Tausende von Töpfen, die reihenweise auf den Dächern der flachen Häuser standen, aber auch in Höfen, auf Fluren, in Schuppen und selbst in den Höhlen. Regimenter von Amphoren, Krügen und Schalen waren im Sonnenlicht in Reih und Glied aufmarschiert. Ich stieg in eine der höher gelegenen Werkstätten und sah auf Grottàglie herab. Dabei wunderte ich mich, daß überhaupt noch Platz frei war. Doch immerzu schleppten Männer in Turnschuhen katzengleich neue Rekruten herbei. Ich trug eine geradezu magische Erinnerung mit mir fort: Die Hände der Töpfer formten ein Gefäß, als griffen sie es aus der Luft, und tief im Gedächtnis haften blieb mir ein junger Mann, der im Schatten kauerte und mit einem Pinsel eine griechische Figur auf eine Vase malte.

Eines Tages kam ich etwa zweiunddreißig Kilometer nordöstlich von Tarent in eine zerklüftete, von Höhlen förmlich zerfressene Landschaft. Einige sind dunkle längst verlassene Kapellen, in andern verblaßten Fresken aus byzantinischer Zeit. Ein Schafhirte, den ich ansprach, drehte sich wortlos um und verkroch sich hinter einem Felsen samt seiner Herde. Entweder hatte er mich nicht verstanden, oder er war an den Anblick Fremder nicht gewöhnt. Ein Mädchen, das Weinreben festband, erzählte mir schließlich, daß früher griechische Einsiedler in den Höhlen gehaust hätten. Es war eine unheimliche geisterhafte Gegend.

Als ich in die Berge nach Castellaneta hinauffuhr, hielt ich plötzlich verdutzt an. Eine lebensgroße Gestalt, ein Beduinenscheich aus blauleuchtendem Prozellan, erhob sich am Straßenrand. Stufen führten zu dem Denkmal, darauf geschrieben steht: «A Rodolfo Valentino – 1961.» Hier also, mitten im Land der Töpfer, wird des ersten großen Filmliebhabers von den Bewohnern seiner Heimatstadt auf diese ungewöhnliche Weise gedacht. Valentino wurde im Jahre 1895 geboren und ging 1913 als Tänzer nach den Vereinigten Staaten, also im Alter von achtzehn Jahren.

Ich fuhr in die Stadt, die auf einem Berg gelegen ist; eine furchterregende Schlucht tut sich auf, während man von gegenüber einen herrlichen Blick auf die Küstenebene und das Meer hat. Der Ort schien völlig verlassen zu sein. Kein Mensch war zu sehen. Selbst das Kaffeehaus war leer. Es heißt *Bar Rudi*, und mir fiel auf, daß der Friseurladen sich *Basette* (Koteletten) *di Valentino* nannte. Demnach war der Star von einst noch nicht vergessen. Endlich traf ich in der Apotheke einige ältere Leute, die sich erboten, mir Valentinos Geburtshaus zu zeigen, freilich erst, nachdem ich ihnen bedeutet hatte, daß ich keine andern Motive im Schilde führte als schlichtes Interesse. Das Haus wird jetzt von einem Dentisten bewohnt. Valentinos Vater war der Tierarzt des Distrikts gewesen. Soweit die Männer wußten, lebte kein Angehöriger der Familie mehr in der Nachbarschaft. Ein Greis entsann sich, mit Valentino zur Schule gegangen zu sein, doch wußte er sonst nichts zu vermelden. Ein anderer indessen erinnerte sich des Tages, da Valentino auf der Höhe seines Ruhmes in einem großen Automobil zurückgekehrt sei; er habe sich jedoch nur kurze Zeit im Ort aufgehalten und sei dann zum Essen nach Tarent weitergefahren – und dies sei der einzige Kontakt zu seiner Vaterstadt gewesen, nachdem ein berühmter Mann aus ihm geworden war. Aber ich spürte, daß sie dennoch stolz auf ihn waren, und zwar wegen des immensen Eindrucks, den er auf Frauen ausgeübt hatte.

Ich gedachte der zwanziger Jahre. Wer sich damals in ein Mädchen verliebte, hatte ein schweres Kreuz zu tragen: Er mußte so aussehen wie Rudolph Valentino. Ich habe nur noch eine schattenhafte Erinnerung an einen hageren Menschen mit sogenannten Koteletten, der etwas von Liebe flüsterte, während das Piano immer schneller spielte und eine schmachtende Person schluchzend in seine Arme sank. Dergleichen war damals komischerweise ziemlich bestürzend: Zum erstenmal machten die englischen Jungfrauen Bekanntschaft mit der verheerenden Leidenschaft, die Romanen befallen kann. Und es scheint sogar, als habe Valentinos Ruhm seine Landsleute geradezu in diese Rolle gedrängt.

Valentino wurde durch die Macht der Umstände Filmschauspieler, denn seine Karriere als Tänzer nahm ein jähes Ende, als die Theatertruppe, mit der er unterwegs war, in San Francisco pleite machte. Er sprach in einem Studio vor, wo man ihm ein winziges Röllchen gab. Das Problem, einen zugkräftigen Bühnennamen zu finden, stellte sich ihm nicht, da er die Auswahl hatte. Sein bürgerlicher Name lautete nämlich wie folgt: Rodolfo Alfonso Rafaele Pietro Filippo Guglielmo de Valentino d'Antonguella. Man muß ihm bescheinigen, daß er die beste Auswahl traf. Er machte sich einen Namen durch den Film «Die vier apokalyptischen Reiter», und sein Ruhm wurde weltweit durch den Streifen «Der Scheich». Nun hielt ihn nichts mehr auf – allenthalben wurden die Frauen verrückt nach ihm. Einer der ersten Presseagenten des Films, ein quicker Zyniker namens Harry Reichenback, drang in Valentino, er möge sich während einer Flaute zwischen seinen Triumphen einen Bart stehen lassen. Wie Reichenback geahnt hatte, erhob sich sogleich ein internationaler Entrüstungsschrei: Weg mit dem Bart! Ein Meistercoiffeur übernahm diese delikate Mission im Rahmen einer zeremoniellen Handlung. Die berühmten Koteletten jedoch blieben.

Interessant dürfte wohl sein, daß eine so bedeutende Kritikerin wie Elinor Glyn die Liebestechnik des großen Liebhabers für reichlich zahm hielt. Anthony Glyn berichtet, daß seine Großmutter Valentinos Betörungskünste höchst amateurhaft fand. «Kannst du dir vorstellen», murmelte sie in späteren Jahren, «daß er nie auch nur daran gedacht hatte, die Handfläche, geschweige denn den Handrücken, einer Frau zu küssen? Ich mußte ihm das erst beibringen!» In Wahrheit hatte Valentino nur auf der Leinwand Erfolg bei den Frauen. «Kein Mann wirkte anziehender auf Frauen als Valentino», schrieb Charlie Chaplin, «kein Mann wurde von ihnen schlimmer enttäuscht.»

Sein Tod im Jahre 1926 an Herzinnenhautentzündung im Alter von fünfunddreißig Jahren und die Hysterie, die er in allen Teilen der Welt auslöste, sind heutzutage vielleicht noch bekannter als sein Leben. Die Polizei mußte die Menschenmassen vor dem Krankenhaus zerstreuen. Bei seiner Aufbahrung fielen Hunderte von Frauen in Ohnmacht. Scheiben gingen in Trümmer. Eine deprimierte Schauspielerin brachte sich um, da Valentinos Ableben «ihr gerade noch gefehlt habe». Ein Arzt führte seinen Tod auf eine Überdosis von ultravioletten Strahlen in den Studios zurück, den Rest habe ihm die kalifornische Sonne gegeben – ein Urteil, das Hollywood in Alarmzustand versetzte.

Obwohl Valentino zweimal verheiratet gewesen war, fühlte sich Pola Negri – keineswegs seine Frau – vor Gram gebrochen. Sie nahm in Begleitung ihres Arztes und einer Krankenschwester an der Beerdigung teil; am Abend trug sie «das schwärzeste aller Witwenkleider». Selbst heute noch, nach mehr als vierzig Jahren, pilgern am 23. August Frauen in Schwarz und mit einem dunklen Schleier vor dem Gesicht zum Grab des berühmten Liebhabers.

Ich habe die Leute von Castellaneta nicht gefragt, ob einer von ihnen jemals dem leuchtenden Konterfei ihres Idols am Straßenrand seine Reverenz erwiesen hat.

5

Da ich an das einst ruhmreiche Metapontum dachte, fuhr ich die dreißig Kilometer auf der Westkurve des Golfs von Tarent entlang und kam in eine öde Region, in der ich mich bald verirrte. Neue Straßen führten ans Meer und endeten bei kleinen Lidos, die aus einem Hotelrestaurant, einigen Ferienbungalows und einem Strand und sonst nichts weiter bestanden. Diese Orte verdanken ihre Existenz allein der Motorisierung und befriedigen die Wochenendbesucher der nahe gelegenen Städte.

Am ausgetrockneten Bett eines Flüßchens hielt ich einen Mann mit seinem Maultier an. Er berichtete mir, dieser Fluß sei der Bradano. Nun wußte ich, daß ich mich doch nicht verirrt hatte, denn Metapontum hatte sich an dem Flusse Bradanus erhoben. Auf dem Schild einer Eisenbahnstation las ich den Namen «Metaponto». Die Weizenmillionäre und die Gerstenkönige waren längst zu Staub geworden, desgleichen die Schiffsreeder, deren Galeeren die goldenen Ernten von Metapontum in die antike Welt gefahren hatten, aber der Name der Stadt lebt noch immer in dieser verschlafenen Bahnstation.

Ich fragte einen Mann, der Säcke in einen Güterwagen schleppte, wo die Ruinen von Metapontum seien. Er deutete landeinwärts: Nach einigen Kilometern käme ich zur *Tavole Paladine,* dem Tisch der Ritter. Das war seit Jahrhunderten die ortsübliche Bezeichnung für die Ruinen des dorischen Tempels. Nach wenigen Minuten befand ich mich denn tatsächlich auf jener Ebene, die lange vor Christi Geburt den Reichtum Metapontums ausgemacht hatte. Hier war der Wind über riesige Getreidefelder gegangen, an die noch heute die Rückseiten der schönen Goldmünzen erinnern, die eine Weizenähre zeigen.

Erfreut stieß ich auf ein kleines Restaurant hinter Blumenrabatten, das sich jedoch – gleichfalls zu meiner Freude – als ein Museum entpuppte. Der Kurator, der mich mit einer Wärme willkommen hieß, die verriet, daß ich der erste Besucher seit langem war, erzählte mir, dieses Museum bestehe erst seit 1961. Es gibt darin nicht viel zu sehen, wenngleich jeder Tonbrocken und jedes verwitterte Bronzestück so liebevoll ausgestellt werden, als seien sie einzigartige Kostbarkeiten.

Der große dorische Tempel ragt – keine hundert Meter vom Haus entfernt – neben Gänseblümchen und Mohnblumen aus der Erde; er ist der einzige noch aufrecht stehende Überrest von Metapontum: fünfzehn Säulen, denen die Zeiten übel mitgespielt haben. Nirgendwo auf dieser Ebene, wo sich einst hunderttausendfaches Leben geregt hat, waren Menschen zu erspähen. Einer der Aufseher kam vom Museum herüber. Ich bemerkte, daß der *Tavole Paladine* wenig Ähnlichkeit habe mit einem Tisch, und der Mann pflichtete mir bei. Wie er sagte, behaupteten die Bauern, jede Säule sei einst der Sitz eines Emirs gewesen. «In diesem Fall», gab ich zu bedenken, «wären die Paladine also sarazenische Emire und keine christlichen Ritter gewesen.» Er holte tief Luft, hob die Arme und ließ sie mit der typisch italienischen Geste fallen, die fast stets von den Worten «Wer kann das wissen?» begleitet wird.

«Und wie heißt der Tempel?» fragte ich.

«Wir nennen ihn den Tempel des Pythagoras.»

Es war sinnlos, mich zu erkundigen, weshalb sie ihn so nannten oder wie alt der Name sei. Einige antike Schriftsteller haben überliefert, daß die Bürger von Metapontum nach dem

Tode des Pythagoras einen Tempel der Hera über seinem Grundstück erbauten und den Zugang wie früher gestalteten. Das Ganze habe man «Akademie» genannt. Zweieinhalb Jahrhunderte nach der Verödung Metapontums kamen römische Touristen hierher, unter ihnen Cicero, der berichtet, er habe es abgelehnt, seine Unterkunft aufzusuchen, bevor er nicht das Haus besichtigt, in dem Pythagoras gelebt und seinen letzten Atemzug getan habe. Dies legt die Vermutung nahe, daß das Haus des Pythagoras (oder ein Gebäude, welches den Touristen als solches gezeigt wurde) im Tempel der Hera erhalten geblieben war. Vielleicht aber handelt es sich um einen Irrtum, und der Tempel wurde nie an dieser Stelle errichtet. Pythagoras starb 497 v. Chr., und Cicero weilte im Jahre 43 v. Chr. in Metapontum. Ein Haus, das demnach viereinhalb Jahrhunderte alt war, konnte wohl kaum die Fährnisse von Metapontums späterer Geschichte heil überstanden haben, es sei denn, die Tempelmauern hätten es beschützt.

Das zweite noch erhaltene Relikt sei ein Apollotempel, etwa drei Kilometer weiter, meinte der Aufseher. Welch eine Stadt muß das gewesen sein! Ich fuhr über staubige Straßen vorbei an Tabakfeldern. Gelegentlich sah ich auch einen Acker mit Weizen. Den Römern, die Metapontum besuchten, wurden einstmals wunderliche Legenden über das Entstehen der Stadt erzählt. Einer der Gründer soll Epeios gewesen sein, der Erbauer des Trojanischen Pferdes. Um dies zu beweisen, wurden die Besucher in einen Tempel geführt, wo man ihnen Hämmer, Äxte und anderes Zimmermannsgerät vorwies. Eine weitere Sehenswürdigkeit für Touristen hat Herodot erwähnt, der 432 v. Chr. in dem etwa fünfundsiebzig Kilometer entfernten Thurii starb. Und zwar spricht er von der Statue des geheimnisvollen Magiers Aristaios, von dem die Sage ging, er sei von den Toten auferstanden und könne, wann immer er wolle, wieder unter den Menschen wandeln.

Die Getreideausfuhr machte Metapontum reich. Berühmt wurde die Stadt durch den Philosophen Pythagoras, der nach einer Revolte in seiner Heimatstadt dort Zuflucht gesucht hatte. Keine seiner Schriften ist auf die Nachwelt übergekommen, seine Lehre aber ist dennoch wohl bekannt. Er predigte Gelassenheit und Selbstdisziplin; er war Vegetarier, wenngleich er aus einem uns nicht bekannten Grund seinen Anhängern das Essen von Bohnen untersagte. Er glaubte auch an den therapeutischen Wert der Musik. Das Laster, so lehrte er, sei eine Erkrankung der Seele, und die Tugend werde nach dem Tode durch Umwandlung in eine höhere Daseinsform belohnt. Obwohl seine Philosophie nicht politisch gedacht war, meinte er, das öffentliche Leben könne durch eine aristokratische Elite geleitet werden. Anhänger des Pythagoras zu sein, bedeutete, einem exklusiven Klub oder Orden anzugehören. Vielleicht konnte dieser Status auch mit der Ritterschaft des Mittelalters verglichen werden oder gar mit der Freimaurerei. Es gab ein Einführungszeremoniell und gewisse Zeichen, durch die sich die Mitglieder verständigten. Pythagoras glaubte zudem an die Seelenwanderung und an die Wiederauferstehung als einen Läuterungsprozeß.

Wie viele andere griechische Städte im Süden Italiens ging Metapontum im Zweiten Punischen Krieg zugrunde. Entweder aus Furcht vor Rom oder aus Haß auf Rom machten die Bürger gemeinsame Sache mit Hannibal. Nachdem die Römer Tarentum zurückerobert hatten, schlug der karthagische Feldherr sein Hauptquartier in Metapontum auf und verlegte eine Garnison dorthin.

Eines Tages hoben die Wachen einen über die Wälle geschleuderten Gegenstand auf. Es war der Kopf Hasdrubals, des Bruders von Hannibal, den die Römer in Öl oder Wachs konserviert und von der Westküste Kalabriens hierhergebracht hatten. Auf diese schaurige Weise erfuhr Hannibal, daß die von seinem Bruder befehligte Entsatzarmee geschlagen worden war, und von Stund an wendete sich sein Glück.

Er beschloß, Metapontum aufzugeben. Erst zwei Jahre zuvor hatten die Römer die Bevölkerung von Tarentum teils abgeschlachtet, teils als Sklaven verkauft. Um Metapontum vor dem gleichen Schicksal zu bewahren, nahm Hannibal die gesamte Bevölkerung der Stadt mit sich. Was mit diesen Hunderttausenden von Menschen geschah, ist nicht überliefert. Seit jenem Jahr 207 v. Chr. jedenfalls ist Metapontum mit seinen goldenen Getreidefeldern und seinen großen Transportschiffen aus der Historie geschieden.

Cicero beschrieb Metapontum, als sei es noch immer eine Stadt gewesen; demnach müssen einige seiner Bewohner zurückgekehrt sein. Doch war es unweigerlich eine sterbende Stadt, und ohne Zweifel versetzte die Malaria ihr den letzten Stoß. Nach abermals eineinhalb Jahrhunderten nannte Pausanius es eine Ruine. «Ich weiß nicht, bei welcher Gelegenheit Metapontum zerstört worden ist, doch war zu meiner Zeit nichts übriggeblieben als das Theater und die Ringmauer.»

Ich fuhr zwischen Tabakfeldern weiter, aber kein Wegweiser zeigte dem Reisenden die Richtung. Bald hatte ich mich hoffnungslos verfahren. Endlich traf ich auf einen Mann, der seine Weintrauben mit Schwefel besprühte. Er schickte mich in die entgegengesetzte Richtung, doch fand ich auch da nichts, was mit einem Tempel Ähnlichkeit gehabt hätte. Schließlich kehrte ich zu dem Museum zurück, dessen Kurator sich höflich bereit erklärte, mich zu begleiten.

Am Rande eines Ackers stiegen wir aus und gingen auf ein zerfallenes Mauerwerk zu. Riesige Blöcke aus grauem Stein lagen in Wassertümpeln durcheinander. In dem Moment, da wir erschienen, vernahmen wir ein vielfaches Plumpsen: Frösche brachten sich durch einen eleganten Sprung in Sicherheit. Dieser Platz, so erklärte der Kurator, sei einst der Mittelpunkt von Metapontum gewesen. Er wies auf ein Tabakfeld und erzählte, die *agora,* der Marktplatz, habe sich dort erstreckt, umsäumt von Tempeln und öffentlichen Bauten. Vor etwas mehr als hundert Jahren sei der Tempel von dem Grafen de Luynes ausgegraben worden, dessen Funde in der Nationalbibliothek von Paris zu sehen sind. Ungefähr zwanzig herrliche Wasserspeier aus Terrakotta in Form von Löwenköpfen habe man entdeckt. Einige waren noch bemalt: weiß die Zähne, dunkelrot Mund und Gaumen, hellrot die Zunge. Einen ähnlichen Speier von diesem Tempel könne ich im Museum von Neapel besichtigen. Metapontum ist niemals von Wissenschaftlern ausgegraben worden. Wer weiß, was noch unter diesen Tabakfeldern ruht?

Als wir wieder im Museum waren, ging der Kurator in sein Büro und überreichte mir ein Abschiedsgeschenk. Es war eine so gut gelungene Kopie der schönen Goldmünzen von Metapontum, daß ich sie zuerst für ein echtes Stück hielt. Sie zeigt den Kopf des Leukippos, eines der legendären Stadtgründers: Er ist ein bärtiger Grieche mit Helm. Die Rückseite der Münze ist mit einer Weizenähre geschmückt. Die Originalmünzen waren ums Jahr 350 v. Chr. im Umlauf.

Mit diesem Talisman in der Tasche fuhr ich guter Dinge über die Ebene, den Bergen entgegen.

6

Ich verließ nun Apulien und befand mich im Bezirk Basilicata, das früher Lucania hieß. Der *basilikós*, auf den die Bezeichnung Basilicata zurückgeht, war der byzantinische Repräsentant des oströmischen Kaisers. Diese kleine Provinz reicht unterhalb des «Spanns» vom Ionischen bis zum Tyrrhenischen Meer.

Seit Tarent war mir aufgefallen, daß der Oleander immer öfter das Bild der Landschaft prägte, und zwar waren es keine wild wuchernden Büsche, sondern Bäumchen und zuweilen sogar stark belaubte Bäume. Ihr milchiger Saft ist giftig, und ich erinnerte mich, daß im Zweiten Weltkrieg Soldaten in Nordafrika Vergiftungen davontrugen, wenn sie ihr Fleisch an Spießen aus Oleanderholz gebraten hatten.

Norman Douglas erzählte seinem Freund Orioli, daß man die Malaria auch ohne Oleander bekommen, nie aber Oleander sehen könne, ohne malariakrank zu werden. Die Gelehrten der Klassik äußern sich ungewöhnlich zurückhaltend über die Malaria und ihren Einfluß auf die Menschen der Antike. Sie behaupten, kein ausreichender Beweis rechtfertige die Annahme, daß die griechischen Städte in Süditalien hauptsächlich als Folge dieser Krankheiten untergegangen seien; auch sei nicht erwiesen, daß die Malaria schuld sei an der Entvölkerung.

Nun, das spielt wohl auch keine große Rolle. Als sicher darf gelten, daß diese Städte verarmten, was den Rückgang der öffentlichen Arbeiten, den Mangel an Kanalisation, die Verschlammung der Häfen und die Vermehrung der Fiebermücken nach sich zog. Vor noch gar nicht so langer Zeit pflegten viele süditalienische Bauern, die in malariaverseuchten Gegenden leb-

Matera in der Basilicata

ten, des Abends mit dem Zug in die nächste Bergstadt zu fahren, um dort zu übernachten. Vielleicht passierte dergleichen auch in der Antike.

Die Oleanderbäume säumten das Tal des Bradano und die Straße ins Gebirge. Nach einigen Kilometern sah ich eine Stadt, die sich auf einer Bergspitze gegen den Himmel abzeichnete: Matera. Niemand hat diese Landschaft so eindringlich geschildert wie Carlo Levi in seinem Buch «Christus kam nur bis Eboli» – es ist ein fürchterlicher Bericht. Der Schriftsteller wurde in den dreißiger Jahren wegen seiner antifaschistischen Einstellung nach dort ins Exil geschickt. Seine Schwester, eine Ärztin aus Turin, erhielt die Erlaubnis, ihn in einer abgelegenen Ortschaft südlich von Matera zu besuchen. Sie traf mit der Eisenbahn ein und war sogleich entsetzt über den Anblick, der sich ihr bot. Damals lebte die Hälfte der aus etwa vierzigtausend Menschen bestehenden Bevölkerung in Höhlen zu beiden Seiten der Schlucht.

«So stellt sich ein Schuljunge Dantes Inferno vor», schrieb die junge Frau ihrem Bruder. «Die Türen standen, da es heiß war, offen, und als ich vorüberging, konnte ich in die Höhlen sehen, die nur durch die Vordertür Licht bekamen. Einige von ihnen hatten keinen richtigen Eingang, sondern eine Klapptür oder eine Leiter. In diesen dunklen Höhlen sah ich elendes Mobiliar, Betten und ein paar zerlumpte Kleider, die zum Trocknen aufgehängt waren. Auf der Erde lagen Hunde, Schafe, Ziegen und Schweine. Die meisten Familien haben nur eine Höhle, in der sie wohnen und gemeinsam schlafen: Männer, Frauen, Kinder und Tiere. So also leben zwanzigtausend Menschen. Ich sah eine Unmenge Kinder. Sie tauchten von allen Seiten auf, im Schmutz und in der Hitze, umschwirrt von Fliegen, splitternackt oder in Fetzen gehüllt; nie in meinem Leben habe ich ein solches Bild der Armut gesehen. Die Frauen luden mich zum Hereinkommen ein, und in den düsteren, übelriechenden Höhlen, in denen sie hausten, erblickte ich auf der Erde Kinder unter zerrissenen Decken liegen, deren Zähne im Fieber aufeinanderschlugen. Andere, die durch die Ruhr bis auf die Knochen abgemagert waren, konnten sich kaum noch dahinschleppen.»

Auf der Straße liefen der Ärztin Kinder nach und riefen ihr

etwas zu. Da sie jedoch ihren Dialekt nicht verstand, glaubte die junge Frau, sie bettelten um ein bißchen Geld für Süßigkeiten. Endlich aber fand sie heraus, was die Kinder schrien, nämlich: *«Signorina, dammi 'u chini!»* – «Signorina, geben Sie uns Chinin!»

Zunächst schien mir Matera nicht anders zu sein als eine normale italienische Stadt mit einer Piazza Vittoria Veneto, einer Via Roma und ihren abscheulichen Wohnblocks in den Außenbezirken. Als ich indessen die Kathedrale erreichte, sah ich zu meinen Füßen einen erstaunlichen Höhlenslum, dessen pittoreske Verwahrlosung in ganz Italien kein Gegenstück hat. Dies war der Ort, der die Dottoressa Levi in den dreißiger Jahren so erschüttert hatte, doch wurden seitdem beinahe zwanzigtausend Personen in neue Wohnungen umgesiedelt.

Auf beiden Seiten der Schlucht stehen die verlassenen Höhlenhäuser. Etwas Vergleichbares ist mir nie zu Gesicht gekommen. Anders als die meisten Städte, die sich ihres Elendsviertels schämen, ist man sich in Matera der Einmaligkeit dieser finsteren Höhlen durchaus bewußt und hat sogar gewisse Ausguckwinkel geschaffen, so daß der Fremde diese *sassi* genannten Kavernen auch gebührend bewundern kann.

Während ich noch sprachlos vor diesem architektonischen Alptraum stand, gesellte sich ein Mann zu mir und redete mich in einer Sprache an, die ich zuerst für einen örtlichen Dialekt hielt. Dann aber begriff ich, daß er sich ja im Englischen versuchte. Er ließ mich wissen, daß er in der britischen Armee als Dolmetscher tätig gewesen sei. Mir ist aufgefallen, daß viele Italiener, die imstande sind, *«yes»* und *«no»* zu sagen, sich unter diesem Vorwand in das Touristengeschäft hineingearbeitet haben. Immerhin war dieser da ein ganz netter Bursche, und also begaben wir uns zusammen in die *sassi*.

Sie sind schlechterdings unbeschreiblich. Mein neuer Bekannter berichtete mir, manche Leute glaubten, die ersten Bewohner von Matera seien griechische Flüchtlinge aus Küstenstädten wie Metapontum gewesen. Um diese extravagante Theorie zu erhärten, führte er eine Reihe griechischer Ausdrücke an, die im Lokaljargon im Schwange seien. Es ist merkwürdig, daß diese Menschen ihre Tradition oftmals eher auf die längst versunkene

Welt der Griechen zurückführen als auf die jüngere byzantinische Aera.

Es ist jedoch irreführend, diese *sassi* Höhlenwohnungen zu nennen. Es sind vielmehr Häuser, die über Höhlen errichtet wurden, und zwar meist auf Vorsprüngen. Sie stammen aus allen möglichen Zeiten und sind auch in allen möglichen Stilen terrassenförmig angelegt. Von Straßen kann nirgendwo die Rede sein, höchstens von Durchgängen und Stufen. Diese Behausungen, die wohl in keinem Plan verzeichnet sind, ähneln weit mehr dem Werk von Termiten als dem von Menschenhand. Ich fragte, weshalb denn einige der Höhlen durch Zementmauern versperrt seien: Dadurch sollten die *sassini* daran gehindert werden, ihre neuen ordentlichen Wohnungen zu verlassen, um wieder in ihre unsauberen Verliese zurückzukehren. Malariakranke Kinder sah ich nicht, dagegen einige gut gekleidete kleine Mädchen an einem Brunnen, denen ich Marzipan schenkte.

Im Sonnenlicht erblickte ich in einer noch bewohnten Höhle eine gebeugte alte Frau, die sich an einem hölzernen Waschtrog zu schaffen machte. Da sie mein Interesse wahrnahm, lächelte sie und forderte mich auf, doch näher zu treten. Die Höhle war sehr geräumig. Die schweren getäfelten Türen waren mindestens vier Meter fünfzig hoch. Ein Bett, das um ein Vielfaches größer war als ein übliches Doppelbett, nahm die eine Ecke ein; darüber hingen mehrere Heiligenbilder, ein Bild der Jungfrau von Matera – der Madonna della Bruna –, sowie ein Foto des Präsidenten Kennedy.

Wie sie erzählte, arbeitete einer ihrer vier Söhne für eine Straßenbaufirma in Pittsburgh. Ihr Mann war in dieser Höhle geboren worden, und sie selber war vor mehr als fünfzig Jahren als junge Braut hierhergekommen. Ihre fünf Söhne und sechs Töchter hatte sie in diesem riesigen Bett zur Welt gebracht, in dem schließlich die ganze Familie gemeinsam geschlafen hatte. Das seien noch glückliche Zeiten gewesen.

Die alte Frau blickte zu uns auf. In ihrem runzeligen Gesicht stand die Angst geschrieben, denn sie glaubte, wir kämen von der Behörde. Flehentlich bat sie, wir möchten sie doch ja in ihrer Höhle leben lassen.

Während sie mit meinem Bekannten in ihrer Mundart sprach,

schaute ich mich um. Ein Esel war an einem Ring festgebunden. Hühner hüpften kreuz und quer durch das Gemach. Es mag unhygienisch gewesen sein, dennoch wirkte diese Szene recht friedlich auf mich.

Dann besuchten wir Höhlenkirchen, deren Wände noch mit den Fresken verblaßter Heiliger geschmückt waren: Steife byzantinische Gestalten mit starren Augen reckten die Finger empor. In einer kleinen Kirche war eine *Ikonostase* aus dem Stein gehauen. Schließlich betraten wir die Kathedrale, die im Jahre 1268 erbaut worden war. Mit Ausnahme der byzantinischen Säulen des Schiffs war nahezu alles unter Barockstuck begraben. Dann sahen wir die Madonna della Bruna. Einmal im Jahr wird sie, begleitet von einer berittenen Eskorte, auf einem von Maultieren gezogenen Triumphwagen rund um die Stadt gefahren. In dem Augenblick, da sie wieder in der Kirche verschwindet, stürzt sich die Menge auf den Wagen, um ihn mit Fußtritten und Messern zu demolieren. Diese Holzsplitter behütet man als Amulett, um sicher durch die nächsten zwölf Monate zu kommen.

7

Die Neustadt von Matera zeichnet sich durch eines der besten Museen Süditaliens aus. Es ist das Ridola-Museum, das von einem angesehenen Bürger begründet und vor fünfzig Jahren dem Staat vermacht wurde. Die Ausstellungsstücke sind chronologisch geordnet; das Hauptgewicht liegt auf der prähistorischen Abteilung. Einige der griechischen Keramiken sind sehr schön. Mich interessierte eine außergewöhnliche Sammlung von Holz- und Knochenschnitzereien, die Schäfer angefertigt haben: Spazierstöcke, Musikinstrumente, Tiere und Vögel. Ferner gibt es eine hübsche Sammlung von Gegenständen, die bei Freudenfeuern und aus Schutthaufen gerettet wurden: Spinnrocken, Spinnräder, Holzeimer und allerlei Küchenutensilien.

Ich brach am frühen Morgen auf und fand es rührend, daß Don Eugenio, mein selbsternannter Fremdenführer, sich zum Lebewohl eingefunden hatte. Er drückte mir ein Pappkästchen in die Hand, das kaum größer war als eine Streichholzschachtel.

Darin lag ein Stückchen von glasiertem Holz. Es stammte von einem Triumphwagen der Madonna della Bruna.

«Es wird Ihnen Glück bringen», versicherte er.

Die Gebirgsstraße stellte meine Nerven auf eine harte Probe. Der Morgen war indessen herrlich. Wolkenschatten krochen über die fernen Ebenen; die baumlose Landschaft mit gelben Stoppelfeldern in den Tälern und reifem Weizen auf den Bergen reichte bis zum Horizont. Die schöne Farbabstufung von Goldgelb, Umbra und Siena wurde nur im Norden unterbrochen, wo der Himmel sich im See von S. Giuliano spiegelte. Kein Lebewesen begegnete mir weit und breit. Nur ganz in der Ferne, wo die Sonne auf den Berggipfeln lag, deutete ein weißer Schimmer Städtchen und Dörfer an. Ich traf auch kein Auto, nicht einmal einen Maultiertreiber mit seinen Körben. Allein die Falken stießen durch die Lüfte, manchmal hoch über mir, manchmal tief in den Tälern.

Diese Landschaft hat Carlo Levi unvergleichlich beschrieben. Tief im Südosten, unsichtbar für mich, lagen Gagliano und Stigliano, zwei der einsamen Bergnester, in die der Schriftsteller verbannt wurde. Vor mir lag Grassano, wo sein Exil begonnen hatte. Anders als Ovid, der in eine ähnliche Einöde zwangsweise verschickt worden war, wo er kaum mehr tat, als sein Mißgeschick zu bejammern, nutzte Levi sein Exil, um das Leben der Bauern von Grund auf kennenzulernen. Sein Buch ist das beste dieser Art über Süditalien.

Carlo Levi nannte diesen unbekannten Teil Italiens eine Welt, die eingepfercht sei in ihr Brauchtum und ihre Kümmernis. Die Geschichte und der Staat hätten diese Region vergessen. Die Menschen dort seien an eine immerwährende Geduld gewöhnt. Ohne Trost und Erquickung verbringe der Bauer sein Dasein auf unfruchtbarem Boden in Armut und in der steten Allgegenwart des Todes.

Bald fuhr ich auf der Straße nach Grassano hoch, einem weit auseinandergezogenen Dorf. In einigen Gassen baumelten elektrische Lichter an Pfosten. Nirgendwo sah ich einen Laden. Frauen in Schwarz, die unter ihrer Tür standen, musterten mich argwöhnisch. Kinder spielten im Staub, Hühner pickten in Abfällen. Einige Frauen mit schwarzen Tüchern über den Köpfen beteten in der Kirche. In einem zerbrochenen Glassarg lag die Gestalt eines römischen Centurio. Seine Rüstung bestand aus Pappe, aber auch er war zerbrochen: Stroh und Häcksel quollen ihm aus der Seite. Eine Frau flüsterte mir zu, dies sei der heilige Donatus, und man wolle eine Kollekte veranstalten, damit er wieder in Ordnung gebracht werden könne. Welch einen heiligen Donatus er darstellen sollte, wußte ich nicht. Es gibt ihrer mehrere, darunter den Märtyrer von Arezzo und den Bischof von Fiesole, der Macht über die Wölfe besessen haben soll.

Ich ging in den oberen Teil von Grassano, das genauso aussieht, wie Levi es beschrieben hat. Ein Schwein wühlte im Kehricht. Kinder hetzten eine Ziege. Ich fand keine Erwachsenen, nicht einmal jene Greise, die sonst wie alte Eidechsen auf Mauern sitzen und sich von der Sonne wärmen lassen. Endlich aber traf ich doch einen gebildet wirkenden Mann, der mit dem Geistlichen des Weges geschritten kam. Er trug einen guten grauen Anzug und hatte einen grauen Filzhut gerade auf dem Kopfe

Potenza; Provinzial-Museum

sitzen. Ich grüßte und erkundigte mich, ob sie sich noch an Carlo Levi erinnerten. Diese Frage war ein Fehler. Ich hatte den Finger auf einen offenen Nerv gelegt. Mit einem Blick auf den Priester, als erheische er dessen Zustimmung, erwiderte der Mann voller Abscheu:

«Christus kam nur bis Eboli! Welch eine Verruchtheit!» Er spreizte die Arme. «Christus ist überall!»

Die Augen des Pfarrers funkelten wie zur Bestätigung hinter seiner Brille. Beide wandten sich ab und setzten ihren Gang fort.

Die meisten der Frauen schienen bei Jahren oder schon alt zu sein. Als ich jedoch eine nach dem Café fragte, hatte ich den Eindruck, sie könnte eigentlich nicht älter als dreißig sein. Eine Frau von dreißig indessen, die fünf bis acht Kinder geboren, die nie ein Vollbad genommen, die nie einen freien Tag in ihrer Tretmühle erlebt hat und die nie bei einem Dentisten oder Friseur gewesen ist – eine solche Frau muß natürlich älter aussehen, als sie ist. Levi hat geschrieben, diese Frauen seien voller Liebe und Leidenschaft. Es war schwer zu glauben, daß diese hexenähnlichen Wesen (Hexen sowohl von Angesicht als auch in ihrer Erscheinung) zarter Regungen fähig sein sollten. Immerhin jedoch wurde Levi sogleich bei seiner Ankunft in Grassano vom Arzt gewarnt:

«Es sind gute Menschen, aber sie sind primitiv. Vor allem hüten Sie sich vor den Frauen. Sie sind ein junger Mann und ein gutaussehender obendrein. Nehmen Sie ja nichts von einer Frau an, weder Wein noch Kaffee, nichts zum Essen und nichts zum Trinken. Sie würden sicher ein Liebesmittel hineinmischen. Der Bürgermeister weiß, daß ich recht habe. Diese Liebestränke sind unangenehm im Geschmack, geradezu ekelhaft.»

Nun, sagte ich mir, um aus einer dieser armen Frauen eine Helena zu machen, müßte man gewiß einen umwerfenden Liebestrank kochen; anscheinend aber waren sie der Liebe dennoch fähig, denn anders wäre die Bevölkerung längst ausgestorben.

Müde von der strapaziösen Fahrt, verbrachte ich die Nacht in Potenza. Mein Schlafzimmer lag im fünften Stock eines bemerkenswerten neuen Hotels. Die kühle Luft drang von den Hängen und Gipfeln der Berge durchs Fenster. Die Stadt, die etwa neunhundert Meter oberhalb des Meeresspiegels gelegen ist, wurde seit dem dreizehnten Jahrhundert so oft durch Erdbeben zerstört, daß fast alle Gebäude neueren Datums sind. Ein Rest des Mittelalters jedoch hat die Zeiten überdauert: ein beinahe spanisch anmutender Korso, wohin ich mich nach Anbruch der Dunkelheit begab. Die jungen Männer und Mädchen von Potenza spazierten in ihrem besten Staat auf und ab, beäugten sich zwei Stunden sittsam und feierlich, und nur gelegentlich war ein unterdrücktes Kichern zu hören; manchmal riskierte jemand einen schnellen Blick über die Schulter.

Am nächsten Morgen wurde ich mehrfach bei meiner Weiterfahrt durch Arbeiter behindert, die Felsen sprengten, um neue Straßen und Viadukte zu bauen, welche alle nach dem Süden führen sollen. Statt mir mühsam mit dem Wagen meinen Weg hinauf in die Berge zu bahnen, parkte ich lieber auf einer kleinen Piazza dicht vor der Tür einer Weinhandlung. Die stramme Besitzerin stand, die Hände in die Seiten gestemmt, da, als sei sie dem «Decamerone» entsprungen. Sie hatte ein verführerisches und irgendwie komplizenhaftes Wesen. Als ich fragte, ob sie mir wohl etwas zum Essen kochen könne, bejahte sie sofort. Ja, flüsterte sie geheimnistuerisch, ein paar Artischocken in Öl mit Anchovis, dazu ein Beefsteak, das sie selber zubereiten werde. Ob ich in zwanzig Minuten wiederkommen wolle?

Ich schlenderte zu dem großen Marktplatz hinab, wo ich einen Zeitungsladen fand. Der Mann glaubte, er habe ein Exemplar von «Christus kam nur bis Eboli», und nachdem er eine Weile überall herumgekramt hatte, entdeckte er es endlich unter mancherlei Zeug. Ich war entsetzt, als er mir mitteilte, dieses Buch habe er nie gelesen.

Eboli hat als Schutzpatron den heiligen Vitus, einen Sizilianer. Auf dem Rückweg zur Weinhandlung besuchte ich die Kirche S. Maria della Pieta di Eboli, wo ich ein eindrucksvolles Barockfenster sah, das die Kreuzabnahme darstellte. Die lebensgroßen Figuren wurden vom Tageslicht erhellt, das vom oberen Rand des Tableaus einfiel, und zwar so geschickt, daß die Figuren dramatisch wirkten.

Nach dem Essen winkten mir die fröhliche *padrona* und ihr Mann nach, als ich den Weg nach Salerno einschlug. Dort allerdings hatten die Touristen die Macht an sich gerissen. Das Hotel war überfüllt. Ein Omnibus hatte soeben eine Ladung Frauen aus den Vereinigten Staaten abgesetzt. Die Leute vom Hotel standen mit düsterer Miene vor den Kofferbergen. Fragen und Klagen durchschnitten die Luft: «Ist Post für Mr. Wannamaker da?» – «Hören Sie mal, Portier, man hat mir einen falschen Schlüssel gegeben.» – «Die Klimaanlage auf Zimmer 506 funktioniert ja gar nicht.» – «Haben Sie einen Friseur im Hotel?»

In Salerno gefielen mir lediglich der Fisch- und der Gemüsemarkt sowie das Museum und die prächtige Kathedrale. Dann besichtigte ich den Golf, wobei mir einfiel, daß dieses Salerno jenen jungen Engländern und Amerikanern ein ganz anderes Bild geboten haben mußte, die im Herbst 1943 hier an Land gingen und sich der 16. Panzerdivision gegenübersahen. Danach bummelte ich durch die Straßen und fragte mich, wo die einst so berühmte medizinische Fakultät ihren Sitz gehabt haben mochte. Sie existierte vom Mittelalter bis zum 19. Jahrhundert; erst unter Murat wurde sie geschlossen. Einer der prominentesten Patienten war Robert von der Normandie, der älteste Sohn Wilhelms des Eroberers, der sich hier auf dem Heimweg von einem Kreuzzug behandeln ließ; er litt an einer Pfeilwunde, die septisch geworden war.

Diese Schule war bereits ehrwürdig, als Kaiser Friedrich II. sie neu organisierte und allen Ärzten das Praktizieren verbot, wenn sie kein Diplom besaßen, das erst nach achtjährigem Studium erteilt wurde. Der Praktikant mußte auch die Chirurgie erlernen. Die Ärzte hatten sich eidlich zu verpflichten, ihre Medizinen nur bei einwandfreien Apothekern zu besorgen. Die Armen waren kostenlos zu behandeln. Die Gebührenliste erlaubte es einem Arzt, ein höheres Honorar zu verlangen, falls der Patient außerhalb der Stadtmauern wohnte. Die ärztliche Kunst stand im dreizehnten Jahrhundert auf hoher Stufe, da der Kaiser selbst ein bedeutender Naturwissenschaftler und ein fanatischer Befürworter des einfachen Lebens war, der größten Wert auf Hygiene und Bäder legte.

Nachdem ich durch enge und laute Straßen zu der Kathedrale gelangt war, erkannte ich, daß ich einen Kreis geschlossen hatte: Nun befand ich mich wieder in der gewalttätigen Welt des Robert Guiscard. Diese Kathedrale war in gewissem Sinn sein Epitaph und zugleich ein Denkmal der Eroberung Süditaliens durch die Normannen. Wer sich auf die Mauer außerhalb des Löwentores setzt, wird einen herrlichen Blick auf die Vorhalle genießen. Während der Guiscard den Oströmischen Kaiser befehdete, durchwühlten seine Architekten und Bauherren die erst vor kurzem verödete Stadt Paestum auf der Suche nach den achtundzwanzig Marmorsäulen, die heute rund um diesen schönen Hof stehen. Ich kenne keinen edleren Eingang zu einer frühchristlichen Kirche. Der Brunnen in der Mitte gemahnt uns an die Sitte, die Hand als Zeichen der Reinigung ins Wasser zu tauchen, ehe man die Basilika betritt.

Gleich einigen der größten Kirchen jener Epoche stammen die Hauptportale auch dieser Kathedrale aus den Bronzegießereien von Konstantinopel, und ihre vierundfünfzig Füllungen waren früher mit Silber eingelegt. Gegenüber steht eine Kirche, welche die herabsetzenden Bemerkungen in einigen Reisehandbüchern nicht verdient: Dort wird behauptet, sie sei bei einer Restaurierung verschandelt worden, was keineswegs zutrifft. Diese Kirche ist vielmehr, was sie immer war: eines der größten Monumente der normannischen Macht in Italien. Wer die Geschichte des mittelalterlichen Roms studiert, wird sie mit einer der schlimmsten Katastrophen der Ewigen Stadt in Verbindung bringen, nämlich mit der Brandschatzung durch die Normannen im Jahre 1084.

Dieser Kirchenbau war vollendet, aber noch nicht eingesegnet, als der Guiscard die Nachricht erhielt, Kaiser Heinrich IV. habe Papst Gregor VII. – den großen Hildebrand – für abgesetzt erklärt, der darauf in der Engelsburg Zuflucht gesucht und den Guiscard um Hilfe angerufen hatte. Ich habe schon erwähnt, daß Robert Guiscard seinen Feldzug gegen den oströmischen Kaiser abbrach und heimeilte, um nun den weströmischen Kaiser zu bekriegen. Er marschierte mit einem starken Heer aus Normannen, Kalabresen und Sarazenen nach Rom, das die Stadt plünderte und dann in Brand setzte, da die Römer sich zur Wehr gesetzt hatten. Ein Schriftsteller aus alter Zeit, Odericus Vitalis, meint, der Guiscard habe Rom gänzlich auslöschen wollen und von diesem Vorhaben erst abgelassen, als Gregor sich ihm zu Füßen warf.

Im Juli 1084 verließ der Papst die rauchenden Trümmer Roms und reiste mit Robert Guiscard nach Salerno. Im Jahre danach segnete er die Kathedrale ein, und ein paar Wochen später, auf seinem Totenbett, erteilte er allen Absolution, die er exkommuniziert hatte (nur Heinrich IV. und dem Gegenpapst Clemens III. nicht). Dabei sprach er die am häufigsten zitierten Worte eines Papstes aus: «Ich habe die Gerechtigkeit geliebt und die Ungerechtigkeit gehaßt; deshalb sterbe ich in der Verbannung.» Weniger als zwei Monate darauf starb auch der Guiscard, vermutlich an Typhus, als er abermals zum Kriegszug gegen den Kaiser des Oströmischen Reiches rüstete.

Während ich über all diese Begebenheiten nachdachte, kam ich zu einer Seitenkapelle, deren Altar verglast war. Im Flutlicht lag die Figur eines Papstes. Seine Hände waren gefaltet. Er trug eine Tiara von antiker Form. Sein goldbesticktes Ornat war mit Medaillons geschmückt, die Vögel und Kreuze byzantinischen Ursprungs enthielten. Die Füße staken in roten Pantoffeln. Diese Figur soll Gregor VII. darstellen. Neben mir stand eine hübsche junge Frau und starrte durch die Glasscheiben. Ich bemerkte, daß ihr Tränen über die Wangen liefen, und wunderte mich darüber. War es denn in der Tat nicht eigentümlich, daß ein Pontifex, der vor mehr als neun Jahrhunderten gestorben ist, auf eine junge Frau von heute einen solchen Eindruck machte?

7

Ein Balkon in Neapel – Das wahnsinnige Verkehrsgewühle – Neapolitanische Legenden – Das Blut des heiligen Januarius – Die Gestik der Neapolitaner – Die Bourbonen – Sir William Hamilton, seine Emma und Lord Nelson – Der Palast von Caserta – Capua und sein Kolosseum – Die Phlegräischen Felder – In Pozzuoli – Die Sibylle von Cumae – Auf dem Vesuv

1

Mein hochgelegenes Zimmer in Neapel hatte einen Balkon vis-à-vis dem dräuenden Castel dell'Ovo. Von dort aus konnte ich den Felsen, die düstere Festung sowie den kleinen Hafen in deren Schatten mit den vielen Touristenlokalen genau betrachten. Das berühmte «Neapel-sehen-und-sterben»-Panorama zu meiner Linken wurde durch die Häuser der Via Parthenope jäh beschnitten, was mir indessen nichts ausmachte. Ich zog dieses «Ei»-Schloß vor, das mich sehr beschäftigte.

Zuvor war ich nur zweimal kurz in Neapel gewesen, und zwar in den dreißiger Jahren, als eine weiße Rauchwolke aus dem Vesuv quoll und er des Nachts zuweilen leuchtete. Im Jahre 1944 hat der Vulkan wiederum eine Ruhepause eingelegt, und die Wolke ist nun verschwunden, wodurch der Vesuv für mich viel von seiner Eigenart verloren hat. Er ist heute eben ein Berg wie jeder andere auch. Eine ganze Generation ist mittlerweile in Neapel herangewachsen, die niemals dieses phantastische Fragezeichen am Himmel gesehen hat. Nur ältere Leute wissen noch, wie sehr man diese pittoreske Blüte aus Rauch und Dampf vermißt, die beständig auf- und niederwogte und nach der man sich hundertmal am Tag umwandte, als wäre sie ein Barometer oder ein Orakel. Damals nannten die Neapolitaner den Vesuv: «Ihn».

Sie pflegten zu sagen: «Heute qualmt er ja mächtig», oder: «Gerade jetzt ist er ziemlich still.»

Unter mir, auf der Via Parthenope, rollte in Viererreihen der Einbahnverkehr, der weder bei Tage noch bei Nacht jemals aufhörte. Neapel hat weniger breite Straßen als die meisten Städte von seiner Größe, folglich gleicht der Verkehr einem Alptraum. Aber das ist nichts Neues: Lediglich die Art der Stauungen hat sich geändert. Im siebzehnten Jahrhundert beunruhigte das Durcheinander der Sänften und Fuhrwerke die Zeitgenossen genau so, wie uns heutzutage das Rasen der Automobile aufregt.

Meine Methode, in dem Gewimmel nicht unter die Räder zu kommen, sieht so aus: Ich suche mir einen Fußgängerüberweg, werfe einen Arm in der abrupten Gebärde eines römischen Schauspielers, der den Cassius darzustellen hat, steil in die Höhe, verlasse das Trottoir und beginne die Straße zu überqueren. Der Arm muß entschlossen emporgereckt bleiben, bis die andere Seite erreicht ist. Wer schwach wird, ist verloren. Beim geringsten Zeichen der Unentschlossenheit würden die Fahrer der vier Bahnen den Verzagten sofort mit Freuden hilflos einkreisen. Es handelt sich hierbei in der Tat um einen Kampf, bei dem der stärkere Wille siegt, wenngleich ich gern zugebe, daß nahezu alle italienischen Autofahrer stets mit dem Fuß auf der Bremse fahren und imstande sind, notfalls binnen einer Spanne von dreißig Zentimetern zu stoppen.

Was ich jeden Morgen – manchmal schon vor Sonnenaufgang – im graublauen Meer aufragen sah, war das alte «Ei»-Schloß, das sich gewaltig und ungeschlacht gegen den Himmel abzeichnete, an dem die Sterne just verblaßt waren. Zu dieser Stunde machten die Fischer ihre Boote los und ruderten hinaus: einige, um Seegras samt den daranhaftenden Austern und Muscheln aus dem Wasser zu bergen, andere, um den Hafen zu verlassen und im offenen Meer zu fischen. Ich stellte mir vor, daß griechische Reisende der Antike diese Szenerie sogleich wiedererkennen würden. Seit fast zweitausend Jahren hat es wohl keinen Tag gegeben, an dem nicht Männer zum Fischfang hinausgefahren wären.

An dieser Stelle ist Neapel entstanden. Das Felsenschloß, einst eine Insel, war der Ort, wo der griechischen Mythologie zufolge der Leichnam der Sirene Parthenope an die Küste geschwemmt wurde, nachdem Odysseus ihren betörenden Gesang vernommen hatte. Ihr Name bedeutet soviel wie «Jungfrauengesicht» (wohl kaum die auf Neapel zutreffende Bezeichnung). Doch hat dieser Name alle Zeitläufte überdauert. Vergil und alle Dichter nach ihm haben ihn erwähnt; unter dem kurzen Regime Masaniellos hieß Neapel «Parthenopäische Republik»; und so heißt denn auch die Straße an der Küste Via Parthenope. Die Boote, die nach Capri übersetzen, gehören der «Societa Parthenopea», wodurch auch diese Insel mit den Sirenen in Verbindung gebracht wäre.

Wenn auch das Castel dell'Ovo (bisher jedenfalls) niemals dem Publikum zugängig war, wurde mir doch versichert, daß dieses immense Labyrinth in Kürze eine der Sehenswürdigkeiten Neapels sein werde. Wenn die Architekten und Restauratoren ihr Werk vollendet haben, möchte ich prophezeien, daß dieses düstere Bollwerk eines der Wunder Italiens sein wird. Bisher ist nur wenig darüber bekannt geworden. Selbst jene, die sich die Mühe gemacht haben, eine Genehmigung des Kriegsministeriums zu erlangen, erinnern sich bloß noch wirr an dunkle Gänge und schauerliche Kasematten, an eine Kapelle aus dem siebzehnten Jahrhundert und neben schrecklichen Verliesen an Marmorsäulen, die angeblich aus der Villa des Lucullus stammen, welche fünfzig Jahre vor Christi Geburt auf dem Felsen errichtet worden war. Die Fischteiche, Bankettsäle, Parks und Gärten erstreckten sich bis aufs Festland.

Diese Villa muß jahrhundertelang in ihrem ursprünglichen Stil erhalten geblieben sein, denn ihr geheimnisvollster Gast traf erst im Jahre 475 n. Chr. ein: Augustulus Romanus, der letzte der Cäsaren. Er war in Ravenna gewählt worden, doch statt ihn kurzerhand umzubringen, zwang ihn ein gotischer Oberherr lediglich zur Abdankung. Mit ungewöhnlicher Rücksichtnahme und «weil er so jung, schön und unschuldig war», setzte man ihm eine Pension in Gold aus und schickte ihn ins Exil: in die einstige Villa des Lucullus. Was der Jüngling mit seinem Leben anfing, ist nicht überliefert. In dieser schönen Landschaft verschwand der letzte in der Reihe römischer Kaiser, die das Imperium fünf Jahrhunderte lang beherrscht hatten, aus der Geschichte.

Im Mittelalter glaubten die Leute, Vergil sei ein Hexenmeister gewesen. Damals ging die Legende um, er habe das Kastell auf einem Ei errichtet, das vom Meeresboden im Gleichgewicht gehalten wurde – eine Geschichte, die zumindest den Namen Castel dell'Ovo erklärt. Tatsächlich jedoch wurde das Kastell von Wilhelm I. von Sizilien wieder aufgebaut und später von Kaiser Friedrich II. vergrößert, der dort seine Schätze hüten ließ. Im Jahre 1309, unter der Herrschaft von Robert dem Weisen, wurde die Kapelle des Erlösers von Giotto ausgemalt; freilich sind keine Spuren davon übriggeblieben. Die Verliese sind so finster und so von Tragik umwittert wie die des Towers in London.

Abends fallen farbige Lichter in das Wasser des Hafens. Speisetische werden auf den Kai gestellt. Musikanten spielen in allen Restaurants. Bekommt er ein gutes Trinkgeld, dann schmettert ein Tenor «O Sole mio» oder «Bella Napoli». Heimlich springt eine der Hafenkatzen von einem Boot ins nächste, wie es die Eichhörnchen im Walde tun, und ein Fischer rudert mit irgendeinem Auftrag davon. Sein Schatten verzerrt den Widerschein der Neonlichter zu einem Strudel, der rot, grün und golden gleißt, ehe die Wellen sich wieder glätten. Im Hintergrund verhüllt das antike Kastell gleich einem Berg oder einem schlafenden Leviathan die ungezählten Sterne. Nirgendwo sonst ißt man unwissentlich in Gegenwart so vieler Geister.

2

«Neapel wird mit Recht als Paradies der Teufel beschrieben, doch sind es lebhafte und amüsante Teufel: sorglos und faul, gutmütig und diebisch, freundlich und lügnerisch, immerzu lachend – sofern man sie nicht hintergehen will; dann werden sie ihren besten Freund ohne weiteres niederstechen. Fast jedermann in Neapel betrügt, aber sie betrügen auf möglichst nette Weise. Nahezu alle Beamten unterschlagen, und wahrscheinlich gelangen nicht mehr als zwei Drittel aller Steuergelder in den Fiskus. Wenn ein Reisender beraubt wird, erhält er niemals eine Entschädigung, denn es würde unmöglich sein, einen Beweis zu

Neapel

erbringen oder einen Richter zu finden, der furchtlos genug wäre, ein Urteil zu fällen. Sehr wenig braucht man freilich in Neapel für seinen Lebensunterhalt. Tausende halten ein Bohnengericht am Mittag für ein üppiges Mahl, während diese schreckliche Zutat namens Pizza (gebackener Teig mit Knoblauch, ranzigem Speck und scharfem Käse) geradezu als eine Feiertagsspeise betrachtet wird.»

Das hat Augustus Hare im Jahre 1883 geschrieben. Natürlich hat die Zeit (und vielleicht auch die sparsamere Verwendung von Knoblauch) die Pizza gesellschaftsfähig gemacht, doch was alles Übrige anlangt, so ist Hares Urteil auch heute noch zutreffend. Ich selber allerdings glaube, daß niemand, der nicht das neapolitanische Italienisch perfekt zu sprechen weiß und auch nicht auf vertrautem Fuß steht mit vielen Neapolitanern, ein Recht hat, sich ein Urteil zu bilden.

Die Tage, an denen ich durch das alte Neapel spazierte, waren erschöpfend, aber auch faszinierend. Ich entdeckte Straßen, wo unter reichbestückten Wäscheleinen Kinder herumrannten und schrien, während die nächste Generation bereits stolz unter Schürzen und Umstandskleidern einhergetragen wurde. Ich habe erlebt, daß mein flüchtiger Blick in Kellerräume freudig von Leuten erwidert wurde, die im Bett lagen. Und ich bin in Gassen gewesen, wo Individualisten – statt in Fabriken zu arbeiten – lieber mit Hammer und Säge in winzigen zellengleichen Werkstätten bosselten, die offenstanden, so daß sie jederzeit einen Klatsch mit ihren Freunden halten konnten. Dieses laute Treiben wird von Matronen beherrscht, die von Balkon zu Balkon einander Botschaften zuschreien. Man führt ein Leben mitten im Tumult. Einsamkeit, diese zersetzende Säure der Seele, ist von dort verbannt.

Es darf nicht vergessen werden, daß jeder Slumbewohner Neapels einen fürstlichen Salon besitzt, der nur wenige Schritte entfernt ist von seinem *basso* (so werden die Keller genannt); und wenn er auch auf der Straße kochen und essen mag, so steht es ihm doch frei, sich der Erholung und der Stille in vergoldeten Hallen des siebzehnten Jahrhunderts zu erfreuen. Ich meine natürlich die Kirchen. Nachdem ich ihrer hundertvierzig gezählt hatte, darunter drei Katakomben (von denen ich eine für eindrucksvoller hielt als die in Rom), gab ich es auf. Ich habe etwa dreißig Kirchen besucht, und in jeder begegnete ich den Matronen, die für einen Moment hereinkommen, um friedlich zu beten und die Knie zu beugen vor einem der vielen christlichen Bilder der Hera oder der Venus Genetrix.

Einmal kam ich in die schöne Kirche von San Lorenzo, wo Boccaccio zum ersten Male Fiametta sah und sich augenblicklich in sie verliebte. Manche glauben, sie sei die natürliche Tochter Roberts des Weisen gewesen und habe eigentlich Maria geheißen. Diese auf der Stelle und für immer geliebten Frauen des Mittelalters waren ein bezauberndes Trio: Beatrice, Laura und Fiametta. Boccaccio traf seine Fiametta im Jahre 1341, als ein anderer großer Liebender, nämlich Petrarca, gerade in Neapel einzog: Robert der Weise wollte ihn examinieren, um sicher zu sein, daß der Poet den Lorbeerkranz auch verdiente, den ihm der Senat von Rom angeboten hatte. Dichter und König plauderten drei Tage lang miteinander.

Als ich den Kreuzgang betrat, wo man noch immer dabei war, die Schäden der Bombenangriffe des Zweiten Weltkrieges zu beheben, führte mich ein Franziskaner in das Kloster, wo Petrarca als Abgesandter des Papstes geweilt hatte. Vier Jahre waren seit seinem Diskurs mit dem König vergangen; inzwischen war die Enkelin Roberts, Johanna I., Königin geworden. Wir stiegen die ausgetretenen Stufen hinauf, über die auch Petrarca gegangen war, als er sein Schlafgemach im Gästequartier aufsuchte. Ich fragte mich, in welchem der großen alten Räume er wohl jene Nacht des fürchterlichen Sturms im Jahre 1345 verbracht haben mochte, als die Mönche mit Fackeln und Reliquiaren hereinstürzten und gemeinsam mit dem Dichter zur Kapelle hinabeilten, um die Stunden bis zum Morgen auf den Knien zu verbringen, derweilen im Golf Schiffe untergingen und der Sturm in Neapel wütete.

Die bedeutendste der vielen Kirchen ist die Kathedrale, die dem wundertätigen Januarius (oder Gennaro) geweiht ist, einem Heiligen, der die Stadt vor Naturkatastrophen beschützt und auch ihre sonstigen Interessen im Himmel zu vertreten hat. Der Bau wurde an einer Stelle errichtet, wo einst ein Tempel des Apollo stand. Wer dort getauft wird, empfängt das Weihwasser aus einer riesigen Basalturne, die mit bacchantischen Symbolen verziert ist und aus dem Tempel des Dionysius stammen soll. In der Kathedrale werden das Haupt und das Blut des heiligen Januarius in einer reich geschmückten Kapelle aufbewahrt, die golden und silbern glänzt und mit kostbaren Marmorsteinen versehen ist. Ein roter Brokatvorhang verbirgt die Silbertüren einer Kammer hinter dem Altar, die nur mit mehreren Schlüsseln geöffnet werden können, welche sich in den Händen einiger hoher Kleriker befinden. Diese Kammer birgt Neapels Schatz: die Phiole mit der festen braunen Substanz, die das Blut des Januarius sein soll, der 305 n. Chr. den Märtyrertod erlitt. Dreimal im Jahr, am ersten Sonntag im Mai, am 19. September und am 16. Dezember, wird das Blut im Verlauf einer recht geräuschvollen Zeremonie verflüssigt; manchmal leuchtet es dann hellrot und scheint – wie Augenzeugen behaupten – zu «kochen».

Das Reliquiar ist rund und ähnelt in Größe und Form einem Handspiegel. Unter Glas sind die beiden Phiolen mit dem «heiligen Blut» zu sehen. Die Substanz ist niemals chemisch untersucht worden, weshalb niemand wirklich weiß, ob es sich nun wirklich um Blut handelt oder um etwas anderes.

Während der französischen Besatzung von Neapel weigerte sich das Blut einmal, zu fließen, was einen höchst demoralisierenden Einfluß auf die Bevölkerung hatte. Daraufhin drohte der französische Oberkommandierende, er werde den Erzbischof und den Klerus an die Wand stellen lassen, falls das Wunder nicht binnen zehn Minuten eintrete. Die Wirkung zeigte sich sogleich: Das Blut wurde flüssig. Großes Ärgernis erregte im achtzehnten Jahrhundert der Prinz von San Severo, ein Amateurchemiker und Erfinder, der aller Welt erklärte, dieses Phänomen könne er selber auch produzieren. «Er konstruierte ein Reliquiar ähnlich jenem, welches das Blut des Heiligen enthält», schreibt Harold Acton in seinem Buch «The Bourbons of Naples», «sowie Phiolen von der nämlichen Form, die mit einer Mixtur aus Gold, Quecksilber und Zinnober gefüllt waren und deren Farbe an geronnenes Blut erinnerte. Um sie flüssig zu machen, mußte Quecksilber in den hohlen Rand gefüllt werden, der mit einer Klappe versehen war, die sich öffnen ließ, so daß das Quecksilber in die Phiolen floß, wenn man das Reliquiar umdrehte. Der Prinz pflegte seine Gäste mit solchen Zaubertricks zu unterhalten.»

Die wilden Szenen, die sich vor und nach dem angeblichen Wunder in der Kirche abspielten, haben einige Beobachter an heidnische Zeremonien denken lassen. Als ich aus der prachtvollen Kirche kam und wieder auf der von Lärm erfüllten Straße stand, dachte ich an die antike Welt, vor allem an das antike Griechenland, und an die Gestalten eines Aristophanes. Hier, so sagte ich mir, sind das zotige Gelächter, die erdhafte Weisheit, der Fatalismus der attischen Komödie; und viele der Gesten, welche mir auffielen, waren gewiß auch schon in Herculaneum und Pompeji zu beobachten gewesen.

Wer die ausdrucksvollen neapolitanischen Gebärden studieren will, muß seine Augen auf den Straßen und in den Cafés offenhalten. Es ist hier nicht die Rede von dem übertriebenen Armeschwenken des Bühnenitalieners; die neapolitanische Gestik ist vielmehr bemerkenswert wegen ihrer fast unauffälligen

Raffinesse, die schon zur mimischen Kunst gerechnet werden muß. Diese Gesten sind in der Unterhaltung das, was bei einem Lied die Klavierbegleitung ist. Es wäre unmöglich, sie zu erfinden; diese stumme Sprache muß jahrhunderteealt sein.

Die beredsamste aller Gesten ist wohl das kaum wahrnehmbare Achselzucken. Dieses höchst vielsagende Zusammenziehen und Entspannen der Schultermuskeln entgeht einem Fremden zumeist, obgleich es eine ganze Skala von Gefühlsäußerungen verrät: Skepsis oder Mitleid, Kummer oder Verachtung. Arme, Hände und – als Wichtigstes – auch das Ein- und Ausatmen spielen dabei eine Rolle. Dieses Schulterzucken erscheint mir gewissermaßen als die Basis aller Gestik.

Ein Nordeuropäer, dem eine zu verneinende Frage gestellt wird, antwortet mit einem «Nein»; der Süditaliener hingegen wird dieses Wort nicht aussprechen; dennoch gelingt es ihm, ein niederschmetterndes «Nein» durch langsames Heben des Kopfes auszudrücken. Zugleich blickt er den Fragesteller fest an. Die Polizeibeamten sind mit diesem Gebärdenspiel wohlvertraut, das im übrigen vor Gericht unentbehrlich ist. Es kann «Ja», «Nein», «Vielleicht» oder aber auch «Gehen Sie zum Teufel!» bedeuten.

Desgleichen kann ein erhobener Zeigefinger sehr beredt sein. Er vermag Vorsicht, Ungläubigkeit und vieles andere anzudeuten. Wird er unter dem Kinn langsam vor- und zurückbewegt, so heißt das: «Sie können auf mich zählen»; wird der Zeigefinger eine Sekunde lang auf die Nase, den Mund oder auf die rechte Augenbraue gelegt, dann drückt dies so gut wie alles mögliche aus, angefangen mit der Bitte um Diskretion bis zum Verdacht, es mit einem Wahnsinnigen zu tun zu haben.

Als er in Neapel war, notierte Dickens, daß «alles durch Pantomime gesagt wird». «Ein Mann, der mit einem andern Streit hat», schrieb er, «legt die Fläche seiner rechten Hand auf den Rücken der linken und schüttelt die beiden Daumen wie Eselsohren, wodurch sein Widersacher zur Verzweiflung gebracht wird. Wenn zwei Leute wegen eines Fisches verhandeln, leert der Interessent eine nicht vorhandene Westentasche, sobald ihm der Preis mitgeteilt wird, und geht wortlos davon: damit hat er den Händler davon überzeugt, daß er die Ware für zu teuer hält.

Von zwei Männern, die sich in Kutschen begegnen, berührt der eine seine Lippen zwei- oder dreimal, dann hält er fünf Finger der Rechten in die Höhe und durchschneidet die Luft horizontal mit der Handfläche. Der andere nickt knapp und fährt seines Weges. Man hat ihn soeben freundlich zum Essen um halb sechs Uhr eingeladen, und er wird ganz gewiß rechtzeitig kommen.»

3

Beim Schlendern durch die Seitenstraßen von Neapel stieß ich auf die Piazza del Mercato, wo ein Jahrmarkt abgehalten wurde. Es war ein schäbiger und bedreckter Platz, der im letzten Krieg bombardiert und dann nicht wieder aufgebaut worden ist. Inmitten der Piazza stand eine runde Plattform, auf der (begleitet von ohrenbetäubender Musik) Kinder in Miniaturautos herumsausten und sich gegenseitig rammten: Sie imitierten also die Erwachsenen und probten vielleicht ihr künftiges Schicksal.

Diese Piazza war im mittelalterlichen Neapel die Hinrichtungsstätte. Auf alten Gemälden erkennt man sie in ländlicher Umgebung; die eine Seite lag offen zur Bucht hin, so daß viele Leute, die das Gerüst bestiegen, in der Tat Neapel sahen und prompt starben. Und auf diesem düsteren Platz trug sich an einem Herbsttag des Jahres 1268 ein historisches Ereignis von größter Bedeutung zu: Die Dynastie der Hohenstaufen wurde in der Person eines tapferen Jünglings namens Konradin ausgelöscht.

Sein Großvater, der gewaltige Imperator Friedrich II., war seit achtzehn Jahren tot. Das Papsttum, das die Staufer haßte und verabscheute, hatte Karl von Anjou, den Bruder des französischen Königs Ludwig I., aufgefordert, in Italien einzudringen und nach der Krone von Sizilien zu greifen, was jener denn auch voller Freuden tat. Unterstützt wurde er dabei aufs eifrigste von seiner Frau, Beatrice von der Province, deren drei Schwestern allesamt längst Königinnen waren – ein Umstand, der ihr ein solches Minderwertigkeitsgefühl eingab, daß sie nur allzu gern ihre Juwelen ins Pfandhaus schleppte, damit ihr Mann auch sie endlich zur Königin erhöhen konnte. Unglücklicherweise durfte sich diese ehrgeizige Person bloß ein knappes Jahr ihrer Würde erfreuen, dann starb sie von heute auf morgen.

Als Karl von Anjou 1266 in Italien einfiel, warf sich ihm Manfred, der illegitime Lieblingssohn des Kaisers, entgegen, dessen edler Charakter zu vielen Balladen und Romanzen angeregt hat und dessen Name noch heute in der Hafenstadt Manfredonia fortlebt. Seine kleine Armee war jedoch der des Franzosen nicht gewachsen. Umringt von seiner sarazenischen Leibwache, wurde Manfred im Alter von vierunddreißig Jahren niedergemacht. Der einzige legitime männliche Staufer, der noch in Freiheit lebte, war zu jener Zeit ein Knabe in Deutschland, der vierzehnjährige Konradin. «Er war so schön wie Absalom, und er sprach ein gutes Latein», berichtete ein Zeitgenosse.

Nachdem er Manfred hatte niedermetzeln lassen, marschierte Karl von Anjou auf Neapel, das er an Stelle von Palermo zu seiner Hauptstadt erkor. Zwei Jahre später ließ sich der junge Konradin – trotz der Beschwörungen seiner Mutter – zum Zug nach Italien verleiten, um die Krone seiner Ahnen dem Franzosen zu entreißen. Der Jüngling wurde in einem Ort namens Tagliacozzo besiegt. Ich habe bei Antritt meiner Reise die Landschaft unter einem wolkigen Himmel gesehen: eine von Erdbeben erschütterte Gegend.

Konradin wurde in Ketten nach Neapel geschafft, doch nahmen seine Schergen sie ihm bald wieder ab, denn nach den Berichten von Villani spielte Konradin mit Friedrich, dem Grafen von Österreich, Schach, als der Großprotonotar des Königreichs die Nachricht überbrachte, daß Konradin zusammen mit seinen Anhängern und einigen neapolitanischen Edelleuten, die ihm zu Hilfe gekommen waren, zum Tode verurteilt worden sei. Am Morgen des Hinrichtungstages ließ sich Karl von Anjou in einem Thronsessel nieder, der auf dem Campo Moricino errichtet worden war (wie die Piazza del Mercato damals hieß). Trompeten und Fanfaren verkündeten die Ankunft der Edelleute. Kaum hatte der Großprotonotar das Todesurteil verlesen, als des Königs Schwager, Robert Graf von Flandern, laut ausrief, er betrachte es als rechtswidrig, einen Herrn von so edler Abkunft zu verurteilen, und indem er sein Schwert zog, stürzte er sich auf den Großprotonotar und tötete ihn. Dies ist sicher das einzigemal gewesen, daß ein Richter angesichts des Galgens starb, ehe der Gefangene, den er zum Tode verurteilt hatte, hingerichtet worden war.

Der Leichnam des Großprotonotars wurde fortgeschafft, dann begannen die Exekutionen. Als erster starb der junge Graf von Österreich. Sein Haupt fiel in die Sägespäne. Konradin sprang hinzu und küßte es unter Tränen. Dann bereitete er sich selber auf den Tod vor. Er erklärte, kein Verräter zu sein, sondern er habe das Königreich seiner Ahnherren wieder aufrichten wollen. Danach warf er seinen Handschuh in die gaffende Menge, und nachdem er Gott gebeten hatte, ihm seine Sünden zu vergeben, legte er seinen Kopf auf den Block. «Ach, meine Mutter, welches Leid bringe ich über dich», waren seine letzten Worte.

Während sich diese schrecklichen Szenen abspielten, eilte seine Mutter, Elisabeth von Bayern, mit einer gewaltigen Geldsumme nach Italien in der inständigen Hoffnung, ihren Sohn noch retten zu können: Sie kam zu spät. Es heißt, sie habe den Mönchen der nahen Kirche von S. Maria Carmine das Geld überlassen, damit sie ihr Gotteshaus erneuern könnten. Doch Konradin wurde darin nicht bestattet. Ein so frommer Mann wie Karl von Anjou konnte natürlich nicht dulden, daß der mit dem Bannfluch belegte Leichnam seines toten Rivalen in geweihter Erde ruhte. Also fand der letzte Staufer sein Grab im Sand des Campo Moricino.

Mehr als dreieinhalb Jahrhunderte später, 1631, gruben Arbeiter auf diesem Platz (der mittlerweile die Bezeichnung Piazza del Mercato erhalten hatte) und stießen dabei auf einen Bleisarg, der die Lettern «R. C. C.» *(Regia Conradini Corpus)* trug. Darinnen fanden sich die Gebeine eines jungen Mannes. Sein abgeschlagener Schädel lag zwischen seinen Rippen, daneben sein Schwert. Jetzt endlich wurden die sterblichen Überreste des Letzten aus dem Geschlechte derer von Hohenstaufen würdig in S. Maria del Carmine beigesetzt. Der Küster weist heute auf die Bustaben «R. C. C.» hinter dem Altar, wo der Kaiserspröß ruht.

Ich stand auf dieser schmutzigen Piazza und dachte, wie schnell doch die Mächtigen stürzen können. Eine gewiß banale Überlegung, doch überfällt sie an diesem Ort unwillkürlich den Reisenden, der erst vor wenigen Tagen die Kastelle und Paläste überall im Land gesehen hat, wo der große Kaiser Friedrich II. einst hofhielt, umgeben von seinen treuen Sarazenen und in Gesellschaft seines Elefanten und seiner Jagdleoparden. Ich gedachte der trutzigen Mauern von Lucera und der Falken über dem Castel del Monte, und ich fragte mich, ob den «Wandler der Welt» wohl das Wissen geschmerzt hätte, daß seine Größe nur so kurze Zeit währen würde. Hätte er sich mit griechischer Ironie abgewandt, oder wäre er mit einem arabischen Sprichwort darüber hinweggegangen? Wer kann das wissen ...

Die Ausrottung der Staufer hat hier keinen Schatten hinterlassen. Die Düsternis dieser Piazza kommt nicht etwa von der Erinnerung an den jungen Thronerben, der hier wie ein gemeiner Verbrecher hingerichtet wurde – ein bis dahin unerhörtes Schicksal für einen im Kampf gefangenen Fürsten –, sondern von der Armut, dem Schmutz und den trostlosen alten Gebäuden, die einmal bessere Tage erlebt haben. Ich betrachtete die Kinder, die in ihren winzigen Autos immerzu gegeneinander stießen, und ich dachte dabei an die Mystik alles Majestätischen, die noch immer ihren Zauber über Neapel und den Süden ausstrahlt.

Nicht einen Steinwurf weit von jener Stelle, wo der junge Konradin hatte sterben müssen, sah ich auf einer Mauer die in Tünche gekritzelten Worte: «Viva il Re!»

Der junge Mann stand im Sonnenlicht, umringt von einer Touristenschar. Hinter ihm erhob sich das plumpe Castel Nuovo, und jenseits schimmerte der Golf. Keiner der Touristen hatte einen Baedeker bei sich. Heutzutage ist es nicht mehr Mode, selber Erkundigungen einzuziehen; man läßt sich durch einen Fremdenführer mit Wissen füttern oder durch einen Studenten, der in seinen Ferien auf ehrliche Weise ein paar Mark verdienen will.

«Die Franzosen waren in Neapel nicht beliebt», sprach der junge Mann, «noch weniger konnten die Sizilianer sie leiden. Im Jahre 1282 wurde ein französischer Sergeant, der ein Mädchen in Palermo beleidigt hatte, von dessen Freund umgebracht.

Kurz darauf wurden alle Franzosen in ganz Palermo getötet. Diese Ereignisse sind als die ‹Sizilianische Vesper› bekannt geworden, weil das Morden begann, als die Glocken gerade zur Vesper riefen. Selbst ausländische Mönche wurden umgebracht, wenn sie nicht ein bestimmtes Wort aussprechen konnten, das kein Franzose richtig zu betonen vermochte.»

Die Touristen scharrten ungeduldig mit den Füßen. Manche dachten wohl an ihr Mittagessen. Die Frau in der ersten Reihe, die immer Fragen stellte, fing zu piepsen an:

«Und wie lautete dieses Wort?»

«Cicire», erwiderte der junge Mann. Alle Touristen sprachen es aus, lachten und behaupteten, das sei doch kinderleicht. Schließlich trotteten sie weiter.

Merkwürdigerweise setzte der junge Mann mit seinem Vortrag meine eigenen Gedanken fort, die mich beim Anblick der Hinrichtungsstätte Konradins befallen hatten. Die Sizilianische Vesper war eine Vergeltungsmaßnahme; ob sie spontan einsetzte oder geplant war, kann niemand sagen. Die Methode, Massen auf die Beine zu bringen, Demonstrationen zu veranstalten und Meuchelmorde zu begehen, war im Mittelalter so hoch entwickelt wie heute; vielleicht sollte ich treffender schreiben, daß wir – beim Eintritt in ein neues Mittelalter – diese Technik wieder neu beleben. Einige Historiker glauben, die Sizilianische Vesper sei der Höhepunkt eines Komplotts jener Personen gewesen, die nach der Eroberung Neapels und des Südens durch die Angeviner ruiniert worden waren.

Der Sturz der Staufer erfolgte so rasch, daß noch Männer lebten, die einst ergebene Freunde Friedrichs II. gewesen waren und die ihm Reichtum wie Stellung verdankten. Diese nun plötzlich verarmten Edelleute, deren Grundbesitz von der neuen Regierung konfisziert worden war, trachteten naturgemäß danach, die Franzosen zu vertreiben und die Reste des Hohenstaufer-Reiches wieder zu beleben. Und welch ein Erbe war das! Nach Konradins Tod verblieben nur illegitime Abkömmlinge, von denen die meisten im Kerker saßen. Manfreds Tochter Konstanze, die Peter III. von Aragonien geheiratet hatte, verfügte über die größten Erbansprüche.

Folglich begann die Verschwörung in Barcelona. Spione und

Gegenspione waren am Werk, mehr, als jeder Romanschriftsteller erfinden könnte; der Papst wurde eingeschaltet, der Kaiser des Oströmischen Reiches in Byzanz war im Bilde, mehrere Könige mischten wacker mit, und – was den Auschlag gab – Florentiner Bankiers erschienen auf der Bildfläche. Peter von Aragonien wurde gedrängt, er möge in Sizilien einfallen und den Thron für seine Frau fordern. Seine Landung verlief auch erfolgreich. Bald folgte ihm Konstanze mit den Kindern. Auf diese Weise faßte Spanien Fuß in Italien, und so begann das lange Tauziehen zwischen Spanien und Frankreich.

Die neu erstandene Situation war für alle Beteiligten verzweifelt. Zwei miteinander rivalisierende Dynastien regierten gleichzeitig. Die französischen Angeviner saßen in Neapel, die spanischen Aragoneser auf Sizilien. Dieser Konkurrenzkampf währte bis zum fünfzehnten Jahrhundert; dann herrschten von Madrid aus die Spanier über das Königreich Beider Sizilien und ernannten Vizekönige. Im Verlauf des Spanischen Erbfolgekrieges kehrte schließlich das Haus Bourbon zurück.

Das Castel Nuovo, das dem jungen Fremdenführer als dramatischer Hintergrund für seine Geschichte von der Sizilianischen Vesper gedient hatte, gleicht etwas dem Tower in London und der Bastille von Paris. Besondere Menschentypen, einige davon geisteskrank, beherrschten jahrhundertelang die Szene: zuerst die Angeviner, dann die Aragoneser. Der Besucher fühlt sich angezogen – oder abgestoßen – von zwei riesigen halbkreisförmigen Eingangstürmen, zwischen denen ein fröhliches Renaissancerelief angebracht ist, das geradezu lächerlich wirkt in seinem Kontrast. Es stellt den triumphalen Einzug Alfons' I. in Neapel dar (1443). Das Kastell bietet nicht eben einen besonders gemütlichen Anblick. Es wird seit vielen Jahrhunderten bewohnt. Heute ist es der Sitz zahlreicher wissenschaftlicher Gesellschaften. Am eindrucksvollsten ist die sogenannte Halle der Edelleute, die fast dreißig Meter hoch ragt. Die Bezeichnung verewigt einen typischen Vorgang der mittelalterlichen Stadt Neapel: Ein Herrscher, der beweisen wollte, daß die Revolte seiner Edelleute vergeben und vergessen war, lud sie zu einem Hochzeitsschmaus ein. Doch hatten sich die Herren kaum gemütlich an der Tafel niedergelassen, als auch schon die Zugbrücke herabgelassen wurde, worauf die Gäste aus dem Speisesaal gejagt und in die Verliese verfrachtet wurden.

Im Gegensatz zum Tower, der von bösen Geistern verlassen scheint, wird das Castel Nuovo – trotz der wissenschaftlichen Gesellschaften – offenbar noch immer von Gespenstern heimgesucht. Ich jedenfalls möchte dort nicht als Sekretär beschäftigt sein: Ließe ich einmal aus Versehen die Portokasse offen, dann griffen wohl sofort die Geisterhände irgendeines Angeviners oder Aragonesers zu.

Dagegen wirkt es erleichternd, sich hier der glücklichen Regierung Roberts des Weisen zu erinnern (1309–43), als Petrarca und Boccaccio in Neapel weilten. Diese strahlenden Tage haben ihren Niederschlag im «Decamerone» gefunden, das Neapel mehr zu danken hat als Florenz. Zwei berüchtigte Königinnen hausten einst in diesen Räumen, und es will scheinen, daß auch ihre Geister noch ruhelos lustwandeln: Johanna I., die Enkelin von Robert dem Weisen, die nach einer aufsehenerregenden Karriere, bei der sie vier Ehemänner und unzählige Liebhaber verschliß, am Ende mit einem Kissen erstickt wurde; und ihre Namensschwester Johanna II., ein noch unendlich schrecklicheres Frauenzimmer, von deren vielen Sünden möglicherweise einige auf das Haupt ihrer Vorgängerin gehäuft wurden.

Manche der aragonesischen Könige waren nicht viel besser als die der Angeviner. Einer – vielleicht hatte er das Blut von Mauren in sich – bewahrte mit Vorliebe die Leichen seiner Feinde auf. Ein anderer soll in einem Kerker ein Krokodil gehalten haben, dem von Zeit zu Zeit ein Gefangener zum Fraße vorgeworfen wurde.

Nun, derartige Geschichten hört man sich mit den üblichen Vorbehalten an. Ich muß jedoch gestehen, daß dieses düstere alte Kastell ganz dazu angetan ist, sie zu glauben.

4

Am Sonntagmorgen fuhr ich mit der Seilbahn zum Gipfel des Berges hinter Neapel, auf dem die Feste Sant' Elmo steht. Obgleich kein Wind in den Zweigen spielte und die Jalousien der

Häuser herabgelassen waren, schien es mir kühler zu sein als an der Küste, und auch die Straßen waren ausnahmsweise gnädig still. Es war sogar möglich, sie zu überqueren, ohne sich an die Hoffnung klammern zu müssen, ein Schutzengel sei auf der Hut. Hin und wieder sah ich hinab in die Tiefe: die Häuser, der Golf, der Vesuv – ein Bild, das man auf abertausend Bildern und Postkarten erblickt. In der Ferne schimmerte Capri, während direkt unter mir die Dächer und der Hafen von Neapel lagen.

Das S.-Martino-Museum fand ich so fesselnd, daß ich darüber das Mittagessen vergaß. Erst um vier Uhr, als das Museum schloß, fühlte ich mich derart ausgehungert, daß ich eine bescheidene Trattoria betrat, wo ich mein neapolitanisches Lieblingsgericht aß: *mozzarella in carozza,* eine überbackene Büffelkäseschnitte.

Dieses Museum, das stundenlang mein ganzes Interesse in Anspruch genommen hatte, enthält Gegenstände, welche die Historie und das Gesellschaftsleben Neapels während vieler Jahrhunderte illustrieren. Kein Museum könnte schöner gelegen sein: Es ist in einem mittelalterlichen Kloster untergebracht, das im siebzehnten Jahrhundert umgebaut und im achtzehnten seiner Bestimmung entfremdet wurde. Hier sind Bilder, Kostüme, Proklamationen, Kupferstiche, Münzen, Landkarten und hundert andere Dinge zu sehen, die sich allesamt mit dem neapolitanischen Alltag befassen. Am meisten beeindrucken die Darstellungen des barocken Neapel der spanischen Vizekönige und der auf sie folgenden Epoche der Bourbonen.

Einige der etwa neunzig Räume waren geschlossen. In einem muß die Staatsbarkasse sein, die ich mir gern einmal betrachtet hätte. Ferdinand I. fuhr in der Kühle des Abends rund um den Golf, wobei ihm ein zweites Boot folgte, in dem ein Streichorchester musizierte. Bevor Sir William Hamilton die schöne Emma heiratete, ließ der König oft seine Barkasse zu der des englischen Gesandten fahren, und während er ihr Komplimente in seinem neapolitanischen Dialekt machte, mußten die Musikanten der britischen Dame ein Ständchen bringen. Nach ihrer Heirat wurde Emma von der Königin bei Hof empfangen. Sie zeigte sich befriedigt darüber, daß diese Komplimente ihres

Mannes der jungen Frau nicht zu Kopfe gestiegen waren. Vermutlich ist dies auch einer der Gründe dafür, daß die Schwester der Marie Antoinette und die Tochter eines Hufschmieds aus Cheshire so enge Freundinnen wurden. Doch statt dieser Barkasse fand ich immerhin die Karosse Karls III., die gleich einem goldenen Korb zwischen großen bemalten Rädern aufgehängt war.

Die größte Sehenswürdigkeit von S. Martino (vor allem für Kinder und junge Leute) ist die *Presipio* (d. i. Krippe), die hinter einem beleuchteten Fenster ausgestellt ist. Dieses vollkommene Kunstwerk zeigt eine Felsenlandschaft mit Hunderten schön geschnitzter farbiger Figuren, die etwa fünfzehn Zentimeter hoch sind. Engel schweben an dünnen Drähten über den Ruinen klassischer Tempel auf einer Bergspitze, wo die Drei Weisen aus dem Morgenlande ihre Gaben dem Jesuskinde darbringen. Allerorten sind lebhafte Szenen zu erblicken, die an die Straßen von Neapel denken lassen: Männer spielen Gitarre, Frauen kochen, vor Läden hängen Würste, es gibt Kuhhirten und Schäfer, eine lustige Gesellschaft sitzt in einer Laube und vergnügt sich bei einer üppigen Gasterei. Das alles hat einen Hauch von Botticelli. Die größten Bewunderer dieser Krippe sind natürlich die Kinder, die im Sonntagsstaat ihre Gesichter gegen das Glas pressen und im Flüsterton auf Details hinweisen.

Das Belvedere des Museums ist ein Balkon, von dem aus man den schönsten Blick über Neapel hat. Nachts muß es hier oben herrlich sein. Da das Museum jedoch um vier nachmittags geschlossen wird, genießt außer den Aufsehern niemand diese Aussicht.

Eine halbe Stunde verbrachte ich in dem Aquarium, das ich zufällig mitten in dem öffentlichen Park fand, der zwischen der Riviera di Chiaia und dem Meer gelegen ist. Ich glaube, es war das erste seiner Art, als es 1874 von Dr. Anton Dohrn eröffnet wurde; damals gehörte es zu den interessantesten Sehenswürdigkeiten der Stadt. Noch bis zur kurzem war das Gebäude seltsamerweise bis um zehn am Abend geöffnet, manchmal sogar bis Mitternacht. In einer Stadt, wo viele Kirchen, Museen und Kunstgalerien bereits um vier, einige gar schon um zwölf Uhr schließen, muß es allerdings merkwürdig erscheinen, daß ausgerechnet die Besichtigung eines Kraken noch um Mitternacht möglich war.

Diese Geschöpfe haben etwas Faszinierendes an sich. Wenn sie tot sind, bieten sie einen deprimierenden Anblick, doch lebend wirken sie, wie ich zu meiner Überraschung feststellte, in diesem Moment abscheulich, im nächsten geradezu schön. Wie durch Rückstoßantrieb steigen sie bis zur Wasseroberfläche empor: eine häßliche Masse von tastenden Fühlarmen; bei diesem Hochschweben sind sie jedoch fast so graziös wie Ballettänzer.

5

Besucher des Prado in Madrid erinnern sich vielleicht eines Porträts von Goya, das einen alten Mann im Jagdanzug zeigt: In der einen Hand hält er eine lange Schrotflinte, mit der andern faltet er einen Handschuh. Unter einem Dreispitz ist ein schmales sonderbares Gesicht zu sehen, dessen hervorstechendstes Merkmal die Nase ist. Das Bild stellt Karl III., König Beider Sizilien, dar. Dieser robuste Mensch, der eher einem Wildhüter ähnelt, wenngleich er in seiner zynischen Art viele Menschen gewogen und für zu leicht befunden hat, war freilich durchaus kein gewöhnlicher Wildhüter. Dieses rustikale Aussehen, das so vielen italienischen und spanischen Bourbonen eigen war, wirkt immerhin eigenartig in einer so blaublütigen Familie.

Karl war der Sohn des ersten spanischen Bourbonenkönigs Philipp V. und dessen zweiter Frau Elisabeth Farnese von Parma. Als er sechzehn war, schickte ihn seine Mutter nach Parma, um dort zu regieren; zwei Jahre später, nach einem nicht allzu ernsten militärischen Intermezzo, wurde er König von Neapel und Sizilien. Karl mochte Neapel, und die Neapolitaner mochten ihn. Er heiratete Amalie von Sachsen, und in Neapel kamen ihre beiden Kinder zur Welt.

Es ist Brauch geworden, diese Monarchen des achtzehnten Jahrhunderts als «wohlwollende Despoten» zu bezeichnen, und die Phrase trifft auch meist zu. «Alles für das Volk», lautete das Motto Karls, «aber nichts durch das Volk.» Er war ausgesprochen väterlich gesinnt und liebte es, geringfügige Reformen einzuführen: Beispielsweise verbot er den Leuten, ihr Spülwasser aus dem Fenster zu schütten oder eine bestimmte Sorte von Hüten zu tragen. Seine fürchterliche Melancholie wurde ein wenig durch die Jagdleidenschaft und die Bausucht gemindert. Kein Mensch kann auch nur einen Tag in Neapel verbringen, ohne irgendein Gebäude zu entdecken, das nicht im Auftrage Karls III. gebaut worden wäre. Zu seinen architektonischen Leistungen gehören die San Carlo Opera, der Palast von Capodimonte, das riesige Armenhaus an der Piazza Carlo III. und das Schloß von Caserta. Er muß all seine Energien in Neapel verausgabt haben, denn in Spanien schuf er wohl nur jenen Palast, in dem General Franco lebt: El Prado, vor den Toren von Madrid.

Als die spanische Krone an Karl fiel, war er dreiundvierzig Jahre alt. Es ist typisch für ihn, daß er weder einen Wutausbruch bekam noch Kummer empfand, als er das von ihm geliebte Land und die schöne Bucht von Neapel gegen das strenge Madrid eintauschen mußte. Er ging davon wie ein tüchtiger Filialleiter, der in die Zentrale berufen wird. Es muß indessen doch eine schmerzliche Szene gegeben haben: das Konzil der Beamten und Ärzte nämlich, das darüber entscheiden sollte, ob sein ältester Sohn, der zwölfjährige Philipp, den Thron besteigen könne. Das Resultat war niederschmetternd. Der Prinz war hoffnungslos geisteskrank und mußte von der Thronfolge ausgeschlossen werden.

Nachdem er seinen unglücklichen Sohn in der Obhut der Ärzte und Wärter im Palast von Neapel zurückgelassen hatte, brach Karl mit seiner Frau nach Spanien auf. Sie nahmen ihren Zweitgeborenen mit, der später als Karl IV. spanischer König wurde (auch ihn hat Goya porträtiert, und zwar erbarmungslos). Der dritte Sohn wurde als Ferdinand IV. König von Neapel und wuchs in Italien auf.

Diesem Knaben blieb jedwede Erziehung erspart. Eingedenk des schwachsinnigen Bruders hatte sein Vater den strikten Befehl gegeben, Ferdinands Geist ja nicht zu strapazieren. Folglich hatte der Junge die Oberhand. Ihn interessierten lediglich die Jagd und das Fischen; außerdem mischte er sich mit Vorliebe

Neapel

unter die übelsten Subjekte, die *Lazzaroni,* deren Dialekt er sein Leben lang sprach. Deswegen schätzten sie ihn, doch andere Leute fanden ihn ziemlich nervtötend. Er heiratete Maria Caroline von Habsburg, die Schwester der Marie Antoinette, die ihn ihrem Bruder, dem Kaiser Joseph, mit den Worten beschrieb: «Er ist ein recht guter Narr.»

Ich war jedesmal entzückt und gleichzeitig verärgert, wenn ich die Piazza del Plebiscito betrat, auf deren einer Seite der Königliche Palast und das Opernhaus stehen, während auf der andern sich die Kirche S. Francesco di Paola erhebt, die an das Pantheon und an Berninis Kolonnade erinnert. Es ist traurig, daß die schönsten Bauten Neapels nicht zur Geltung kommen, weil auf dem großen runden Platz vor dem Palast Hunderte von Autos parken.

Zu Häupten dieser Vehikel, die Reklame für den jährlichen Ausstoß der Fiat-Werke machen, reitet in Bronze König Karl III., den eine Toga umwallt. Er sieht jünger aus als auf dem Gemälde von Goya. Jenseits ist das Reiterstandbild seines Sohnes und Nachfolgers in Neapel, Ferdinand IV., zu sehen.

Ich war neugierig, diesen Palast zu besichtigen, in dem so viele tragische und lächerliche Ereignisse stattgefunden haben. Als ich durch die Fluchten der Vorzimmer schritt, in denen die Kronleuchter sozusagen in Reih und Glied hängen und wo rechts und links prunkvolle Reiter aus Goldrahmen sprengen, mußte ich an diesen armen Prinzen denken, der hier versteckt wurde. Wie viele geheime Tragödien haben sich nicht in Palästen und Schlössern zugetragen.

Sir William Hamilton hat Nathaniel Wraxell viele Geschichten über den kranken Prinzen Philipp erzählt, der sie in seinen Memoiren der Nachwelt überlieferte. «Er wuchs zum Mann heran und wurde mit einer gewissen Ehrerbietung behandelt. Ständig umgaben ihn Kammerdiener, da er sonst tausend Exzesse begangen hätte. Vor allem war man besorgt, ihn ja nicht mit dem andern Geschlecht in Berührung kommen zu lassen, dem er die stärkste Neigung entgegenbrachte. Doch schließlich wurde es unmöglich, ihn in dieser Hinsicht ganz zu bevormunden. Viele Male ist er der Aufmerksamkeit seiner Wächter entwischt, und wenn er Damen sah, stürzte er sich so ungestüm auf sie wie Pan oder ein Satyr. Mehr als nur eine Hofdame konnte erst im kritischsten Moment seinen Umarmungen entrissen werden. An besonderen Tagen wurde ihm eine Art Lever gestattet. Dann machten die ausländischen Gesandten in seinen Appartements ihre Aufwartung. Aber sein größtes Vergnügen bestand darin, seinen Dienern eine Hand hinzuhalten, worauf ihm ein Handschuh nach dem andern übergestreift wurde; jeweils der nächste war eine Nummer größer als der vorherige. Schließlich war seine Hand von fünfzehn oder sechzehn Stück verhüllt.»

Ferdinand IV. war rührend besorgt um seinen unglücklichen Bruder und besuchte ihn oft. Hin und wieder wurde Philipp angekleidet und durch die Straßen von Neapel gefahren, um den Leuten zu zeigen, daß er noch vorhanden war. Diese Prozessionen müssen alles andere als angenehm gewesen sein, denn jedermann sah auf den ersten Blick, daß der Prinz ein Idiot war. Er starb im Alter von dreißig Jahren an den Pocken, wie es heißt.

Für mich freilich ist es sein derber Bruder, der «gute Narr», der in diesem Palast umgeht. Elternlos und umgeben von Lehrern, die den bizarren Auftrag hatten, ihn nichts zu lehren, wurde ein ungehobelter Kerl aus ihm. Es hätte im achtzehnten Jahrhundert aber auch eines außergewöhnlichen Lehrers bedurft, um einen König übers Knie zu legen, was ihm zweifellos zu Nutz und Frommen ausgeschlagen wäre. Er wurde unter Pferdeknechten, Fischern, Jagdgehilfen und Bettlern groß, die in ihrem ordinären Rotwelsch mit ihm umsprangen. Ihnen hatte er auch seinen Spottnamen «König Nase» *(Renasone)* zu verdanken, der freilich gutmütig gemeint war.

Seine lebenslange Jagdleidenschaft wurde zur Manie. Er saugte sowohl bildlich als auch buchstäblich das Blut von wilden Bären, Hirschen, Rehen und anderen Tieren ein. Sir William Hamilton berichtete nach einer Jagd, der König habe sich ausgezogen und einen Kittel aus Flanell übergestreift, um mit einer Handfertigkeit, die kein Metzger hätte übertreffen können, die Kadaver aufzuschneiden und auszunehmen. «Häufig war er von Kopf bis Fuß mit Blut besudelt.»

Maria Caroline, seine Frau, war als Tochter Maria Theresias von anderem Naturell: Sie dachte durch und durch politisch und war von Haß erfüllt auf die Franzosen, die ihre Schwester guillotiniert hatten. Lord Nelson schmuggelte Ferdinand samt Frau und Kindern nach Sizilien hinüber, um die Dynastie während der kurzen Epoche der Parthenopäischen Republik zu retten. Als die französischen Armeen sich Neapel näherten, war die Königin überzeugt, nun werde auch in Neapel die Guillotine aufgestellt.

Zu dieser Zeit war Lady Hamilton schon ihre ergebene Freundin. Tage vor der Flucht wurde das strengste Stillschweigen gewahrt. Schmuck und andere Kostbarkeiten im Wert von mehr als zwei Millionen Pfund Sterling wurden auf Nelsons Flaggschiff «Vanguard» geschafft. Im Palast befleißigten sich alle der melodramatischsten Geheimniskrämerei. Die königliche Familie floh durch einen Geheimgang, der den Palast mit einer der Landungsbrücken verband. Die ganze Gesellschaft segelte im schlimmsten Dezembersturm, den Nelson je erlebt hatte, nach Sizilien. Einer der kleinen Prinzen starb in Emma Hamiltons Armen, und der österreichische Botschafter warf eine wertvolle Schnupftabakdose über Bord, weil sie ein Aktporträt seiner Geliebten enthielt und er es für «unfromm» erachtete, einen solchen Gegenstand auf der Schwelle zur Ewigkeit bei sich zu führen. Sir William Hamilton hingegen lud seine Pistolen, um Selbstmord zu begehen, den er dem jämmerlichen Ertrinken in der aufgewühlten See vorzog. Doch besserte sich das Wetter am Ende, und der König bemerkte zu Sir William, indem er in den Wind schnüffelte: «Wir werden eine Menge Waldschnepfen schießen können.»

Ich erkundigte mich nach dem Geheimgang, der Fremdenführer hatte nie davon gehört.

Während des Exils der Bourbonen wurde aus Nelsons Liebe zu Lady Hamilton glühende Leidenschaft (vielleicht aber war es nur Verblendung). Häufig saß er neben seiner Geliebten am Spieltisch. Zu jener Zeit zählte sie vierunddreißig, Nelson einundvierzig, Hamilton allerdings bereits neunundsechzig. Natürlich wird es immer wieder Leute geben, die behaupten, der kluge alte Diplomat habe sehr wohl gewußt, daß der Mann, den er schätzte, ihn mit seiner Frau betrog. Immerhin hat Emma das Kind Horatia, das sie neun Monate später heimlich in London zur Welt brachte, in Palermo empfangen. Vier Jahre danach starb Hamilton in England: Emma hielt ihm die eine Hand, Nelson die andere. Nach abermals sechs Jahren fiel Nelson bei Trafalgar mit Emmas Namen auf den Lippen. Noch einmal sechzehn Jahre darauf ging Emma Hamilton in Calais zugrunde: ungeliebt, von niemandem umsorgt und von allen vergessen.

Es gibt in der Geschichte immer wieder ein «wenn». Was wäre geschehen, wenn Nelson den Krieg überlebt und sie geheiratet hätte? Die Ärzte berichten, sein Körper und seine lebenswichtigen Organe seien eher die eines jungen Burschen als die eines siebenundvierzigjährigen Veteranen gewesen. In einem seiner Briefe findet sich eine Andeutung, die darauf schließen läßt, daß er sich vielleicht mit Emma auf seinen sizilianischen Besitz Bronte zurückgezogen hätte, den ihm Ferdinand IV. als Dank für die Rettung seiner Dynastie übereignet hatte.

6

Wenn auch die Oper San Carlo geschlossen war, so wurde mir doch liebenswürdigerweise ein Besuch ermöglicht. Man geleitete mich über eine leere und einschüchternde Bühne. Inmitten dieser Einöde drehte ein Mädchen in Trikot auf blauen Satinschuhen Pirouetten wie ein Traumbild. Sie war hübsch und glich einer Fee, die sich in ein Möbellager verirrt hat. Plötzlich schnellte sie auf Zehenspitzen in eine staubige Ecke, wo sie sich mit einer Hand am Ohr charmant vorbeugte, als lauschte sie auf eine Botschaft. Dann aber verschwand sie mit kleinen trippelnden Schritten im Schatten. Es sah aus, als habe sie begriffen, daß sie zu einem falschen Rendezvous gekommen sei.

Ein paar schwache Lichter flammten auf, die den Zuschauerraum jedoch nur vage erhellten. Ich betrachtete mir die einst dem König vorbehaltene Loge, die von zwei mehr als lebensgroßen Palmen flankiert ist. Dabei ging mir der Gedanke durch den Kopf, daß kein Gebäude, das man in leerem Zustand sieht, einen so niederschlagenden Eindruck macht wie ein Opernhaus. Es ist nun einmal für Lichter, für Musik, für geschmückte Frauen bestimmt. Wenn es aber kahl und düster ist und nur eine Putzfrau sich mit ihrem Besen zu schaffen macht, dann verliert die magische Welt einer Carmen oder einer Mimi aber auch den letzten Rest von Romantik.

Mein Bekannter, der plötzlich in einer Versenkung untertauchte, schickte einen Tenortriller in die modrige Luft und forderte mich auf, das gleiche zu tun. Selten war ich so bestürzt. Da ich außerstande bin, auch nur eine Note zu singen, auf der Bühne der berühmten Oper San Carlo aber auch nicht stumm wie ein Fisch bleiben wollte, begann ich verlegen mit «God save ...», während irgendwo jemand mit Bürste und Schaufel hantierte. Ich hatte jedoch einen zu hohen Ton angeschlagen und begann ein zweitesmal mit «God save our gracious Queen». Diesmal gelang es mir tatsächlich, ein schwaches Echo zu erzeugen. Nun konnte ich ehrlichen Herzens behaupten, auf der Bühne von Neapel gestanden zu haben. Allerdings war es schiere Heuchelei, als mein Begleiter auch noch «Bravo!» murmelte.

Das Innere des Theaters war 1816 durch ein Feuer zerstört worden, doch schon im nächsten Jahr wurde das Haus wieder eröffnet. Stendhal, für den das Leben ohne Opern reizlos gewesen wäre, kam eigens von Rom herbeigeeilt, um der ersten Vorstellung beizuwohnen. Er geriet förmlich in Ekstase. Eine kuriose Erinnerung an diesen Abend: In den Zuschauerraum quoll plötzlich eine dunkle Rauchwolke, die das Publikum derart alarmierte, daß die Menge – laut Stendhal – wohl zu den Türen hinausgestürzt wäre, hätte sich die königliche Familie nicht im Theater befunden. Es war jedoch kein Rauch, sondern Dunst, der beim Austrocknen des noch feuchten Gebäudes entstanden war.

Zu den Merkwürdigkeiten dieses Opernhauses in der Epoche der Bourbonen gehörte der Umstand, daß die Ballerinen kraft königlichen Dekrets schwarze Höschen zu tragen hatten, da diese Farbe für weniger aufreizend gehalten wurde als andere und deshalb (es ist kaum zu glauben) die Moral der Neapolitaner weniger gefährde ...

Ich ging mit meinem Bekannten über die Straße zur Galleria. Während wir ein paar Tassen Espresso tranken, erkundigte ich mich, wie oft Caruso, einer der berühmtesten Söhne Neapels, denn in der Oper gesungen habe. Ich erfuhr, daß Caruso als eines von achtzehn Kindern im Elendsviertel geboren wurde, was freilich nicht verhinderte, daß er mit einem goldenen Kehlkopf gesegnet war. Nachdem er sich im Triumph durch ganz Italien gesungen hatte, kam der Tag, da ihm ein Engagement von San Carlo angeboten wurde. Aus irgendeinem mir unklaren Grunde pfiff ihn jedoch eine gehässige Claque aus. Er beendete zwar sein Gastspiel, schwor jedoch, nie wieder in seiner Heimatstadt aufzutreten; auch wollte er nie wieder nach Neapel kommen – es sei denn, um einen Teller Spaghetti zu essen. Und er hielt sein Wort.

Schließlich fiel ich den Schuhputzern in die Hände, die am Eingang der Galleria ihren Standplatz haben. Mit spanischer Beharrlichkeit schwingen sie ihre Bürsten, nennen einen *duca* oder *professore* oder *capitano,* je nachdem, wie alt man wirkt und wie man aussieht. Im allgemeinen bringen sie es auch fertig, ihr Opfer zu übermannen. Sie vermögen auf spiegelblanke Schuhe mit einer derartigen Verachtung herabzusehen, daß der empfindsame Träger das Gefühl bekommt, er sei durch Kot gewatet. Wer sich der Behandlung dieser Schuhputzer unterwirft, wird mit großartiger Geste zu einem Barocksessel – besser gesagt: einem Thronsessel – gewinkt, einem Sitzmöbel jener Form, auf dem Tizian die Päpste zu porträtieren pflegte. Diese Sessel sind mit Messingnägeln und Blattverzierungen versehen. Dergestalt inthronisiert wie ein orientalischer Potentat und mit einem Sklaven zu Füßen, wird der Klient ganz nach Madrider Art bearbeitet. Pappstreifen werden in seine Schuhe geschoben, damit die Socken nichts abbekommen. Dann wird die Paste auf die Schuhe geschmiert, die zunächst mit Bürsten, danach mit Tüchern und endlich mit einem Bausch poliert werden. Ein so bedienter Mensch kann dann getrost von seinem Thron heruntersteigen und mit Gott davongehen.

Andere Relikte der spanischen Besatzungszeit sind die in Neapel noch verwendeten Titel wie *Don* (was leider immer seltener benutzt wird), die blutbefleckten Kruzifixe und die förmlichen Komplimente. (Luigi Barzini hat Neapel «die Stadt der nichtssagenden Schmeicheleien» genannt.)

7

Die Zeit, da Hamilton in Neapel lebte, war eine fünfunddreißigjährige Periode der Zerstreuung, in der *Vede Napoli a poi muori* (Neapel sehen und sterben) die aufregendere Verheißung einer früheren Generation ersetzte, nämlich das *Ecce Roma!* Ein liebenswürdiger Hof und reizende Paläste, die samt ihren vergoldeten Möbeln und verführerischen Dienstmädchen gemietet werden konnten, machten Neapel zu einem Anziehungspunkt für die Reichen und den Adel. Hamilton, der britische Gesandte, war allerorten zu finden. Er besichtigte die Vulkane, sammelte griechische Vasen, schrieb eine Abhandlung für die Königliche Akademie, hielt sein Haus jederzeit offen für Besucher aus England und war obendrein auch noch ein unzertrennlicher Begleiter des Königs bei dessen erschöpfenden Reisen aufs Land.

Zuweilen traf der Postreiter mit Neuigkeiten aus der Welt jenseits dieses zauberhaften Golfs ein, doch waren diese Nachrichten schon zwei bis drei Wochen alt. Keine geisterhaften Töne verkündeten, sie seien die «Stimme Amerikas». Kein benommener und zerzauster Reisender kam mit fürchterlichem Motorengebrüll aus fernen Gegenden per Flugzeug an. Damals konnte sich der Tourist noch in einer Weise absondern, die heute nirgendwo mehr möglich ist. Wer Briefe und Tagebücher von Neapelbesuchern zwischen 1764 und 1799 liest, findet keine Erwähnung der großen Katastrophen, welche die Menschheit erschütterten. Selbst die Berichte über den Sturm auf die Bastille durften bei Tisch nicht diskutiert werden. Und dennoch war es die Guillotine, die schließlich diesem neapolitanischen Elysium ein Ende bereitete. Mit dem Tod der französischen Königin waren auch die glücklichen Tage vorbei, und die rauhe Wirklichkeit machte sich bemerkbar. Goethe, Mrs. Piozzi, Lady Blessington und viele andere haben beschrieben, wie sorglos und schön diese Epoche war.

Als Hamilton achtundzwanzig war, heiratete er Catherine Barlow, eine zarte junge Erbin, die ihn anhimmelte. Als er vierunddreißig war, wurde er zum Gesandten in Neapel ernannt, wo er und Catherine vierundzwanzig glückliche Jahre verbrachten. Der Gram pochte nur einmal an ihre Tür, als ihr einziges Kind, ein Mädchen, starb. Lady Hamilton soll die beste Harfenistin in Neapel gewesen sein. Und beim Klang ihrer Harfe und im Angesicht des Vesuvs verschwand die erste Lady Hamilton aus dieser Welt. Mit ihr wäre wohl auch die Erinnerung an ihren Mann längst entschwunden, obgleich er nicht nur Diplomat war, sondern das erste und noch immer prächtigste Buch über Neapel und den Vesuv verfaßt, als erster griechische Vasen mit Sachverstand gesammelt und als erster die Bedeutung von Pompeji und Herculaneum erkannt hat. Höchstens ein paar Bibliophilen würden seinen Namen noch kennen, hätte er – ein alternder Witwer – nicht die junge Geliebte seines Neffen ins Haus genommen: Emma Lyon oder Hart.

Daß ein junger Mann bemüht war, eine schöne Mätresse seinem Onkel zu überlassen, und nicht etwa aus materiellen Gründen, sondern lediglich, um sie loszuwerden – dergleichen war ein im achtzehnten Jahrhundert ziemlich ungewohnter Vorfall. Dieser Neffe, ein gewisser Charles Greville, hatte sich der verzweifelten Emma angenommen, als sie schwanger war, und sie samt ihrer Mutter in einem kleinen Haus der Edgware Row untergebracht. Emma verliebte sich leidenschaftlich und besitzgierig in ihren zuvorkommenden Wohltäter, und ihm zuliebe war sie nur allzu gern bereit, sich wie eine Dame aufzuführen. Es kam jedoch die Zeit, da Greville, der arm war, sich nach einer guten Partie umsehen mußte, die mindestens 30 000 Pfund mitbrachte, und er begriff, daß er keine Chancen hatte, wenn er sich nicht von der anschmiegsamen Emma und deren Mutter frei machen konnte. Wer kam also gelegener als ein reicher und angesehener Witwer, der in Neapel lebte?

Emma Hamilton war unglaublich anpassungsfähig. Zugleich aber zählte sie zu den wenigen Frauen, die sich nicht nur oberflächliche Kenntnisse anzueignen verstehen, sondern auch Redeweise, Benehmen und Umgangsformen einer ganz anderen Gesellschaftsschicht als jener, aus der sie stammen. Diese Gaben wurden noch durch große Schönheit, Herzenswärme und Treue bereichert.

Sie war die Tochter eines Schmiedes namens Henry Lyon, der statt seiner Unterschrift ein Kreuz zu krakeln pflegte; sonst weiß man nicht das geringste von ihm. Ihre Mutter dagegen, die nie von Emmas Seite wich, war aus anderem Stoff. Obgleich auch sie bei Emmas Geburt weder schreiben noch lesen konnte, war sie doch imstande, mit ihrer Tochter Schritt zu halten, als deren verwirrender Aufstieg begann. Später legte sie sich den aristokratisch klingenden Namen einer Mrs. Cadogan zu. Mutter und Tochter ergänzten einander vortrefflich, wenn es auch der alten Dame nie recht gelang, alle Spuren ihrer Herkunft zu verwischen. Alles in allem muß sie eine nette und zuverlässige Person mit Spitzenhäubchen gewesen sein.

Greville hatte sich um Emmas Erziehung gekümmert, ihr eigentlicher Professor Higgins wurde indessen Sir William. Als er 1784 in London weilte – Emma war neunzehn –, ließ Greville alle Minen springen: Er meinte, es sei vielleicht ganz angenehm, wenn Mrs. Cadogan und ihre Tochter einmal Ferien in Italien machten; Emma könnte dort unter klassischem Himmel ihre Studien fortsetzen. Es waren eben Ferien, nichts weiter.

So reisten denn die beiden Damen auf dem Landweg gen Süden, und Sir William stellte Emma eine Suite von vier Räumen im Palazzo Sessa, Hamiltons Residenz, zur Verfügung. Damals konnte man von dort aus die ganze Bucht überschauen. Emma ließ sich in Französisch und Italienisch unterrichten, auch lehrte man sie das Singen und noch manches sonst; allerdings blieb ihre Aussprache mehr als nur ein wenig eigenwillig. Als die Zeit verging, wurden ihre Briefe an Greville immer gefühlvoller, leidenschaftlicher und ärgerlicher: Sie konnte niemals einen anderen Mann lieben als ihn! Warum nur hatte er sie verlassen? Da man sie in Neapel mit Liebenswürdigkeiten jedoch überschüttete und ihre Schönheit bewunderte, besann sie sich alsbald eines Besseren. Vermutlich wurde ihr in jenem Stadium von einer ehrwürdigen alten Dame im Spitzenhäubchen ein weltläufiger Ratschlag erteilt, denn es dauerte fortan nicht mehr lange, bis sie Sir Williams Geliebte war. Nun gestand sie auch, daß sie allein ihn zu lieben vermochte.

Sechs Jahre währte dieser erfreuliche Zustand. Emma Hart wurde eine Augenweide Neapels. Alle Welt lag ihr zu Füßen; die größten Genießer schmachteten sie an. Mit ihrer Schönheit und ihren Talenten eroberte sie nicht nur die blasiertesten Salonlöwen, sondern auch die schlichten Bürgersleute, die sie mehr als einmal gar mit der Jungfrau Maria verglichen! Im Jahre 1791, als er neunundvierzig zählte und sie sechsundzwanzig, nahm Hamilton sie und ihre Mutter mit nach London, wo sie heirateten. Schon als seine Mätresse hatte sie die Neapolitaner betört; als Lady Hamilton indessen fand sie Zugang bei Hof und bezwang selbst die abschreckende Königin Maria Caroline.

Ich hatte den Einfall, einmal durch die Räume zu gehen, in denen Lady Hamilton ihren Circle gehalten und ihre berühmten «Attitüden» dargeboten hatte. Also fragte ich mich zum Palazzo Sessa durch, konnte aber niemanden finden, der jemals etwas von ihm gehört hätte. Endlich entsann sich ein Beamter des Britischen Generalkonsulats, daß vor langer Zeit schon einmal ein Fremder diese Erkundigung eingeholt hatte, und zu guter Letzt wurde ich zur Vico Santa Maria a Capella Vecchia im alten Pizzafalcone-Viertel hinter meinem Hotel verwiesen.

Eine steile Straße war mit kleinen Läden und Werkstätten gesäumt. Einige Schuster und ein Mann, der auf dem Pflaster einen alten Stuhl reparierte, schwätzten in einem fort mit Freunden und Passanten. Die Straße endete in einem Torbogen, der zu einem Hof führte, wo mehrere Autos abgestellt waren. Ich fragte eine Frau, ob das Gebäude, dessen Fenster und Balkone sich vor unserer Nase erhoben, der Palazzo Sessa sei, aber das wußte sie nicht. Ich konnte mir die Zeit vorstellen, da dieser Bau noch nicht in Wohnungen aufgeteilt war, da Kaleschen unter dem Torbogen durchrollten und vor dem gegenüberliegenden Hauptportal hielten, auf dem selbst jetzt noch ein ganz schwacher Abglanz einstiger Pracht zu schimmern schien.

Die zweite Tür, an die ich klopfte, wurde vorsichtig geöffnet, so daß ich in ein Zimmer blicken konnte, das mit alten Truhen, Tischen und Betten vollgestopft war. Der Greis, der diese Schätze behütete, hatte auch nie von einem Palazzo Sessa reden hören und nahm an, ich sei wegen eines sperrigen Gegenstandes in braunem Einwickelpapier gekommen, den er mir unbedingt andrehen wollte. Dann versuchte ich es mit einer etwas wohlhabender wirkenden Treppe und gelangte zu einer pompösen Wohnungstür. Auf mein Klingeln erschien ein ältlicher Diener in weißem Jackett. Nachdem ich meine Frage gestellt hatte, verneigte er sich gravitätisch und versprach, sich bei seiner Herrin zu erkundigen. Er führte mich zu einem Renaissancestuhl und verschwand hinter einer Tapisserie. Als er wieder auftauchte, versicherte er, dies sei in der Tat der Palazzo Sessa, doch leider sei die Marchesa nicht mehr die Jüngste und obendrein unwohl; sie bedaure indessen, mich nicht empfangen zu können. Was hätte verbindlicher sein können? Ich hatte das Gefühl, in diesem alten Gebäude seien doch noch diplomatische Manieren im Schwange.

Was ich für einen Teil des Palastes hielt, hatte ich also in dieser Eckwohnung gefunden, von deren Fenstern aus man nun auf ein Elendsquartier herabsieht. Der Blick auf den Golf ist längst durch moderne Hochhäuser verstellt. Ich fragte mich, ob dies vielleicht gar jenes vielgerühmte Zimmer war, in dem Lady Hamilton ihre Gäste unterhalten hatte. Mit Hilfe eines Schals oder deren zwei nahm sie verschiedene Posen ein, welche die Gesellschaft entzückten. Ihr Gatte, der sie bewunderte, illuminierte diese lebenden Bilder mit einer Kerze. Vermutlich hat Goethe den anschaulichsten Bericht gegeben. Er wurde im März 1787 eingeladen, sich diese Attitüden zu betrachten; das war drei Jahre nach Emmas Ankunft und drei Jahre, ehe sie Hamiltons zweite Gemahlin wurde. Er schrieb:

«Der Ritter Hamilton hat nun, nach so langer Kunstliebhaberei, nach so langem Naturstudium, den Gipfel aller Natur- und Kunstfreude in einem schönen Mädchen gefunden. Er hat sie bei sich, eine Engländerin von zwanzig Jahren. Sie ist sehr schön und wohlgebaut. Er hat ihr ein griechisch Gewand machen lassen, das sie trefflich kleidet; dazu löst sie ihre Haare auf, nimmt ein paar Schals und macht eine Abwechslung von Stellungen, Gebärden, Mienen usw., daß man zuletzt wirklich meint, man träume. Man schaut, was so viele tausend Künstler gerne geleistet hätten, hier ganz fertig, in Bewegung und überraschender Abwechslung. Stehend, kniend, sitzend, liegend, ernst, traurig, neckisch, ausschweifend, bußfertig, lockend, drohend, ängstlich usw. Eins folgt aufs andere und aus dem anderen. Sie weiß zu jedem Ausdruck die Falten des Schleiers zu wählen, zu wechseln und macht sich hundert Arten von Kopfputz mit denselben Tüchern. Der alte Ritter hält das Licht dazu und hat mit ganzer Seele sich diesem Gegenstand ergeben. Er findet in ihr alle Antiken, alle schönen Profile der sizilianischen Münzen, ja den Belvederschen Apoll selbst. So viel ist gewiß, der Spaß ist einzig!»

Vielleicht, so dachte ich, haben aus den Fenstern dieses Raumes sechs Jahre später, am Abend des 12. September 1793, die Bewohner ein englisches Kriegsschiff erblickt, das in der Bucht vor Anker ging. Es war die «Agamemnon», die Depeschen für Sir William Hamilton brachte. Der Kapitän, Horatio Nelson, erschien am nächsten Morgen in Galauniform. Er und Sir William fanden sogleich Gefallen aneinander, und der Gesandte lud Nelson ein, für die Dauer seines kurzen Aufenthaltes sein Gast zu sein. Der Kapitän nahm an. Sir William teilte Emma mit, sie werde einen kleinen Mann treffen, der zwar nicht gerade hübsch sei, doch werde er – wie Hamilton ahnte – vielleicht eines Tages die Welt erstaunen machen. Nelson seinerseits beschrieb in einem Brief an seine Frau Lady Hamilton als «eine junge Frau mit liebenswürdigen Manieren, die ihrer Stellung Ehre macht».

Das Schicksal des Palazzo Sessa ist interessant. Während der französischen Okkupation im Jahre 1799 wurde es vom Mob geplündert. Bei einer Beschießung der Stadt, die Nelson befohlen hatte, verfehlte ein Geschoß die Batterie von St. Elmo auf dem Berge und explodierte statt dessen in dem Palazzo, wo großer Schaden entstand. Zu jener Zeit war das Gebäude natürlich unbewohnt. Sir William und Emma hatten sich mit der königlichen Familie nach Sizilien begeben. In späteren Jahren schrieb Nelson seiner Emma, ihr altes Heim sei nun ein Hotel.

8

Der Professor war ein ungewöhnlicher neapolitanischer Typ: klein, rundlich, struppig und fröhlich. Er war einer jener dicken Männer, die sich heiter mit ihrem Gewicht abgefunden haben und glücklich durchs Leben hüpfen. Da mir in Spanien einige solcher Sancho Panzas begegnet waren, nahm ich an, daß er vielleicht neapolitanisch-spanischer Abkunft sei.

Er fuhr mich in einem kleinen bösartig aussehenden roten Fiat nach Caserta. Mir fiel auf, daß er recht ordentlich durch Neapel brauste; mit Befriedigung stellte ich außerdem fest, daß seine Bremsen funktionierten. Aber in dem Moment, als wir die Autostrada erreichten, änderten sich Haltung und Stimmung schlagartig. Er warf sich mit seinem ganzen Körper über das Steuerrad, trat das Gaspedal durch und überholte zähnefletschend sämtliche Ferraris und Maseratis und alles andere sonst, was ihm im Wege war. Diese jähe Verwandlung wird jedem vertraut sein, der jemals mit dem Auto in Italien unterwegs war.

«Wie wär's mit einem Glas Bier?» schrie er mir im Motorengeheul zu.

«Eine prächtige Idee!» brüllte ich zurück, denn jeder Halt war mir willkommen.

Er verließ die Autobahn und fuhr in eine Seitenstraße. Ochsengespanne zockelten inmitten von Weingärten einen Berg hinan. Plötzlich waren wir – ein paar hundert Meter von der modernen Via Appia entfernt – in einem jener malerischen Bergstädtchen, deren höchstgelegene Stelle stets eine Trattoria mit einer großartigen Aussicht auf die Ebene ist. Wir setzten uns in eine von Weinlaub umrankte Laube, und ein Mädchen servierte neapolitanisches Lagerbier. Dieses Städtchen hier, so erklärte der Professor, sei Caserta Vecchia, das alte Caserta also, das kaum besucht wird und seit dem achtzehnten Jahrhundert nahezu verlassen ist, als der Bau des Palastes die Bewohner ins Flachland zog.

Wir besuchten eine feierliche mittelalterliche Kirche, deren Mittelschiff von unvergleichlichen byzantinischen Säulen und vielen normannischen Bögen getragen wird. Wieder im Freien

Caserta Vecchia; Dom

bewunderten wir alte Häuser an einer kleinen Piazza und einen Campanile. Der Professor berichtete, daß heute nur noch etwa zweihundert Menschen in diesem von der Technik unberührten Ort leben.

Er stimmte meiner Ansicht zu, wonach Gebäude – so wie das Geld – die wenigen unbeseelten Objekte sind, die gewissermaßen für Nachkommenschaft sorgen. Dies gilt vor allem für Kathedralen und Schlösser, die oft nicht nur Eltern, sondern auch Onkel und Tanten haben, ganz zu schweigen vom illegitimen Nachwuchs. Versailles zum Beispiel ist der Ahnherr vieler Bourbonenschlösser; ich erinnerte an La Granja bei Segovia in Spanien, das der Franzose Philipp V. bauen ließ, um sein Heimweh zu lindern.

Der Professor war gern bereit, darüber zu diskutieren. Er argumentierte, daß auch der Palast von Caserta das Versailler Schloß imitiere, was ich dagegen bezweifelte. Karl III. war von Natur aus ein Bauherr, doch im Gegensatz zu seinem Vater litt er nicht an Heimweh nach Frankreich. Er war in Spanien geboren und schon mit sechzehn Jahren König von Neapel geworden; mit einundzwanzig hatte er die Oper San Carlo bauen lassen und im Jahr darauf mit der Errichtung des gewaltigen Palastes von Capodimonte begonnen, dessen Räume nun angefüllt sind mit dem Porzellan, dessen Herstellung er förderte, um seine Frau zu befriedigen. Caserta schließlich, das selbst unter Schlössern eindrucksvoll ist, wurde gebaut, als er Ende der dreißig war.

Wir stiegen in die Ebene hinab, zu der weitläufigen und konturlosen Stadt beiderseits des kolossalen Palastes. Touristenbusse trafen gerade im Vorhof ein. Karl III. mußte, nachdem er das Jagdhaus hatte abreißen lassen, das einst hier stand, und an seiner Statt ein Schloß aufführen wollte, die Entdeckung machen, daß die besten Architekten für den Papst in Rom arbeiteten. Er hätte gern den Neapolitaner Nicolas Salvi gewonnen, der jedoch gerade die letzte Hand an den Trevibrunnen in Rom legte. Zum Glück fand er dann Luigi Vanvitelli. Dieser berühmte Baumeister war kein Italiener, sondern der Sohn des niederländischen Malers Gaspar van Wittel.

Im Jahre 1752 war es dann soweit: Infanteristen und Kavalleristen wurden an der Baustelle postiert, damit sie die Umrisse des Baus markierten; Kanonen kennzeichneten die Ecken. Karl III. stieg nebst Gemahlin mit einem silbernen Hammer und einer Kelle von einem Podium herab und legte den Grundstein. Danach überreichte er diese Handwerksgeräte dem Architekten Vanvitelli, der sie als Votivgaben für den heiligen Philipp Neri nach Rom sandte. Ein Heer von Steinmetzen – verstärkt durch Verbrecher und Galeerensklaven – schuftete nun jahrelang. Die Leute verarbeiteten wahre Berge von Stein und entluden Ochsenkarren, die alle möglichen Marmorsorten aus ganz Italien herbeigeschafft hatten.

Wir standen vor dieser ungeheuren Fassade, diesem größten Palast, der jemals in diesem kleinen Königreich gebaut worden war.

«Was für ein phantastischer Größenwahn!» rief der Professor aus. «Ach, könnte ich doch auch einmal so frönen! Was würde ich wohl bauen? Vielleicht ein gigantisches Mausoleum für verstorbene Dozenten! Aber im Ernst: Wie sehr ist dieser Größenwahn doch dem eines Hitlers und Mussolinis vorzuziehen! Lieber hundert Casertas als faschistische Parteien und einen Weltkrieg. Heutzutage ist es ja Mode, mit Königen – und besonders mit den Bourbonen – hart ins Gericht zu gehen, doch so schlimm waren sie auch wiederum nicht, und dieser Karl III. war noch der Beste der ganzen Gesellschaft. Außerdem hat er wegen dieser Verschwendung hier sein Gewissen dadurch beruhigt, daß er einen noch größeren Palast gebaut hat, nämlich für die Armen, das Albergo dei Poveri, das die ganze eine Seite der Piazza Carlo III. in Neapel einnimmt. Die Touristen kommen hierher nach Caserta, an das Armenhaus aber denkt kein Mensch.»

Wir erklommen eine Treppe von solcher Pracht, wie sie selbst Hollywood in seinen grandiosesten Momenten nie hat errichten lassen. Oben fanden wir eine schöne Kuppel aus grünem, weißem, schwarzem und rotem Marmor. Die Ankunft des Königs muß einen seltsamen Anblick geboten haben: Karl in seinem schäbigen alten Anzug, seinem traurigen zynischen Gesicht mit der langen Nase und dem fliehenden Kinn: Ein Mann, der nur dann wahrhaft glücklich sein konnte, wenn er eine Büchse und einen Apportierhund bei sich hatte, betrat diesen Prunkbau, den er dank eines sonderbaren psychologischen Phänomens oder eines Paradoxons hatte aufführen lassen.

Dann spazierten wir durch die üblichen königlichen Gemächer, bewunderten einige hübsche Gemälde, viele vergoldete Tische und einige enorm große, unbequem wirkende Betten mit Vorhängen. Dabei fragten wir uns, wo denn nun eigentlich in solchen Palästen die erlauchten Häupter tatsächlich gelebt haben mochten. Gab es irgendwo im verborgenen ein paar normale Zimmer, in denen der König ein Nickerchen gemacht und die Königin eine Scheibe Brot mit Honig gegessen hatte?

Es existiert ein Bericht aus späterer Zeit – unter der Herrschaft von Ferdinand II. –, demzufolge ein Hofbeamter den Palast von Caserta aufsuchte, um dem König einen Laib Brot jener Sorte zu zeigen, die bei einer Epidemie für die Armen gebacken worden war. Der Höfling durchschritt die Empfangszimmer und bemerkte Wäsche, die zum Trocknen in einer Marmorhalle aufgehängt war. Als er schließlich die königlichen Appartements erreichte, stellte er fest, daß der Monarch ein Kind

Caserta; Domhaube

fütterte, während die Königin nähend danebensaß und eine Wiege schaukelte. Nachdem der Beamte dem König das Brot gereicht hatte, fing das Kind in dessen Arm zu schreien an. «Geben Sie ihm doch eine Schnitte», meinte Ferdinand, «oder er wird uns nicht zum Reden kommen lassen.»

Alle Spuren des Zweiten Weltkrieges wurden beseitigt, zumindest sahen wir keine mehr. In diesem Schloß hat Lord

Alexander im April 1945 die Kapitulation der deutschen Truppen in Italien entgegengenommen.

Schön war ein Spaziergang im Park und in den Gärten. Der nahezu endlos lange, holländisch anmutende Kanal verriet, daß van Wittel eben doch Niederländer gewesen war. Am Ende dieses Kanals trafen wir auf die größte Attraktion Casertas: auf die Kaskaden. Eine entzückende Schar nackter oder halbnackter Mädchen steht nachdenklich auf malerisch verstreuten Felsen und beschaut sein Spiegelbild im Wasser. Niemand, der eine Kamera bei sich hat, kann dieser romantischen Szene widerstehen: Diana und ihre Nymphen werden von Aktaion und seinen Hunden beim Baden überrascht. Als Strafe wird der Unglückliche in einen Hirsch verwandelt und von seinen eigenen Tieren zerfleischt.

«Finden Sie das nicht auch interessant», sinnierte der Professor: «Obgleich sich die Anatomie nicht geändert hat, gehören diese weiblichen Formen doch einer andern Zeit an. Mädchen von heute würden doch nicht so aussehen wie diese Nymphen der Diana.»

Aber ich wollte keinen Streit mit ihm anfangen.

9

Wir fuhren nach dem nahen Capua, das – wie Caserta – eine alte und eine neue Stadt hat. Zunächst begaben wir uns in das alte Capua (Capua Vetere), wo ich im Licht des Nachmittags die Ruinen eines Amphitheaters sah, das fast so groß und so gut erhalten ist wie das in Rom. Keine Menschenseele war dort anzutreffen. Dieser Zirkus war der größte auf italienischem Boden, bevor das Kolosseum erbaut wurde. Die unterirdischen Käfige und Flaschenzüge fand ich interessanter als die in Rom.

Das alte Capua war einmal die Hauptstadt der römischen Campania, die sich dadurch entehrte, daß sie gemeinsame Sache mit Hannibal machte. Sie war nicht nur eine der größten, sondern auch eine der reichsten Städte des Südens, eine Art Paris, berühmt ob des guten Lebens; die Capuaner sollen geschwelgt haben wie die Sybariten, und auch die Schönheit und die Fröh-

Capua; Amphitheater

lichkeit ihrer Frauen wurden viel besungen. Die antiken Schriftsteller berichten, ein ganzer Straßenzug habe sich allein mit dem Parfümhandel beschäftigt. Livius spricht von der «Zügellosigkeit des gemeinen Volkes, das sich unbegrenzter Freiheit» erfreuen durfte. Anscheinend war der Historiker kein allzu überschwenglicher Demokrat.

Capua öffnete die Tore vor Hannibal und gewährte der karthagischen Armee Winterquartiere, da man der Ansicht war, Hannibal werde alsbald Rom erobern, so daß Capua wohl künftig die bedeutendste Stadt Italiens sein werde. Dieser herzliche Empfang und die Begeisterung, mit der die Damenwelt Capuas so viele fremde Männer begrüßte, sollen schuld daran gewesen sein, daß Hannibal nie wieder eine Schlacht gewann, was freilich nicht ganz zutrifft. Wahr dagegen ist, daß beim nächsten Feldzug unverhältnismäßig viele Karthager desertierten: Die Krieger eilten spornstreichs in die Bordelle und in die Heime ihrer Liebsten zurück. Anstatt den Capuanern dankbar dafür zu sein, daß sie auf diese Weise eine derartige psychologische Verheerung anrichteten, rächte sich Rom nach dem Umschwung grausam an der verräterischen Stadt: Die Edelleute und die Senatoren wurden entweder umgebracht oder gefangengenommen, gleichzeitig verlor Capua seinen Rang als Kapitale der Campania und sank auf die Stufe einer Provinzstadt herab. Livius erzählt, einige der führenden Bürger hätten ein Fest veranstaltet und in der Trunkenheit Gift genommen.

Der Professor ließ sich auf einem Stein des Amphitheaters nieder und rauchte eine Zigarette.

«Die Geschichte Capuas und seines Einflusses auf Hannibals Truppen ist die humanste der Punischen Kriege», bemerkte er sodann. «Da mir die Hinfälligkeit der menschlichen Natur vertraut ist, muß ich sagen, daß ich mit diesen armen Burschen sympathisiere, die so fern der Heimat desertierten. Können Sie sich die Gespräche vorstellen, die in Hannibals Lager während der folgenden Kampagne die Runde machten? Diese Erinnerungen an gutes Essen, an feurige Küsse, an köstliche Erlebnisse ... Ganz aber vermochte Rom die Capuaner doch nicht unterzukriegen: Wenigstens der Parfümhandel blühte weiter. Und wissen Sie auch, daß der einzige Überrest von Capuas Glanz jetzt das städtische Briefpapier ist, das die Lettern S. P. C. – *Senatus populusque Capuanus* – trägt?»

«Ist es wahr, was mir ein Italiener einmal erzählt hat: daß die Frauen Capuas noch heute scheel angesehen werden, weil ihre Ahnfrauen einst die Soldaten Hannibals in ihre Betten nahmen?»

Der Professor kugelte sich vor Lachen. «Scheel angesehen!» wieherte er. «Sie werden als die raffiniertesten Liebeskünstlerinnen bewundert! Manch einer glaubt, das gehe noch auf die Tage Hannibals zurück. Vielleicht ist wirklich etwas dran. Ich kann Ihnen nur eines versichern: Als ich jung war, konnte sich kein respektables Bordell halten, wenn es nicht mindestens eine Capuanerin auf Lager hatte.» Er warf seinen Zigarettenstummel weg und seufzte. «Mit sechzehn ließ ich mich von einer Capuanerin namens Diana anlernen, und ich rede mir gern ein, daß es die Historie selber war, die meinen Lektionen die Ehrbarkeit verliehen hat.»

Bei unserer Rückkehr nach Neapel hielten wir in dem Dorf Sant' Arpino, wo antike Überreste ausgegraben wurden, und zwar solche von öffentlichen Bädern. Diese Ruinen gehören zu der oskischen Stadt Atella, die in römischer Zeit berüchtigt war ob ihrer Possen von äußerster Unanständigkeit. Es gibt Leute, die hierin den Ursprung der Commedia dell'arte erblicken. Unter diesen Gestalten soll sich der Punchinello befunden haben. Die oskischen Schwänke wurden auch in Rom aufgeführt, doch nahmen sie allmählich so unschickliche Formen an und behandelten prominente Personen so unflätig, daß Tiberius sie verbot. Der Professor behauptete, das italienische Wort *osceno* (obszön) entstamme diesen oskischen Ungebührlichkeiten. Ob dies zutrifft, vermag ich allerdings nicht zu sagen.

Wir stießen auf einen Arbeiter, der offenbar immer noch oskisch sprach und dem Professor erzählte, die jüngsten Ausgrabungen hätten vor zwei Jahren begonnen. Damals sei ein gewaltiger Walnußbaum gefällt worden und habe Mauern und Fundamente von Gebäuden freigelegt, die sich nur wenig unterhalb der Erdoberfläche befanden.

«Aber der springende Punkt ist folgender: Die vier Dörfer hier in der Nähe, deren Bewohner so arm sind, daß die halbe Bevölkerung in Neapel arbeiten muß, sahen plötzlich die Möglichkeit, viel Geld durch die Touristik einzusäckeln. Und schließlich haben sie sich – ein ungewöhnlicher Schritt im italienischen Landleben – zusammengetan, um Atella auszugraben. Sie glaubten, eine Goldmine freizulegen. Sie haben sogar an alle, die nach Amerika ausgewandert sind, appelliert, sie zu unterstützen. Natürlich halten sie die ‹Amerikaner› allesamt für stinkreich.»

Es sah nicht so aus, als sei der Appell sehr erfolgreich gewesen, und das ist ein Jammer, denn ich glaube, diese Dörfler haben gar nicht so unrecht. Die Geburtsstätte des Punchinellos wäre sicher manchem Touristen einen Besuch wert.

Kurz vor Neapel kamen wir durch Aversa, eine geschäftige Stadt von etwa 30 000 Einwohnern. Ich war jedoch enttäuscht. In Aversa hatten die Normannen zum erstenmal auf süditalienischem Boden Fuß gefaßt. Aversa war die Stadt Rainulfs und der Hautevilles. Ich hatte an ein verlassenes Bollwerk auf einem Berg mit zerfallenem Kastell gedacht, vielleicht auch an eine Kathedrale, aber ganz gewiß nicht an ein überfülltes Anhängsel von Neapel, wo der rote Fiat um ein Haar von einem Lastwagen samt Anhänger überrannt worden wäre.

«Aber seien Sie doch nicht enttäuscht», tröstete mich der Professor. «Aversa ist immer noch berühmt. Hier gibt es die größte Irrenanstalt Süditaliens.»

10

Eines meiner interessantesten Erlebnisse in Neapel war der Besuch der Phlegräischen Felder. Sie zählen zu den ältesten klassischen Stätten. In der Tat sind sie so alt, daß sie beinahe der Vergessenheit anheimgefallen wären. Jahrhundertlang bedeutete dieses phantastische und unheimliche Gebiet den Menschen ungefähr das, was Pompeji und Herculaneum den modernen Touristen ist.

Ich glaube, der erste englische Tourist, der die Phlegräischen Felder beschrieben hat, war Gerald von Tilbury, der ums Jahr 1190 gleich vielen Engländern unter Wilhelm II. von Sizilien diente. In seinem Buch *Otia Imperialia*, einem verblüffenden Mischmasch mittelalterlicher Wahngebilde und Glaubensbekenntnisse, schildert er einen Ausflug nach Neapel, das für seine Zeitgenossen vornehmlich die Stadt des «Zauberers» Vergil war.

Er kam zum Tor von Nola, das mit Büsten Vergils geschmückt war, und berichtet von der bronzenen Fliege, die Vergil fabriziert haben soll, um Neapel von der Fliegenplage zu befreien. Es gab auch einen «Zauber»-Markt, wo das Fleisch angeblich sechs Monate lang frisch blieb. Ferner hatte Vergil der Legende nach die Schlangen aus Neapel vertrieben. Schließlich soll er gar eine bronzene Trompete angefertigt haben, die auf den Vesuv gerichtet war und einen Vulkanausbruch verhindern sollte. Das einzige dieser Märchen, das bis heute lebendig geblieben, ist das von dem unterirdischen Ei.

Wie andere Reisende seiner Epoche hat auch Gerald den eingesunkenen Krater des Vesuvs auf den Phlegräischen Feldern besichtigt, der offenbar einige Jahrhunderte hindurch unverändert blieb. Diese vulkanische Landschaft inspirierte die Griechen zu ihrer Vorstellung vom Hades und den Elysäischen Feldern.

Auf dem Weg dorthin stattete ich jener Stelle einen kurzen Besuch ab, die als das Grab Vergils bekannt ist. Es ist heute ein reizender kleiner Garten mit Lorbeerbäumen, anderen Hecken und Blumen oberhalb der Hauptstraße nach Posilipo, wo die Autos sausen und die Lastwagen donnern. Es rührte mich, an diesem lauschigen Flecken eine Marmorbüste zu finden, die den jungen Dichter darstellen soll. Ob dieses zerbröckelte Mauerwerk nun wirklich die Grabstätte Vergils ist oder nicht, spielt keine Rolle. Ich kehrte auf die laute Straße mit dem Gefühl zurück, an einem Ort verweilt zu haben, wo es angebracht war, des Verfassers der «Georgica» und der «Äneis» zu gedenken.

Nach etwa zwanzig Minuten war ich auf den Phlegräischen Feldern – den Feldern des Feuers, wie einst das ganze Gebiet westlich von Neapel einschließlich den Inseln Procida und Ischia genannt wurde, und zwar der vulkanischen Erde wegen. Ich fuhr durch einen Torweg, und nach Lösung einer Eintrittskarte kam eine hagere mephistophelische Gestalt auf mich zu. Der Mensch gehörte zu den wartenden Fremdenführern und trug wie sie alle eine sorgfältig zusammengerollte Zeitung in der Hand.

Schnellen Schrittes setzten wir uns in Bewegung. Der Mephistopheles erzählte, wir befänden uns im Krater eines Vulkans, der einst bei einem Ausbruch bis auf die Meereshöhe eingesunken sei, an manchen Stellen jedoch immer noch rauche. Wir hatten den berühmten Solfatara vor uns. Schilder mit der Warnung «Gefahr!» schreckten uns ab, während an andern Orten das Erdreich wiederum weich war und nachgab. Der dünne Mann erklärte, daß just hier die Griechen den Hades wähnten.

Endlich erreichten wir einen scheußlich brodelnden Schlammtümpel. Und nun wurde uns auch der Zweck der zusammengerollten Zeitungen klar. Unser Fremdenführer setzte die seine nämlich in Brand und warf sie in den Morast. Mit einem lauten «Hoppla!» zeigte er auf die Rauch- und Dampfwolken, die gleichzeitig auch anderwärts emporstiegen. Dann kamen wir zu einer Grotte, aus der heißer Dampf quoll. Ich ging hinein und sah einen nackten Mann dort sitzen, dessen schweißnasses Haar am Kopf klebte. Er wandte mir sein glühendes Gesicht zu und sagte auf deutsch: «Guten Tag.»

«Wer ist das?» fragte ich den Führer, nachdem ich wieder im Freien war.

«Einer der Deutschen vom Campingplatz. Er nimmt ein Dampfbad.»

II

Am Rand von Pozzuoli, das in der Antike die Hafenstadt Puteoli war, traf ich auf die Ruinen eines großen Amphitheaters. Es war das drittgrößte in Italien (nach dem Kolosseum in Rom und dem Zirkus in Capua). Hier lassen sich sogar noch deutlicher die Methoden erkennen, mit denen wilde Tiere in die Arena getrieben wurden. Die unterirdischen Gänge und Kammern haben sich sehr gut erhalten.

Ich hatte stets angenommen, die schnaubenden Bestien wären mit Fackeln und Speeren in die Arena gejagt worden, oder man habe sie einzeln aus ihren Käfigen geholt. In Pozzuoli ist jedoch zu sehen, daß sechzig Tiere gleichzeitig aus steinernen Zellen freigelassen werden konnten, und zwar mittels Falltüren; jeweils dreißig sind im Halbkreis auf jeder Seite der Arena angebracht. Das muß der aufregendste Moment für den blutdürstigen Pöbel gewesen sein: Aus sechzig Türen stürmten sechzig Löwen, Tiger und andere Tiere, die von den Agenten in Afrika beschafft worden waren, urplötzlich ins Sonnenlicht und sahen sich von einer Landschaft umgeben, die ihrer Heimat ähnelte, denn oft wurde die Arena mit Sand bestreut und mit Palmen dekoriert.

Dieses Pozzuoli war einmal Roms wichtigster Handelshafen für den Nahen Osten gewesen. In einem Café am Hafen trank ich einen Espresso und hörte dem Barmann zu, der sich mit einem Freund über eine berühmte Filmschauspielerin unterhielt, die hier geboren wurde. Ihr Gespräch erinnerte mich sehr an die Dialoge des Lukian: Die Themen, über die das Volk plaudert (vor allem die Äußerungen junger Männer über junge Frauen), haben sich im Laufe der Jahrhunderte kaum gewandelt.

Durch Erdbeben hat der Hafen seit der Römerzeit sein Aussehen stark verändert. Ein großer Teil ist im Meer versunken. Ein alter Mann erzählte mir, als Junge habe er mit andern beim Schwimmen und Tauchen noch die riesigen Bronzeringe gesehen, an denen die Galeeren früher festgemacht hatten. Ob es sich wirklich so verhielt oder ob das Gedächtnis den Alten trog, kann ich nicht beurteilen. An dieser jetzt verschwundenen Mole ging jedenfalls der Apostel Paulus an Land – ein Gefangener, der sich um Fürbitte an den Imperator gewandt hatte. Er traf mit dem alexandrinischen Getreideschiff «Castor und Pollux» ein, das ihn nach seinem Schiffbruch vor Malta aufgenommen hatte. Es gehörte zu der Flotte, die in jedem Frühjahr ägyptischen Weizen nach Italien transportierte. Die Fahrzeuge segelten häufig unter dem Schutz von Kriegsschiffen. Die «Castor und Pollux» jedoch fuhr ohne Geleit. Selbst nach modernen Maßstäben waren diese Schiffe groß. Zweihundertsiebzig Personen retteten sich zusammen mit Paulus in Malta an Land: wie es scheint, fanden sie alle bequem Platz, obwohl das Schiff außer ihrer Mannschaft auch Passagiere beförderte.

In einem seiner Briefe hat Seneca eine schöne Schilderung dieser ägyptischen Getreideflotte hinterlassen. Er schreibt, jedes Fahrzeug habe bei der Einfahrt in den Golf von Neapel die Marssegel streichen müssen. Allein die alexandrinischen Schiffe durften unter vollen Segeln einlaufen – sie wurden also schon aus weiter Entfernung erkannt. Sobald sie in Sicht kamen, drängten sich die Leute zur Begrüßung im Hafen.

Südwestlich von Pozzuoli sind auf den Klippen die Überreste des berühmten Baiae (das jetzt Baia heißt) zu finden. Ihre Zahl ist erstaunlich groß, und es wird immer noch ausgegraben. Der größte Teil des antiken Baiae liegt freilich im Meer, doch stehen auf der Höhe viele Ruinen, die allesamt Tempel genannt werden, obwohl sie in Wirklichkeit die Trümmer von Bädern sind.

Vielleicht hat die französische Riviera in den dreißiger Jahren eine gewisse Ähnlichkeit mit dem Baiae der Antike gehabt, aber ich kann mir keinen andern Ort in der heutigen Welt denken, der so üppig und elegant wäre wie Baiaes «Goldküste» während des Römischen Reiches. Hier sollen Männer, die ganze Provinzen besaßen, miteinander um einen einzigen Morgen Land gestritten haben. Die Träger der erlauchtesten Namen hatten in Baiae ihre Ferienvillen: Marius, Sulla, Pompeius, Cäsar, Tiberius, Nero, Cicero, Lucullus, Hortensius. An diesem Ort gab man sich, wie man war, und folglich traten manche Charaktermängel ans Tageslicht.

Ein Spaziergang über die Hügel und durch die Wingerte führt zur antiken Stadt Cumae, der ältesten aller Kolonien der Magna Graeca, und zu dem geheimnisvollen Haus der Sibylle. Diese uralte Stadt ist natürlich längst vom Erdboden verschwunden, die Akropolis jedoch hat sich erhalten: ein auf dem Gipfel stehender Tempel, dessen untere Partie ein Labyrinth von Gängen ist. Sie münden in die geisterhafte Kammer, wo die Sibylle ihre Prophezeiungen aussprach. In ganz Italien habe ich keinen romantischeren klassischen Ort gesehen.

Erst 1932 wurde es möglich, den Laufgang zu durchschreiten und bis zur Grotte der Sibylle vorzudringen. Zahllose frühere Versuche, den Tunnel gangbar zu machen, schlugen fehl, weil immer wieder Gemäuer herabstürzten. Doch im Mai 1932 endlich gelang es Archäologen, den Weg zu der unterirdischen Kammer freizuschaufeln, die im sechsten Buch der Äneis so eindrucksvoll beschrieben ist. Die Stimme der Sibylle widerhallte dumpf im Gewölbe.

An einem heißen Nachmittag trat ich in das Zwielicht des Tunnels, das hin und wieder schwach erhellt war durch Einschnitte im Felsen. Dieser Tunnel hat die Form eines auf dem Kopf stehenden V. Die Kunstfertigkeit der Steinmetzen ist nahezu vollkommen; ich hatte – wie in Mykene oder in Stonehenge – das Gefühl, mich in einem unendlich fernen und mächtigen Zeitalter zu befinden. Ein Besucher Neapels, der sich auch nur ein klein wenig für die Klassik interessiert und einen Abstecher nach der Grotte der Sibylle versäumt, läßt sich ein großes Erlebnis entgehen; falls die Zeit drängen sollte, würde ich lieber Cumae aufsuchen als Pompeji.

Wo der Tunnel endete, stieß ich auf diese unheilvolle und bedrohliche Kammer aus Tuffstein, in der die Sibylle ihre Prophezeiungen geflüstert hat. Vergil muß hier mehr als einmal gestanden haben. Sein Bericht liest sich wie der eines Augenzeugen.

Ich muß bekennen, daß dieses Gewölbe unter der Erde wenigstens für mich noch immer von religiöser Ehrfurcht erfüllt ist.

Der Ursprung des Sibyllenkultes ist eigenartig. Er wurzelt in dem Glauben, daß gewisse alte Frauen in der Lage seien, sich mit der jenseitigen Welt in Verbindung zu setzen. Die drei berühmtesten Sibyllen waren die von Eretria, von Cumae und von Delphi. Sie scheinen etwas Ähnliches gewesen zu sein wie die Medien der heutigen Spiritisten. Nach einem umständlichen Ritual prophezeiten sie mit heftigen Gebärden. Die Pythia von Delphi kaute Lorbeerblätter und atmete Rauch ein, was ihren Trancezustand offenbar vertiefte; Plutarch spricht von «Grimassen». Als Orakel besaß die Pythia vermutlich einen größeren Einfluß auf die öffentlichen Angelegenheiten als alle andern, aber die Sibylle von Cumae hatte eine außergewöhnliche Bedeutung für Rom, da sie es war, welche die Sibyllinischen Bücher an Tarquinius verkauft hat.

Zuerst bot sie ihm alle neun Bücher an. Als er jedoch nach dem Preis fragte, verbrannte sie drei und offerierte ihm die restlichen sechs zum selben Preis. Aber noch immer wollte Tarquinius nichts von dem Handel wissen, weshalb sie abermals drei Bände dem Feuer übergab und den Rest zu dem ausgemachten Preis anbot. Diesmal stimmte Tarquinius zu und schloß so den wohl ungewöhnlichsten Bücherkauf, von dem die Menschheit weiß.

Was waren nun diese Sibyllinischen Bücher? Wahrscheinlich befaßten sie sich in Form von Hexametern mit menschlichen Problemen aller Art, die – gleich den Prophezeiungen der Sibyllen – auf verschiedene Weise ausgelegt werden konnten. Wer einmal eine Sibylle unserer Tage aufgesucht hat, wird diese Zweideutigkeiten kennen: Die Gläubigen gehen grübelnd von dannen, während die Ungläubigen solche Voraussagen für Unsinn halten. Dem römischen Senat indessen waren die Sibyllinischen Bücher anfangs ein Fenster zur andern Welt. Sicherheitshalber wurden sie in einem Tempel verwahrt und nur in Notzeiten von kundigen Leuten zu Rate gezogen.

Als das Forum im Jahre 82 v. Chr. durch Brand zerstört wurde, gingen die Sibyllinischen Bücher verloren, was als eine verheerende Katastrophe empfunden wurde. Eine Kommission ward nach Kleinasien entsandt, um in den griechischen Städten so viele sibyllinische Äußerungen wie möglich zu sammeln, damit eine Neuausgabe zusammengestellt werden konnte. Diese Kommission kehrte zurück und führte die vermutlich umfangreichste Menge Blödsinn mit sich, die je in offiziellem Auftrag gesichtet wurde. Als Augustus Kaiser wurde, ernannte er – als Ausdruck seines Respekts vor der Tradition – ein Komitee, welches das Material prüfen sollte, um das Beste daraus zu machen. Diese neue Sammlung wurde ehrfürchtig in einem Apollotempel auf dem Palatin vergraben, wo sie – wie es scheint – bis zum Jahre 400 n. Chr. blieb. Das fernere Schicksal der Sibyllinischen Bücher ist jedoch unbekannt.

Während ich in dem düsteren Gewölbe stand, in das zuweilen Wassertropfen vom Dach herabfielen, konnte ich verstehen, wie furchterregend eine «Sitzung» bei der Sibylle im Schoß der Erde gewesen sein muß. Das Echo ihrer Stimme hallte aus vielen Richtungen wider, und fraglos machten die Priesterinnen die Sache so spannend, wie es nur ging. Ich konnte nicht herausfinden, wo der Platz der Sibylle gewesen war und ob man sie auch hatte sehen können. Ganz sicher aber muß der Gläubige ziemlich verwirrt davongeeilt sein. Als ich den Rückweg antrat, vernahm ich den Widerhall meiner Schritte, und ich war froh, daß mich am Tunneleingang das Sonnenlicht wieder willkommen hieß.

Eine nach antikem Brauch gepflasterte Straße wie die Via Sacra auf dem Forum Romanum windet sich zum Gipfel des Berges hinauf, wo die Ruinen eines Apollotempels zwischen Stechginster, Thymian, Sauerampfer und Klee zerstreut sind. Auf halbem Wege steht ein Bauernhaus, das von einer Mauer umgeben ist; der überwölbte Eingang ähnelt dem eines Kastells. Ein barfüßiges Mädchen führte ein schwarz-weißes Ochsengespann vor dem Pflug. Mit der Gewandtheit langer Erfahrung ließ sie einen Eimer in den Brunnen hinab und zog ihn voller Wasser wieder hoch. Dieser Anblick ist wohl so alt wie Cumae selbst.

Auf der Wiese war kein Mensch zu sehen und auch kein Laut zu hören außer dem Summen der Insekten, die emsig von Blüte zu Blüte schwärmten. Hier also war einst die Akropolis von Cumae mit dem Tempel des Apollo und dem Orakel in der Tiefe. Ich glaube, diese Szenerie ist eine der schönsten Italiens. Seewärts erblickte ich das Kap Misenum, das an die Trompete des Äneas erinnert; landwärts sah ich den See Avernus, und im Norden lag weit von mir entfernt an der vielen Kilometer langen Küstenstraße Gaeta, das wiederum an Vergil gemahnt, denn dort befand sich das legendäre Grab von Caieta, der Amme des Äneas.

Hier werden Landschaft und Dichtung eins.

12

An einem Sonntag schließlich fand der «Tanz der Lilien» in Nola statt. Der Bürgermeister hatte mich ins Rathaus eingeladen, um Zeuge dieses Ereignisses zu sein. Am frühen Morgen fand ich die Straßen nahezu menschenleer. Die Kathedrale indessen war gedrängt voll, und Lautsprecher auf der Piazza übertrugen das Hochamt. Ich schlenderte durch die Stadt.

Es gibt dort eine Statue des Augustus in Generalsuniform, die ihn in frühen Jahren zeigt; er trägt das Haar in die Stirn gestrichen. Augustus starb in dieser Stadt im Alter von sechsundsiebzig Jahren in den Armen Livias, die er bat, ihres gemeinsamen Lebens nicht zu vergessen.

Der Tanz der Lilien, der vor sechzehn Jahrhunderten eingeführt wurde, faszinierte mich schon, als ich zum erstenmal von ihm hörte. Der heilige Paulinus von Nola wurde 353 n. Chr. geboren, und sein Lehrer war der Dichter Ausonius. Paulinus, ein Patrizier, ließ sich, als das Imperium zerfiel, wie viele Männer seiner Gesellschaftsschicht zum Christentum bekehren. Er war ein Freund des Augustinus, mit dem er korrespondierte; zahlreiche seiner Briefe sind erhalten geblieben. Als Alarich im Jahre 410 n. Chr. mit seinen Goten nach der Plünderung Roms südwärts zog, war Paulinus Bischof von Nola. Die Barbaren nahmen ihn mit, entweder weil er sich ihnen widersetzt oder weil er sich ihnen an Stelle des Sohnes einer Witwe angeboten hatte. Jedenfalls wurde er verschleppt, und zwar – wie manche behaupten – nach Afrika. Wie und warum er entlassen wurde, ist nicht bekannt; er kehrte jedoch nach Nola zurück, wo ihm die Bevölkerung ein herzliches Willkommen bereitete. Vor lauter Freude tanzten die Leute mit Lilien in den Händen.

In einer Seitenstraße traf ich Männer, die bemalte Leinwand auf sich verjüngende Türme nagelten, welche höher waren als die Häuser. Das Ganze war durch Verstrebungen zusammengehalten; die Spitze bestand aus der bunten Gipsfigur eines Heiligen. Die Plattform wurde von fünfzig Männern getragen. Auf der Leinwand waren Szenen aus der Heiligen Schrift zu sehen.

Im Rathaus hatte man mir ein Fenster reserviert, das der Kathedrale gegenüberlag, so daß ich die Piazza unter mir überschauen konnte. Jedes Jahr tanzen acht «Lilien»; sie sollen an jene Lilien erinnern, welche von den acht Gilden des römischen Nola getragen wurden, als Paulinus wieder daheim anlangte. Unter Musikbegleitung werden diese «Lilien» zunächst durch die Stadt und dann zur Piazza getragen. Gegen Mittag wurde die Aufregung immer größer. Menschenmassen belagerten den Platz. Gruppen von Männern und Jungen faßten sich bei der Hand und tanzten im Kreis. Frauen und Mädchen nahmen nicht teil.

Die Ankunft der «Lilien» bot ein ungewöhnliches Bild. Sie trafen jeweils in Abständen von einer halben Stunde ein. Alle waren von gleicher Höhe. Die schwitzenden Männer glichen Galeerensklaven. Als die erste «Lilie» in Sicht kam, sah ich zu meiner Verblüffung, daß zwölf hochgewachsene Männer, die Trompete bliesen oder andere Instrumente spielten, nicht etwa mitmarschierten, sondern auf der Plattform saßen, wodurch die Last, die ihre Mitbürger zu schleppen hatten, noch schwerer wurde.

Nacheinander schwankten nun diese «Lilien» auf die überfüllte Piazza. Gegenüber dem Rathaus setzten die Träger ihre Plattform samt Aufbau ab. Dann spielten die Kapellen eine lebhaftere Musik, und zu den wilden Schreien der begeisterten Zuschauer hoben die Träger ihre «Lilien» abermals und begannen mit ihnen zu tanzen. Es war ein höchst merkwürdiger Anblick, diese hohen Holztürme sich lustig hin- und herbewegen zu sehen. Die Menge klatschte Beifall. Nachdem jede «Lilie» ihren

Tanz beendet hatte, wurde sie auf einer Seite der Piazza abgestellt.

Danach trafen weitere fünfzig Männer ein, die ein weißes Schiff mit einer goldenen Galionsfigur trugen; es sollte jenes Fahrzeug darstellen, auf dem einst der heilige Paulinus aus Afrika heimgekehrt war. Achtern stand in einem Schrein die Statue des Bischofs, während eine zweite Figur – ein wilder Sarazene mit Turban und Krummschwert – den Kapitän abgab. Als die Galeere – auch sie von einer Kapelle eskortiert – auf die Piazza geschleppt wurde, warfen die Leute von allen Balkonen Blumen auf sie herab. Die Luft war derart von Rufen und Schreien erfüllt, daß ich eine Steigerung dieses Gefühlsüberschwangs nicht mehr für möglich hielt. Ich irrte mich jedoch.

Der Klerus, dieser große historische Zeremonienmeister, fügte den letzten Schliff hinzu. Die Glocken begannen zu läuten. Die aufgeregten Stimmen verstummten, als die Doppeltüren der Kirche geöffnet wurden und aus dem Dunkel ins späte Nachmittagslicht der Bischof trat, dem die Silberstatue des Heiligen, umgeben von Gladiolen, nachgetragen wurde. Der Bischof schritt über die Piazza und segnete die «Lilien». Wir sahen die Sonne auf der Statue leuchten, ehe sie wieder im Dämmerschein des Kirchenschiffs verschwand. Nolas Begegnung mit seiner Geschichte war für dieses Jahr zu Ende.

Ich kehrte nach Neapel zurück und mußte darüber nachdenken, wie außergewöhnlich es doch ist, daß eine vor fünfzehn Jahrhunderten empfundene Freude auch heute noch nacherlebt werden kann.

13

Ich hielt es für interessanter, das letzte Stück des Weges zum Vesuv zu Fuß zurückzulegen. Ich befand mich in einer Umgebung, die immer bedrückender wurde, bis ich zu beiden Seiten widerliche graue Ströme von Lava sah, die bei der letzten Eruption im Jahre 1944 erstarrt war. Auf eine derart abstoßende Mondlandschaft war ich nicht vorbereitet gewesen, und ich wunderte mich, wie denn die Bauern am Rande eines Pulverfasses leben können. Die Antwort ist freilich einfach: Wenn alte Lava sich mit Erde vermischt hat und verwittert ist, wird sie äußerst fruchtbar. Es heißt, daß auf Lavaboden die besten Weine und Oliven gedeihen.

Schließlich gelangte ich zu einer Hütte, wo kalte Getränke, aber auch Manschettenknöpfe und Halsbänder aus irisierender Lava und ähnliche Souvenirs verkauft wurden. Der Aufstieg von dieser Hütte bis zum Krater des Vesuvs mag anderthalb Kilometer weit sein; mir kam er indessen dreimal so lang vor. Jedenfalls bin ich selten so mühselig in die Höhe gekraxelt wie dort. Es ging über Asche und pulverisierte Lava. Der Weg war weich und an manchen Stellen schlüpfrig.

Trotz der Autos und unserer sitzenden Lebensweise schien mir, als seien wir Heutigen in mancher Hinsicht vielleicht doch zäher als unsere Vorfahren. Niemand wäre wohl gesonnen, sich am Gürtel eines Bergführers die Hänge des Vesuvs hinaufhieven zu lassen. Doch eben so ließ sich Goethe im Jahre 1787 zum Krater schleifen. «Denn ein solcher Führer umgürtet sich mit einem ledernen Riemen, in welchen der Reisende greift und, hinaufwärts gezogen, sich an einem Stabe, auf seinen eigenen Füßen, desto leichter emporhilft», schrieb er in seiner «Italienischen Reise».

Bis zu seinem Ausbruch 79 n. Chr., der Pompeji zerstörte, dachte offenbar merkwürdigerweise kein Mensch daran, daß der Vulkan ja noch tätig war. Der fürchterliche Schlackenhaufen, in den wir blickten, war vor jener Zeit ein dichter Wald, der seiner wilden Bären wegen bekannt war. Dann erfolgte die Eruption, und in unregelmäßigen Abständen (zwischen 1500 und 1631 regte sich der Vulkan überhaupt nicht) wurde der Berg immer wieder bepflanzt, und auch die Bären kehrten in den bewaldeten Krater zurück.

Der beste Augenzeugenbericht über die Katastrophe vom Jahre 79 n. Chr. stammt von Plinius dem Jüngeren, dessen Onkel, Plinius der Ältere, Admiral der Flotte von Misenum, bei dem Ausbruch ums Leben kam. Dieser 24. August 79 war vermutlich einer jener heißen Tage, da selbst das Meer keine Abkühlung bringt. Plinius lebte mit seiner verwitweten Schwester und deren Sohn, dem jüngeren Plinius, zusammen, den er adoptiert hatte und der damals siebzehn Jahre alt war. Nach einem

Bad hatte sich Plinius in seine Bibliothek zurückgezogen (vielleicht wollte er seinen siebenunddreißig Bänden über kunst- und kulturhistorische Themen, aus denen seine «Naturalis historia» ediert wurde, eine weitere Notiz beifügen). Seine Schwester bat ihn jedoch, in der Arbeit innezuhalten und sich die eigentümliche Wolke zu betrachten, die gleich einer Palme über dem Vesuv schwebte.

Plinius ließ seine Schuhe bringen, trat ins Freie, und da er begriff, daß es sich hier um ein Naturphänomen handelte, das untersucht werden mußte, gab er Order, ihn in einer leichten Galeere über die Bucht zu fahren. Als sie gerade vom Lande abstoßen wollten, wandte sich die Frau eines Freundes, der in einer Villa am Fuße des Berges lebte, dringlich an ihn: Plinius möge doch ein Schiff schicken, denn die Flucht übers Meer sei die einzige Rettung. Der Admiral ordnete an, daß einige Schiffe auslaufen sollten.

Während sie in Richtung des Vesuvs fuhren, fielen glühende Aschebrocken und Steine auf Deck nieder. Obwohl es erst Nachmittag war, herrschte eine Dunkelheit wie in der Nacht. Explosionen erschütterten die Luft, und das Meer strömte vom Ufer zurück. Plinius befahl, ihn so nahe wie möglich bei Stabiae abzusetzen, wo ein Freund von ihm, ein gewisser Pomponianus, eine Villa besaß.

In dessen Haus war alles in Aufruhr. Die Wertgegenstände wurden verpackt, und Pomponianus stand im Begriff zu fliehen. Plinius beruhigte ihn, schickte die Sklaven an ihre Arbeitsplätze und wies den Koch an, eine Mahlzeit zu bereiten. Nach einem Bad ließ er sich mit seinem Freund zu einem guten Essen nieder. Dann ging er gelassen zu Bett und schlief auch ein. Doch während er noch schlief, füllte sich der Flur mit heißer Asche. Man weckte den Admiral.

Nun erkannte Plinius, daß die Gefahr weit größer war, als er geglaubt hatte; jetzt blieb ihnen nur noch der Ausweg, sich im Aschenregen zu den Schiffen durchzuschlagen. Sie banden Kissen um die Köpfe, hielten Handtücher vor die Münder und stürmten hinaus. Als sie den Strand erreichten, sahen sie, daß die Wogen bergehoch wallten – kein Schiff war imstande, sie an Bord zu nehmen.

Plinius, ein kräftiger Mann von sechsundfünfzig, war von der Anstrengung erschöpft und ruhte sich ein wenig aus, doch nach kurzer Zeit schon trieben die Flammen und der Schwefelgeruch sie von neuem weiter. Nachdem Plinius sich erhoben hatte, stürzte er sogleich wieder zu Boden. Er war tot. Wahrscheinlich hatte ihn der giftige Rauch erstickt.

Im weit entfernten Rom beobachteten die Menschen einen seltsamen grauen Staub, der allerorten niederfiel. Sie fragten sich verwundert, welch eine Bewandtnis es wohl damit habe.

Ich erklomm diesen verruchten Berg und wurde für meine Mühsal belohnt, denn unterwegs hob sich der Nebel, der die Landschaft bisher verhüllt hatte, und ich sah tief unter mir die blaue See und die schön geschwungene Küste, wo zwischen den Häusern die Orangen- und Zitronenbäume blühten.

14

Unsere Großväter und Urgroßväter glaubten (oder taten jedenfalls so), die Venus von Medici sei schlechthin vollkommen gebaut. Gleichzeitig aber ließen sie durchblicken, daß ein solches Schönheitsideal im Leben gar nicht zu finden sei. Nun, heutzutage würde diese üppige Göttin zwar immer noch Bewunderung erregen; an einem Badestrand indessen fände sie wohl kaum Beachtung – höchstens würde ein Lästermaul flüstern, eine Diät könne dieser Dame nichts schaden. Die schmale Taille wurde erst im Mittelalter «entdeckt», und seitdem bestimmt sie die Schönheit einer Frau.

Unter den wenigen antiken Schönheitsgöttinnen, die eine Chance hätten, Miss Rom zu werden, befindet sich die *Venus Callipygos* im Nationalmuseum zu Neapel. Sie wurde in den Ruinen von Neros «Goldenem Haus» in Rom gefunden und gehörte später zu der berühmten Farnesischen Kunstsammlung, bis sie im achtzehnten Jahrhundert Karl III. erbte und zum Ärger der Römer nach Neapel entführte. Sie ist wirklich bewundernswert: Gerade legt sie ihr einziges Gewand ab und blickt dabei über die Schulter, um sich am Spiegelbild ihrer prächtigen Figur im Wasser zu ergötzen. Die Statue sollte zweifellos am

Rande eines Schwimmbeckens oder auf einer Insel in einem See aufgestellt werden. Jetzt hat sie einen klug gewählten Platz im Museum gefunden, so daß der Besucher sich ihr unvermutet gegenüber sieht, als wäre er der wandernde Hirte der Legende.

Dieses Gebäude, das mehr antike Gegenstände verwahrt als jedes andere Museum der Welt, war im sechzehnten Jahrhundert eigentlich als Kavalleriekaserne gedacht. Es enthält die gesamte Farnese-Sammlung, darunter den Stier, den Herkules, den Becher, der einst Lorenzo dem Prächtigen gehört hat, aber auch Tausende von weniger bekannten Statuen aus Bronze und Marmor. Es gibt Räume voller Gold und Silber und Schmuck. Andere sind von bedeutenden, wenngleich unbekannten Künstlern ausgemalt. Wieder andere bergen bronzene Gerätschaften für den täglichen Gebrauch ebenso wie bemerkenswerte chirurgische Sonden und Zangen von ganz moderner Form. In einigen Zimmern sind hübsche Küchentöpfe und Pfannen sowie verkohlte Früchte, Brot und Mehl zu sehen. Diese Speisen sollten am 24. August 79 gegessen werden, als der Vesuv die Städte Pompeji und Herculaneum vernichtete.

Ich kenne keinen Platz, wo die Klassik so intim erlebt werden könnte wie hier. Im Nationalmuseum von Neapel befinden sich auch der echte tanzende Faun aus dem «Haus des Fauns» in Pompeji und das großartige Mosaik aus demselben Gebäude, das Alexander den Großen und den Perserkönig Darius in der Hitze des Kampfes zeigt. In einem angrenzenden Raum steht die schönste Diana aus Ephesus: eine sonderbare Figur, die einer Mumie gleicht und einen symbolischen Rückenschild hat; ihr Körper ist mit Gegenständen geschmückt, die der Katalog als Brüste bezeichnet, die meiner Ansicht nach jedoch die Eizellen von Bienen sind. Die Biene war nämlich das Symbol der Diana von Ephesus; sie ist auch auf Münzen abgebildet. Da sie die Bienenkönigin war (die Leute aus Ephesus gehörten in der Antike zu den wenigen, die das wirkliche Geschlecht der Königin kannten), beeinflußte das Leben des Bienenvolkes den Tempelkult.

Dieses Museum wurde aber auch einmal vom Geist der Komödie heimgesucht. Im vergangenen Jahrhundert war hier der Verfasser der «Drei Musketiere» Kurator. Dumas der Ältere, der seiner Gesundheit wegen Kreuzfahrten im Mittelmeer gemacht und dabei von einem charmanten weiblichen Leutnant zur See in weitausladender Hose und neckischem Jackett begleitet wurde, hatte einen kleinen Waffenschmuggel für Garibaldi betrieben. Als Belohnung für seine Dienste bat er, zum Kurator des damaligen Bourbonischen Museums ernannt zu werden. In Wirklichkeit allerdings wollte er Schätze in Pompeji ausgraben, was ihm kraft seines Amtes erlaubt war. Diese Ernennung erregte jedoch die öffentliche Meinung bis zur Weißglut. Dennoch hielt Dumas vier Jahre auf seinem Posten aus, ehe er nach Paris heimkehrte – zu seinen Gläubigern und andern, ebenso anspruchsvollen Mätressen.

8

Pompeji und Herculaneum – Die Halbinsel Sorrent – Amalfi und Ravello – Paestum und die Madonna mit dem Granatapfel – In Kalabrien – Lungro und die griechisch-orthodoxen Albanier – Am Ionischen Meer – Der Purpur-Kodex – Im Sila-Gebirge – Eine Banditengeschichte – Cosenza und das Grab Alarichs

1

Da mir der Verkehrslärm in Neapel auf die Nerven ging, zog ich für einige Tage in ein hübsches Ferienhotel am Strand von Marina di Equa. Hier gab es keinen Verkehrslärm. Ich hörte bloß die Stimmen einiger Engländer am Meer und bei den Schwimmbecken. Die Sonne schien jeden Tag aus einem Himmel, der gar nicht blauer hätte sein können. Abends speisten wir im Freien unter Pinien.

Ich stellte fest, daß Pompeji und Herculaneum auf der Autostrada in einer halben Stunde zu erreichen waren, und besuchte beide Stätten mehrere Male wieder, wobei Herculaneum wie gewöhnlich einsam und Pompeji, wie immer, überlaufen war. Goethe hat über diese Städte das Beste gesagt, was überhaupt zu sagen ist, nämlich: «Es ist viel Unheil in der Welt geschehen, aber wenig, das den Nachkommenden so viel Freude gemacht hätte.» Diese Bemerkung klingt heute noch zutreffender als im Jahre 1787.

Zu Goethes Zeit gab es in Pompeji nur wenig zu sehen, und Herculaneum war noch begraben, dennoch war der abenteuerlustige Reisende imstande, Tunnels und Gänge bei Fackellicht zu erforschen: Sie waren von Mineuren geschaffen worden, die Statuen für die bourbonischen Könige suchten. Erst in der Moderne begann die Sonne wieder über den Straßen und Villen von Herculaneum zu scheinen, und beim Abbruch von Häusern der Stadt

Resina werden auf Schritt und Tritt neue Entdeckungen gemacht. Denn Resina bedeckt noch immer fast die Hälfte der antiken Stadt, und wer kann wissen, welche herrlichen Funde hier ans Tageslicht kommen können: Statuen aus Bronze und Marmor, vielleicht sogar auch Manuskripte. Der Lavafluß, der zu Stein wurde, hat Herculaneum wie in einem Banktresor eingeschlossen, während das von Asche bedeckte Pompeji kurz nach der Katastrophe ausgeplündert wurde. Viele Bewohner, die in aller Eile geflüchtet waren, kehrten zurück, um in den Trümmern ihrer Häuser nach Wertgegenständen zu suchen: wie es die Leute im Zweiten Weltkrieg nach Bombenangriffen getan haben.

Die Villen von Herculaneum sind zwar prächtig, Pompeji jedoch hat eine einzigartige Atmosphäre, und man kann nicht durch die Straßen wandern und die Wagenspuren sehen, die Brunnen und die Trittsteine, ohne des englischen Romans zu gedenken, der die Einbildungskraft so vieler Menschen beflügelt hat, jenes Buches, das wieder zu lesen man sich scheut aus Furcht, sein Zauber könne mittlerweile verblaßt sein: «Die letzten Tage von Pompeji.»

Pompeji; Faunstempel

«Das Vergangene im Licht der Gegenwart neu zu beleben, das hat Bulwer in den ‹Letzten Tagen von Pompeji› versucht», schrieb Harold Acton in *The last Bourbons of Naples.* «Bulwer hatte 1833 Neapel kaum erreicht, als er sich auch schon alle Kenntnisse verschaffte, die ihm Sir William Gell vermitteln konnte. Er hörte sich die ungeschminkten Berichte über Sitten und Gebräuche an und zitierte die Aussagen verstorbener Bewohner. Behilflich dabei war ihm einer der besten *Ciceroni,* dem er dann auch mit Recht dieses Buch, einen der erfolgreichsten historischen Romane, gewidmet hat.»

Die beiden Städte unterscheiden sich in mancherlei Hinsicht. Herculaneum war ein modischer Badeort, in den sich reiche Leute zurückzogen und luxuriöse Villen bauen ließen. Die anspruchsloseren Einwohner waren hauptsächlich Fischer. Pompeji hingegen war eine geschäftige Stadt mit einer Bevölkerung von etwa 20 000 Menschen. Dort lebten die Ärmsten, aber auch die reichsten Römer und wohlhabende Geschäftsleute. Es läßt sich leicht vorstellen, daß die Bewohner Herculaneums ein wenig gereizt das Treiben in Pompeji beobachteten. Doch kauften zweifellos auch sie dort ein und besuchten Pompeji, wenn sie eine gute Theateraufführung sehen wollten. In Pompeji war viel Industrie ansässig und mindestens eine Exportfirma. Sie handelte mit einer Fischsauce, die wahrscheinlich aus zermahlenen Sardinen und Anchovis zubereitet wurde und als *liquamen* bekannt war.

Ihre große Anziehungskraft verdanken beide Städte der Tatsache, daß sie – anders als alle übrigen Relikte alter Epochen – einem ganz bestimmten Augenblick der Geschichte zugeordnet werden können. Auf dem Forum Romanum beispielsweise ist nur ein Archäologe in der Lage, die verschiedenen Zeitalter zu bestimmen, und das meiste ist jüngeren Datums, als viele Leute glauben. In Pompeji und Herculaneum dagegen kann jeder mit Gewißheit behaupten: «So sah es am 24. August 79 nach Christi Geburt aus.» An diesem Tage kam die Katastrophe über die Städte, und die Ordnungshüter hatten noch nicht einmal Zeit gefunden, die an Mauern geschmierten Schmähworte zu entfernen.

Heute gibt es einen Erfrischungsraum inmitten der Ruinen von Pompeji, wo ich Menschen vieler Nationen traf, die eisgekühlte Getränke aus Plastikbechern schlürften. Pompeji hatten diese Touristen schon wieder vergessen; sie aßen und tranken und waren froh, der fürchterlichen Hitze entronnen zu sein. Sie ahnten gar nicht, welch seltsamen Anblick sie boten: Als erste Menschen seit fast zweitausend Jahren labten sie sich hier unter einem Dach.

Das einstige Bordell, welches das priapeische Bild enthält, ist seit mehr als hundert Jahren eine wahre Goldmine für die Wächter. Die Prozedur ist stets die nämliche: Sobald die Touristen aufbrechen, werden manche der Männer gewahr, daß die Kustoden jenes kuriose Zischen von sich geben, das von streichelnden Gesten in Hüfthöhe begleitet wird: die auffällige italienische Methode, um anzudeuten, daß nun Geheimhaltung angebracht sei. Allmählich finden sich die männlichen Touristen in einer selbstbewußten Gruppe zusammen. Sie haben begriffen, daß ihnen nun etwas Ungeheuerliches geboten wird. Mit Windeseile enthüllen die Kustoden das lächerliche Fresko eines Mannes, der seine monströse Mißbildung in Waagschalen schaukelt. Einigen Touristen mag diese Absurdität wie ein unverständlicher Kontrast zur Würde des Ortes erscheinen: Wie konnte jemand, der Geschmack hatte, dergleichen dulden? Die Antwort ist einfach: Das Bild soll den bösen Blick abwenden.

Embleme dieser Art sind überall in Pompeji zu finden. In ganz Italien werden solche Amulette verkauft, freilich in getarnter Form: An Millionen Schlüsselketten baumelt ein Ochsenhorn, andere ruhen in zahllosen Handtaschen, Kinder haben derartige Talismane am Hals hängen; aber auch Pferde und andere wertvolle Besitztümer, die des Schutzes bedürfen, werden mit derlei Dingen versehen. Das priapeische Fresko ist das größte und wird deshalb als das wirksamste in Pompeji betrachtet. Es wurde in der Pförtnerloge angebracht, um zu verhindern, daß das «Böse» einen Blick in dieses Haus werfen konnte.

Jeden Morgen, sobald die Sonne hinter den Klippen von Vico Equense aufstieg, setzte ich mich auf meinen Balkon in Marina di Equa und sah einem Motorboot zu, das aus Neapel herüberkam. Es machte an unserem hölzernen Landungssteg fest, drei oder vier Personen kletterten hinein, dann rauschte es wieder davon und zog eine weiße Furche durchs Meer nach Sorrent und weiter nach Capri. Diese Insel ist heutzutage leicht zu erreichen: per Schiff, per Gleitflügelboot und per Hubschrauber.

Ich war in Versuchung, ebenfalls für einen Tag hinzufahren, um einige liebe Erinnerungen zu wecken, aber dann beschloß ich, darauf zu verzichten. Ich erinnere mich einer Zeit, da Capri noch nicht in aller Munde war. Damals trafen sich auf der heute stets überfüllten Piazza nur Leute, die sich alle kannten. Damals fuhr man zur Piccola Marina in einer flotten *carrozza* hinab, die von einem Pony gezogen wurde, das als Schutz gegen den bösen Blick stolz eine Krone aus Fasanenfedern auf dem Kopf trug. Das Capri der modernen Touristen ist freilich noch immer das Eiland der Sirenen, die jetzt eine buntere und merkwürdigere

Pompeji; Apollo-Tempel

Menschensorte in ihren Bann schlagen, wenngleich ich nicht beurteilen kann, welchen Zauber diese Rastlosen an einem Tag in sich aufnehmen können. Nach meiner Erfahrung braucht man etwa eine Woche, ehe der Bann wirkt.

Doch jedesmal, wenn das weiße Boot über die See fuhr, erinnerte ich mich an ein Mädchen, das einst in die Blaue Grotte hinabtauchte und zur silbernen Wassernixe wurde, wenn sie sich in den smaragdfarbenen Fluten wand. Und ich erinnerte mich auch eines heißen Nachmittages, als ich in Ana Capri purpurrote Feigen unter einem Olivenbaum aß. In jenen Tagen spielten die Tanzkapellen das Lied: *And then my heart stood still ...*

Nein, dachte ich, nach Capri wollte ich nicht noch einmal.

2

Ich verließ Marina di Equa und fuhr auf der vielleicht schönsten, aber auch gefährlichen Küstenstraße Europas weiter, der Straße rund um die Halbinsel Sorrent. Jemand hatte mir erzählt, zwischen Sorrent und Ravello gebe es tausend Tanzkapellen, was ich gern glaube. Das Tempo, mit dem die Italiener – den Fuß auf der Bremse – diese Kurven nehmen, ist wahrhaft furchterregend.

Dieser Teil Kampaniens zählt zu jenen Gegenden, über welche die Natur ihre Reichtümer verschwenderisch ausgeschüttet hat. Der Reisende fährt durch Obstgärten und sieht das klarblaue Meer unter sich schimmern. Weintrauben, Zitronen und Feigen wachsen nebeneinander, und haushälterische Gärtner bauen auch noch grüne Bohnen oder Zucchini an.

Ehe ich in Sorrent einfuhr, erregte eine Inschrift an einer Villa am Straßenrand meine Neugier. Ich las, daß Maxim Gorki hier gelebt hat. Vermutlich siedelte er von diesem Haus nach Capri über, wo er von seinem Freund Lenin besucht wurde. Ich habe oft gedacht, daß diese beiden Männer, die sich für alles einsetzten, was das schiere Gegenteil von Capri und seinem Müßiggang war, zu den sonderbarsten Besuchern gehört haben müssen, welche die Insel je gesehen hat. Sir Lees Knowles zeichnet in seinem Buch *The British in Capri* ein gutes Bild von Gorki:

«Er ist ein Mann von etwa einem Meter neunzig Länge mit hängenden Schultern und einem fahlen, aber angenehmen Gesicht mit blondem Schnurrbart – ein Mann um die fünfzig, der einen Schlapphut trägt, einen weichen weißen Kragen, ein kurzes gelbes Jackett, gut gebügelte Hosen, schwarze Stiefel ohne Absätze und einen Ring am dritten Finger der linken Hand mit einem erhabenen Stein. Er sprach nur russisch ... Gorki ließ sich eine schöne Villa an einem Weg bauen, der zum Marina Piccola führt und von wo aus man die Südseite der Insel überblicken kann. Das oberste Stockwerk schien ein einziger Raum zu sein. Alle Wände hatten ein langes schmales Fenster, wodurch soviel Licht wie möglich einfiel. Blumen, Hunde und Papageien umgaben ihn. Als Gorki nach Rußland zurückkehrte und das Haus geräumt wurde, sah ich darin eine schöne Sammlung antiker, aber auch moderner Waffen. Während seines Aufenthaltes in Capri genoß Gorki das höchste Ansehen bei der Bevölkerung, und sein seltenes Erscheinen in der Öffentlichkeit glich beinahe dem Auftreten eines Fürsten.»

Als ich nach Positano kam, wo die Hügel mit Villen bedeckt sind und Pfade sich zwischen grauen Olivenbäumen zum Strand hinabschlängeln, sagte ich mir, daß Natur und Mensch hier einen Abglanz des römischen Baiae geschaffen haben.

Unseligerweise wird der Eindruck, den man von gewissen Orten empfängt, häufig durch das Wetter und andere Trivialitäten beeinflußt, die mit der persönlichen Bequemlichkeit zusammenhängen. In der ehrwürdigen Stadt Amalfi hatte ich stets Pech gehabt. Ich kannte sie nur, wenn Stürme tobten und Regenschauer fielen. Als ich mich jetzt Amalfi näherte, war ich sicher, diesmal endlich Glück zu haben, doch fand ich die Stadt bis zum Bersten mit Touristen gefüllt und verstopft von Autos. Menschen aus allen Ländern Europas schwärmten durch diese früher so schlichte und friedliche Stadt.

Ich ging zum Rathaus und betrachtete die *Tavole Amalfitane*, jene alten Schiffahrtsgesetze, die zu der Zeit erlassen wurden, als Amalfi eine der reichsten Handelsrepubliken war, ja ein kleineres Venedig, das seine eigenen Dogen wählte. Dann stieg ich die vielen Stufen zu der Kathedrale von S. Andrea hinauf. Die Krypta enthält den kopflosen Leichnam dieses Apostels, der im dreizehnten Jahrhundert aus Konstantinopel hierhergebracht wurde.

Meine nächste Station war Ravello, das ich so schön fand, wie ich es seit Jahren im Gedächtnis hatte, und herrlich still. Die Bronzetür der Kathedrale erinnerte mich an jene in Trani in Apulien; sie wurden offenbar von Barosanus angefertigt, da Form und Ausführung die gleichen sind: etwa sechzig kleine Bronzetafeln, die jeweils eine oder auch mehrere Figuren auf Holzunterlage im Relief enthalten. Die Kirche ist dem heiligen Pantaleon geweiht, der angeblich der bevorzugte Arzt des Kaisers Maximilian war. Im Mittelalter wetteiferte man um Heilige, die zugleich Ärzte waren, vor allem in den Hafenstädten, die Handel mit dem Nahen Osten trieben und oft von der Pest heimgesucht wurden. Es besteht wohl kein Zweifel daran, daß der heilige Pantaleon aus Kleinasien nach Amalfi gelangte, und zwar auf dem Wege des üblichen Reliktenfeilschens oder durch Grabschändung.

Ich erwähnte dem Küster gegenüber, daß mir vor etwa dreißig Jahren ein junger Mann die Phiole mit dem Blut des Pantaleon gezeigt habe, das wie jenes des heiligen Januarius in Neapel angeblich flüssig werden kann. Er warf sich in die Brust und rief aus: «Das war ich!» Und er tat, als erkenne er mich wieder.

Die Phiole wird in einer Seitenkapelle unter Verschluß gehalten, deren Mosaikboden im Jahre 1925 von einem Engländer, dem Hauptmann John Grant, gestiftet wurde, den die Zeremonie beeindruckt hatte. Die Kanzeln aus den Werkstätten der Familie der Cosmaten zählen von Salerno an südwärts zu den größten künstlerischen Schätzen des zwölften und dreizehnten Jahrhunderts. Ich glaube, eine der schönsten davon ist der Ambo in Ravello, der von sechs schlanken gewundenen Säulen getragen wird und mit glitzernden Mosaikbändern auf dem Rücken von vier kleinen Löwen ruht. Diese Kanzeln, Altäre und orientalischen Leuchter entsprachen der damaligen römischen Mode. Im Mittelalter sammelte die Steinmetzenfamilie der Cosmati alle Arten farbiger Mosaiken, die in den Ruinen der Antike gefunden wurden. Sie schnitten kleine Würfel zurecht und verarbeiteten sie in ihren brillanten und komplizierten Mustern.

Mit Freude sah ich wieder die alten Bäume und Mauern der

Gärten des Palazzo Ruffolo, die so zeitlos und heiter sind. Zwischen den Pinienstämmen leuchtet das Meer herauf. Viele Geister gehen in diesen Gärten um, unter andern auch der des einzigen englischen Papstes, Hadrian IV., der Nicholas Breakspear geheißen hat. Er zelebrierte 1158 das Hochamt in der Kathedrale von Ravello in Gegenwart von sechshundert einheimischen Edelleuten. Ein bekannterer und jüngerer Geist indessen ist der von Richard Wagner, welcher in dieser Parkanlage Klingsors Zaubergarten aus dem «Parsifal» erkannte.

Ravello; Hof der Villa Cimbrone

3

Der Himmel hatte sich bedeckt, und es regte sich kaum noch ein Lüftchen. Ich fuhr nach Paestum, dessen einzige Straße von Läden gesäumt ist, wo es Keramik, Ansichtskarten und alle Sorten abscheulicher Gartenzwerge und Nymphen zu kaufen gibt. Die andere Seite bot einen außergewöhnlichen Gegensatz: Dort stehen hinter einer Mauer drei der größten und am besten erhaltenen griechischen Tempel. Weder Beschreibungen von Paestum noch Fotos hatten mich darauf vorbereitet. Ihre Größe, ihre Wucht und ihr guter Zustand erstaunten mich. Rötlich-braun erheben sie sich inmitten von Unkraut und wild wuchernden Blumen: die schönste Gruppe dorischer Tempel, die den Zeitläuften getrotzt haben.

Während ich noch über die Mauer blickte, versuchte ein Händler, der sich seit einer Woche nicht mehr rasiert hatte, mir etwas aufzuschwatzen, doch ein schweres Donnerrollen trieb ihn schleunigst in seinen Laden zurück. Im Nu brach ein fast tropischer Regen los. Er bildete einen Dunstschleier, in dem die Tempel verschwammen.

Ich suchte Unterschlupf im Museum, wo Aufseher mit Eimern die Marmortreppen hinaufstürzten, um irgendwo Wasser aufzufangen, das durch undichte Stellen im Dach eindrang. Das elektrische Licht war ausgegangen. Während die Blitze aufleuchteten und der Donner dröhnte, betrachtete ich mir die Reliquien, die einst Hera, der Himmelskönigin, geopfert wurden – recht passenderweise war sie dem Gott des Blitzes angetraut.

Unter den Dingen, die bei dieser gespenstischen Beleuchtung enthüllt wurden, waren Votivgaben für Hera, die als sitzende Göttin ein Kind im linken Arm wiegt, während ihre Rechte einen Granatapfel hält. Ich sah aber auch andere, die sie ohne Kind zeigen; immer aber ist der Granatapfel vorhanden, manchmal sogar ein Korb voller Granatäpfel, die das Symbol der Fruchtbarkeit sind. Ich fragte mich, ob diese bescheidenen Terrakotten Erinnerungen an die berühmte Statue der Hera in Argos sein mochten, die von Polykleitos in Gold und Elfenbein geschaffen worden war. Hera saß auf einem goldenen Thron und trug in der einen Hand einen Granatapfel und in der andern einen Zauberstab mit einem Kuckuck: ein Hinweis auf die Legende, derzufolge Zeus sie – als Frühlingsbote verkleidet – umworben hat.

Eine Wandkarte zeigte, wie groß die Stadt Paestum einst gewesen ist (ihr früher griechischer Name war Poseidonia). Die Mauern, die sie umgaben, waren eindrucksvoll massiv. Die Tempel bildeten einen heiligen Bezirk (wie wenn alle Kirchen einer Stadt rings um einen Platz errichtet wären). Gelehrte und Archäologen wissen, daß 1943 eine Entdeckung gemacht wurde, die von manchem als der größte archäologische Fund dieses Jahrhunderts bezeichnet wird, gewiß aber der bedeutendste in der Magna Graeca: ein Heiligtum der Hera, einige Kilometer von Paestum entfernt an der Mündung des Sele-Flusses gelegen, und zwar an einer Stelle, wo Jason der Sage nach während der Fahrt der Argonauten ein Heraion gebaut hat. Die Fundamente einer Pilgerstadt mit Tempeln und Schreinen wurden freigelegt und darin etwa 30 000 Votivgaben gefunden. Der Ursprung des uralten Heiligtums verliert sich in der Legende.

Die Sonne schien wieder. Der Himmel war so blau wie zuvor. Ich schritt an Wasserlachen vorbei auf die drei Tempel zu. Jetzt, im hellen Licht, waren sie von fahler goldbrauner Farbe. Zwei der Tempel sind älter als das Parthenon.

Klein wirkende Gestalten von Männern und Frauen in bunten Kleidern, die über die riesigen Eingangssteine kletterten, belebten diese ungeheure Kulisse und gaben einen Maßstab, der die Größe dieser Tempel erst richtig erkennen ließ. Ihre vorzeitliche Erhabenheit gemahnt eher an die Große Halle in Karnak als an die heiteren Bauten des klassischen Griechenlands. In der Antike hat niemand die Tempel von Paestum braun gesehen, wie wir heute. Sie waren mit bunt angestrichenem Stuck bedeckt, um Marmor vorzutäuschen, während einzelne Stellen des Säulengebälks rot und blau abgesetzt waren. Sie müssen ein strahlendes Bild geboten haben, wenn die Sonne sie beschien und das Meer hinter ihnen aufglänzte.

Ihre weitverbreiteten Namen sind irreführend. Man hat sie ihnen erst im achtzehnten Jahrhundert gegeben, als Paestum mitten im Wald entdeckt wurde. Der sogenannte Tempel des Neptuns und der «Basilika» genannte waren beide der Hera geweiht; der angebliche Tempel der Ceres hingegen war offensichtlich der Athene gewidmet. Also auch hier, an der Sele-Mündung, befand sich ein Heiligtum der Göttin, die über dem Ehestand und der Mutterschaft wachte. Überdies war sie die Göttin der Blumen, und unter ihrer Dienerschaft gab es Mädchen, «Blumenträgerinnen» genannt, die an Tempelzeremonien teilnahmen, wenn besondere Melodien auf Flöten gespielt wurden.

Gegenüber dem Tempel des «Neptun» blühen im Garten eines Aufsehers Rosen. Wenngleich es ganz normale Rosenbüsche waren, ließen sie mich doch an die «zweimal blühenden Rosen von Paestum» denken, die so viele antike Schriftsteller, darunter Horaz, Ovid und Martial, gepriesen haben. Weshalb sie derart von ihnen beeindruckt waren, konnte ich nicht verstehen, da in warmem Klima doch wohl alle Rosen zweimal im Jahr blühen.

Paestum wurde etwa sechshundert Jahre v. Chr. von den Bürgern der an der Ostküste der Halbinsel gelegenen Stadt Sybaris gegründet, was der Ansicht widerspricht, die Sybariten hätten nichts anderes getan, als auf parfümierten Ruhebetten zu liegen und neue Saucen zu erfinden. In Wahrheit waren sie reiche und unternehmungsfreudige Geschäftsleute, und die Geschichten über ihren Luxus gehen vielleicht auf genügsamere Zeitgenossen zurück, deren Lebensstandard weniger hoch war. Trotz ihres Reichtums war es für die Sybariten schmerzlich, Handelsschiffe an ihnen vorbeisegeln zu sehen, die Exportgüter aus Griechenland und Kleinasien durch die Straße von Messina nach Cumae an der Westküste brachten. Einige schlaue Sybariten kamen auf die Idee, sie könnten noch mehr Geld verdienen, wenn sie die Exporteure und Reeder dazu bewegten, ihre Waren in Sybaris zu löschen und den Sybariten zu erlauben, sie auf dem Landweg in eine Karawanenstadt zu transportieren, die sie an der Westküste gründen wollten. Dadurch entfiele die lange und oft gefährliche Passage rund um die «Zehe» Italiens.

Der Plan leuchtete vor allem deswegen ein, weil die Halbinsel bei Sybaris so schmal war, daß man von den Bergen sowohl das Ionische als auch das Tyrrhenische Meer sehen konnte. Die Idee wurde in die Tat umgesetzt, und Poseidonia, das spätere Paestum, entstand. (Ein ähnliches Motiv führte im vergangenen

Paestum; Tempel der Hera Argiva (sogenannter Neptuntempel)

Jahrhundert zum Bau des Suezkanals.) Und die Sache zahlte sich aus: Die Sybariten wurden reicher denn je; Paestum seinerseits gelangte ebenfalls zum Wohlstand. Merkwürdig ist allerdings, daß eine Stadt, die zum Zwecke des Handels auf dem Landweg gegründet worden war, den Namen Poseidonia erhielt. Sollten etwa die listigen Griechen gehofft haben, auf diese Weise den Gott des Meeres günstig zu stimmen, weil ihm nun so viele schöne Schiffsladungen entgingen?

Als Sybaris im Jahre 510 v. Chr. von den Bürgern der rivalisierenden Stadt Kroton zerstört wurde, muß auch Paestum seinen Reichtum eingebüßt haben. Dennoch überlebte es seine «Vaterstadt» um mehr als tausend Jahre. Als römische Stadt blieb sie loyal, während viele griechische Städte es mit Hannibal hielten. In den finsteren Tagen des Punischen Krieges schickte Paestum die goldenen Schiffsmodelle von seinen Altären nach Rom, um den Krieg finanzieren zu helfen. Doch wurde die Stadt nun immer seltener erwähnt, und wir müssen annehmen, daß die Vernachlässigung der öffentlichen Arbeiten, die Verschlickung des Hafens und die Vermehrung der Fiebermücken das Leben allmählich zum Erliegen brachten, wie es in so vielen anderen Städten auch geschah.

Nur noch einmal – nun schon im Mittelalter – hören wir von einer ergreifenden Szene: Malariakranke Christen fanden sich vor ihrer Kathedrale im Schatten der großen dorischen Tempel ein, wo über den Kerzen die Madonna mit den Granatäpfeln thronte. Die seit so vielen Jahrhunderten über Paestum wachende Göttin – längst zum neuen Glauben bekehrt – hatte noch immer ihr Kind auf dem Knie und hielt einen Granatapfel. Als die Sarazenen und die Moskitos den Ort gänzlich unbewohnbar machten, beschlossen die Leute, ihre Stadt zu verlassen. Sie nahmen die Madonna mit sich und gründeten Carpaccio in den nahen Bergen. Als Robert Guiscard im elften Jahrhundert nach Paestum kam, traf er einen verödeten Platz an.

Vom elften bis zum achtzehnten Jahrhundert also war Paestum verschollen. Wälder verbargen die Tempel, das Gebiet war wegen seiner grausamen Banditen berüchtigt. Obgleich es heute nur schwer zu glauben ist, daß selbst die üppigste Vegetation diese Tempel völlig überwuchert haben kann, war dies dennoch der Fall: Sie waren darin so versteckt wie ein italienisches Angkor Vat. Erst in der Mitte des achtzehnten Jahrhunderts, unter der Regierung von Karl III., stießen Straßenarbeiter zu ihrer Verblüffung auf die uralten Gemäuer.

Damals war es noch immer gefährlich, sich in diese Region zu begeben. In der Tat wagten sich denn auch nur wenige Reisende dorthin, und diese wenigen wiederum achteten darauf, bei Anbruch der Dunkelheit wieder unter einem sicheren Dach zu sein. Im neunzehnten Jahrhundert gaben sich die Besucher von Neapel mit Pompeji und Herculaneum zufrieden; nur selten einmal riskierte einer den Abstecher nach Paestum. Shelley indessen ließ sich auch davon nicht abhalten; er bewunderte den Anblick der blauen Berge in der Ferne zwischen den kannelierten Säulen. Später, als es schon die Eisenbahn gab, wurden Bahnhofsvorsteher und Schaffner mit Schleiern und Handschuhen gegen die Moskitos ausgestattet.

Ich hatte gar nicht den Eindruck, daß die Tempel düster wirkten und es den Anschein habe, als trauerten sie ihrer vergangenen Größe nach. Im Gegenteil: Ich fand sie ausgesprochen heiter im Eindruck. Mir gefielen die Eidechsen, die zitternd auf den braunen Steinen lagen, und die Schmetterlinge, die über den Blumen flatterten. Ich dachte, falls es hier schon Geister gebe, dann müßten es wohl die von Mädchen sein, die Blumen streuten, oder solche von Frauen, welche die Himmelskönigin um einen Sohn anflehten.

Die durstige Erde sog den Regen schnell ein. Die Lachen, in denen sich Säulen und Architrav gespiegelt hatten, trockneten aus. Das Gestein erwärmte sich wieder. Zwei Männer gingen zu einem kleinen Weizenfeld unweit des Neptuntempels und begannen, es mit Sicheln zu mähen. Die goldenen Halme knickten, und das rhythmische Geräusch der Sicheln mischte sich mit dem eintönigen Summen der Insekten. Ich fragte sie nach der Stadt Carpaccio. Einer von ihnen deutete mit seiner Sichel auf einen nahen Berg. Wie er mir sagte, war er dort geboren. Ich erkundigte mich, ob es denn da etwas Sehenswertes gebe. Nein, antwortete er, nichts, und die Straße hinauf sei außerdem besonders steil. Dennoch beschloß ich, einmal hinzufahren.

Zunächst aber war die Straße gut. Als sie sich jedoch weiter in die Berge hochschlängelte, wurde sie alsbald zu einem breiten Weg, der schließlich bei einer Terrasse mündete, auf der eine Kirche stand. Im Hintergrund sah ich einige alte Gebäude, aber kein Mensch begegnete mir. Nach acht Jahrhunderten sind die Menschen wieder hinunter in die Ebene gezogen, um dort Postkarten, Filme und Keramik an die Touristen zu verkaufen.
Hier fiel mir zum erstenmal die heute überall in Süditalien vorherrschende Tendenz auf: Die Leute verlassen das Bergland, in das einst ihre Vorfahren geflüchtet sind, um wieder in der Ebene zu leben.

Die Kirche war verschlossen. Nachdem ich jedoch mit einem Stein an die Tür geschlagen hatte, erschien ein alter Mann, der mich höflich willkommen hieß. Ich betrat eine finstere Kathedrale des elften Jahrhunderts. Alsbald bemerkte ich eine der schönen Cosmaten-Kanzeln. In diese Kirche hatte der Bischof von Paestum vor neunhundert Jahren seinen Sitz verlegt. Über dem Altar thronte unter Glas die Madonna mit dem Granatapfel. Diese bemalte Holzstatue war jedoch so hoch angebracht, daß ich sie nicht recht erkennen konnte. Der alte Mann verschwand und kam mit einer Trittleiter zurück. Ich stieg hinauf, ganz erfüllt von heidnischen Erinnerungen, und schaute dann der Madonna ins Gesicht. Ich schätzte die Statue auf eine Arbeit des siebzehnten Jahrhunderts und war überrascht, als ich am unteren Rand das Datum «A.D. 1918» las.

Ja, meinte der Küster, den ich befragte, er erinnerte sich, daß die Statue vor fünfzig Jahren etwa von einem geschickten Künstler in Salerno angefertigt worden sei, und zwar an Hand einer Fotografie, die eine viel ältere Statue zeigte, welche in der Sakristei aufbewahrt worden, aber zerfallen war. Ohne Zweifel ist die Madonna mit dem Granatapfel von Zeit zu Zeit umgestaltet worden, wobei jedoch stets das charakteristische Symbol der Hera beibehalten wurde. Vielleicht ist diese Statue die einzige noch vorhandene, die an das verlorengegangene Werk des Polykleitos erinnert, von dem nie eine Nachahmung gefunden worden ist. Wir kennen lediglich die Beschreibung des Pausanius, der die Statue in Argos zwischen 140 und 160 n. Chr. gesehen hat. Sie war eine der berühmtesten Tempelstatuen der griechischen Welt, und sie ist auf einigen Münzen der römischen Zeit abgebildet.

Als ich mich in der Kirche umschaute, sah ich, daß die vergoldete Decke mit einer Kassetten-Täfelung geschmückt war. Die Madonna dort oben trug eine Dornenkrone, das Kind stand auf ihrem Knie, und mit der Rechten umfaßte sie das antike Sinnbild ihrer Göttlichkeit. Auf meinem Weg bergab hielt ich bei einem Feldaltar, der gleichfalls eine Madonnenfigur zeigt. Ein Passant hatte kürzlich eine der Rosen von Paestum in einem Wasserschälchen hinterlassen.

Es enttäuschte mich, daß ich keinen Geistlichen traf, denn ich hätte viele Fragen zu stellen gehabt. Doch in Paestum fand ich endlich einen Mann, der mir berichtete, daß im Mai und im August Prozessionen den Berg hinauf zu der alten Kirche ziehen. Unter ihren Opfergaben sind Blumen und Votivboote, *cente* genannt, wie sie schon Jahrhunderte vor Christi Geburt der Hera geopfert wurden.

4

Ich fuhr auf der Bergstraße nach Süden weiter und erreichte bald das Meer bei dem Städtchen Agropoli, das sich auf einem Vorgebirge erhebt. Weit ragt es in den Golf von Salerno hinein. Hier entdeckte ich ein Restaurant, dessen Garten von Weinlaub umkränzte Lauben hatte. Dorthin ließ ich mir Bratklößchen aus Reis und Schinken mit Büffelkäse bringen, eine köstliche Abart der *mozzarella*.

Nachdem er gehört hatte, daß ein englischer Reisender eingetroffen sei, erschien ein Italiener, der mir erzählte, daß er zwei Jahre in Australien gelebt habe. Er bemühte sich, sein Englisch zu demonstrieren, das er schnell und fließend hinaussprudelte. Er sei hier nun Grundstücksmakler geworden. Wie fast jedermann in Süditalien – und vor allem in Kalabrien – träumte er von einem Märchenland mit Touristenbussen, Lidos, Hotels, Campingplätzen, Tanzsälen und Bungalows am Meer. Seufzend meinte er, heute höre der Tourismus in Paestum auf, und kein Mensch erkunde die Schönheiten der Berge und Strände, die bis zur Grenze von Kalabrien reichten. Cilento werde diese Gegend genannt. Ich versicherte ihm, sein Traum werde gewiß in Erfüllung gehen.

«Ich hoffe es», seufzte er abermals.

Dann fuhr ich weiter durch das Cilento. Zuweilen fiel mein Blick auf die See, dann wieder auf blaue Berge und Wälder. Einmal sah ich von einer Biegung hinab auf Kap Palinuro. Es leitet seinen Namen von dem Steuermann in der *Äneis* her.

Schließlich gelangte ich zu den verlassenen Ruinen der einst großen Stadt Velia. Nur wenige Touristen kommen jemals dort hin, und es gibt auch in der Nachbarschaft keine Unterkunft. Die Ruinen, zwischen denen noch immer gelegentlich gegraben wird, sind nur einige hundert Meter vom Meer entfernt. Der alte Hafen ist verschlammt, und ich vermochte nicht einmal zu erkennen, wo er überhaupt gewesen sein mag. Velia war Jahrhunderte vor Christi eine Kolonistenstadt; sie wurde indessen nicht von Hellenen, sondern von Leuten aus Phokäa in Kleinasien gegründet, die demselben Volk angehörten, das auch Marseille anlegte und verschiedene Seehäfen in Spanien. Es ist gut möglich, daß die griechische Keramik und andere Dinge, die in französischen Museen besichtigt werden können, etwa fünfhundert Jahre vor unserer Zeitrechnung über Velia nach Marseille befördert wurden.

Wie alle antiken Küstenstädte ist auch dieser Ort ungemein malerisch. Teile der Stadtmauern, des Marktplatzes und einzelner Straßen wurden freigelegt. Es ist allerdings unmöglich, die alte Stadt zu rekonstruieren, denn das meiste liegt unter den Bergen oder ist völlig verschwunden. Velia war wegen seiner Philosophen und Mathematiker berühmt. Auch Leukippos, der Begründer des antiken Atomismus, lebte und lehrte dort.

Viele der antiken Schriftsteller erwähnen die Stadt entweder unter ihrem früheren Namen Elea oder als Velia. Ärzte haben den Ort seines kräftigenden Klimas halber gepriesen, und auch Horaz erkundigte sich einmal nach Velia, während Cicero, dessen Freund Trebatius hier eine Villa besaß, Velia recht gut kannte.

Die Straße nach Süden ging durch einen Wald nahe Laurito, wo das Farnkraut zwei Meter hoch war und die Sonne schräg ins Buchenlaub fiel. Ich machte halt, um den Schimmer des blauen Wassers in der Ferne zu bewundern. Es war der Golf von Policastro. Zwei junge Frauen kamen durch den Farn und boten mir mit verführerischem Lächeln und schmeichelnden Stimmen aus Zweigen geflochtene Körbchen an, in denen Walderdbeeren lagen. Mit entzückender Unverfrorenheit erbaten sie augenblinzelnd und lachend zweitausend Lire für jedes der Körbchen – etwa dreimal so viel, wie jeder Ladenbesitzer zu fordern gewagt hätte. Diesen Wucher inszenierten sie aber so charmant, daß ich anfangs zum Zahlen geneigt war; doch begriff ich schnell, daß ich nur einen Narren aus mir gemacht hätte. Deshalb lehnte ich – nun selber lachend – die Offerte ab, und als sie sahen, daß ich Anstalten zum Weiterfahren traf, drückten sie rasch ihren Preis, und ich kaufte ihnen die Körbchen ab. Vergnügt gingen sie – bis zur Hüfte im Farnkraut watend – in den Wald zurück. Dort drehten sie sich um und winkten mir nach, bis ich außer Sichtweite war.

5

Kalabrien ist die romantischste, aber auch die am wenigsten bekannte der neunzehn Regionen Italiens. Bis vor kurzem war es von der übrigen Halbinsel durch seine Berge, durch den Mangel an Straßen, die Malariaplage und – im vergangenen Jahrhundert – durch die Briganten wie von ihm abgetrennt. Noch im Jahre 1912 warnte der gute Baedeker seine Leser, dieses Gebiet zu meiden, falls sie nicht mit Empfehlungsschreiben an einheimische Landedelleute versehen seien, bei denen sie absteigen könnten, da es mit Ausnahme der größeren Städte dort keine Hotels gebe, und selbst diese seien meist gänzlich verwahrlost. Auch heute noch gibt es Italiener aus der Lombardei und der Toskana, die zusammenzucken, wenn sie den Namen Kalabrien bloß hören; sie würden ihre Ferien wohl lieber am Kongo als dort verbringen.

Die Verwandlung Kalabriens begann 1950, als die Regierung die Süditalienische Entwicklungskasse, *Cassa del Mezzogiorno*, einrichtete, die Millionen in den Süden gesteckt hat (und dies auch weiterhin tut). Es wurden Straßen gebaut, Industrien angesiedelt, Äcker urbar gemacht, Bewässerungsanlagen geschaffen, sogar alte Schlösser und Kathedralen hat man restauriert. Das Brigantentum wurde schon vor längerer Zeit ausgerottet, und selbst die Malariagefahr konnte gebannt werden – eine erstaunliche Leistung! Hotels – viele mit Klimaanlagen und *Swimming Pools* – wurden an Orten erbaut, wo noch vor wenigen Jahren die paar Reiseschriftsteller, die sich nach Kalabrien vorwagten, nur verwanzte Hütten vorfanden.

Ich glaube, zwei andere Faktoren, die Kalbrien aus seinem mittelalterlichen Koma wachgerüttelt haben, können gar nicht oft genug betont werden: die Buslinien, die heute Bergdörfer und Städte verbinden, und – vielleicht wichtiger als alles andere – das Fernsehen. Es hat den Kalabresen eine neue Welt erschlossen, zugleich aber auch den Dialekt weitgehend beseitigt. Außerdem sollte man die billigen Fertigkleider erwähnen und die waschbaren Nylons, welche das Aussehen der Frauen radikal verändert haben.

6

In der Küstenstadt Praia a Mare bereiteten sich die Leute auf den Touristenboom vor. Eifrig wurden neue Hotels und Cafés gebaut. Am Strand betrat ich ein Hotel, das gerade erst seinen Betrieb eröffnet hatte. Das Küchenpersonal war noch gar nicht eingetroffen, die Elektriker experimentierten an den Heißwasser-Boilern, und der Geschäftsführer hatte noch nicht einmal das Gästebuch ausgepackt. Als erster Gast wurde ich herzlich begrüßt. Ein alter Bauer trug meine Koffer hinauf; dieser freundliche Mensch hatte sich als Hotelportier verkleidet. Es ist recht gut möglich, daß sein Großvater noch als Brigant hinter einem Felsen gelegen und auf Reisende geschossen hat. Hocherfreut nahm er sein erstes Trinkgeld entgegen.

In der Frische des Morgens war der Golf von Policastro (der noch blauer zu sein scheint als der von Neapel) menschenleer. Welch ein ungewöhnliches Erlebnis ist es doch, in unserer hektischen Zeit eine Straße zu sehen, die sich kilometerweit dahinzieht, ohne daß ein einziges Auto oder ein einziger Mensch sich darauf bewegen.

Dann aber erblickte ich zwei Frauen, die barfuß zum Wasser gingen. Beide trugen auf dem Kopf eine zweihenkelige Amphore von antiker Form. Sie schritten in die schäumenden Fluten, ehe sie sich wieder dem Land zuwandten, und nicht einmal sah ich sie auch nur einen Finger heben, um ihre Amphoren im Gleichgewicht zu halten. Ein solches Bild wird bald nicht mehr allzu häufig sein, da die Technik auch in Kalabrien einzieht, doch habe wenigstens ich es geschaut und werde es zusammen mit den Erinnerungen an andere goldene Zeiten in meinem Gedächtnis bewahren.

Ich fuhr in ein Gebirgsdorf mit etwa viertausend Einwohnern, das den Status einer Stadt hat; sein Name ist Lungra. Seine Bewohner sind albanischer Abstammung. Sie sprechen einen Dialekt, der sich aus dem Albanischen und dem Italienischen zusammensetzt, und sie sind dem griechischen Brauchtum treu geblieben. Das kleine Lungra ist der Bischofssitz der einen der beiden griechischen Diözesen in Italien (der andere ist das nahe Palermo). Die Ankunft eines Autos in Lungra war eine Sensation. Eine Schar krausköpfiger Jugendlicher folgte mir überallhin. Als ich mich umdrehte, um ihnen zuzulächeln und ein paar Worte zu sagen, wandten mir die Burschen den Rücken zu und schlenderten davon.

Die Luft in der Kathedrale war, wie in allen griechischen Kirchen, von Weihrauch beschwert. Es war ein gewöhnlicher moderner Bau mit einigen guten Ikonen aus jüngster Zeit. Meine Eskorte folgte mir stumm. Die Jungen beobachteten jede meiner Bewegungen und fragten sich vermutlich, von welcher gefahrbringenden Behörde ich wohl käme. In der Kirche gab es nur wenige Inschriften; die interessanteste war eine Tafel, die an den Besuch des Papstes Benedikt XV. im Jahre 1922 erinnerte, der die Kathedrale neu geweiht hat.

Beim Weggehen sah ich einen Geistlichen herbeieilen. Offensichtlich wollte auch er erfahren, weshalb ich gekommen sei. Dieser Mann war eine in Italien auffällige Erscheinung: großgewachsen, dunkelhäutig, breitbärtig, und er trug den schwarzen randlosen Hut der griechischen Priester. Ich erzählte ihm auf der Stelle, daß mein Besuch harmlos sei, was die Atmosphäre verbesserte, und wir gingen gemeinsam in das *diakonikon*, das unserer Sakristei entspricht und wo wir uns weiter unterhielten. Er berichtete mir, daß in Süditalien 70 000 Menschen albanischer Herkunft leben. Sie haben ihren griechischen Glauben beibehalten. Alle Städte in den Bergen rings um Lungra sind albanisch: Vaccarizzo Albanese, Frascineto, S. Benedetto Ullano, S. Sofia d'Epiro, Platici, Firmo, Macchia Albanese, Castraregio, Eiamina, Acquaformosa, S. Vasili (wo es ein Kloster und ein Seminar gibt), S. Demetrio Corone, S. Costantino Albanese und S. Giorgio Albanese. Die Angelegenheiten der griechischen Kirche in Italien, die in enger Verbindung mit Rom steht, werden von dem Griechischen Päpstlichen Kollegium wahrgenommen, das nahe der Spanischen Treppe amtiert.

Der Priester erzählte außerdem, daß die Messe auf griechisch zelebriert wird; eine offizielle albanische Übersetzung sei in Vorbereitung. Merkwürdig ist, daß die Messe in vergangenen Zeiten oft auf albanisch gehalten wurde, da die in Italien lebenden Albanier einem orientalischen Bereich zugerechnet wurden, und nach orientalischem Gesetz sind alle Sprachen liturgisch. Zweimal im Jahr, im April und im September, findet eine Wallfahrt nach Genazzano in den Bergen etwa fünfzig Kilometer östlich von Rom zum Heiligtum der Madonna del Buon Consiglio statt, deren Bild – wie es heißt – im Jahre 1467 auf übernatürliche Weise aus Albanien herübergebracht worden sein soll.

Als ich mich erkundigte, ob Albanier jemals Italienerinnen heirateten, sagte mir der Priester, so etwas käme nur selten vor, denn die Albanier hielten sich gern abseits und für sich. Das sei besonders in der Mussolini-Aera deutlich geworden, der immer wieder betonte, wie glorreich es doch sei, Italiener und folglich Erbe des antiken Roms zu sein. Statt Mitglieder der faschistischen Partei zu werden, wanderten in den zwanziger Jahren viele Tausende von Albaniern in die Emigration, die meisten von ihnen nach Argentinien. Allein in Buenos Aires lebten zwölftausend, und auch in den Vereinigten Staaten könne man nicht wenige von ihnen antreffen. Doch blieben sie nicht so lange in der Fremde, wie es noch vor fünfzig Jahren üblich gewesen sei. Die jungen Männer gingen vielmehr in die Länder des Gemeinsamen Marktes, vor allem nach Deutschland, sowie in die Schweiz, und die meisten kehrten nach einiger Zeit in ihre Heimatdörfer zurück.

Ich erwähnte, daß ich zu meinem Bedauern nicht die hübschen Kostüme der Frauen gesehen hätte, die von Reisenden früherer Epochen so sehr bewundert worden waren. Der Geistliche meinte, viele Frauen der älteren Generation trügen sie noch immer, doch nehme deren Zahl von Jahr zu Jahr ab. Am häufigsten könne man sie an Ostern und bei den darauffolgenden Festen sehen, die zu Ehren der Siege des albanischen Nationalhelden Skanderbeg gefeiert werden, der 1467 starb (im selben Jahr, da die Madonna del Buon Consiglio nach Italien gebracht wurde).

Der Geistliche sprach von den «Rhapsodien» oder Balladen über Skanderbeg, die jetzt gesammelt, aber noch nicht gedruckt sind. Die Erinnerung an diesen außerordentlichen Mann ist in den albanischen Dörfern noch so frisch wie vor Jahrhunderten. Sein eigentlicher Name war Giorgio Castriota. Während der türkischen Okkupation behauptete er, Moslem zu sein und erlangte eine hohe Stellung. Plötzlich jedoch gab er sich als Christ zu erkennen, scharte die wilden Gebirgler um sich und begann einen fünfundzwanzigjährigen Kleinkrieg mit den Eindringlingen.

Natürlich war es in erster Linie der Wunsch, ihr Leben vor den Türken zu retten, der die Albanier vor Jahrhunderten zur Auswanderung nach Italien bewog.

Kreuz und quer setzte ich meine Fahrt durch die Berglandschaft fort. Überall sah ich wildwachsende Orchideen, Gladiolen und Stechginster, der monatelang in ganz Italien flammt. Auf diesen Straßen begegnete ich nicht einem Auto. Dagegen traf ich Maultiere mit Tragkörben und Esel mit Säcken, aber auch Frauen, die – wie in den Abruzzen – auf Schlängelpfaden zu Bergdörfern hinaufstiegen. Sie trugen Gefäße mit Wasser oder Brennholz auf den Köpfen. Einige schleppten die kegelförmigen hölzernen Behälter der mittelalterlichen Wasserträger, die *copelle* genannt werden und in denen einst das Naß von Tür zu Tür feilgeboten wurde.

So kam ich am Ende nach Castrovillari, wo ich ein Hotelzimmer mit Bad fand. Es gibt eine gewisse Zeit im Leben (und ich entsinne mich ihrer noch gut), da die Übernachtung in einer Höhle, in einem Grab oder in einer elenden Hütte romantisch auf einen jungen Mann wirkt; und das ist wohl auch richtig so. In späteren Jahren aber – vor allem, wenn man Hunderte von Kilometern auf Zickzackstraßen in den Bergen hinter sich hat – ist es eine Wohltat, das Rauschen des Badewassers zu vernehmen und zu wissen, daß in den Bettüchern keine Insekten lauern.

Nachdem ich gebadet hatte, machte ich mich auf, dieses Städtchen zu besichtigen, das – als Folge vieler Erdbeben – eine irgendwie unsichere Atmosphäre hat. Ich betrat einen Laden, der aussah, als ließen sich in ihm nach einigen Schwierigkeiten vielleicht antike Gegenstände aufstöbern. Er war indessen vollgestopft mit den bekanntesten Zahnpastamarken, mit englischer und amerikanischer Rasierseife und gar mit Aftershave Lotion: was mir seltsam vorkam, da ich in Castrovillari niemandem über den Weg gelaufen war, der die Annahme rechtfertigte, er habe Verwendung für so etwas. Doch wen darf dies eigentlich überraschen? Wahrscheinlich hat bereits mancher Reisende des vierten Jahrhunderts v. Chr. in solch abgelegenen Ortschaften einige der beliebtesten Exportartikel Athens oder Kleinasiens entdeckt, die vielleicht in Sybaris oder in einem andern griechischen Seehafen an Land gebracht worden waren.

In diesem Laden sah ich auch eine Postkarte, die eine reizvolle Madonna zeigte, nämlich die *Vera Immagine di Maria Santissima del Castello*, eine der vielen ehrwürdigen griechischen Ikone des Südens. Auf meine Frage, wo ich sie denn finden könne, wurde ich in die Altstadt verwiesen, die auf einem Felsen kauert.

Auf dem Gipfel zogen sich schmutzige mittelalterliche Straßen rund um ein trutziges Kastell, das jetzt als Gefängnis dient (so sieht es auch aus), während ganz in der Nähe eine alte Kirche steht, die vermutlich noch aus normannischer Zeit stammt. Die Aussicht von hier oben war großartig. Im Norden erblickte ich das Pollinogebirge. Es war zu jener Spätnachmittagsstunde, wenn die Berge die Farbe bläulicher Weintrauben haben. Vor mir lag unbekanntes Land, das nur hin und wieder von einem Maultierpfad durchschnitten wird. Ich konnte einige der höchsten Berge ausmachen: den Monte Pollino, den Dolcedorme, den Serra del Prete.

Es war ein bezaubernder Ort, an dem ich stand. In einem Garten hatte jemand Malven angepflanzt. Auf den Feldern waren Heuhaufen geschichtet. Das Abendlicht brach durch Olivenhaine. Unter mir schwebte der Rauch von Castrovillari wie ein dünner grauer Schleier in der Luft.

Gleich neben dem Eingang der Kirche stand ein Weihwasserbecken, in das ein Fisch eingemeißelt war – eines der ältesten christlichen Symbole. Der wertvollste Besitz des Gotteshauses ist die byzantinische Ikone der Jungfrau über dem Altar, die im Verlauf der Jahrhunderte immer wieder überarbeitet worden ist. Ihre Wundertaten sind ohne Zahl. Sie ist in ganz Nordkalabrien berühmt ob ihrer Gabe, die Probleme des Lebens zu lösen. Die Bauersleute pilgern zu ihr und opfern ihr Haar – ein uralter heidnischer Brauch. Die Ikone ist von Haarbüscheln in allen Farben umgeben. Ich sah mir diese blonden, braunen und schwarzen Locken an, als eine Frau eintrat und eine Flechte ihres Haares so nahe wie möglich neben dem Bild befestigte. Ich habe nur noch an einem einzigen andern Ort erlebt, daß man Haare opfert, und zwar in einer der Hauptstraßen von Merida in Spanien, vor der Kirche Sa. Eulalia.

Dann ging ich wieder zur Stadt hinab, wo allerhand Aufregung herrschte. Ein Touristenbus war am Hotel vorgefahren. Auf dem Platz wimmelte es von Engländern, die keine Ahnung hatten, wo sie eigentlich waren. Der Reiseleiter erzählte mir, daß dies die erste motorisierte Gesellschaftsreise durch Süditalien nach Sizilien auf der Autostrada sei. Bisher habe alles wunderbar geklappt. Die Fahrt solle in Reggio di Calabria enden. Der Mann hatte das Gefühl, ein Bahnbrecher zu sein: wahrscheinlich zu Recht.

7

Als ich Castrovillari verließ, konnte ich über Berge und Wälder aufs Ionische Meer und die Ebene blicken, auf der einst das alte Sybaris gestanden hatte. Die Stadt ist von der Landkarte verschwunden, obgleich sie so reich und berühmt war, daß sie den Neid der hellenischen Welt erregte. Seit mehr als hundert Jahren sind die Archäologen am Werk, und sie suchen immer noch. Sybaris ging im Jahre 510 v. Chr. auf sensationelle Weise unter. Eine Gruppe sybaritischer Agitatoren floh nach Kroton, das ihnen politisches Asyl gewährte. Als sich der Rat von Kroton weigerte, sie auszuliefern, erklärte Sybaris den Krieg und wurde besiegt. Die unbarmherzigen Eroberer beschlossen, die Stadt auszulöschen, was auch geschah, und zwar – wie behauptet wird – durch Umleitung des Flusses Crathis (des heutigen *Crati*). Der Strom begrub die Stadt unter Tonnen von Schlamm und Schlick.

Ich fuhr an malerischen Dörfern, die fast alle von Albaniern bewohnt sind, hinab in die Ebene. In einem dieser Flecken kam ich rechtzeitig zum Abschluß der griechischen Messe. Ich habe diese Zeremonie immer für geheimnisträchtiger gehalten als die lateinische Messe, die vom Anfang bis zum Ende angesichts der Gemeinde zelebriert wird, während die *Ikonostasis* den Zelebranten und seine Meßdiener vor den griechischen Andächtigen auf lange Perioden verbirgt. Der Gesang und der Duft des Weihrauchs dringen aus dem Allerheiligsten zu den Gläubigen. Zuweilen erscheint der Priester, dunkel, bärtig, in glitzerndem Ornat, um dann wieder zu dem verhüllten Altar zurückzugehen. Diese Messe ist bewegender als die westliche. Die Menschen beten oft mit ausgestreckten Armen und offenen Handflächen – eine Haltung, die auf den Fresken der Katakomben häufig zu sehen ist.

Etwa zwei Kilometer außerhalb der Altstadt von Frascineto bemerkte ich im Morgenlicht Bauern mit Pferden und Karren vor einer byzantinischen Kirche. Ich schwenkte von der Hauptstraße ein, um festzustellen, was dort vor sich ging. Ein lebhafter Markt wurde abgehalten. Kilometerweit waren die Bergbewohner auf Maultieren und Eseln, in hochrädrigen Karren oder zu Fuß nach der alten Kirche gekommen. Die ausgespannten Tiere grasten, derweilen die Männer und ihre Frauen das Sortiment begutachteten: Küchenstühle, Kleider aus zweiter Hand, Schuhe, Stiefel, Patentmedizinen, Borten und – natürlich – Amulette gegen den bösen Blick. Ich sah aber auch rote, glasierte Töpferwaren, unter denen viele Formen waren, die in Süditalien schon seit den Tagen der griechischen Kolonisierung im Gebrauch sind. Die doppelhenkelige Amphore, die in allen Dörfern zu finden ist, hat noch immer die nämliche Form wie jene, die in den Museen zu besichtigen sind.

Die alte Kirche mit ihrem Ziegeldach schien – von außen betrachtet – gut erhalten zu sein, doch war sie in Wirklichkeit nur noch ein Gerippe. Im Schiff waren gewaltige Löcher, in die man leicht hätte fallen können. Hier haben sich einst Grabstätten befunden, aus denen die Gebeine entfernt und in einen Friedhof nahe der Kirche übergeführt worden sind. Die Bauern waren mit Blumensträußen und Kerzen zum Markt erschienen, die sie auf den Kirchhof brachten. Jedes Grab war wie ein kleines Haus mit einem Dach versehen, unter dem die gerahmte Fotografie des Verstorbenen angebracht war. Und dann beobachtete ich diese rührende Szene, die uralt und heidnisch ist: Die Leute brannten Öllämpchen über den Gräbern an und ließen Opfergaben für die Geister der Abgeschiedenen zurück.

Allmählich senkte sich die Landschaft zum Ionischen Meer hinab. Die Hitze der Ebene blendete. Die lange Straße führt von Reggio di Calabria rund um die südliche Spitze Italiens hinauf nach

Tarent an der Ostküste. Die meiste Zeit verläuft sie längs der Küste. Es wird so viel über goldene Sandstrände geschrieben, die nur ihrer Entdeckung harrten, um aus ihnen eine neue italienische Riviera zu machen. In der Tat gibt es Hunderte solcher Uferstreifen, deren Sand zwar nicht immer golden, sondern meist von blaugrauer, vulkanischer Farbe ist; gelegentlich aber finden sich auch wirklich ideale Strände, die allesamt von der nächsten Stadt als ihr Lido oder Marina beansprucht werden, wenngleich dort nichts anzutreffen ist als eine Holzhütte. Doch ist der Tag vermutlich nicht fern, da diese Küste von Sommerfrischlern bevölkert sein wird. Bevor es so weit kommt, muß allerdings einer die *Cassa del Mezzogiorno* veranlassen, die Eisenbahnlinie zu verlegen, die fast überall zwischen der Straße und dem Meer fährt.

Ich suchte nach dem alten Sybaris. Den Cratifluß fand ich und überquerte ihn mehrere Male auf einer Balkenbrücke. Heute ist er ein Sturzbach, der jetzt ausgetrocknet war und voll von Geröll bloßlag. Wie alle derartigen Ströme muß der Crati seinen Lauf seit dem Untergang von Sybaris oft geändert haben, was die Suche nach der verschollenen Stadt außerordentlich erschwert.

Einigermaßen verblüfft kam ich zu einer roten Backsteinsiedlung namens Thurio, was die moderne Bezeichnung der gleichfalls verschwundenen Stadt Thurii ist, wo Herodot seine Historie schrieb und wo er auch gestorben sein soll. Heute gibt es hier nichts außer einer weiten Ebene mit Korn- und Tabakfeldern, die in der Sonne gleißen, und das funkelnde Meer hinter Sanddünen.

Einem Griechen des Jahres 600 v. Chr. wäre der Gedanke absurd erschienen, daß hier jemals ein Mensch herumlaufen würde, um Ausschau nach Sybaris zu halten. Ebenso ungläubig hätte er die Kunde vernommen, daß Fuhrleute, die dieser Mensch befragte, den Kopf schüttelten, weil sie nicht wußten, wo die Stadt Sybaris war. Schließlich fuhr ich in den Hof eines Bauerngutes, wo nach meinem Rufen eine Frau auf der Steintreppe erschien; doch war ich nicht imstande, sie zu verstehen. Auf den Namen Sybaris reagierte sie jedoch; es schien, als winke sie mich zu einem Pfad, der in die Richtung der Küste führte. Kurze Zeit folgte ich ihm, dann gab ich verzweifelt auf.

Welch ein Schicksal für Sybaris! Die düstersten Prophezeiungen von Jesaias und Jeremias, welche die Vernichtung der großen Städte voraussagten, hat sich an diesem Ort nicht nur erfüllt, sondern sie wurden sogar noch übertroffen. Auf der Ebene von Sybaris ist absolut nichts zu finden, was an eine große und gewiß auch schöne Stadt erinnert. Nichts ist von Sybaris übriggeblieben als der Name, den alle Sprachen Europas kennen.

Mir gefällt von allen Geschichten über die Sybariten am besten jene, die Athanaeus von der Kavallerie überliefert. Die fünftausend sybaritischen Reiter trugen Safranroben über ihrer Rüstung, und ihre Schimmel hatte man das Tanzen gelehrt. Während des unseligen Krieges mit Kroton steckten die schlauen Feinde eine Anzahl ihrer Musiker in Uniformen, und als sie in Hörweite der Sybariten kamen, fingen sie zu spielen an, was zur Folge hatte, daß die Pferde im Tanzgalopp ihre Reiter in die Reihen der Krotonesen trugen, wo sie schnell außer Gefecht gesetzt wurden.

Den besten und ausführlichsten Bericht über den Luxus der Sybariten schrieb Athanaeus in seinem Essay über deren Liebe zu Vergnügungen. «Und einige der Straßen, die zu den Villen auf dem Lande führten, waren mit Baldachinen überspannt, und viele hatten Keller in der Nähe des Meeres, in die ihr Wein durch Röhren geleitet wurde. Sie feiern auch viele öffentliche Feste. Sie schenken jenen, die bei solchen Gelegenheiten große Pracht entfalten, Goldkronen und proklamieren ihre Namen bei Opferhandlungen und Spielen. Bei derartigen Anlässen krönen sie sogar diejenigen Köche, welche die köstlichsten Gerichte zubereitet haben. Und es gab Sybariten, die Bäder besaßen. Während sie darinnen lagen, wurden sie mit heißem Dampf behandelt.»

Athanaeus berichtet weiter, daß die Sybariten ein Bankett bereits ein Jahr im voraus planten. Wenn einer der Köche eine neue Sauce oder ein neues Gericht erfunden hatte, durfte er allein es ein Jahr lang herrichten und alles Lob dafür entgegennehmen. Aus unbekannten Gründen wurden Leute, die Aale fingen und verkauften, von der Steuerabgabe befreit, desgleichen die Färber, die purpurne Gewänder herstellten. Handwerker, deren Gewerbe geräuschvoll war, mußten außerhalb der Stadt arbeiten:

Kupfer- und Hufschmiede und Zimmerleute. Bei der Lektüre der Schriften des Athanaeus erwartet man ständig die Enthüllung von Lastern, doch findet sich nirgendwo ein solcher Hinweis. Ihre größten Exzesse waren offenbar ihre Gastmähler; üppiges Essen ist aber bloß eine der sieben Todsünden, und auch nur dann, wenn es zur Völlerei ausartet.

Es tat mir leid, daß ich die Lage von Sybaris nicht entdecken konnte. Der einzige Mensch, der zu wissen glaubte, wo die Stadt einst stand, war Lenormont. Er behauptete, Sybaris liege unter dem Schutt von Jahrhunderten, und er bot jenen, die es fanden, hohe Belohnungen an. Um mich ein wenig aufzuheitern, dachte ich an ein absurdes Gespräch, das Orioli in *Moving Along* wiedergibt und das hier in der Nähe stattfand, als er mit Norman Douglas spazierenging. Sie wurden von einem lästigen Bauern namens Tommaso behelligt, der in einem fort wissen wollte, was Hut, Mantel und Spazierstock von Douglas gekostet hätten.

«Das weiß ich nicht», erwiderte Douglas. «Der Sultan der Türkei hat sie mir geschenkt.»

«Ich wünschte, er würde mir auch eine schenken. Und Ihr Spazierstock?»

«Mein Stock», versetzte Douglas, «hat achthundertfünfzig Lire gekostet. Er ist aus Holz, das auf der Insel Zamorgla wächst und nirgendwo sonst.»

«Sie müssen ja ein Millionär sein!»

«Freilich.»

Dann habe sich Douglas zu Orioli gewandt und ihm gesagt: «Sie dürfen niemals zugeben, daß Sie arm seien, wenn Sie mit diesen Leuten sprechen. Sagen Sie, Sie seien Millionär, geizten mit jedem Pfennig und zahlten weniger als alle andern Leute. Das verschafft Ihnen Respekt. Und wenn Sie die Leute zur Raserei bringen wollen, dann nennen Sie sie niemals Räuber oder Halsabschneider – das gefällt ihnen nämlich sehr! Sie müssen vielmehr behaupten, Sie wüßten genau, daß sie reich wären. Dann geraten sie außer sich.»

Douglas muß ein amüsanter Reisebegleiter gewesen sein.

Zögernd ließ ich Sybaris hinter mir und fuhr nach Rossano.

8

Einige Kilometer südlich des Cratiflusses wird die Ebene von blauen Bergen im Hintergrund beherrscht. Einige von ihnen tragen Städte auf ihren Gipfeln wie Corigliano Calabria, das ein altes – vermutlich normannisches – Kastell aufzuweisen hat. In einem Obstgarten fiel mir ein Mann auf, der den Baumstämmen eine Substanz zu entnehmen schien. Er ließ mich wissen, daß er Manna sammle.

Dies ist das berühmte Manna, von dem man in alten Büchern liest. Die Berichte der Reisenden sind gewöhnlich verworren und irrig. Natürlich fällt Manna nicht vom Himmel, auch bildet es sich nicht auf den Blättern der Maulbeerbäume. Es ist ein süßes Harz, das aus den angeschnittenen Stämmen der Eschen (*fraxinus ornus*) rinnt.

Der Gärtner freute sich sehr, als ich über die Mauer kletterte, um ihm zuzuschauen. In die Bäume werden Schnitte gemacht, und nach einigen Stunden kann der Saft, sobald er getrocknet ist, sozusagen gepflückt werden. Der Mann erzählte, daß es in Kalabrien zwar viele Eschen gebe, doch werde seines Wissens nach nur auf Sizilien dieser Baum zu geschäftlichen Zwecken angebaut. Manna ist ein mildes Abführmittel, das jeder italienische Apotheker verkauft. Das biblische Manna war offenbar etwas ganz anderes. Vor Jahren hatte ich mich in der Arabischen Wüste auf dem Wege nach Petra danach erkundigt, worauf man mir mitteilte, Manna sei eine klebrige Substanz, die nachts von den Tamariskenbüschen falle und vor Sonnenaufgang gesammelt werden müsse. In Kalabrien bluten sich die Eschen nachgerade zu Tode. Der Gärtner schenkte mir ein großes Stück Manna. Ich solle es in Wasser aufgelöst bei heißem Wetter trinken. Zu meinem Ärger habe ich es jedoch verloren. Wahrscheinlich wird mir niemals wieder jemand Manna schenken.

Rossano ist auf einem hohen Berg gelegen. Man blickt durch Olivenhaine, in denen Zikaden lärmen, talwärts auf das leuchtende Meer. Im Nordwesten sah ich die zweite Ebene von Sybaris und landeinwärts des Pollinogebirge. Ich hielt auf einer großen Piazza an. Mein Wagen, der einzige weit und breit, erregte einige Neugier. Wer war ich? Ich merkte den Leuten an, daß sie sich fragten, auf welche Art ich sie wohl stören würde. Bei solchen Gelegenheiten suche ich mir die am gewichtigsten dreinschauende Person aus (oder einen Polizisten) und erkläre schlicht: «Ich bin ein Tourist. Ich bin hierhergekommen, weil ich gehört habe, daß es in Ihrer Stadt interessante Dinge und gute Menschen gibt.» Daraufhin herrscht eitel Wohlgefallen. Nach einer Viertelstunde hat diese Bemerkung die Runde durch eine italienische Kleinstadt gemacht.

Wegen zweier Besitztümer ist Rossano berühmt, und beide befinden sich in der Kathedrale aus geflecktem Marmor. Das eine ist die Madonna *achiropita*, das andere der einzigartige Purpur-Kodex, den die Gelehrten als *Codex Purpureus Rossanensis* kennen. Die Madonna entdeckte ich in einer Barockkapelle; sie gleicht den vielen andern Ikonen, die ich gesehen hatte, und ist anscheinend das Werk eines vielversprechenden Kunststudenten. Der Kodex hingegen ist tatsächlich ganz ungewöhnlich. Als einziger Purpur-Kodex aus dem sechsten Jahrhundert hat er die Zeiten überstanden.

Es handelt sich um einen umfänglichen Band mit dicken bläulich-violett gefärbten Blättern aus Pergament, auf die in griechischen Lettern silbern die Evangelien des heiligen Matthäus und des Markus (letzteres nicht vollständig) geschrieben sind. Er enthält siebzehn schöne Miniaturen, welche die bekanntesten Ereignisse der Evangelien darstellen. Der auferstandene Lazarus wird von einem Sklaven gestützt; Christus (schon der bärtige Christus der griechischen Überlieferung) steht in einer purpurfarbenen Tunika und einem goldenen Mantel dabei; Maria und Martha sitzen zu seinen Füßen. Der «Einzug in Jerusalem» könnte fast eine moderne Weihnachtspostkarte sein. Der Heiland reitet von der Linken heran, zwei Jünger folgen ihm, einige Knaben sind auf einen Baum geklettert, und das Volk strömt mit Palmzweigen hinzu, um ihn am Tor zu begrüßen. Eine andere bezaubernde Miniatur zeigt Christus beim Vertreiben der Geldwechsler aus dem Tempel. Auch die Parabel von den Jungfrauen fand ich schön. Die fünf törichten Jungfrauen tragen verschiedenartige Kleider und halten gelöschte Fackeln, während die fünf klugen Jungfrauen in weiße Gewänder gehüllt sind und ungemein jungfräulich aussehen; jede führt einen brennenden

Leuchter mit sich. Auf dem Bild des Letzten Abendmahles lehnen sich Christus und die Jünger wie Römer an einem halbrunden Tisch zurück. In einer Felsenlandschaft mit Halbmond und Sternen beugt sich der Herr im Garten von Gethsemane über die schlafenden Jünger.

Der Priester erklärte mir, die Geschichte dieser Kostbarkeit sei nicht bekannt. Man glaube indessen, der Kodex sei in Syrien geschrieben und von griechischen Mönchen, die während des Ikonoklastischen Streites flüchteten, nach Kalabrien gebracht worden (dies wäre Anfang des achten Jahrhunderts gewesen). Was mit dem fehlenden Teil passierte, weiß niemand zu sagen.

Ich nahm in einem alten Gebäude mein Mittagsmahl ein, in dem eine Anzahl von Männern an zwei großen Tischen speisten. Der Raum war düster. Hätten diese Gäste Kleider des vergangenen Jahrhunderts mit kalabresischen Hüten *(capelli pizzuti)* getragen, vielleicht hätte ich mich in die Zeit eines Ramage und Lear zurückversetzt gefühlt und oder gar in jene Tage, da George Sandys durch Kalabrien reiste und schrieb: «Keine Nacht vergeht ohne Mord.»

9

Die Pollinoberge sondern Kalabrien vom übrigen Italien ab. Das hohe Tafelland des Silagebirges erstreckt sich quer über die Halbinsel vom Ionischen zum Tyrrhenischen Meer. Im tiefen Süden ragen die mächtigen Gipfel mit dem schönen Namen Aspromonte auf. Ein Geologe hat mir einmal gesagt, das Tafelland des Sila, das eingezwängt ist zwischen diese beiden Gebirgszüge, sei älter als die Apenninen, und ein großer Teil von ihm befände sich im Tyrrhenischen Meer. Seit der griechischen Aera war dieses Gebirge das Holzfällergebiet Italiens. Jahrhunderte hindurch würden die hohen Pinien an Schiffsbauer verkauft.

Bald fuhr ich hinauf zum Sila Grande, wie das Plateau heißt. Doch ist Plateau nicht die treffende Bezeichnung für diese Landschaft mit ihren tosenden Sturzbächen, die im Sommer knochentrocken sind, und ihren Bergen, von denen manche fast zweitausend Meter in den Himmel stechen. Das nördliche Gebiet wird Sila Greca genannt (dort leben albanische Siedler), während die südliche Region den Namen Sila Piccola trägt. Man erzählte mir, es gebe hier zwar keine wilden Bären mehr, Wölfe und Wildkatzen dagegen seien nichts Ungewöhnliches.

Die Berghänge waren mit Olivenbäumen bestanden, und im leeren Bett des Colognati blühte der Oleander wie Rhododendron. Endlich erreichte ich Longobucco, wo die männliche Bevölkerung in Cafés und auf Mauern im Sonntagsstaat saß, denn es war ein kirchlicher Feiertag. Diese interessante mittelalterliche Stadt ist durch seine Weber bekannt geworden, wenngleich heute bloß noch wenige an den Webstühlen sitzen, denn die Technik hat auch hier Einzug gehalten: Es gibt eine Teppichindustrie. Die Leute bedienen sich des Wortes *semiindustrializzata.* Wir haben dergleichen zu Beginn der industriellen Revolution Heimarbeit genannt.

Nachdem ich diesen Ort und andere gleich unzugängliche Flekken in Kalabrien gesehen hatte, empfand ich noch größere Hochachtung vor den Forschungsreisen des Norman Douglas, die er in *Old Calabria* schildert. Er hat diese Ortschaften aufgesucht, als man sie nur zu Fuß oder auf einem Maultier erreichen konnte. Ich entsann mich seiner Beschreibung eines langen Ausfluges nach Longobucco und der Briganten des Silagebirges. Sie hausten in den Tiefen der Wälder, und zuweilen stießen Hirten, die in Höhlen und Baumstümpfen herumsuchten, auf Beute, die Räuber dort versteckt und nicht wieder hatten abholen können.

Es enttäuschte mich, nicht eine Spur des weiblichen Putzes zu erblicken, den ich in den einsamen Gegenden Kalabriens zu finden gehofft hatte. Wer aber kann es Frauen übelnehmen, wenn sie diese kostbaren, aber unbequemen Kleider samt Unterröcken abgelegt haben, um nach den vernünftigen und waschbaren Kleidern zu greifen, die heutzutage für ein paar Mark zu kaufen sind? Diese herrlichen Gewänder liegen in tausend Städten und Dörfern eingemottet in Schränken, und es ist höchste Zeit, daß einige Liebhaber sie zu sammeln beginnen und ein Museum der süditalienischen Trachten gründen. Schon in zehn Jahren kann es vielleicht zu spät sein.

Während ich immer höher hinauf ins Silagebirge fuhr, ließ ich die Olivenhaine hinter mir zurück. Die Luft wurde kühler, und ich kam an Buchen, Kastanien und Kiefern vorüber. Am Straßenrand waren die Feldaltäre mit kleinen Vorhängen verdeckt, was ich zuvor noch nicht gesehen hatte. Das Gras war noch grün. Die Kühe, die Glocken um die Hälse hängen hatten, waren grau. War ich denn mit einemmal in die Schweiz geraten oder in die Bayerischen Alpen? Mit jedem Kilometer wurde die Vegetation dürftiger.

Drei Seen gibt es im Sila, die fast gleich groß und gleichförmig sind, nämlich etwa zwölf Kilometer lang und anderthalb breit. Sie wirken natürlich, sind jedoch künstlich angelegt worden als Teil des hydroelektrischen Systems, das Kalabrien mit Strom versorgt. Weiter im Süden liegen die Seen von Arvo und Ampollino; den ersten auf meiner Route, den von Cecita, hatte ich schon passiert. Das Schweizer Chalet ist in vielen Abwandlungen zu finden: luxuriöse Bauten mit Balkonen, aber auch bescheidene Blockhäuser. Leute, die es sich im August leisten können, die Hitze der Küste zu meiden, mieten hier Bungalows aus Holz. Im Oktober fängt es zu schneien an, häufig bleibt der Schnee bis in den Mai hinein liegen.

Es ist auf jeden Fall möglich, ohne Furcht vor Banditen durch das Silagebirge zu reisen, wenngleich auf Sizilien und Sardinien noch welche ihr Unwesen treiben. Die Zeitungen konnten im August 1966 die Meldung nicht vertuschen, daß sizilianische Banditen eine Straßensperre errichtet und Autos angehalten hatten, um die Insassen aufzufordern, sie sollten sich gefälligst flach auf die Straße werfen. Eben dies war auch die Taktik der Briganten im neunzehnten Jahrhundert gewesen, die mit Steinschloßflinten auftauchten und *«A terra! A terra!»* schrien, was vermutlich wirkungsvoller war als das «Hände hoch!» der modernen Gangster.

Während des vergangenen Jahrhunderts bedienten sich Gegner der Bourbonen solcher Banditenscharen – unter ihnen waren auch entwichene Galeerensklaven und Mörder –, die das flache Land in Aufruhr hielten, so wie heutzutage geschulte Terroristen Regierungen stürzen. Seite an Seite mit ihnen arbeiteten die kalabresischen Banditen in ihre eigenen Taschen.

Soweit mir bekannt ist, haben sich damals nur zwei englische Schriftsteller in das Silagebirge gewagt: Henry Swinburne, der zu Ende des achtzehnten Jahrhunderts mit einer Soldateneskorte von Nicastro nach Cosenza gereist ist, und ein noch verwegenerer Mann, Arthur Strutt, der 1841 in Gesellschaft von vier andern jungen Männern einen Ausflug unternahm, um Skizzen anzufertigen, und zwar zu Fuß, wobei sie ihre Habseligkeiten in Rucksäcken mit sich führten. Nachdem sie Castrovillari verlassen hatten, stiegen sie in das Sila Grande empor (auf derselben Straße, die auch ich gefahren war), dann bogen sie in Ziegenpfade ein und marschierten, nachdem sie das ganze Gebirge überquert hatten, guter Dinge in Catanzaro ein. Dies war – berücksichtigt man die Zeit – eine bedeutende Tour. Alles war gut verlaufen. Als sie sich nun auf den Weg nach Caraffa machten, wurde ihnen freilich übel genug mitgespielt. Räuber beschossen sie. Was sie bei sich hatten, wurde ihnen abgenommen. Obendrein gingen die Briganten auch noch mit Äxten und Hacken auf die Reisenden los. Wahrscheinlich wären sie umgebracht worden, wenn nicht ein Magnat, Don Domenico Cefaly aus Cortale, der zufällig Geschäfte in der Nähe zu erledigen hatte, von dem Überfall gehört und mit einigen Bewaffneten herbeigeeilt wäre.

Die Dorfbewohner, Albanier, schworen, sie hätten die jungen Männer für Banditen gehalten, und was sie getan, sei nichts anderes als ihre Pflicht gewesen. Und was die Beraubung anlangte, so schworen sie, nicht das geringste gestohlen zu haben. Die fünf arg zugerichteten Reisenden wurde von Don Domenico in das Haus eines Freundes in San Florio gebracht, wo man ihre Wunden pflegte. Mit der erstaunlichen Spannkraft der Jugend feierten sie alsdann ein Fest, bei dem der Wein in Strömen floß, und sangen Lieder zur Mandoline.

Hernach nahm Don Domenico die Lädierten in sein Heimatdorf Cortale mit, wo der Magnat in beinahe mittelalterlichem Prunk lebte. Strutt schrieb:

«Wir traten ein, und Don Domenico geleitete uns in einen riesigen Salon und stellte uns dort seiner Frau, der Donna Carolina, vor, die uns mit viel Höflichkeit empfing und sehr froh zu sein schien, daß ihr Lehnsherr heil zurück war. Die große Halle füllte sich bald mit der *beau monde* des Dorfes. Alle waren sie angelockt vom Verlangen, Don Domenico ihren Respekt zu bekunden, aber auch von der Neugier, seine Gäste zu sehen. Hier empfingen wir nacheinander die Notabeln und hörten uns ihre mitfühlenden Worte an. Wieder und wieder wur-

Normannenburg von Brienza in der Basilicata

den wir aufgefordert, unser Abenteuer zu erzählen, und wir waren herzlich froh, als wir kurz nach Mitternacht zum Essen eingeladen wurden.»

In der Zwischenzeit gelangte die Nachricht von dem Überfall auf die jungen Engländer und Franzosen zu den Behörden in

Nicastro und Catanzaro. Zunächst erschien der oberste Richter von Nicastro in Begleitung seines Protokollführers in Don Domenicos Palast; dann kamen hundertzwanzig Milizionäre. Man hoffte, daß die jungen Leute noch nicht ihre Botschafter alarmiert und also auch nicht die Aufmerksamkeit der beiden mächtigsten Nationen Europas auf die Missetaten in Kalabrien gelenkt hatten. Jetzt wurde eine Aktion gegen diese verruchten Albanier von Caraffa unernommen. Die Miliz arretierte einige der Dorfbewohner.

Das Ende der Geschichte war recht seltsam. Fast alles, was ihnen gestohlen worden war, wurde auf diese oder jene Weise wieder zur Stelle geschafft, nur das Wertvollste nicht, nämlich achtundfünfzig Golddukaten. Doch an dem Tag, da der Gouverneur von Catanzaro Order gab, die Reisenden seien aus dem Kirchenfonds zu entschädigen, traf ein Eilbote des Pfarrers von Caraffa mit eben diesen achtundfünfzig Golddukaten ein. Sie waren in den Klingelbeutel gesteckt worden ...

Es verblüfft mitunter, daß der Nationalcharakter von Menschen sich mitunter binnen einer einzigen Generation verändern kann. Wie merkwürdig ist doch die Vorstellung, daß einige der so freundlich aussehenden Bewohner des Silagebirges die Nachfahren jener grausamen Banditen sein müssen, die vor noch gar nicht langer Zeit gelebt haben. Norman Douglas nennt einen gewissen Caruso, von dem man im Jahre 1863 wußte, daß er innerhalb eines Monats mit eigener Hand zweihundert Menschen massakriert hatte. Orioli erzählt, daß viele der Briganten zwischen zwanzig und dreißig Jahre alt gewesen waren. Heute pflegen Männer dieses Alters in den Fabriken Norditaliens zu arbeiten, oder sie tragen sich mit dem Plan, nach Australien zu emigrieren. Orioli berichtet auch noch von einem anderen Banditen, der Scoglio geheißen und den die Nationalgarde 1868 erschossen hatte:

«Einer schnitt ihm den Kopf ab, stülpte ihn auf eine Stange und trug ihn so in das Dorf, wo der junge Brigant gelebt hatte. Als seine Mutter die Trophäe erblickte, fiel sie auf die Knie und dankte Gott dafür, daß er sie von ‹dieser Plage eines Sohnes› befreit habe. So jung er auch gewesen war, er hatte dennoch bereits neunzehn Menschen umgebracht, und seine größte Freude beim Töten war, daß er ein Stück Brot aus der Tasche nahm, das er ins Blut seines Opfers tauchte und dann mit der Bemerkung ‹Erst jetzt fühle ich mich gerächt!› verzehrte.»

Ich fuhr bergab durch Kiefernwälder, die stumm und geheimnisvoll waren; dann sah ich Buchen und Kastanien und schließlich wieder Obstgärten und Olivengehölze. Bevor ich in der herrlich gelegenen Stadt Spezzano ankam, begegnete ich einer alten Frau, die ein schwarzes Schwein an der Leine führte und versuchte, ihm den Sprung über einen Zaun beizubringen.

10

Cosenza ist eine der drei Provinzhauptstädte Kalabriens (die übrigen sind Catanzaro und Reggio di Calabria). Reisende früherer Tage haben Cosenza langweilig gefunden, aber ich fand es eher interessant. Die Neustadt steht auf Flachland, die Altstadt ist an den westlichen Abhang eines steilen Berges geschmiegt, wo sich die Flüsse Crati und Busento vereinen. Nie hatte ich damit gerechnet, einmal die Stadt zu besuchen, in deren Flußbett der Westgotenkönig Alarich begraben ist – vielleicht war dies die dramatischste Bestattung der Geschichte überhaupt. Als ich eintraf, freute es mich, daß mein Zimmer auf die Zugbrücke über den Crati schaute, der jetzt kaum noch Wasser hatte; nur am Abend leuchtete ein silbriges Rinnsal auf.

Welche Wandlungen haben in Süditalien stattgefunden, seit George Gissing im Jahre 1897 nach Cosenza kam, um den Busento zu sehen. Er stieg in einem Gasthof ab, der «Zwei kleine Löwen» hieß und noch verkommener war als die Hotels, die er bislang kennengelernt hatte. «Über glitschige Steine, in einer Luft, die unbeschreiblich stank, tastete ich mich zum Fuß einer Steintreppe. Diese ging ich hinauf, und droben stieß ich auf einen dämmerigen Raum, wo Tischtücher und der Geruch von Backöl eine Art Erfrischung suggerierten.» (Damals zählte Cosenza etwa 14 000 Einwohner, heute sind es mehr als 80 000.)

Gissing beschrieb natürlich die Altstadt auf dem Berg; das neue Cosenza, das voll moderner Bauten ist (darunter einige aus der faschistischen Aera, die meisten jedoch sind der *Cassa del Mezzo-*

giorno zu danken), lag noch in weiter Ferne. Er hat nicht den Corso Umberto Primo und den ihn kreuzenden Corso Mazzini gesehen; er hat auch nicht die Frauen aus den Bergen gesehen, die Schuhe und Glühbirnen einkaufen; und was würde er wohl sagen, wenn er die phlegmatischen Holzfäller oder Hirten des Silagebirges sehen könnte, die in den Cafés sitzen und auf dem Fernsehschirm eine Mannequinparade aus Mailand betrachten. Und wie entzückt wäre er, der diese unangenehmen Erinnerungen an die «Zwei kleinen Löwen» hatte, von meinem Hotelzimmer mit Klimaanlage gewesen, von wo aus ich den Straßenmarkt überschauen konnte, die Cratibrücke und die Kuppel von S. Francesco di Paola.

Alles, was in den letzten dreißig Jahren – um nicht zu sagen: in den letzten siebzig Jahren – über den Süden Italiens geschrieben wurde, schildert eine Lebensform, die rasch vergeht. Ich habe es schon einmal erwähnt, aber ich möchte es wiederholen: Die guten Straßen, die Buslinien und vor allem das Fernsehen haben für die wahre Einigung Italiens weit mehr getan als Garibaldi. Die Sprache der Ansager hat die alten Dialekte verdrängt, so daß man heute nur noch selten jemanden trifft, der das Schriftitalienisch nicht versteht.

Doch selbst das Fernsehen ist nicht imstande, ein felsiges Land fruchtbar zu machen, und die neuen Fabriken beschäftigen oft überraschend wenig Leute: Es emigrieren immer noch viele, entweder nur als Saisonarbeiter nach andern europäischen Ländern oder aber nach Australien, Kanada und – innerhalb der beschränkten Einwanderungsbestimmungen – nach den Vereinigten Staaten.

Kaum ein Tag verging, an dem ich nicht die Segnungen der *Cassa* sah: Dämme und Straßen, entwässertes Sumpfland, urbar gemachte Ebenen mit Getreidefeldern, Fabriken, ja selbst alte gotische Kirchen, aus denen der spätere Stuck beseitigt wurde. Diese Zeichen einer Renaissance erschienen mir geradezu wunderbar. Wann immer ich die *Cassa* jedoch pries, pflegte ein wissend dreinschauender Italiener nach einiger Zeit einen Finger an die Nase zu legen, als wollte er sagen: «Ja, es mag Ihnen wunderbar erscheinen, aber denken Sie doch, bitte, daran, daß die Sache auch ihre Kehrseite hat.» Was indessen die Kehrseite ist, wurde mir nie recht klar – es sei denn, daß der Geldzufluß mitunter etwas stockt, was – selbstverständlich! – ganz legal erfolgt. Luigi Barzini schreibt in seinem Buch «Die Italiener»:

«Aber trotz all dieser beträchtlichen und zuweilen auch unglaublich erscheinenden Besserungen wäre es tollkühn anzunehmen, das Problem des Südens nähere sich eindeutig seiner Lösung. Erstens einmal ist die ungeheure Armut der Region viel zu alt an Jahren und zu tief eingewurzelt, um ganz ausgemerzt zu sein. Sie ist zumeist nur unter den Teppich gefegt worden. Sie lastet auf allem. Die meisten Entwicklungen und Modernisierungen lassen sich im Umkreis einiger ausgewählter Städte, einiger begünstigter Gegenden und in den fruchtbarsten landschaftlichen Bezirken feststellen. An allen anderen Orten, dort, wo der flüchtige Reisende aus dem Norden in der Regel nicht hinkommt, ein paar Schritte entfernt von einer Szene des Wohlstandes, einen Steinwurf weit von den funkelnden neuen Hotels, Fabriken oder Arbeiterwohnungen und eine kurze Wegstrecke hinauf zu einem Hügel, fast überall auf dem Lande hat die *miseria* noch Oberhand. Wohl ist sie eine ‹bessere› *miseria*, denn sie wird oft durch neue, moderne Annehmlichkeiten gemildert, durch den Bau einer Straße, ein öffentliches Telefon, vielleicht einen Aquädukt, Kanalisation, einen neuen Friedhof, eine zweimal wöchentliche Ärztesprechstunde, eine Hebamme am Ort, ist eine vielleicht durch Ausgabe vom Mehl und Büchsenmilch aus amerikanischen Beständen, durch kostenlose Medikamente für die Notleidenden gelinderte *miseria,* aber nichtsdestoweniger ein Elend.

Selbst dann, wenn sie verschwinden sollte, wäre das Problem noch immer nicht gelöst. Selbst wenn man noch weiter modernisierte, wenn jedermann ein Dach über dem Kopf, genügend zu essen, relative Sicherheit, ärztliche Betreuung, Grundschulbildung und einen gesicherten Arbeitsplatz hätte, würden die moralischen Aspekte des Problems nicht weichen. Unbehagen und Unrast, das Gefühl, Opfer historischen Unrechts und die Beute der Habgier anderer zu sein, und der Wunsch, aufzubegehren und von der Regierung in Rom freizukommen, blieben bestehen.

Natürlich möchten die Süditaliener besser leben, etwa den Lebensstandard durchschnittlicher Westeuropäer erlangen und einige ihrer dringendsten materiellen Probleme gelöst sehen. Aber sie möchten noch etwas anderes. Sie möchten, daß die Kluft zwischen dem Norden und dem Süden schwinde. Sie wollen genausogut leben wie die Norditaliener. Etwas anderes wäre nicht akzeptabel, wäre unehrenhaft und würde ihren Stolz verletzen. Es will ihnen nicht in den Kopf, weshalb die Landsleute im Norden, die doch offensichtlich weniger talentiert sind als sie, solche großartigen Lebensbedingungen haben sollen, solche herrlichen Fabriken, solche ehrfurchterregenden Krankenhäuser und so viel Geld.»

Obwohl ich dahinterkam, daß die Süditaliener sehr geteilter Meinung sind über nahezu alle Fortschritte, die von der *Cassa* finanziert werden, so sind sie sich doch in einem Punkt einig, und das ist die Bedeutung der Touristik. Die meisten glauben, eines Tages werde ein Goldstrom in ausländischer Währung nach dem Süden fließen – und dann könnten sie damit alle Schwierigkeiten beheben. Ich glaube, ungefähr so wird es auch noch kommen.

II

Dr. Valenti, der Leiter des Fremdenverkehrsbüros von Cosenza, ist ein Historiker, der sich für die Geschichte von der Bestattung Alarichs im Bett des Flusses Busento interessiert hat. Eines Morgens spazierte er mit mir an das Ufer dieses Stromes, der die Altstadt von dem neuen Cosenza trennt. Der Busento fließt durch eine steile und romantische Schlucht, deren Hänge mit Büschen und Bäumen bestanden sind.

Ich hatte mir immer vorgestellt, der Busento (oder der Bucentinus, wie er in früheren Jahrhunderten hieß) müsse ein gewaltiger Strom sein, aber jetzt sah ich ein trauliches Forellengewässer, das über Felsengeröll plätscherte, da und dort Tümpel und Kaskaden bildete. Dies also war der Fluß, der umgeleitet und nach der Beisetzung des Gotenkönigs wieder in sein altes Bett zurückgelenkt worden war, so daß sein Grab von keiner frevlerischen Hand jemals angetastet werden könne. Und ich hatte einmal geglaubt, das sei eine gewaltige Arbeit gewesen! Fünfzig Mann, die fleißig arbeiteten, hätten den Busento in ein paar Stunden umleiten können, so wie ich ihn an diesem sonnigen Morgen sah. In den antiken Berichten steht geschrieben, daß die Grabbauer nach getanem Werk erschlagen worden seien, auf daß der Ort wirklich geheim bleibe. Die Einheimischen allerdings glauben diese Geschichte nicht. Die Berge, so meinen sie, gewährten so viel Schutz, daß der Vorfall – wären die damaligen Bewohner den heutigen gleich gewesen – bald das Stadtgespräch gebildet hätte.

«In welcher Jahreszeit wurde Alarich wohl bestattet?» erkundigte ich mich.

«Die Plünderung Roms ereignete sich im August 410», erwiderte Dr. Valenti. «Und Alarich muß Reggio im September erreicht haben, als ein Sturm die Flotte vernichtete, die er hier zusammengezogen hatte, um mit seinem Heer nach Afrika überzusetzen. Deshalb entschloß er sich, nach Cosenza zurückzukehren, wo er starb. Manche behaupten, das Fieber habe ihn umgebracht.»

«Meinen Sie wohl, der Sturm könnte darauf schließen lassen, daß die Winterregen begonnen hatten?»

«Nicht so unbedingt.»

«Demnach hätte der Busento, als er umgeleitet wurde, etwa so ausgesehen wie eben jetzt?»

«Ja, vermutlich. Bei schweren Herbstregen wäre der Fluß ein reißender Sturzbach gewesen, was eine Umleitung beinahe unmöglich gemacht hätte.»

«So dürfen wir uns also vorstellen, daß die Bestattung Alarichs an einem ruhigen warmen Tag wie diesem stattgefunden hat, als der Busento über die Steine schäumte wie an diesem Morgen.»

Der Weg zum Fluß ist ein schmaler Pfad durch Bambus und Weidengestrüpp. Auf dem Berg über dem Busento steht ein Bauerngehöft. Ein Hahn krähte, und ich roch zertretenen Fenchel, als wir umherschlenderten, bevor wir uns niedersetzten, um über Alarich und die Plünderung von Rom zu plaudern.

Falls er im Jahre 370 n. Chr. geboren wurde, wie angenommen wird, wäre Alarich zur Zeit seines Todes ein Mann von vierzig gewesen. Er war mitnichten der wilde Barbar, für den ihn viele gehalten haben, sondern ein romanisierter Gote und arianischer Christ, dessen Ehrgeiz es war, ein hohes Amt im römischen Reich zu bekleiden und eine Armee zu befehligen. Alarich hatte jahrelang in Rom um die Macht gerungen, er hatte auch mehrfach Armeen kommandiert, doch war sein Ehrgeiz nie gestillt worden. Schließlich beschloß er, sich mit Gewalt zu nehmen, was man ihm freiwillig nicht zu geben bereit war. Vermutlich war er weit zivilisierter als beispielsweise die Normannen und Sarazenen, die Rom fast siebenhundert Jahre später plünderten, ja sogar von feinerem Wesen als jener Karl von Bourbon, der das nämliche im Jahre 1527 tat. Alarich hatte Rom schon einige Male das Schwert gezeigt, aber die feigen Römer hatten sich durch Gold, gefärbte Häute und Pfeffer freizukaufen gewußt, während der jämmerliche und degenerierte Kaiser in den Sümpfen von Ravenna vor Angst zitterte.

Die Goten zerstörten keine großen Gebäude, und auch die Kirchen von St. Peter und St. Paul wurden respektiert. Alarich selbst saß – umringt von seiner zuverlässigsten Truppe – während der Plünderung zu Pferde, um persönlich dreinzuschlagen, wenn es zu Ausschreitungen kommen sollte. Drei Tage lang raubten die Goten, und es kam natürlich doch hier und da zu Gewalttaten, aber sie blieben in Grenzen. Kein Wertgegenstand indessen war vor ihnen sicher. Die gotischen Sklaven schlossen sich ihren Stammesgenossen sogleich an; begierig führten sie die Plünderer zu den Schatzkammern der Reichen. Besonders die etwa hundertfünfzig Paläste auf dem Aventin hatten dabei zu leiden.

Für die Menschen jener Epoche erschien diese erste Plünderung Roms wie das Ende der Welt. Wenngleich es auch nicht mehr das Rom der Republik oder die mächtige Metropole der Cäsaren war, so hatte diese Stadt doch so lange die Welt beherrscht, daß die Kunde von ihrer Demütigung wie das Grabgeläute einer ablaufenden Aera widerhallte. Das Entsetzen, das die Menschheit bei dieser Nachricht befiel, verspürt man auch aus den Schriften des Augustinus und des Hieronymus.

Die Wagen der gotischen Armee rollten weiter nach dem Süden. Bis zum Rand waren sie angefüllt mit Goldstatuen und Silberplatten, mit Juwelen und Münzen, ja, man glaubte sogar zu wissen, daß die Schätze aus dem Tempel des Herodes in Jerusalem (die in einem Museum auf dem Forum ausgestellt gewesen waren, nachdem der Jüdische Krieg zu Ende gegangen) sich unter der Beute befanden. Dem Heerzug folgte ein Troß von Gefangenen und in Rom befreiten Sklaven. Die merkwürdigste Gestalt in dieser Prozession war freilich Galla Placidia, die Stiefschwester des weströmischen und Kusine des oströmischen Kaisers, eine junge Frau in den zwanziger Jahren. Warum sie nicht geflüchtet war, als dies noch möglich gewesen, ist eines der größten Geheimnisse der Geschichte. Betrachtet man sich indessen ihr künftiges Verhalten, so scheint sie geradezu gewünscht zu haben, den Goten in die Hände zu fallen, denn nach Alarichs Tod heiratete sie dessen Schwager Athaulf und wurde Königin der Westgoten, was nicht nur ihre kaiserlichen Verwandten, sondern die ganze zivilisierte Welt schockierte.

Alarich wollte von der Südküste Italiens nach Sizilien übersetzen und sich dann zum Herrn der römischen Kornkammer in Afrika machen. Doch kam es dazu nicht mehr. Vielleicht wurde er im Fieberwahn von der Furcht geplagt, daß er sich an den alten Göttern Roms und an den christlichen Aposteln vergangen habe. Er zog nach Cosenza, wo sein Leben erlosch.

Dr. Valenti erzählte mir, die Überlieferung in Cosenza wolle wissen, daß die Anführer der Goten sich entschlossen, ihren König im Bett des Busento beizusetzen, und zwar dort, wo der Fluß auf einen andern, der del Cavallo hieß, traf. Wir gingen zu dieser Stelle, einer Klamm, wo ein Forellenangler mit Vergnügen seine Schnur ausgeworfen hätte. Wahrscheinlich haben die Goten nach Ableitung des Stromes ein tiefes Grab im Flußbett ausgehoben, das sie durch Gestein sicherten, ehe sie den Leichnam ihres Königs bestatteten, der von den ausgewählten Schätzen Roms umgeben war. Einige glauben, daß auch der Siebenarmige Leuchter aus dem jüdischen Allerheiligsten in sein Grab gelegt wurde, wo er zusammen mit andern erlesenen Kostbarkeiten dem König in der jenseitigen Welt Gesellschaft leisten sollte. Nachdem sie Alarich begraben hatten, lenkten die Goten den Busento wieder in sein altes Bett.

«Manchmal sage ich mir, daß die ganze Geschichte vielleicht nur eine pittoreske Dichtung ist», meinte Dr. Valenti. «Aber die antiken Zeugnisse berichten uns, daß das Begräbnis tatsächlich so geschehen ist. Was sollen wir demnach dazu sagen?»

«Hat jemand versucht, sein Grab zu finden?» fragte ich.

«Ja, jedes Jahr kommen Archäologen aus Piacenza, Parma und Bologna und graben an verschiedenen Stellen im Flußbett. Bis jetzt haben sie allerdings nichts entdeckt. Aber stellen Sie sich bloß vor, wenn eines Tages das Grab Alarichs wirklich gefunden würde! Können Sie sich die Sensation ausmalen, die eine derartige Entdeckung in der gesamten zivilisierten Welt erregen würde? Doch kommen Sie. Wir wollen nicht träumen. Besuchen wir statt dessen unsere neue Spaghettifabrik.»

12

Die Altstadt von Cosenza drängt sich auf dem Berg zusammen und hat jenes eigentümlich unsichere Aussehen, das so charakteristisch ist für eine von Erdbeben heimgesuchte Landschaft. Die schönen Marmorpaläste, in denen einst die Edelleute lebten, sind jetzt zu Miethäusern geworden. Zuweilen betritt man sie durch ein großartiges Renaissanceportal. Manchmal findet man auch in einer steilen und engen Gasse unvermutet ein altes Palais, das sich hinter einem verschlossenen Eisengitter erhebt. Sind sie, wie es scheint, unbewohnt? Bewegen sich dort noch die Abkömmlinge ehrwürdiger Familien unter Kristallüstern? Oder sind diese Paläste nun Kinderheime oder Büros irgendwelcher Institute?

Während ich darüber nachsann, gelangte ich zu einer Treppenflucht, die zu vier klassischen Säulen führte, deren Gebälk den Namen des Bernardino Telesio trug, der Cosenzas berühmtester Sohn war. Er wurde 1509 in einem dieser Adelspaläste geboren und starb hier 1588 – dem Jahr der spanischen Armada. Als einer der bedeutendsten wissenschaftlichen Forscher der Renaissance hatte seine Arbeit großen Einfluß auf das Denken seiner Zeit. Er hat diese Akademie gegründet, die nach vier Jahrhunderten immer noch besteht.

Der Sekretär begrüßte mich, als wäre ich ein zu Besuch kommender Philosoph, und zeigte mir mit Vergnügen die Bibliothek, das Lesezimmer und den Raum, wo Mitglieder der Akademie früher Theateraufführungen veranstaltet haben.

Die Kathedrale von Cosenza, die 1222 in Gegenwart des Kaisers Friedrich II. (der damals achtundzwanzig Jahre alt war) geweiht wurde, ist ein dunkler gotischer Bau, dessen Barockstuck entfernt und dessen ursprüngliche Nüchternheit wieder hergestellt worden ist. Ich wurde zum Palast des Erzbischofs geführt, wo ein höflicher Monsignore ein Safe aufschloß und mich mit der Entschuldigung, er habe eine dringende Angelegenheit zu erledigen, allein bei einem der schönsten kalabresischen Schätze ließ. Es ist ein byzantinisches Reliquarkruzifix, das ein Geschenk Friedrichs II. gewesen sein soll. Der Hauptteil des Kreuzes besteht aus Goldfiligran und roten, grünen und gelben Edelsteinen.

Ich dachte, die Kathedrale sei möglicherweise gar zu aufgeräumt. Vergebens schaute ich mich nach einem Grab um, das ich hier zu finden gehofft hatte: dem von Heinrich, Kaiser Friedrichs II. ältestem Sohn, der 1242 Selbstmord beging. Friedrichs Familienleben war voller Unglück, seine größte Enttäuschung wurde Heinrich. Der junge Mann – als deutscher König eingesetzt – rebellierte und verschwor sich gegen seinen Vater, der ihn aburteilen und in Staatshaft nehmen ließ. Dies kam einem Todesurteil gleich. Heinrich erduldete sieben Jahre lang die Gefangenschaft. Während er in einer Burg bei Nicastro untergebracht war, bat er eines Tages darum, ausreiten zu dürfen. (Andere Autoren meinen, der Ritt habe sich bei einer Verlegung ereignet.) Plötzlich gab er seinem Pferd die Sporen, so daß es samt seinem Reiter in einen Abgrund stürzte. Der entthronte König wurde in ein Totenhemd aus goldenem und silbernem Gewebe gehüllt, in das Adlerfedern eingestickt waren.

Wenngleich ich das Grab nicht fand, so entdeckte ich dort doch eine unerwartete Inschrift. Sie erinnert an den Tod einer Königin von Frankreich, an Isabella von Aragon, die Gemahlin Philipps III., die 1271 in Cosenza starb. Sie kehrte mit ihrem Mann von einem fehlgeschlagenen Kreuzzug nach Tunis heim. Beim Überqueren des Flusses Savuto strauchelte ihr Pferd und warf sie in den Strom. Die Königin war im sechsten Monat schwanger, und ihr Kind überlebte sie nur um wenige Stunden.

Selbst eine an viele Tragödien gewöhnte Familie muß erschüttert gewesen sein, als der König in Frankreich eintraf und fünf

Leichen mit sich brachte: seinen Vater Ludwig IX. (den heiligen Ludwig), der während des Kreuzzuges gestorben war; seinen Bruder Johann Trustan, Grafen von Nevers; seinen Schwager Theobald, König von Navarra. Als er Cosenza verließ, hatte er zwei weitere Leichname mitzunehmen: den seiner schönen jungen Frau und den des zu früh geborenen Thronfolgers. Am Tag nach seiner Rückkehr fanden in St. Denis die Staatsbegräbnisse statt. Erst im Jahr darauf ließ Philipp sich krönen.

13

Die Straße, die sehr gut war, stieg in einer Serie von Haarnadelkurven an. Es gibt nur noch wenige Orte auf der Welt, wo das Auftauchen von Automobilen Maultiere und Ziegen in panische Furcht versetzt, aber diese Gegend zählt dazu. Die Maultiere werden von alten Frauen in Schwarz geritten. Sie tragen Tücher, die fast wie die Doppelschleier der Mohammedanerinnen nur die Augen frei lassen. Sie sitzen seitlich, so daß sie wenig Kontrolle über die Tiere haben, falls die sich plötzlich entschließen, eine Böschung hinaufzutrotten.

Hier nun erblickte ich zum erstenmal auch Frauen in ländlichen Trachten. Sie gingen am Straßenrand und balancierten Krüge und Schachteln auf den Köpfen. Gekleidet waren sie in schwarze Leibchen und schwarze Röcke, die sie hinten wie Turnüren aufgesteckt hatten, so daß ihre scharlachroten Unterkleider enthüllt wurden. Diese Frauen schritten dahin wie Königinnen. Ihre Lasten ruhten auf turbanähnlichen Kopfpolstern. Mir fielen – wie auch in anderen Regionen Kalabriens – die Holzkörbchen auf, die kleinen Torpedos glichen und vielleicht Wasser enthielten. Sie hatten genau dieselbe Form wie jener Korb, der am *il Faccino*, dem alten Mauerbrunnen in der Via Lata in Rom, zu sehen ist.

In dem Städtchen Soveria Mannelli hielt ich an, um Benzin nachzufüllen, und entdeckte dabei einen Obelisken, welcher der Ankunft Garibaldis im Jahre 1860 gedenkt. Ich blickte auch einen Moment in die Kirche hinein, wo Frauen in schwarzen Spitzenmantillen knieten.

Nicastro, ein geschäftiger Bauernort in den Bergen, wurde im Jahre 1638 durch ein Erdbeben halb zerstört, bei dem viele Einwohner umkamen. Die Überlebenden ließen sich jedoch nicht einschüchtern und bauten ihre Kirchen wieder auf. Heute zählt die Bevölkerung 30 000 Köpfe. Die zahlreichen roten Petticoats beleben das Straßenbild. Auf einer Bergspitze stehen die Reste eines Kastells, das Robert Guiscard errichten ließ und das von Kaiser Friedrich vergrößert wurde. Darin hat der unglückliche Heinrich seine letzten Tage verbracht.

Auf der ganzen Strecke von Nicastro an abwärts hatte ich in den Kurven einen prächtigen Blick auf das Tyrrhenische Meer, das im Westen aufglänzte. Dann kam ich in die Ebene von Maida, die nun mit Oliven bepflanzt ist und welche dem Londoner Stadtviertel Maida Vale seinen Namen gegeben hat.

Die Schlacht von Maida Vale, die 1806 ausgetragen wurde, war nur eine Episode im Krieg gegen Napoleon während jener recht melodramatischen Periode, als Nelson und Lady Hamilton die bourbonische Dynastie in Neapel retteten, der Union Jack für kurze Zeit über Capri wehte und England eine Flotte und eine kleine Armee auf Sizilien stationiert hatte.

An und für sich war dieses Treffen eine simple Affäre. Nicht ganz viertausend Engländer landeten zu Ende des Monats Juni auf der Ebene von Maida. Es gelang ihnen, trotz der schweren Brandung ihre Kanonen ans Ufer und in Stellung zu bringen. Die französischen Streitkräfte, die ein wenig stärker waren und auch Kavallerie hatten, lagen gut verschanzt in den Bergen. Man riet ihnen, dort zu bleiben, bis die Stechmücken mit den Engländern fertig geworden seien. Die Franzosen indessen attackierten ungestüm und wurden schwer geschlagen. Und dies war das Ende der französischen Truppen in Kalabrien.

Die Kunde vom Sieg in Maida, wenngleich es nur eine geringfügige Aktion gewesen war, erregte die Londoner derart, daß der neue Stadtteil, der gerade im Bau war, Maida Vale genannt wurde. Es war ein komisches Gefühl, plötzlich auf einem Schild diesen Namen zu lesen und mich in einer kalabresischen Ortschaft wiederzufinden, die Maida heißt. Zu Ehren eines Heiligen wurde wieder einmal gefeiert. Die städtische Kapelle versammelte sich bei der Kirche, in der sich die Menschen drängten.

Ich fragte einen freundlichen Mann, der mit andern auf einer Mauer saß, ob er denn wisse, daß seine Heimatstadt ihren Namen einem Londoner Stadtteil gegeben habe. Ja, erwiderte er, das wisse jedermann hier. Tatsächlich war einer seiner Freunde in Maida Vale in London gewesen und in einem roten Bus durch dieses Viertel spazierengefahren.

9

Pizzo und Murats Füsilierung – Richard Löwenherz stahl einen Falken – Im Erdbebengebiet – Die Schwertfische – Reggio di Calabria – Im Land der Bergamotten – Relikte der Magna Graeca – Bruyèrepfeifen aus Kalabrien

1

Der erste Ort, in den ich nach dem Überqueren der Ebene von Eufemia kam, war die Fischerstadt Pizzo, die auf einer Klippe mit weißem Sandstrand darunter gelegen ist. Wenn im Frühjahr die Thunfischflottillen auslaufen, werden die Netze von den Priestern gesegnet, und die Kirchenglocken läuten dazu.

Pizzo ging in die Geschichte des neunzehnten Jahrhunderts ein als die Stadt, in der Joachim Murat, ein Schwager Napoleons, füsiliert wurde. Dieser tapfere Soldat und unglückliche Herrscher war mit Caroline Bonaparte verheiratet und in Übereinstimmung mit Napoleons Politik, Verwandte auf alle möglichen europäischen Throne zu setzen, zum König von Neapel ausgerufen worden. Das stieg ihm zu Kopfe. Wenngleich einer der furchtlosesten Offiziere, war ihm doch ein törichter Zug zu eigen: Kein Prunk konnte ihm überladen genug sein. Er stellte sich in den pompösesten Uniformen, die er selber entworfen hatte, mit innigem Behagen zur Schau.

Napoleons Einschätzung seines Charakters war prägnant und präzise, wie seine Urteile meist waren: Murat sei tapfer auf dem Schlachtfeld, aber schwächer als eine Frau oder ein Mönch, wenn ihm keine Gefahr drohe; er habe physischen, aber keinen moralischen Mut. Nach Waterloo äußerte Napoleon, vielleicht wäre die Schlacht gewonnen worden, wenn Murat die Kavallerie befehligt hätte. Als König meinte er es gut. Er war einer der vielen Herrscher, die Italien zu einigen suchten. Durch welch eigentümliches Schicksal wurde dieser Sohn eines Gastwirts aus der Gascogne der bedeutendste Reiterführer seiner Zeit und dann gar König, um schließlich in einem abgelegenen Fischerort Kalabriens elend, aber heroisch zu enden?

Nach siebenjähriger Herrschaft hatte Murat mit dem Kaiser gebrochen, jedoch war er kein ebenbürtiger Gegenspieler bei den diplomatischen Rankünen der Verbündeten. Als die Schlacht von Waterloo die napoleonischen Träume endgültig zerschlagen hatte, fand er sich aus seinem Königreich Neapel vertrieben, während Ferdinand IV. voller Freude aus Palermo zurückkehrte, um wieder von seinem alten Palast Besitz zu ergreifen. Murat indessen glaubte in seiner Eitelkeit und Selbstverblendung immer noch, er brauche nur – angetan mit einer seiner schönsten Uniformen – in Italien zu landen, von Einigkeit, Freiheit, Reformen zu reden, um als Anführer einer Armee die Bourbonen für immer aus Italien zu jagen.

Also sammelte er ein paar Offiziere und etwa zweihundert Soldaten um sich und segelte im Oktober 1815 in sieben kleinen dreimastigen Schiffen los. In Salerno wollte er an Land gehen und alsdann auf Neapel marschieren. Es erhob sich aber ein Sturm, der die Schiffe an Salerno vorbei die Südküste hinabtrieb. Murat sah seine Flotte nie wieder, und sein eigenes Schiff mußte sich in den Fischerhafen von Pizzo retten. Er hatte wohl Napoleons Flucht von der Insel Elba und dessen triumphalen Zug auf Paris im Sinn – doch war er nun einmal kein Napoleon, und Pizzo war auch nicht der Golf von San Juan.

Ich erklomm die steilen Straßen und gelangte endlich zu den Überresten des Schlosses: zu einem uralten Gebäude mit überwölbtem Torbogen und zerfallenen Türmen. Der Blick auf den Hafen in der Tiefe ist großartig. Ich betrat das Schloß, und nachdem ich eine Steintreppe erstiegen hatte, entdeckte ich, daß jetzt ein Klub und eine Herberge darin untergebracht sind. In diesem Gebäude war Murat fünf Tage in Haft, und hier wurde er auch hingerichtet. Der leutselige Geschäftsführer, der erkannt hatte, daß er den einzigen Ort in Pizzo besitzt, den historisch interessierte Touristen sehen wollen, kennt die Geschichte in allen Einzelheiten. Er führte mich zu einem Fenster und wies mit dramatischer Geste aufs Meer ...

Es war am 8. Oktober 1815, einem Sonntag. Die Leute schlenderten nach der Messe auf der Piazza herum, als sie ein Schiff in den Hafen einfahren sahen. An Land trat ein prächtig uniformierter Offizier mit Federhut und vergoldeten Sporen. Zusammen mit seinen wenigen Kameraden kam er auf dem Felsenpfad zur Stadt hinauf. Inmitten der Menge auf der Piazza ließen seine Gefolgsleute König Murat hochleben. Doch die Menge wollte ihn mitnichten hochleben lassen; es entstand vielmehr eine unbehagliche Stille. Viele Leute, denen nichts Gutes schwante, machten sich klüglich davon.

Murat versuchte ein Pferd zu kaufen, aber – so ironisch kann das Geschick sein – niemand wollte jenem Mann ein Pferd verkaufen, der die Kavallerie der Großen Armee bei Jena und Austerlitz kommandiert und die entscheidende Attacke in der Schlacht bei den Pyramiden geritten hatte. Das Volk wandte sich feindselig gegen ihn, und ein Gendarm versuchte sogar, Murat zu arretieren. Am Ende mußten sich die Franzosen zurückziehen und zum Hafen hinablaufen, doch als sie dort anlangten, erkannten sie, daß ihr Schiff nicht mehr da war: Auch der Kapitän hatte Übles kommen sehen. Mit dem kreischenden Pack auf den Fersen stürmten die Offiziere zu den Klippen hinab, wo es ihnen mit einigen Schwierigkeiten gelang, das Boot eines Fischers loszumachen. Vielleicht wären sie entkommen, aber Murats Sporen verfingen sich in einem Netzt, und ehe er sich frei machen konnte, war der Mob schon über ihnen.

Jetzt folgte ein schrecklicher Ausbruch der kalabresischen Grausamkeit. Die Franzosen wurden geschlagen und geschunden. Unter den Tobenden waren die alten Weiber am schlimmsten: Eine dieser rasenden Furien grub ihre Nägel in Murats Gesicht und geiferte: «Du schwätzt von Freiheit, aber du bist schuld daran, daß sie mir vier Söhne erschossen haben.» Halbtot und zerfetzt schaffte der Gendarm sie schließlich ins Schloß, wo sie allesamt in eine Zelle gesperrt wurden, die so klein war, daß sie kaum auf dem verdreckten Boden sitzen konnten.

Der Geschäftsführer zeigte mir diese Zelle. Es ist ein finsteres Loch mit einem schmalen Fenster hoch in der Wand.

Mittlerweile hatte der italienische General, der diesen Distrikt kommandierte, die Nachricht mit dem optischen Telegraphen nach Neapel übermittelt und ein Detachement Truppen nach Pizzo entsandt. Ein Offizier befreite Murat aus der Zelle und gab ihm ein besseres Quartier in einem benachbarten Raum, der heute eine Bar ist. Er ließ auch einen Arzt sowie Essen und Wein kommen. Murat durfte Briefe schreiben, in denen er die britischen und österreichischen Gesandten in Neapel um Hilfe anging, doch wurden diese Schreiben von Ferdinands Agenten aufgefangen; sie gelangten nie in die Hände ihrer Adressaten.

Ferdinand IV. saß in der Oper, als er die Kunde vernahm. Er brach auf und berief einen Rat ein. Die Herrschaften beschlossen, der Militärbefehlshaber müsse Murat vor ein Kriegsgericht stellen. Der König fügte ein unheilvolles Postskriptum an: Murat dürfe nach seiner Verurteilung nur eine halbe Stunde mit einem Geistlichen zusammen sein. Der berühmte General, der es zum Großherzog und dann zum König gebracht hatte, wurde der Aufhetzung zum Bürgerkrieg und der Verschwörung gegen den rechtmäßigen König für schuldig befunden und zum Tode durch Erschießen verurteilt. Das Urteil ward sogleich vollstreckt. Murat zeigte nicht die geringste Furcht. Er bat lediglich darum, das Peloton möge «auf das Herz zielen, aber mein Gesicht verschonen».

Der Hof ist so eng, daß die Läufe der Musketen beinahe Murats Körper berührt haben müssen. Er verweigerte, sich die Augen verbinden zu lassen, und starb, wie Napoleon von ihm gesagt hatte: in höchster Gefahr furchtlos. Er wurde in der Ortskirche beigesetzt, aber alle Versuche, seine Gebeine aufzufinden, sind ergebnislos geblieben. Murat war achtundvierzig Jahre alt geworden.

Als ich das Schloß verließ, drehte ich mich noch einmal um und erblickte erst jetzt die Inschrift auf einem Stein, den ich zuvor nicht bemerkt hatte. Er ist über dem Eingangsportal eingelassen:

Im
seligen Gedenken an
König Joachim Murat,
einen Fürsten, ruhmreich im Leben und
furchtlos im Angesicht des Todes,
der hier erschossen wurde.

Dieser Stein erinnert an einen Tag, den die
Grausamkeit einer wahnsinnigen Regierung verdüsterte.
Die Stadtverwaltung von Pizzo hat ihn errichtet.

1900 A. D.

Dies ist der außergewöhnlichste Versuch einer öffentlichen Ehrenerklärung, den ich jemals gelesen habe. Die Regierung mag grausam gewesen sein, aber wie steht es um die Grausamkeit der Vorfahren jener, die diesen Stein haben setzen lassen? Wie steht es um jene alte Frau, die so viele Haare aus Murats Schnurrbart riß, daß sie sie in eine Zeitung gewickelt als glückliche Erinnerung an diesen traurigen Tag nach Hause tragen konnte...

2

Die Straße, auf der ich in südlicher Richtung weiterreiste, wich vom Meer zurück und verlief nun zwischen Hügeln, auf denen Oliven- und Orangenbäume wuchsen. Manchmal blühten sie nebeneinander, so wie ich in Apulien oft Oliven und Feigen hatte dicht beisammen gedeihen sehen. In diesem Teil Kalabriens ist es üblich, die schwarzen Schweine, die mit einem Strick am Hinterbein festgebunden sind, im Freien herumstreunen zu lassen. Fast in jedem Dorf habe ich sie beobachtet. Hier wächst der Oleander, der längst keine Gefahr mehr ist, als Baum. Zuweilen begegnete ich Fuhrwerken, die von graubraunen Ochsengespannen gezogen wurden.

Diese Gegend wurde wieder und wieder von schrecklichen Erdbeben zerrüttet. Es gibt kaum eine Stadt, die nicht von einer Katastrophe zu berichten wüßte. Das alte Mileto, welches jetzt eigentlich bloß noch eine langgedehnte Straße in der Nähe des früheren Mileto ist, wurde 1783 zerstört; weitere Erdstöße setzten der Stadt 1905 und 1908 schwer zu; doch mit dem Optimismus jener, die von klein auf mit vulkanischer Erde vertraut sind, haben die Überlebenden jedesmal von neuem einen Anlauf genommen. Man kann sich kaum noch vorstellen, daß Mileto einst die bevorzugte Feste des Roger von Hauteville war: Hier hat er geheiratet, und hier ist er auch gestorben. Mileto war im normannischen Süditalien von großer Bedeutung. In dieser Stadt hat auch Richard Löwenherz Station gemacht, ehe er mit der britischen Flotte von Messina zu einem Kreuzzug aufbrach. Man findet noch ein paar griechische Tempelsäulen, die zur Abtei gehörten, wo er eine Nacht geweilt hat, aber sonst erinnert nichts mehr an den Glanz früherer Epochen.

Roger von Hovenden hat berichtet, daß Richard Löwenherz bald nach seiner Abreise von Mileto in Begleitung eines einzigen Ritters versucht haben soll, aus einem Bauernhof einen Falken zu stehlen, wofür er beinahe mit dem Tode hätte büßen müssen. Die Dorfbewohner fielen nämlich über ihn her, und zwar mit allen möglichen Gerätschaften, die gerade zur Hand waren. «Einer von ihnen zog sein Messer und richtete es gegen den König», meldet Roger, «worauf ihm der letztere einen Hieb mit dem flachen Schwert versetzte, das jedoch zerbrach. Nun bewarf er die andern mit Steinen, doch nur unter Schwierigkeiten konnte er sich den Fäusten der Bauern entwinden und sich in ein Priorat namens La Baniare retten.» Dies wäre die Abtei von S. Maria in Bagnara gewesen, die von ihm selber gegründet und die später bei einem Erdbeben zerstört worden ist.

Weshalb aber wollte der König von England einen Falken stehlen? Die Antwort ist interessant. Als er den Vogel schreien hörte, stürzte Richard sogleich los – freilich nicht, um ihn zu stehlen, sondern um ihn (in Übereinstimmung mit den englischen Gesetzen) seinem unbefugten Eigner abzunehmen. Er wußte nicht oder scherte sich nicht darum, daß trotz der Normannenherrschaft die Hege von Falken und Habichten im Königreich Sizilien nicht bloß dem hohen und dem niederen Adel, sondern auch den Bauern erlaubt war.

Im Süden von Rosarno führt die Straße an Stoppelfeldern vorbei und senkt sich dann zur Küste. Dort stieg ich in einem gemütlichen Hotel ab. Ich habe Olivenbäume in Griechenland und auf Zypern, in der Türkei und im Nahen Osten sowie in vielen Gegenden Italiens gesehen, doch nirgendwo so herrliche wie in der Ebene von Eufemia und südlich von ihr. Gioia Tauro und seine Umgebung war noch vor dreißig Jahren wegen der Malaria berüchtigt, jetzt sind weder die Betten noch die Fenster mehr durch Moskitonetze geschützt.

Unter den wenigen Gästen in meinem Hotel befand sich ein gut gekleideter Italiener mit Hornbrille, den ich für einen Handlungsreisenden oder für einen Beamten der *Cassa* hielt. Er war weder das eine noch das andere, sondern Agrarwissenschaftler. Nach dem Essen kamen wir miteinander ins Gespräch, da wir sonst doch nichts hätten anfangen können. Er war ein unterhaltsamer Mensch und berichtete mir bald von dem phantastischen Auftrag, mit dem er sich befaßte. Feierlich blickte er mich durch seine dicken Brillengläser an und erklärte, daß er impotente männliche Fliegen auf der Insel Capri aussetzen wolle.

Ich glaube, man mußte es mir hoch anrechnen, daß mein Gesicht ernst blieb.

«Das Experiment», so erläuterte er dann, «besteht darin, eine Anzahl männlicher Fliegen hinzubringen, die durch Bestrahlung sterilisiert worden sind und sich nicht fortpflanzen können. Das Gleichgewicht der Natur ist also gestört. Wir hoffen, daß eine Reihe weiblicher Fliegen sich mit den impotenten männlichen Fliegen paaren wird, wobei wir als Resultat erwarten, daß die Fruchtbarkeit nachläßt.»

«Aber ist das denn wirksamer, als wenn man die üblichen Chemikalien versprüht?»

«Nun, es ist ein Experiment, und es wird Jahre in Anspruch nehmen.»

«Angenommen, die weiblichen Fliegen wollen nichts mit den sterilisierten männlichen zu tun haben?»

Er zuckte erhaben mit den Schultern.

«Wer kann das wissen? Schließlich ist es ja bloß ein Experiment.»

Er seufzte und ließ sein Glas nachfüllen.

«Und warum wurde ausgerechnet Capri für Ihr Experiment gewählt?»

«Weil die Insel weit genug entfernt vom Festland ist, so daß wohl keine Masseninvasion fremder Fliegen stattfinden wird. Wir können demnach das Problem studieren und sicher sein, daß die einzigen Fliegen, mit denen wir experimentieren, einheimische sind. Vollkommen wäre das Ergebnis freilich, wenn die zeugungsfähigen männlichen Fliegen von den weiblichen zugunsten der zeugungsunfähigen abgewiesen würden!»

Ich ging später als gewöhnlich zu Bett, aber ich war froh, das neueste Kapitel der langen und abwechslungsreichen Sexualgeschichte Capris kennengelernt zu haben ...

Als ich mein Fenster öffnete, sah ich, daß die Oliven unter mir im Mondlicht glänzten. Jeder Baum stand in seinem eigenen Schatten. Der grünliche Schein zeichnete die Stämme klar ab und schimmerte auf den Blättern. Obwohl sie alt waren, zeigten die Bäume doch keine Deformation; keine hexenhaften Arme reckten sich in die Finsternis; sie hatten vielmehr die festen Formen der Jugend bewahrt.

Es ist eigentümlich, wie manchmal unerwartet und ungesucht der Geist einer Landschaft sich zu manifestieren scheint in einem Baum, einem Küstenstrich, einem Wald oder einem Tal – und uns für eine Sekunde den Eindruck vermittelt, es werde uns erlaubt, in ein uraltes Geheimnis der Erde einzudringen. Hier fühlte ich, daß alle Geister des Südens sich in diesem Hain versammelt hatten, daß irgendwo in dieser Stille eine Erinnerung noch lebte an das Reich der Hellenen, an ihre Tempel und Schiffe.

3

Die Natur hat eine außergewöhnliche Schönheit für jene Gebiete Kalabriens reserviert, die sie zugleich auch am häufigsten zerstörte. Von Pizzo an ist die Luft noch klarer, das Meer noch blauer, die Wolken sind noch schöner als überall sonst im Süden, während die Berge des Aspromonte sich derartig großartig auftürmen, daß man sich unwillkürlich sagt, eine solche Landschaft könne füglich nur von Dichtern und Künstlern geschaffen worden sein. Im Wind weht der Duft von Orangen und Jasmin. Und doch ist diese zauberhafte Ecke Italiens die Erdbebenzone.

In den Abruzzen sind Erdstöße vielleicht als tragische, aber nicht ganz überraschende Heimsuchung einer düsteren Landschaft vorstellbar. In Kalabrien jedoch drängt sich einem das Gefühl auf, eine gigantische Kraft, die gemeinhin nur Schönes schafft, sei mit einemmal dem Wahnsinn verfallen. Ich bemerkte (und verstand) bei den Bewohnern ein abergläubisches Zögern, über Erdbeben zu sprechen; es ist dies kein Thema, das man aufs Tapet bringt. Der einzige Mensch, mit dem ich mich darüber unterhielt, war ein an seismologischen Dingen interessierter Bürger von Cosenza, der sich mit diesen Phänomenen beschäftigt und viel über sie gelesen hat.

Als Kind hatte er zwei schwere Erdbeben erlebt; da seine Eltern sich indessen offenbar nicht fürchteten, nahm er ohne Angst zur Kenntnis, daß die Bilder an den Wänden plötzlich zu schwanken und die Möbel sich zu bewegen anfingen. Er erzählte mir auch, bei einem Beben in der Ebene von Eufemia habe sich die Erde plötzlich geöffnet, ein Kloster verschlungen und sich danach wieder geschlossen. Die schmerzlichste Auswirkung eines Erdbebens sei jedoch geistiger Natur: Während eines wirklich heftigen Bebens hatte eine Anzahl Menschen den Verstand verloren, entweder vorübergehend oder für immer.

Das Jahr 1783 war besonders arg. Die Stöße setzten am 5. Februar ein und dauerten bis Ende Mai. Schätzungsweise 30 000 Menschen kamen damals in Süditalien um. Den Erdbeben folgten Epidemien. Sir William Hamilton machte zu jener Zeit einige Beobachtungen. Ihm fielen Pferde und Ochsen auf, die starr und mit gespreizten Beinen dastanden, als «ahnten sie das Nahen jedes Schocks». Lenormant erwähnt eine Frau, die nie wieder zum Betreten eines Hauses veranlaßt werden konnte und die den Rest ihres Lebens unter einem Baum verbrachte.

Die Erdstöße von Messina im Jahre 1908, welche die Stadt zerstörten, aber auch Reggio di Calabria jenseits der Meerenge von Messina, forderten 96 000 Menschenleben und senkten die Küstenlinie um etwa sechs Meter bei Messina und um etwa fünf bei Reggio. Während dieser Katastrophe blieben die Vulkane Ätna und Stromboli von den Beben verschont, die – den Experten zufolge – durch Verlagerung mineralischer Massen weit unter der Erdoberfläche ausgelöst worden waren. Orioli spricht einmal in seinem Buch *Moving Along* von einer reichen Frau, die durch ihre Erlebnisse derart außer Fassung geraten war, daß sie darauf bestand, an einem Seil durch ein Fenster herabgelassen zu werden. Dort schaukelte sie dann und wurde von ihrer Dienerschaft mit Essen und Trinken versorgt.

Ich kam auch in den Fischerort Bagnara, von dem Norman Douglas geschrieben hat: «Die Katastrophen, die Bagnara in der Vergangenheit erlitten hat, waren so zahlreich, so furchtbar und so unterschiedlicher Art, daß die Stadt streng genommen eigentlich gar kein Recht mehr hätte, noch zu existieren. «Nun, sie existiert nicht nur immer noch; sie sah geradezu strahlend aus im frühen Sonnenschein mit ihren roten Dächern und dem Meer, das grün über den Sand rollte. Douglas schrieb auch über «einen der heiligsten Gegenstände Kalabriens und möglicherweise der ganzen Welt... den echten Hut der Mutter Gottes».

Falls es sich hier um jenen Hut handelt, der jetzt in der Kirche der Karmeliter aufbewahrt wird, so gleicht er eher einer goldenen Krone. Sie wird unter Schloß und Riegel gehalten und darf nur bei besonders feierlichen Anlässen besichtigt werden. Der liebenswürdige Küster erhellte jedoch die Kirche und zeigte mir eine Kopie.

Eine andere Absonderlichkeit von Bagnara ist der Umstand, daß die Männer sich um den Haushalt kümmern, während die Frauen zur Arbeit gehen. Ich kann lediglich sagen, daß ich eine Unmenge Frauen auf dem Markt kaufen – aber auch verkaufen – sah. Die Männer hatten wohl schon ihre häuslichen Aufgaben in aller Eile hinter sich gebracht, denn sie saßen scharenweise in den Cafés und spielten Karten.

Gleich oberhalb von Bagnara warf ich den ersten Blick auf Sizilien, das nur einen Steinwurf weit entfernt zu sein schien. Jenseits der Meerenge lag Messina; ihr Stadtbild ist eines der schönsten in Europa. Die Luft war so klar, daß die sizilianischen Städte auffunkelten. Am andern Ende der Insel hob sich der weiße Kegel des Ätna rauchig in den blauen Himmel.

Einige Kilometer hinter Bagnara trug ein Hinweisschild die Aufschrift «Scilla». Kurz danach erblickte ich den berühmten Felsen von Scylla in die See hinausragen, wo das sagenhafte Ungeheuer jenen Seeleuten auflauerte, die den Strudeln der Charybdis glücklich entkommen waren. Man hatte mir berichtet, daß an stürmischen Tagen der schmale Eingang zur Straße von Messina nervöse Matrosen an die alten Legenden denken läßt; vielleicht fallen ihm auch die Ängste des Odysseus ein, der hier mitansehen mußte, wie sechs seiner besten Ruderer vom Ungeheuer der Tiefe verschlungen wurden.

Das alte Schloß auf dem Felsen ist heute eine Ruine; ein Teil wurde jedoch in die wahrscheinlich eleganteste Jugendherberge der Welt verwandelt; ganz bestimmt kann keine andere romantischer gelegen sein. Das Eingangsportal ist mit vielen hundert Nägeln beschlagen, daneben hängt eine Glocke, eine Laterne beleuchtet die Wappen der Fürsten von Ruffo, der Schloßbesitzer. Im Refektorium können die Gäste unter einer gewölbten Decke heutzutage das Fernsehprogramm auf dem Felsen von Scylla betrachten!

Wenn man eine idyllische Landschaft bewundert hat, stimmt es einen stets traurig, von einem schrecklichen Geschehen zu erfahren, das sich hier einst zugetragen hat. Unterhalb des Schlosses zieht sich ein gelber Sandstrand dahin. Dorthin flüchteten alle Bewohner Scillas voller Schrecken, als ihre Stadt bei dem Erdbeben von 1783 völlig zerstört wurde. Der betagte Fürst Ruffo von Scilla, der in seiner Kapelle gebetet hatte, gesellte sich zu den entsetzten Leuten am Strand und kniete gemeinsam mit ihnen nieder. Während sie noch so verharrten, bebte die Erde abermals, und mit einem donnergleichen Schlag stürzte ein Teil des Monte Baci ins Meer. Eine gewaltige Woge schwemmte den Prinzen und tausendfünfhundert Menschen hinaus aufs Meer, wo sie allesamt den Tod fanden.

4

Das erste, was mir in Reggio di Calabria in die Augen stach, war ein komisch aussehendes Boot, das etwa einen Kilometer vor der Küste lag. Sein Mast war ein gewaltiger Stahlträger. Ich dachte, dies müsse eine Markierung besonderer Art sein, die vielleicht auf einen Felsen oder auf ein anderes Hindernis aufmerksam machen solle. Dann aber sah ich, daß eine ähnliche Stahlkonstruktion auch am Bug hervorragte. Sie war, so schien es, fast ebenso lang wie das Boot selbst.

Als ich dieses seltsame Fahrzeug betrachtete, kletterte ein Mann am Mast hoch und stellte sich auf eine kleine Plattform, während ein zweiter sich auf die stählerne Laufplanke am Bug begab. Das Boot setzte sich in Bewegung und nahm einen scheinbar ziellosen Kurs. Ich sagte mir, es müsse sicher kentern. Plötzlich jedoch hob der Mann auf der Plattform vorn seinen Arm, und etwas Glänzendes – ein Speer, eine Harpune – schoß durch die Luft und stürzte in die See. Augenblicklich schäumte das Wasser auf, und ein riesiger Fisch kämpfte um sein Leben. Zum erstenmal war ich also einem Boot der Schwertfischfänger begegnet; es war zugleich auch das letztemal, denn die Saison ging zu Ende. Der Fischer spießte den Schwertfisch in derselben Weise auf, wie es die Griechen der Antike in diesen Gewässern schon Jahrhunderte vor Christi Geburt getan haben.

Schwertfischboote, die in ihrer Form der Beute ähneln, auf die sie Jagd machen, sind bei Reggio und in der Straße von Messina ein gewohnter Anblick. Einige der größeren Boote tragen Masten, die zwanzig Meter hoch sind; die Vorsprünge am Bug haben mitunter dieselbe Länge. Der Mann auf dem Ausguck erspäht den Schwertfisch im klaren Wasser, steuert das Boot sogleich auf ihn zu und manövriert so geschickt, daß der Harpunierer gut zielen kann. Ich habe Spieße gesehen, die länger als drei Meter waren und in einem Zweizack ausliefen. Ein Dreizack indessen kam mir nur einmal zu Gesicht.

Der Schwertfisch verläßt kältere Gewässer, um in der Straße von Messina zu laichen. Während ich am Strand von Scilla mit einem Fischer plauderte, kamen zwei ältere Engländerinnen, die auf einer Gesellschaftsreise nach Sizilien unterwegs waren, mit ihrem Führer, einem jungen Italiener, herbei.

«Sie sehen, meine Damen, die Schwertfische kommen hierher, um sich zu lieben.»

«Was hat er gesagt, meine Liebe?» fragte die eine der Damen.

«Er sagt, die Schwertfische kommen her, um zu laichen», schrie ihre Freundin ihr ins Ohr.

Die andere schaute sich mit den interessierten Blicken der Stocktauben um und erkundigte sich alsdann:

«Sie kommen her, um was zu machen?»

«Um sich fortzupflanzen!» schrie die Freundin. «Um Junge zu zeugen!»

«Aha, ich verstehe. Vielen Dank, Liebling.»

Sie zogen weiter. Ihr Führer blickte verdutzt drein.

Der Fischer erzählte mir, daß der Schwertfisch einer der schnellsten Fische und auch einer der nervösesten ist. Selbst ein Ruderschlag genügt manchmal, um ihn mit einer Geschwindigkeit von fast fünfzig Stundenkilometern zu vertreiben. Nach der Paarung bleiben die Fische beisammen und sind einander sehr treu. Wenn ein Exemplar harpuniert wird, läßt es der Gefährte nicht im Stich, sondern schwimmt wie außer sich im Kreis umher, als wolle er Beistand leisten, und so wird er deshalb oft selber aufgespießt.

Die Fangsaison dauert von März bis Juli; in dieser Zeit sollte der Epikureer Reggio besuchen. Das Durchschnittsgewicht eines guten Schwertfisches beträgt etwa hundertzwanzig Pfund, gelegentlich wird aber auch ein wahres Monstrum gefangen. Jedes Boot ist mit fünf Fischern bemannt, und der Fang ist rentabel, zuweilen aber auch gefährlich. Ein verletzter Schwertfisch ist mit seinem scharfen und langen Oberkieferfortsatz, dem sogenannten Schwert, nicht so leicht an Land zu bringen. (Der Fisch wird bis zu vier Meter lang.)

Die Nachfrage ist stets groß. Der größte Teil der Beute wird am Ort verzehrt und nur wenig in Lake oder Öl konserviert. Schwertfischfleisch ist teuer, doch finden sich immer Leute genug, die gern dafür ihr Geld auf den Tisch legen.

5

Es ist etwas Merkwürdiges, in einer italienischen Stadt von 150 000 Einwohnern zu sein, deren Geschichte bis in die vorchristliche Ära zurückreicht und die doch kein Haus hat, das vor dem Jahre 1908 errichtet worden ist. In Reggio hat in der Tat nur ein Gebäude das Erdbeben überstanden, und zwar das aragonesische Kastell nahe der Kathedrale. Ich fand Reggio angenehm und friedlich und würde dort gern einmal einen längeren Urlaub verbringen. Ich mußte jedoch immer daran denken, daß nahezu jeder über sechzig Jahre alte Mensch, den ich traf, ein Überlebender oder naher Verwandter jener ist, die das schreckliche Erdbeben von 1908 mitgemacht haben. Die Stadt wurde völlig vernichtet, und selbst Häuser, die noch bewohnbar waren, mußten abgerissen werden. Von 30 000 Bürgern kamen etwa 5000 ums Leben.

Als Norman Douglas sein *Old Calabria* schrieb, hatte er Reggio kurz nach der Katastrophe besichtigt. Die Leute hausten noch in Holzhütten und alten Güterwagen, während die Architekten mit der Planung der gegenwärtigen Stadt beschäftigt waren. Er hörte viele fürchterliche Geschichten, doch enthält sein Bericht auch das einzige komische Erdbebenerlebnis, an das ich mich entsinnen kann. Drei seiner Freunde hielten sich damals in Reggio auf. «Beim ersten Schock stürzten sie von Panik ergriffen in ein Zimmer, der Fußboden gab nach, und sie fanden sich mit einemmal in ihrem Auto sitzend wieder, das zufälligerweise genau darunter abgestellt war. Sie kamen mit ein paar Schnitten und Quetschungen davon.»

Die neue Stadt wurde sorgsam und geschickt entworfen. Ein schöner Sandstrand liegt abseits, eine elegante Promenade mit Palmen und Büschen gibt den Blick frei aufs Meer, die rechtwinklig angelegten Straßen hinter ihr sind wie alle Straßen Italiens von lärmendem Verkehr erfüllt. Nur am Abend werden sie leer und still, wenn das Leben sich in die *passagiata* auf dem Corso Garibaldi verzieht. Die Kathedrale wurde liebevoll wieder aufgebaut. Nichts blieb nach dem Erdbeben zurück als die Außenmauern, die noch immer die lateinische Inschrift *circumlegentes devenimus Rhegium* tragen. Dies ist ein Hinweis auf die Reise des Apostels Paulus nach Rom.

Nachdem Paulus einen Tag in Rhegium verbracht hatte, trug der Südwind sein Schiff an einem Tag bis nach Puteoli. Eine Statue des Paulus steht vor der Kathedrale neben einer des heiligen Stephanus, welcher der erste Bischof von Reggio war. Das Innere der großen Kirche ist eindrucksvoll. Die Sorgfalt, mit der man antike Denkmale und Inschriften aus den Ruinen des früheren Gebäudes gerettet und restauriert hat (wenngleich sie durch das Erdbeben gelitten hatten), fand ich bewegend.

Zu den Erinnerungen an Reggio, die ich nie vergessen werde, zählen die Abende, als ich auf meinem Balkon saß und die Lichter Siziliens aufleuchten sah. Manchmal blies der weiche Wind aus dem Süden und brachte mit sich den Duft von Moschus, Fenchel, Jasmin und Rosmarin. Auf der andern Seite der Meerenge funkelten die Laternen von Küstenstädten und Dörfern im Wasser, und wenn die Nacht hereinfiel, erblickte ich in der Ferne das rote Glühen des Ätna.

6

Zu Reggio gehören die Fata Morgana und die Bergamotten. Die Fata Morgana ist ein Wunder von großer Schönheit, das sich zu gewissen Zeiten in der Straße von Messina begibt. Wenngleich behauptet wird, es ereigne sich häufig, bin ich doch niemandem begegnet, der es einmal gesehen hätte. Das war natürlich reiner Zufall, denn Tausende müssen es schon erlebt haben. Die Vision huscht über die Fluten und wirkt offenbar so echt mit ihren Türmen und Schlößern, Dächern und Bergen, daß alle, die dieses Bild schauen, den Eindruck bekommen, sie brauchten nur ein paar Schritte zu gehen, um in diese Landschaft zu treten.

So interessant wie die optische Täuschung ist der Name, den ihr die Normannen gegeben haben. *Fata* bedeutet auf italienisch soviel wie «feenhaft», und die feenhaftige Morgana war niemand anderes als die ziemlich komplizierte Schwester von König Arthur, Morgan la Fey. Man kennt eine Legende, wonach Roger Hauteville eines Tages auf dem Boden Reggios stand und eine Flotte herbeiwünschte, mit der er Sizilien erobern könne. Plötzlich sei aus ihrem Palast unter den Wellen Morgan la Fey erschienen, habe die Luftspiegelung vor ihm ausgebreitet und ihn eingeladen, die Straße von Messina zu überqueren. Doch Robert, ein Normanne mit gesundem Menschenverstand, lehnte dies ab und erklärte, er werde Sizilien mit seinem starken Schwertarm erobern und nicht mittels Hexerei.

Die Bergamotte ist ebenso romantisch wie die Fata Morgana. Niemand weiß, woher sie kommt, wo sie ihren Ursprung hat und weshalb sie nirgendwo sonst auf der Welt gedeiht außer in der Umgebung von Reggio di Calabria. Sie sieht wie eine kleine gelbe Orange aus und schmeckt bitter. Aus der Schale wird ein Öl gewonnen, das die Parfümhersteller hochschätzen. Tatsächlich wurde mir gesagt, daß kein teures Parfüm ohne dieses Öl destilliert werden könne. Viele Einwohner Reggios verdanken ihren Fiat dieser geheimnisvollen und gewinnbringenden Frucht. Man sieht sie allerorten wachsen. Die Erträge von tausend Bergamottebäumen werfen im Jahre eine Million Lire ab. Der Professor der *Stazione Sperimentale delle Essenze,* der alles studiert, was mit Parfüms zu tun hat, erzählte mir, daß Reggio pro Jahr zweihundert Tonnen Bergamotteöl exportiert. Er zeigte mir eine Frucht in der Größe eines Golfballes, die jenen unreifen Orangen glich, welche bei Dürre von den Bäumen fallen. Sie roch stark nach Moschus und erinnerte mich an das Zitronellöl, das vor noch gar nicht langer Zeit zum Vertreiben der Insekten verwendet wurde.

Mauren, so erfuhr ich, führten die «Sevilla»-Orangen in Spanien ein und benutzten das Öl ihrer Schalen als Arzneien und Parfüms. Sie stellten auch das berühmte Öl von Neroli her, das aus Orangenblüten destilliert wurde und das auch heute noch im Gebrauch ist, doch verfügten sie niemals über die schwer zu definierenden Bergamotten. Ich fragte, wieso diese Frucht ein solch hervorragendes Öl liefere, und wurde daraufhin gebeten, an Phiolen zu riechen, die Destillationen von Rosen, Veilchen, Zitronen, Lavendel und einem Dutzend anderer Blumen enthielten. Ich schnupperte so lange, bis mein Geruchssinn nichts mehr zu un-

Reggio di Calabria; Wasserspeier vom Tempel in Kaulonia

terscheiden vermochte, und als mir dann das Bergamotteöl präsentiert wurde, war ich außerstande, seine Überlegenheit zu würdigen. Die Wahrheit ist, daß ich den Duft der Rosen vorzog.

Eigentümlich ist, daß die Bergamotte erst vor ungefähr zweihundert Jahren auftauchte und daß alle Versuche, sie anderwärts anzupflanzen, gescheitert sind. «Das erste Kind der Bergamotte war das Eau de Cologne», erklärte der Professor. «Es wurde von einem Italiener erfunden.» Dies war jener Giovanni Farina, der 1685 geboren wurde und sich 1709 in Köln niederließ. Freilich wollen andere wissen, daß das Originalrezept von Farinas Onkel, Paul de Feminis, stamme, der zu Ende des siebzehnten Jahrhunderts Mailand verließ, um seinen Wohnsitz in Köln zu nehmen. Die Zusammensetzung des Eau de Cologne blieb ein Familiengeheimnis, das vom Vater auf den Sohn übertragen wurde. Im übrigen war es Napoleons Lieblingsparfüm; er ging verschwenderisch damit um.

Noch ein erfreuliches Gewerbe zeichnet Reggio aus: die Herstellung von Jasminöl. Vierzig Prozent der Weltproduktion kommen aus dieser «parfümierten» Spitze Italiens.

7

Die vier Museen südlich von Neapel, die jeder an der hellenischen Welt Interessierte besichtigen sollte, sind die in Paestum, Barin, Tarent und Reggio. Jedes hat seine besonderen Schätze: Paestum kann mit den Überresten des Hera-Heiligtums aufwarten, Bari besitzt seine griechischen Vasen, Tarent verfügt über die wundervollen Tanagrafiguren, Reggio schließlich zeigt eine Übersicht der süditalienischen Archäologie seit der Jungsteinzeit (überaus reichhaltig sind die erlesenen Terrakotten aus Locri).

Reggios Museum ist ein moderner Bau am Corso Garibaldi, in dem alle Gegenstände in drei Etagen übersichtlich ausgestellt sind. Der Besucher sieht sich dem antiken Reggio (vielmehr dem Rhegion oder Rhegium) gegenüber. Hier und allein hier sind die Relikte der griechischen Kolonie zu sehen, die auf den Ratschlag des Delphischen Orakels hin ums Jahr 715 v. Chr. gegründet wurde.

Das betagte weibliche Medium von Delphi, oft eine bäuerliche Analphabetin, die wie ein junges Mädchen gekleidet war (eine Anspielung auf frühere Zeiten, als die Pythia eine Jungfrau sein mußte, wie Diodorus berichtet), sprach mit der Stimme des Gottes Apollo: Dieses Glaubens waren die Menschen jahrhundertelang. Griechische Städte, die eine Kolonie anzulegen wünschten, schickten eine Abordnung nach Delphi, um den Rat des Orakels einzuholen.

Wie kam es nun, daß das Delphische Orakel eine so intime Kenntnis der Geographie besaß? Es sandte nicht nur Chalkidizier nach Rhegium und Achäer nach Kroton, es beorderte auch Griechen nach Kyrene in Nordafrika und zu den ersten Niederlassungen auf Sizilien. Von einigen falschen Ratschlägen hat die Überlieferung erzählt: Siedler kehrten enttäuscht nach Delphi zurück, wo ihnen nun ein neuer Ort zugewiesen wurde, woraufhin alles gutging. Man darf indessen wohl annehmen, daß das Delphische Orakel das Kolonialamt der hellenischen Welt war und der Begründer einiger der berühmtesten antiken Städte, weshalb denn auch Apollo unter andern den Beinamen der «Große Gründer» erhielt.

Es scheint, als sei das Orakel von Delphi von etwas Unerklärbarem umgeben gewesen. Sein Name lebt noch heute, während die übrigen Orakel der Vergessenheit anheimgefallen sind. Bekannt ist die Geschichte des Königs Krösus von Lydien, der die sechs berühmtesten Orakel – darunter natürlich die Pythia von Delphi – auf die Probe stellen wollte. Er schickte seine Abgesandten selbst zu dem weitentfernten Orakel des Jupiter Amon in der Oase Siwa. Sie sollten zu einer bestimmten Stunde am hundertsten Tag nach ihrer Abreise von Sardis die verschiedenen Priesterinnen befragen, was er, der König, gerade tue. Er vertraute sich keinem Menschen an und verrichtete eine Arbeit, die keiner erraten konnte. Zur verabredeten Stunde schnitt er mit eigenen Händen eine Schildkröte auf und kochte deren Fleisch zusammen mit dem eines Lammes in einem Messinggefäß.

Die Boten kehrten nach Sardis zurück mit den Antworten, welche die Priesterinnen niedergeschrieben hatten. Allesamt waren sie falsch – nur die aus Delphi nicht. Noch ehe die Lydier ihr Heiligtum betraten, hatte die Pythia ihre Frage in Hexametern richtig beantwortet.

Hocherfreut schickte Krösus prachtvolle Geschenke, die noch zu Zeiten des Herodot der Stolz des Tempels waren. Die Geschichte klingt wahr, denn Krösus stellte nun erst die eigentliche Frage: War es ratsam, einen Krieg gegen die Perser zu führen? Die Pythia antwortete, wenn er dies tue, zerstöre er ein mächtiges Königreich, und die Zweideutigkeit des Orakels lockte ihn herzlos in sein Verderben. Er kam nämlich nicht auf die Idee, daß mit dem zerstörten Königreich das eigene gemeint sein könne.

T. Dempsey fragt in seinem Buch *The Delphic Oracle:* «Wenn dies wahr ist, woher bezog dann die Pythia ihre Kenntnisse? Sie konnte sie nicht durch rein physische Mittel erlangt haben. Vielleicht ist diese Frage durch die Gesetze der Telepathie zu erklären, denn vor allem unter abnormen psychischen Verhältnissen haben Menschen Kenntnisse enthüllt, die tatsächlich fabelhaft waren. Dieses abnorme psychische Verhalten im Falle der Pythia würde wahrscheinlich bis zu einem gewissen Maße durch die Vorbereitungen der Gottesanbeterin ausgelöst, die sie zu treffen hatte. Das Fasten, das Trinken aus heiligen Quellen, das Kauen der Lorbeerblätter – dies kann, im Verein mit dem festen Glauben an die Wirklichkeit der Eingebung, in einer arglosen ungebildeten Seele (besonders bei einer Frau) einen solch abnormen psychischen Zustand herbeiführen, ja selbst das physische Phänomen von Trance und Erschütterung.»

Die hohen spiritistischen Fähigkeiten der Pythia wurden ergänzt durch eine Priesterschaft, die vermutlich über den besten Geheimdienst der Antike verfügte. Die Priester Apollos müssen die Geheimnisse aller Länder und Höfe gekannt haben, und vielleicht ist die Vorstellung gar nicht einmal allzu phantastisch, daß ihr «Karteikartensystem» womöglich niemals übertroffen wurde. Und wenn man fragt, weshalb die Priesterinnen des Apollo denn überhaupt an der Kolonisierung interessiert gewesen seien, dann lautet die Antwort sicher so: Die mit dem Segen versehenen Auswanderer errichteten in ihrer neuen Heimat einen Altar für Apollo, und so verbreitete sich der apollonische Kult in der gesamten hellenischen Welt. Außerdem war es Brauch, dem

Sanktuarium in Delphi Opfergaben aus Gold zu schicken, sobald die Stadt zu Wohlstand gelangt war, wodurch dessen sagenhafter Reichtum immer größer wurde. (Allerdings glaube ich nicht, daß sie zu diesen Gaben verpflichtet waren.)

Der Tourist beugt sich über die gläsernen Gehäuse im Museum von Reggio und denkt an die Mysterien der Antike. Er sieht Keramiken und Bronzen, die von den Bürgern Rhegiums und der benachbarten Siedlungen Jahrhunderte vor unserer Zeitrechnung gehandhabt wurden, und während er sich menschlich mit ihnen verbunden fühlt, wird er sich doch bewußt, daß sie in einer Welt lebten, in der wir Fremde sein würden.

Unter den Schätzen dieses Museums befinden sich die Marmorstatuen der Dioskuren in halber Lebensgröße, die einst einen Tempel – oder mehrere – in Locri zierten. Der eine Reiter galoppiert über eine Sphinx hinweg, der andere erhebt sich zu Pferde über einer Gestalt, die halb Mensch und halb Fisch ist und die vielleicht Neptun darstellen soll, was ferner bedeutet, daß die Zwillingsbrüder auf dem Seeweg nach Locri kamen.

Es überraschte mich ein wenig, als ich ich einem erst kürzlich erschienenen wissenschaftlichen Werk las, daß «die Griechen ohne Sattel und Zaumzeug ritten»: ein kurioser Schnitzer. Wenngleich sie auf dem nackten Rücken ihrer Pferde saßen, so zeigen doch selbst die ältesten Vasenzeichnungen, daß sie sich des Zaumzeugs bedienten und daß die zweirädrigen Streitwagen so hoch entwickelt und die gewölbten Hälse der Pferde so ausgeprägt waren, daß man sich fragt, ob denn die Griechen nicht auch die Kandare benutzten. Die Dioskuren gleiten auf den Weichen ihrer Tiere zur Erde, wie dies Zirkusreiter mit ungesattelten Pferden tun. Als die Statuen noch bemalt waren, müssen sie auf ihren Tempeln einen hinreißenden Anblick geboten haben.

Als Locri ums Jahr 550 v. Chr. in seiner Blüte stand, wurde die Stadt von dem reichen und streitsüchtigen Kroton bedroht. Locri konnte nur 10 000 Mann stellen, Kroton dagegen mehr als 100 000 Krieger. Was sollten die Leute von Locri tun? Das Naheliegende: Sie befragten das Orakel. Eine Abordnung ward nach Sparta entsandt, um Hilfe zu erbitten, doch waren die Spartaner nicht gewillt, sich in einen überseeischen Krieg verwickeln zu lassen und empfahlen deshalb eine Befragung der Dioskuren. Nachdem die Locrianer im Tempel von Castor und Pollux Opfergaben dargebracht hatten, versicherte man ihnen, die großen Zwillingsbrüder ständen auf ihrer Seite und kämpften in ihren Reihen mit.

Die beglückten Bürger von Locri statteten eine ihrer Galeeren mit einer prächtigen Tempelkabine für Castor und Pollux aus und segelten mit diesen ihren unsichtbaren Passagieren nach Hause. Als in Locri bekannt wurde, daß die Abgesandten die göttlichen Brüder mit sich führten, hob sich die Moral der Bürger sogleich, und man vermag sich leicht auszumalen, daß jeder fremde Reitersmann, der sich von nun an blicken ließ, scharf unter die Lupe genommen wurde.

Mittlerweile war jedoch das reiche und mächtige Kroton mitnichten müßig gewesen. Die Stadt hatte gleichfalls eine Gesandtschaft nach Delphi beordert, die den Apollo befragen sollte, wie der Krieg am besten zu gewinnen sei. Die Pythia erwiderte, daß Frömmigkeit den Sieg bringen werde, nicht aber die Aufrüstung. Die Abgesandten erkannten darin den ersten Schachzug in einem Finanzgeschäft und offerierten dem Apollo flugs ein Zehntel ihrer Beute. Durch mysteriöse Kanäle erfuhr Locri von dem Handel und schickte auf der Stelle abermals Geheimboten nach Delphi, die ein besseres Geschäft vorschlagen sollten: Der neunte Teil dessen, was in der unerhört reichen Stadt Kroton zu finden sei, werde Apollo gehören. Also ging Apollo wieder zu den Locrianern über.

Mit dieser himmlischen Rückendeckung trat das kleine, aber gut gedrillte Aufgebot von Locri voller Vertrauen der riesigen Armee von Kroton entgegen, die gar nicht besonders ausgebildet war. Die zehntausend Mann aus Locri wählten einen Ort, der – nicht unähnlich den Thermopylen – an den Ufern eines Flusses, des Sagra, lag, und besiegten ihre (angeblich) 100 000 Gegner. Unnötig zu betonen, daß in der Hitze des Kampfes zwei ruhmreiche Recken auf Schimmeln, die kurze Mäntel und lakedämonische Hüte trugen, wacker inmitten der Locrianer fochten. Der Ausgang dieser Schlacht wurde zum Thema Nummer eins in der griechischen Welt. Es hieß, die Kunde von dem glorreichen Sieg sei auf geheimnisvolle Weise noch am nämlichen Tage den Griechen bekannt geworden, die sich in Olympia eingefunden hatten, und «die Schlacht am Sagra» wurde zum Sprichwort, wenn etwas beschrieben werden sollte, das sich beinahe nicht beschreiben ließ, wenngleich es dennoch den Tatsachen entsprach.

Tempel, Häuser, Statuen – alles war damals farbig. Im Museum sind viele Terrakotten zu sehen, an denen glücklicherweise noch rote, blaue und grüne Spuren haften. Am allerschönsten fand ich die Votivgaben (*pinakes*). Sie sind von zwei Löchern durchbohrt, damit sie an den Wänden des Heiligtums befestigt werden konnten. Die bedeutendsten Künstler müssen sie geschaffen haben; leider wurden die Gußformen niemals gefunden. Jedes Bild ist ein leicht erhabenes Relief. Einige zeigen Persephone und Hades auf einem hochlehnigen Sitz nebeneinander mit Opfergaben in den Händen. Verschiedene Götter und Göttinnen sind auf andern zu erkennen. Besonders reizend ist diese Szene: Ein Mädchen beugt sich über einen verzierten Kasten, der wie ihre Brauttruhe aussieht, und legt ein sorgsam gefaltetes Kleid hinein. An der Wand hinter ihrem Rücken hängen an Nägeln zwei Vasen, ein Bronzespiegel und ein Korb.

8

Reggio exportiert auch – was mich überraschte – Bruyèreholz für Tabakspfeifen und fabriziert selber Pfeifen. Diese Industrie wurde zu Ende des vergangenen Jahrhunderts von einem englischen Vizekonsul namens Kerrick ins Leben gerufen, den die vielen riesigen Bruyèrewurzeln in den Bergen beeindruckt hatten. Er ließ welche sammeln und in Blöcke zersägen, die er Pfeifenmachern in England, Frankreich und den Vereinigten Staaten zuschickte.

Ich wurde zur Besichtigung einer Pfeifenfabrik wenige Kilometer außerhalb von Reggio eingeladen. Dabei machte ich, wie mir schien, einen Schritt zurück ins vergangene Jahrhundert. Die kleine Fabrik mit ihren Treibriemen und ungeschützten Sägen und Rädern hätte einem englischen Aufseher Schrecken eingejagt. Dort aber erfreuten sich alle Leute noch ihrer zehn heilen Finger und waren offensichtlich auch bei bester Laune. Auf dem

Boden lagen Säcke mit Bruyèrewurzeln, die von Bauern des Aspromonte geliefert worden waren. Acht Arbeiter sägten sie in Blöcke von etwa zwölf Kubikzentimeter. Die besten wurden zum Export nach England bestimmt.

Die Herstellung einer Pfeife war anscheinend eine schnelle und einfache Angelegenheit. Ein Würfel wurde kurz in eine Maschine gesteckt und kam als Pfeifenkopf mit Stiel wieder zum Vorschein. Binnen einiger Minuten lagen vierzig oder fünfzig Pfeifen auf einem Holzbrett beisammen. Sie wurden nun über eine Leiter in einen Raum des Oberstocks getragen, wo junge Mädchen die vulkanisierten Mundstücke anbrachten, die Köpfe polierten und die Pfeifen färbten.

IO

Die Jasminküste – Marinas und Lidos – Locri – Gerace – Eine normannische Kathedrale – Die Stadt des Cassiodorus – Catanzaro – Kroton und die einsame Säule – Rückkehr nach Sybaris

I

Trotz der guten Straßen, die in den letzten fünfzehn oder zwanzig Jahren in Süditalien gebaut wurden, sind manche Gegenden im Aspromonte – wie im Silagebirge – nur auf Maultierpfaden oder mit dem Hubschrauber zu erreichen. Es gibt auch heute noch Bergdörfer, zu denen niemals ein Auto vordringt.

Die Süditaliener geben ihren Stränden gern romantische Namen. Aus der «Jasminküste» südlich von Reggio wird die «Küste der Sarazenen», die sich nach Norden entlang des Ionischen Meeres dahinstreckt. Diese Namen sind gut gewählt. Der Duft des Jasmins aus den Gärten folgte mir bis über Locri hinaus. Die dunkelhäutigen Fischer und Bergbewohner sahen mit ihrem schwarzen Haar und ihren schwarzen Augen so romantisch aus, wie ich mir Sarazenen immer vorgestellt hatte. Es ist ein einsames Land. Nur in der Umgebung der Kleinstädte trifft man Autos an. Kilometerweit liegt der verlassene Strand da. Die Anhöhen des Aspromontegebirges steigen terrassenförmig zu hohen Bergen empor.

Der Fischerhafen Melito di Porto Salvo ist die allersüdlichste Stadt Italiens. Sie hat etwa neuntausend Einwohner und wurde berühmt, nachdem Garibaldi während des Risorgimento zweimal – aus Sizilien kommend – hier gelandet war. Die einzige Straße durch das Aspromonte führt von Melito aus nach Norden; zu beiden Seiten zweigen Wege ab, auf denen man Dörfer mit griechischen Namen findet. Ihre Bewohner sprechen einen Dialekt, den manche für eine Erbschaft der letzten byzantinischen Epoche halten, während andere der Meinung sind, es sei die Sprache griechischer Flüchtlinge aus Morea in türkischer Zeit. Die Schäfer und Gebirgler leben nicht weniger abgesondert als die Albanier, wenngleich sie wohl etwas entgegenkommender sind im Umgang mit den Italienern.

An Garibaldi wurde vorübergehend einmal nicht gedacht, als ich in Melito weilte, statt dessen war jedermann von einer Hexe besessen. Da ich stets geglaubt hatte, Hexen müßten alte Frauen sein, erstaunte es mich sehr, daß diese hier ein neunjähriges Mädchen namens Nicolina war. In dem Moment, da das Kind zu einem Besuch bei Onkel und Tante eingetroffen war, fingen die Dinge an, drunter und drüber zu gehen. Tische und Stühle stürzten um, Krüge schossen durchs Zimmer, ein Faß mit Korn, das selbst ein starker Mann nur mit Mühe hätte transportieren können, sauste mir nichts, dir nichts durch die Luft. Doch sollte sich noch weit Schlimmeres ereignen: Die Hennen legten keine Eier mehr, und die Karnickel bissen sich in ihren Ställen gegenseitig tot.

Zunächst bemühte sich der Pfarrer, den Poltergeist zu vertreiben, aber der Erfolg blieb ihm versagt. Nun brachten die Dörfler einen Hexenmeister aus den Bergen herbei, der auf vertrautem Fuße stand mit Werwölfen und allen schwarzen Künsten überhaupt. Er verschloß das Haus und befahl dem bösen Geist, sich gefälligst zu verziehen, doch versagten auch die Talente dieses Geisterbeschwörers. Jetzt hetzten die Leute das arme Kind mit Mistgabeln über die Felder, und andere Kinder warfen mit Steinen nach ihm. Ich fragte, ob ich die Kleine sehen könne. Nein, sie sei nach Hause zurückgekehrt, worauf der Friede sich wieder auf Melito senkte und das Leben seinen normalen Lauf nahm.

Als ich in das Dorf Bova kam, fiel mir Edward Lear ein, der den hier fabrizierten Berghonig gepriesen hatte. Also ging ich in den Laden und bat um ein wenig Honig, aber die Leute hatten keinen. Ein junger Mann meinte, er könne mir welchen besorgen. Gefällig, wie so viele Italiener Fremden gegenüber sind, ließ er alles stehen und liegen, setzte sich auf sein Rad und fuhr vor mir die hügeligen Straßen hinauf, bis wir zu einem Steinhaus kamen. Es ging eine Treppe zum ersten Stockwerk hinan, wo man mich an einem Tisch bei einer alten Dame Platz nehmen ließ. Die Frau verstand kein Wort von dem, was ich sagte. Der junge Mann erklärte ihr, daß der Ausländer ein bißchen Honig haben wolle.

Die alte Dame rief nach zwei Frauen in mittleren Jahren, vermutlich ihren Töchtern oder Enkelinnen, die nun ihrerseits zuhörten, wie der junge Mann abermals meinen Wunsch interpretierte. «Sie haben Honig», versicherte er mir. Sie trafen indessen keinerlei Anstalten, ihn herbeizuschaffen. Vielmehr betrachteten sie mich neugierig und mitleidig. Unfähig, sie zu verstehen, bekam ich das sichere Gefühl, sie hielten mich für einen Wahnsinnigen. Endlich ging eine der Frauen hinaus und schleppte alsbald einen Eimer an, der fast fünf Liter Honig enthalten mochte, und ihn offerierte sie mir.

Ich sagte dem jungen Mann, er möge ihnen doch auseinandersetzen, daß ich bloß ein paar Löffel Honig brauche. Dies aber war das Unseligste, was ich hätte äußern können: Jetzt waren sie überzeugt davon, es mit einem Geisteskranken zu tun zu haben. Eine Diskussion fing an und hörte nicht mehr auf, und mir blieb nichts anderes übrig, als stumm dazusitzen und an Edward Lear zu denken, der für meine üble Lage verantwortlich war. (Gewiß hätte er seine helle Freude daran gehabt.) Als die Debatten bis zum Punkt der Verzweiflung gediehen waren, begannen die Frauen mich mit jenen nachsichtigen Blicken zu bedenken, die sie einem geistesschwachen Kind gewidmet hätten.

Schließlich erhob sich wieder eine der Frauen, verließ das Zimmer und kehrte mit einem kleinen Einmachglas zurück, das sie mit Honig gefüllt hatte und welches sie mir mit einem freundlichen Lächeln reichte. Ich bedankte mich und sah ihnen an, daß sie dachten: «Armer Kerl!» Dann stolperte ich – das Honigglas in der Hand – die düstere Treppe hinab. Ich wollte nun auch meinem liebenswürdigen Begleiter danken, doch hatte der sich längst wieder auf sein Rad geschwungen und den halben Weg zum Dorf hinter sich gebracht. Ich blickte noch einmal nach dem Haus zurück – die Vorhänge bewegten sich.

Die Geschichte von dem Ausländer, der aus einem fernen Land nach Bova gekommen war, um einen Löffel voll Honig zu holen, würde gewiß bald zur Sage werden. Kein Zweifel: Auf solche Weise sind viele Legenden entstanden.

Übrigens war der Honig ausgezeichnet, aber auch nicht süßer als der, den ich anderswo in Kalabrien gekostet hatte.

2

Und immer wieder umwogte mich der Duft des Jasmins. Die Büsche wachsen in Schonungen, manchmal aber auch einträchtig neben den Bergamotten. Die bergabwärts strömenden Flüsse waren ausgetrocknet. Zuweilen kam ich an einem Teich vorüber, an dessen Rand Frauen knieten und Kleider wuschen. Einmal, als ich anhielt, um einen der riesigen Geröllblöcke zu untersuchen, die von den winterlichen Sturzfluten immer wieder abgeschliffen werden, sah ich eine schwarze Schlange, die sich so vollkommen zu einem Schattenfleck zusammengeringelt hatte, daß ich sie erst wahrnahm, als sie sich bewegte.

Alle paar Kilometer stieß ich auf Marinas, die den Namen ihrer «Vaterstadt» oder ihres «Vaterdorfes» in der Nähe tragen. Einige haben hübsche Badepavillons und Mattenbelag, der über den Sand zum Meer führt; andere hingegen bestehen lediglich aus einigen Schuppen und einem halben Dutzend Sonnenschirmen. Es ist ein eigentümlicher Kontrast: die alten Bergdörfer, wo die Maultiere noch immer ihre Tragkörbe die steilen Gassen hinaufkarren, und wenige Kilometer entfernt davon ein strahlend buntes Marina, das denselben Namen hat, und wo junge Leute in Badekostümen mit einem Motorboot umhertukkern oder die allerneueste Musik kreischen lassen.

Das ist überhaupt charakteristisch für die Küste Kalabriens: Geradenwegs aus dem Mittelalter ist sie in die Welt des Fernsehens und der Lidos emporgetaucht. Die Fata Morgana ist nicht länger mehr eine Stadt, die in der Luft schwebt, sondern ein Hotel und Autos von Millionären. Nachdem ich mich mit vielen Leuten unterhalten hatte, gelangte ich zu dem Schluß, daß der Bau eines lustigen Ferienhotels mehr nach ihrem Geschmack ist als der einer Fabrik.

Schließlich erreichte ich die sich lang hinziehende Hauptstraße von Locri. Die Stadt ist bekannt, weil in ihr Matratzen, Bitumen und Gartenzwerge hergestellt werden. Ein junger Mann, der eine Vespa reinigte, bedeutete mir, daß ich die Ruinen von Locri schon vor etwa anderthalb Kilometer hinter mir gelassen hatte. Er erbot sich, mich hinzubringen. Er hieß Limitri, was die Dialektform von Demetrio ist. Wir fanden den unauffälligen Zugang zu dem einst mächtigen Locri, indem wir über einen Feldweg und dann über einen Bauernhof spazierten. Ich fragte meinen Begleiter, ob griechische Namen in Locri noch üblich seien. Ja, er habe einen Freund namens Dionigi (Dionysius) und einen andern, der Achilles gerufen werde. Ich fand es interessant, daß die alten Götter und Heroen, die gewiß an christlichen Taufsteinen geläutert wurden, nichtsdestoweniger noch immer imstande sind, jungen Männern mit Motorrollern ihren Namen zu verleihen.

Die Ruinen von Locri liegen in einem Olivenhain, wo die Grillen zirpten. Für das ungeübte Auge war nichts zu sehen außer gewaltigen grauen Steinblöcken, auf denen Unkraut und Gras wucherten. Ein schwarzes Schwein schlief in der Nähe von Fundamenten, die anscheinend einmal zu einem Tempel gehörten. Gleich einem erwachenden Bacchus blinzelte es mit blutunterlaufenen Augen zu uns auf, grunzte verärgert und schlief dann wieder ein.

Limitri erzählte mir, von den Umfassungsmauern habe man etwa zweiunddreißig Kilometer Länge ausfindig gemacht, und obwohl noch mehr hätte aufgespürt werden können, waren die Ausgrabungsarbeiten eingestellt worden, und zwar wegen des umstrittenen Grundeigentums. Mir kamen diese Ruinen verwirrend vor, dennoch freute es mich, den Ort gesehen zu haben, der einst soviel erlebt hat. Die Stadt war auf flachem Land zwischen drei Hügeln gelegen, die befestigt waren und von Livius und andern Schriftstellern «Zitadellen» genannt wurden.

Während wir am Rand von Gemüseäckern vorbeischlenderten und dann durch Olivengehölze wanderten, versuchte ich, Locri in meiner Phantasie aufzubauen, was mir indessen mißlang, obgleich ich die Statuen von Kastor und Pollux besichtigt hatte. In jedem Fall müssen von diesem Orte aus 10 000 Krieger in der Überzeugung aufgebrochen sein, die zehnmal stärkere

Streitmacht von Kroton zu schlagen. Wie schnell vermag doch die Natur das Werk der Menschen zu vernichten ...

Es gibt einen merkwürdigen Bericht über den Ursprung von Locri. Polybius, der die Stadt gut gekannt hat, erzählt, daß sie von Sklaven aus Griechenland gebaut wurde, die mit ihren Herrinnen davongelaufen waren, als deren Männer im Kriege waren. Um diese Geschichte zu untermauern, erwähnt der Historiker, daß in Locri die Mutter das letzte Wort hatte und nicht der Vater. Wir kamen zu einem Hohlweg außerhalb der Stadtmauer, in der die Überreste des berühmten Tempels der Persephone entdeckt worden sind. Er scheint eine Art Goldtresor gewesen zu sein, der jedoch nicht durch Stahlschienen gesichert war, sondern Furcht und Ehrfurcht vor der Göttin wachten über ihm. Nichts ist von diesem Schatzhaus übriggeblieben außer aufgewühltem Erdreich, da alle Steine von den Bauern fortgeschleppt wurden.

Als der Krieg mit Kroton drohte, wurde vorgeschlagen, den Tempel der Persephone in die Stadt zu verlegen, aber mitten in der Nacht ward eine Stimme vernommen, die ein solches Tun untersagte: Die Göttin werde sich selber zu schützen wissen. Und sie erwies sich denn auch in der Tat als brauchbarer Wächter: Ihre Bank wurde nicht beraubt. Diese Schändung blieb den Karthagern vorbehalten, die im Ersten Punischen Krieg mit ihrer Flotte das geheiligte Gold entführten. Persephone freilich holte sogleich den Rat Poseidons ein, der nach wenigen Tagen die Schiffe zertrümmerte. Alle Schätze konnten wohlbehalten in das Heiligtum zurückgeschafft werden.

Der zweite Raub geschah während des Zweiten Punischen Krieges. Nach dem Sieg von Cannae glaubten viele, Hannibal werde den Krieg gewinnen, und die meisten griechischen Städte schlugen sich zu ihm. Als jedoch die römischen Parteigänger nach Locri heimkehrten und als eine römische Garnison dorthin verlegt wurde, erlaubte der Kommandeur seinen Truppen, zur Vergeltung für die Untreue gegenüber Rom, fürchterliche Greueltaten. Dabei wurde auch das Tempelgold gestohlen.

Eilig entsandten die Locrianer Boten nach Rom, die – wie Livius meldet – demütig in Lumpen gekleidet und mit Olivenzweigen in den Händen erschienen, und nachdem sie sich unter

Tränen vor den Konsuln zu Boden geworfen hatten, baten sie untertänig, dem Senat eine Denkschrift vorlesen zu dürfen. Sie gaben einen detaillierten Bericht über die Schandtaten des römischen Kommandeurs und erregten dadurch eine solche Empörung, daß eine Untersuchungskommission nach Locri beordert wurde. Ein Senator geriet wegen der Tempelschändung derart in Wut, daß er forderte, das Gold solle den Dieben abgenommen und der Schatz obendrein verdoppelt werden. Das meiste, wenn nicht alles, wurde tatsächlich entdeckt und der Gottheit wiederum dargeboten. Der römische Offizier ward in Ketten nach Rom geschickt, wo er im Kerker umkam. Die spätere Geschichte Locris zeigt einen stetigen Niedergang. Wahrscheinlich haben auch hier Sarazenen und Malaria das Dasein unmöglich gemacht, und die wenigen Überlebenden flüchteten ins Gebirge und gründeten die Stadt Gerace.

Als Ruine wirkt Locri wie eine Zeichnung aus dem achtzehnten Jahrhundert; sie könnte von Piranesis Hand sein. Bäume und Sträucher sprießen aus antikem Gemäuer; die Natur hat einen Teppich aus Gras und Blumen über die Plätze gebreitet, wo Menschen einst zu den unsterblichen Göttern beteten, wo sie aber auch debattierten und Geschäfte machten.

Ich trennte mich von dem freundlichen Limitri und fuhr auf der Landstraße am Meer weiter, wobei ich darüber nachsann, wieviel schwieriger doch Ramages Besuch in Locri im Jahre 1828 gewesen sein mußte. Er war über einen Gebirgspaß gewandert, der noch heute Il Passo del Mercante heißt, und zwar in Begleitung von vier Bewaffneten, die ihn vor den Briganten schützen sollten. Er ritt auf einem Pony.

«Was mich selber anbelangt», schrieb Ramage, «so war meine einzige Verteidigungswaffe mein schäbiger Regenschirm. Ich befürchtete jedoch, daß die Briganten ihn wohl kaum für sehr schreckeneinflößend halten würden. Falls wir indes auf sie stoßen sollten, so hatte ich die Absicht, ihn rasch aufzuspannen, wie wir das manchmal tun, um Vieh zu verscheuchen; und da sie wahrscheinlich mit einem derartigen Gegenstand nicht vertraut sind, könnten sie ihn vielleicht doch als eine tödliche Waffe ansehen und die Flucht ergreifen.»

Zum Glück stießen sie nicht auf Briganten.

3

Gerace liegt etwa acht Kilometer von Locri entfernt in den Bergen. In unregelmäßigen Zeitabständen fährt ein Bus von Locri nach Gerace und von dort über die Berge nach Gioai Tauro am Tyrrhenischen Meer. Dies ist eine der malerischsten Touren in Kalabrien. Traf man vor hundert Jahren in diesem Teil der Welt einen einsamen Reisenden, dann war es fast stets ein Engländer. Heutzutage ist er meist ein Deutscher. Tief im Gebirge, in einem verlorenen Winkel, begegnete ich einem jungen Mann, der sich mit einem enormen Rucksack dahinschleppte. Ich hielt an und fragte, ob ich ihn ein Stück mitnehmen könne, aber er dankte mir und verneinte: Er wollte in ein Dorf, das abseits der Straße lag. Sein Englisch war so kümmerlich wie mein Deutsch; deshalb konnte ich ihn leider nicht fragen, welche Begeisterung – ob Sport oder Wissensdrang – ihn zu einem derart von Gott und der Welt verlassenen Ort lockte.

Die Schlangen schienen hier besonders lebhaft zu sein; vielleicht aber war es auch bloß die Tageszeit, zu der sie die Straße zu überqueren wünschten. Wie die Eidechsen von Gargano wählten sie den allerletzten Moment, um hinüberzugleiten – heil, wie ich in den meisten Fällen annehme. Es waren keine kleinen Nattern, sondern große schwarze Reptile, einige mindestens einen Meter lang.

Geraces Lage wird zutreffend als *posizione panoramica stupenda* genannt. Die wirklich phantastisch gelegene Stadt ist als Überbleibsel früherer Zeiten eine der interessantesten dieser Region. Läge Gerace in Nord- oder in Mittelitalien, es wäre aller Welt bekannt und so berühmt wie San Gimignano. Gerace wurde im neunten Jahrhundert von griechisch sprechenden Flüchtlingen aus Locri gegründet (wie ich bereits erwähnt habe). Anscheinend gab es in der Stadt weder ein Restaurant noch ein Hotel. Wenn man hier wie ein Reisender des neunzehnten Jahrhunderts plötzlich strandete, würde man vermutlich leutselig vom Bürgermeister oder einem andern angesehenen Bürger zu Gast geladen.

Die Stadt wurde wiederholt von Erdbeben geschüttelt und gespalten, doch ist die schöne normannisch-gotische Kathedrale

Gerace; Kathedrale

– die größte Kirche in Kalabrien – zum Glück erhalten geblieben. Es ist ein strenger Bau. Das weiche Licht ließ die ehrwürdigen griechischen Säulen des Schiffes silbergrau aufschimmern. Ich hoffe, die Legende ist wahr, wonach sie aus dem Tempel der Persephone in Locri stammen sollen.

Ich traf einen Kenner der Lokalgeschichte, der nur allzu glücklich war, mit mir über Gerace plaudern zu können. Er lud mich liebenswürdig in sein Haus ein, wo wir in einem dank vieler Bücher angenehm unordentlichen Raum kräftigen roten Wein aus Kalabrien tranken, der – wie in klassischen Tagen – mit etwas Wasser verdünnt werden sollte.

Als die Normannen Süditalien eroberten, war Gerace eines der stärksten Bollwerke der Byzantiner. Im zehnten Jahrhundert wurde eine arabische Armee aus Sizilien, die ohne Mühe Reggio genommen hatte, bei Gerace aufgerieben. Sie bestand (falls man den Zahlen glauben darf) aus 42 000 Mann Fußvolk, zweitausend Reitern zu Pferde und tausendachthundert auf Kamelen. Damals lenkte ein Strategus die Geschicke der Stadt. Sein Titel wurde später von den Normannen in Gouverneur geändert. Die Attacken der normannischen Ritter müssen furchtbar gewesen sein. Etwa fünfzig Jahre danach, 1059, schlug sich Robert Guiscard Bahn durch eine griechische Armee, die von den Bischöfen von Gerace und Casignana angeführt wurde. Das Treffen fand auf der Ebene von San Martino statt und endete mit der Einnahme der Stadt.

Mein neuer Bekannter erzählte eine Geschichte, die von dem normannischen Mönch Geoffrey von Malaterra aufgezeichnet wurde; er hat eine Historie der Normannen in Italien verfaßt. Es scheint, als seien die temperamentvollen Zusammenstöße zwischen Robert Guiscard, dem ältesten Sohn aus der zweiten Hautevilleschen Ehe, und Roger, dem jüngsten, oft gewalttätig gewesen; viele entstanden, weil Robert zögerte, sein Wort zu halten und kalabresisches Territorium seinem Bruder zu übereignen. Gerace hat offenbar Roger als seinen Herrn anerkannt, wenngleich manche Griechen Robert ergeben waren.

Während einem dieser brüderlichen Zwiste wurde Robert von Roger in dessen Lieblingsstadt Mileto an der Westküste belagert. Eines Nachts entwich Roger jedoch über die Berge nach Gerace, um Verstärkung zu holen. Der tobende Robert setzte ihm nach, aber die Stadttore wurden ihm vor der Nase zugeschlagen. Er hatte in Gerace indes einen Freund namens Basil, und mit dessen Hilfe gelang es ihm, verkleidet die Stadt zu betreten. Doch ward er von Dienstleuten erkannt und sogleich in den Kerker geworfen. Sein Gastgeber Basil wurde getötet, und dessen Frau mußte den schrecklichen Tod der Pfählung sterben. (Man fragt sich, weshalb nur diese Byzantiner ihren Gefühlen so hemmungslos freien Raum ließen.)

Roger forderte nun das Recht, Robert Guiscard zu bestrafen, und die Brüder wurden auf dem größten Platz der Stadt zusammengeführt. Hier zogen sie nun mitnichten die Schwerter und hieben gar aufeinander los, sondern sie umarmten sich und legten ihre Differenzen gütlich bei. Dieser Platz heißt noch immer *Piazza del Tocco,* Platz der Berührung.

Gerace blieb bis ins späte Mittelalter byzantinisch, und der lateinische Ritus ersetzte erst ab 1480 den griechischen, also siebenundzwanzig Jahre nach der Eroberung Konstantinopels durch die Türken. Ich erkundigte mich, ob griechische Worte in der Alltagssprache erhalten geblieben sind, und mein Bekannter erwiderte, daß der Ortsdialekt aussterbe, dennoch seien einige Worte aus dem Griechischen mitunter noch zu hören, etwa *giramida* (Ziegel), das sich aus *keramis* ableitet; *catoiu* (Kellerraum) aus *kat-a-ion, pappu* (Großvater) aus *pappos, catarrattu* (Falltür) aus *katarros.* Manchmal höre man auch Bezeichnungen wie *poma* (Ofenklappe) und *rizza* (Apfelkern). Im allgemeinen jedoch vergessen Leute, die zur Arbeit gehen und ein Radio oder ein Fernsehgerät besitzen, allmählich den alten Dialekt. Vermutlich sind die letzten Menschen, die solche Worte verwenden, die betagten Leute, die noch in Gerace leben.

Geschichte und Ruhm sind längst entschwunden. Das Städtchen hat etwa viertausend Einwohner. Die Jüngeren sind in die Fabriken von Locri abgewandert, manche nach Übersee gegangen, andere haben sich Arbeit in Deutschland oder in der Schweiz gesucht, so daß Gerace heute bloß noch von alten Menschen bewohnt zu sein scheint. Einige von ihnen sieht man, wie sie sich in Kellerräumen zu schaffen machen oder ein Sonnenbad auf ihrem Balkon nehmen.

Selbst der Bischof von Gerace verließ die Stadt, als Papst Pius XII. im Jahre 1954 anordnete, daß die neu zu bildende Diözese künftig Gerace-Locri sein werde. Wahrscheinlich flakkerte der Geist des antiken Gerace zum letzten Male auf, als die Menge den Bischofspalast umlagerte, um – wenn möglich – die Abreise des Oberhirten zu verhindern, aber auch (wie mein Informant mir zuflüsterte) die Fortschaffung des kostbaren Kirchenschatzes, der im Laufe eines Jahrtausends zusammengetragen wurde.

Wer sich an den Ironien der Historie zu ergötzen liebt, mag zu ihnen Geraces Heimkehr nach Locri zählen.

4

Auf der etwa fünfundsechzig Kilometer langen Straße zwischen Locri und Copanello sah ich alle paar Kilometer ein Marina oder ein Lido. Nach dem von Locri folgten: Marina di Gioiosa Ionica, Marina di Caulonia, Riace Marina, Monasterace Marina, Marina de Bodolato, Isca Marina, Marina di Davoli und Lido di Copanello.

Als ich so nacheinander an ihnen vorbeifuhr, gewann ich den Eindruck, ich hätte ihnen bislang nicht genügend Gerechtigkeit widerfahren lassen. Sie sind historisch bedeutsamer, als ich zunächst geglaubt hatte. Was wir heute erleben, ist tatsächlich eine Neukolonisierung der Küsten der Magna Graeca: Eine Entwicklung, die siebenhundert Jahre vor Christi Geburt begonnen hat, wird heutzutage fortgesetzt. Sarazenen und Malaria haben während des achten und neunten Jahrhunderts die überlebenden Bewohner der Küsten in die Berge getrieben. Nun, da die Malaria ihren Schrecken verloren hat, locken Sonnenbäder, Motorboote und Hoffnung auf Profit die Menschen wieder aus den Bergen hinab. Dieser Vorgang ist faszinierend. Freilich wird es keine neuen großen Städte mit Wällen und Türmen geben, aber ganz sicher werden hier häßliche Hotels aus Beton mit Swimming Pools entstehen; es wird Tanzkapellen, gestreifte Pavillonzelte, Kellner in weißen Jacketts, Liegestühle und unzählige Sonnenschirme geben. Man braucht nur an die Küste bei Rimini zu denken, um zu ahnen, wie es vermutlich bald auch an der Ionischen Küste aussehen wird.

Von der Landzunge in Staletti aus blickte ich auf einen herrlichen Küstenstreifen, wo (es war Sonntag) Hunderte von Menschen badeten und in Booten umherpaddelten. Das ist der einzige Tag, an dem viele dieser kleinen Lidos überfüllt (oder überhaupt geöffnet) sind. Man hört soviel über die Armut in Süditalien, dennoch aber fahren Sonntag für Sonntag diese Autos von den nahen Städten zur Küste. Heraus klettern vergnügte und wohlhabend wirkende Familien, um ihr angestammtes Marina zu bevölkern. Wer sind diese keineswegs armen Leute? Ohne Zweifel Beamte, Ärzte, Anwälte, also Angehörige der besitzenden Stände.

Ich fuhr die steile Straße zu dem sonnigen Strand von Copanello hinab, der an Juan les Pins erinnert, als es noch unberührt gewesen ist. Im Schatten der Bäume parkten Autos, hübsche Bungalows standen an einem Swimming Pool, bei dessen Anblick ich mich verwundert fragte, wer ihn wohl benutzen werde, da es bis zum smaragdenen Ionischen Meer doch nur ein paar Schritte weit war. Drei große Betonbauten im Hintergrund – eines davon noch ein Skelett – mochten Hotels oder Miethäuser sein. Man servierte mir ein großartiges Mittagessen in einem Restaurant, worauf ich die Menge mit Interesse beobachtete.

Da ich ihr Alltagsleben in den rauhen Bergstädten kannte, erschien mir die sonntägliche Verwandlung dieser Leute um so merkwürdiger. Alles, was jung war, trug die modischsten Strandkostüme, wie sie in Anzeigen oder im Fernsehen angepriesen werden. Viele dieser jungen Frauen, die nahezu nackt und bloß waren, hatten Großmütter oder andere ältere weibliche Verwandte, die noch immer die schwere Provinztracht mit rotem Unterrock und blauem Kleid tragen. Mir schwante, daß ein zweiteiliger Badeanzug als eine ziemlich gewagte Sache betrachtet wurde, und ich sah auch, daß die meisten der Mädchen beaufsichtigt wurden, freundlicher ausgedrückt: Sie waren in Begleitung einer älteren Anstandsdame.

Dann wandte ich mich wieder dem Gebirge zu, wo ich bald die ehrwürdige Stadt Squillace erreichte, die sich rühmen darf, der Geburtsort des Cassiodorus zu sein. Er zog sich auf seine alten Tage wiederum nach dort zurück. Wie viele kultivierte Römer des fünften Jahrhunderts meinte auch Cassiodorus, daß Italien besser unter einem klug gelenkten Barbarenherrscher daran sei als unter dem Steuerdruck und der bürokratischen Tyrannei des Oströmischen Kaiserreichs. Alle erfolgreichen barbarischen Könige hatten römische Sekretäre, manche behielten die römische Verwaltung bei, und Cassiodorus war zweifellos einer jener Idealisten, die glaubten, gotische Barbaren könnten rasch zivilisiert werden.

Nach einer langen und rühmlichen Karriere am gotischen Hof zu Ravenna kehrte er schließlich, entmutigt durch Unnachgiebigkeit und Roheit, auf seine Güter in Squillace zurück, wo er eine Einsiedelei und dann ein Kloster errichten ließ. Im Alter – oder vielmehr: als er anfing, zu altern, denn er erreichte fast hundert Jahre – leistete er hier der Nachwelt seinen größten Dienst. Als erster Kirchenmann machte er das *scriptorium*, die Schreibstube, zum festen Bestandteil des Klosters, wo Mönche im Kopieren von Manuskripten geschult wurden. Ihm und jenen, die sein System aufgriffen, verdanken wir die meisten klassischen Texte, die uns überliefert wurden. In seiner Freizeit stellte Cassiodorus Wasser- und Sonnenuhren her; möglicherweise hat er auch die sich von selbst wieder füllende Lampe erfunden, bei deren Licht seine Kopisten an Winterabenden und sicher auch zuweilen des Nachts gearbeitet haben.

Die Sonne schien, und die alte Stadt, die nun etwa dreitausend Menschen beherbergt, gefiel mir sogleich. Man führte mich zu einer Ruine, die das Kloster gewesen sein soll und die *Vivarium* genannt wird, weil sie auch die Fischteiche der Familienvilla enthalten haben soll. Ich stellte fest, daß der Name «Cassiodoro» oder «Cassiodorio» in Squillace so häufig beschworen wird wie «Tiberio» auf Capri. Die Landschaft wurde von Erdbeben zerrissen und verzerrt, so daß vermutlich viele Orientierungspunkte, die früheren Generationen vertraut waren, verschwunden sind. Ist es aber nicht eigentümlich, daß in dieser entlegenen Bergstadt, die weder einen Buchladen besitzt noch eine literarische Tradition, in einem Ort, den keine Touristen besuchen, der Name des Cassiodorus allein deshalb noch bekannt ist, weil er seit vierzehn Jahrhunderten von Mund zu Mund weitergereicht wird?

In dieser schönen und sanften Landschaft duftet die Luft nach Rosmarin und Thymian. Ich sah Oliven, Eichen, Kastanien und gelbe Stoppelfelder. Die Straße entlang kamen Frauen in einer leichten Abart der Provinztracht gegangen: in roten Röcken, weißen Unterröcken und blauen Umhängen; die meisten waren barfuß. Auf dem Kopf trugen sie Amphoren oder andere Gefäße, ihre Arme schwangen leicht hin und her, ihre Haltung glich der jener Gestalten, die auf griechischen Vasen zu sehen ist. Die Männer blieben unsichtbar. Ich vermeinte, in einer armen Gegend zu sein, doch ist für einen zufälligen Besucher nichts schwieriger zu beurteilen als die Armut, vor allem in einem warmen Land. Man müßte hier leben, die Sprache beherrschen und mit vielen Leuten bekannt sein, ehe man die Wahrheit über sie erfahren würde.

Dann kam ich in die Bergstadt Girifalco, was Gierfalke heißt. Wenn man sich in seine Geschichte vertiefte, würde man wahrscheinlich herausfinden, daß der Name auf die Normannen zurückgeht oder vielleicht auf den größten aller Falkner, auf Kaiser Friedrich II. Ich betrat die Kirche und sah die lebensgroße Statue einer jungen Frau in grünem Kleid, die eine goldene Schale ausstreckte, als wolle sie jemandem Gebäck anbieten, doch lag auf ihr ein hervorquellendes Augenpaar. Es war die Statue der Santa Lucia von Syrakus, der Schutzheiligen all jener, die an Augenkrankheiten leiden. Der Legende zufolge wurde sie von einem jungen Mann bedrängt, der ihr gestand, ihre schönen Augen ließen ihn weder bei Tage noch bei Nacht mehr zur Ruhe kommen. Eingedenk des Christuswortes: »Ärgert dich dein Auge, so reiße es heraus», riß Lucia sich die ihren aus dem Kopfe und schickte sie ihrem Bewunderer mit der Botschaft: «Jetzt hast du, wonach du verlangst; laß mich nun in Frieden.» Den armen Kerl plagten die Gewissensbisse so heftig, daß er sich zum Christentum bekehrte, und die Geschichte endet erfreulicherweise glücklich: Gott wollte Lucias Kummer nicht länger mehr mit ansehen, und eines Tages, als sie im Gebet versunken war, wurden ihr die Augen – schöner denn je – wiedergeschenkt.

Nun kam ich immer tiefer ins Gebirge. Wie monoton muß das Leben doch in diesen einsamen Städten und Dörfern sein. Soweit ich es beobachten konnte, halten die Männer sich den Frauen in der Öffentlichkeit fern; die weibliche Bevölkerung überwiegt stark. Die Männer, die ich zu Gesicht bekam, waren entweder Greise oder Buben, die auf Mäuerchen oder in den Kaffeehäusern saßen. Die Frauen indessen waren unermüdlich tätig: Sie kauften ein, sie schleppten Lasten, sie kochten, sie nähten. Obgleich die Langweiligkeit des bäuerlichen Lebens beinahe unerträglich sein muß, sind diese Leute doch nicht ungeschliffen: Sie sind vielmehr freundlich, von rascher Auffassungsgabe und schnell zu einem Lachen oder Lächeln bereit. Ich habe gehört, sie ähnelten den Griechen, was ich jedoch nicht so ohne weiteres bestätigen möchte. Was versteht man denn genau unter einem «griechischen

Typ»? Ist es etwa der des Praxiteles, der in Griechenland selten angetroffen wird? Carlo Levi schrieb über diese Menschen:

«Ich war erstaunt über die Gestalten der Bauern. Sie sind klein und dunkelhäutig, sie haben runde Köpfe, große Augen und dünne Lippen. Ihre archaischen Gesichter stammen nicht von Römern, Griechen, Etruskern, Normannen oder andern Invasoren ab, die durch ihr Land geströmt sind; sie gemahnen vielmehr an den allerältesten italienischen Typus. Sie führen genau das gleiche Leben, wie es hier seit Anbeginn der Zeiten geführt wurde, und die Geschichte ist über sie hinweggegangen, ohne sie zu berühren. Von den beiden Italien, die das Land unter sich aufteilen, ist das bäuerliche Italien das bei weitem ältere; es ist so alt, daß niemand weiß, wo sein Ursprung zu suchen ist. *Humilemque videmus Italiam:* Dies war das demütige bescheidene Italien, das zum ersten Male die Blicke der asiatischen Eroberer auf sich fühlte, als die Schiffe des Äneas das Vorgebirge von Kalabrien umrundeten.»

Als der Abend niedersank, erreichte ich die Provinzhauptstadt Catanzaro.

5

Zu Beginn dieses Jahrhunderts schilderten alle Touristen die gräßlichen und verwanzten Absteigequartiere Süditaliens, mit denen sie vorliebnehmen mußten. Seitdem ist nur wenig über diese Gebiete geschrieben worden. Mit Nachdruck möchte ich deshalb betonen, daß ich auch in Catanzaro ein Hotel mit Klimaanlage und ein Schlafzimmer mit Bad fand.

Von meinem Balkon aus konnte ich zu der alten Stadt hinüberschauen, die sich auf dem Gipfel eines benachbarten Berges ausbreitet, der an die Alpen denken ließ. Im Laufe seiner Geschichte wurde Catanzaro immer wieder von Erdstößen erschüttert; hinzu kamen Luftangriffe im Zweiten Weltkrieg. Catanzaro stammt aus dem griechischen *catà anzos*, was «über die Schlucht» bedeutet. In dieser Schlucht, die jetzt überspannt wird von einem gigantischen Stahlbogen, der eine Balkenbrücke trägt, vereinigen sich zwei Flüsse, welche bei meinem Aufenthalt ausgetrocknet waren. Das blaue Meer im Osten ist nur wenige Kilometer entfernt, während landeinwärts die ähnlich blauen Berge des Silagebirges sich in der Ferne übereinander türmen.

Es heißt, Catanzaro sei die Stadt der drei V: *il Vento* (der Wind), *i Velluti* (der Samt) und *Vitiliano* (der Ortsheilige). Als ich dort weilte, wehte der berühmte Wind zwar nicht; dagegen stellte ich fest, daß der heilige Vitiliano im siebenten Jahrhundert Bischof von Capua gewesen war und daß die Fabrikation von Samt – eine Industrie, die im Mittelalter aus dem Oströmischen Reich eingeführt wurde – jetzt zu einem Spezialhandwerk geworden ist. Die Stadt mit ihren 70 000 Einwohnern wurde mehrfach nach Erdbeben wieder zusammengeflickt. Ich stieg eine steile Straße zur Altstadt hinauf und kam in enge Gassen mit massiven Steinhäusern und kleinen Läden, in deren winzigen Schaufenstern überraschend moderne Dinge ausgestellt waren: Elektrozubehör, Fernsehapparate und Tonbandgeräte. Es ist charakteristisch für Süditalien, daß man durch mittelalterliche Fensterrahmen auf Radios blickt. «Wo bin ich? Wie spät ist es?» sind oft die ersten Worte, die ein Patient nach einer Operation spricht. Es waren wohl auch die Worte, die Dornröschen beim Erwachen flüsterte. Ich habe oft gedacht, daß es durchaus angebracht wäre, sie auch an vielen Orten Süditaliens zu hören.

Die Kathedrale ist eine große und würdevolle moderne Kirche, die nach ihrer Zerstörung während eines Bombenangriffs wieder aufgebaut wurde. Daß eine Büste des heiligen Vitiliano aus dem sechzehnten Jahrhundert keinen Schaden genommen hatte, wirkte dabei als Ansporn.

Mir schienen die Leute in Catanzaro besonders lebhaft zu sein. Wie die Neapolitaner sind sie klein, dunkel und ungemein gesprächig. Es war auch die erste Stadt, in der offenbar die Zahl der Männer größer war als die der Frauen, wenngleich dies eine gefährliche Verallgemeinerung sein kann. Vielleicht gab es besondere, mir unbekannte Gründe, weswegen die Straßen und Cafés voll munter gestikulierender Männer waren, die anscheinend alle mit Geschäften zu tun hatten.

An einer Bushaltestelle wartete eine Frau vom Lande in eindrucksvoller Aufmachung, ja, es war die eindrucksvollste, die ich während meiner ganzen Reise gesehen habe. Offensichtlich war es nicht ihr Alltagskleid, das sie trug, sondern große Gala, wie sie wohl bei einem Besuch Catanzaros angemessen erschien. Ihr Mieder bestand aus flaschengrünem Samt, ihr Petticoat war scharlachfarben und reichte bis etwa fünfzehn Zentimeter auf die Erde; darüber hatte sie ein kunstvoll gekräuseltes und gestärktes lachsfarbenes Kleid gestreift, das im Stil der Turnüre des neunzehnten Jahrhunderts hinten aufgesteckt war. Die Wirkung war erstaunlich, doch wurde sie zugleich von ihren Schuhen beeinträchtigt, denn es waren ganz gewöhnliche Slipper ohne Absätze; und außerdem fehlte ihr die zu einem solchen Putz gehörige Frisur. Neben ihr stand ein ungefähr zwölf Jahre altes Kind, vermutlich ihre Tochter, dessen Kleid aus dem nämlichen leichten lachsfarbenen Stoff geschneidert war wie das der Frau; es war jedoch im modernen Schnitt. Das kleine Mädchen mit seiner weißen Satinschleife im Haar hätte bei einer Modenschau für heranwachsende junge Damen auftreten können. Es war sonderbar, diese beiden Generationen beisammen zu sehen: Die eine bot die letzte Pracht des Mittelalters dar, die andere hatte sich der heutigen Mode angepaßt.

Von den wenigen Schriftstellern, die Catanzaro besucht haben, war wohl Stendhal der unerwartetste. Nach der Wiedereröffnung des neapolitanischen Opernhauses im Jahre 1716 hatte er eine kurze Reise durch den Süden unternommen. Sein Geschmack war zu erlesen, als daß er viel darüber hätte verlauten lassen. Er muß wohl jede Minute dieser Tour verabscheut haben. In Otranto ritt er zu Pferd mit einem Sonnenschirm ein. Über Catanzaro wußte er nur dies zu berichten:

«Als jüngstes Erlebnis habe ich eine Bäuerin beobachtet, die in einem Wutanfall ihr Kind gegen eine nicht einmal zwei Meter entfernte Mauer warf, und zwar mit aller Kraft, die sie besaß. Ich war sicher, das Kind sei tödlich verletzt; es ist etwa vier Jahre alt und zerreißt die Luft mit qualvollen Schreien direkt unter meinem Fenster; doch ist offenbar kein ernster Schaden entstanden.»

6

Wie wenig weiß doch der Ausländer von den Orten, die er besucht. Zuweilen läßt etwas darauf schließen, daß die Dinge nicht ganz so sind, wie es den Anschein hat; jemand hat eine überraschende Geschichte zu erzählen, und so wird mit einemmal ein Vorhang gelüftet.

Dergleichen geschah auf schockierende Weise in Catanzaro, als die Presse meldete, die Polizei habe einen anonymen Brief erhalten, in dem empfohlen wurde, an einem bestimmten Platz nach dem Leichnam eines gewissen Antonio Agostino zu graben, der seit achtzehn Jahren vermißt wurde. Die Beamten folgten dem Ratschlag und fanden in der Tat die Gebeine des Mannes.

Bald stellte sich ein achtzigjähriger Bauer ein, der folgendes kundtat: Drei Männer, die in der Zwischenzeit ausgewandert seien, hätten Agostino an einem Platz ermordet, der «heiliger Felsen» genannt wurde; und er selber, der Bauer, sei Zeuge der Bluttat gewesen. Der Legende nach teile sich dieser Felsen, wenn genügend Menschenblut über ihm vergossen werde, und gebe einen gewaltigen Goldschatz preis.

Der Greis berichtete, er habe mit angesehen, wie die drei Mörder die Kehle ihres Opfers durchschnitten und den Mann auf den Felsen niederdrückten, so daß sein Blut über ihn hinströmte. Die Mörder warteten dann stundenlang, der Felsen teilte sich indessen mitnichten. Dies tat hingegen jetzt die Mörderschar. Die letzte Nachricht über dieses Menschenopfer besagt, daß Interpol in die Fahndung eingeschaltet worden sei.

Ich blickte auf die Berge Kalabriens und fragte mich, wie viele andere «heilige» Steine es wohl noch geben mochte, die allein den Bauern bekannt sind. Diese schöne, aber rätselhafte Landschaft schien – ungeachtet der Fabriken hier und dort – noch immer mit dunklen und uralten Mächten im Bunde zu sein.

7

Nach gut vierzig Kilometern Fahrt längs der Küste kam ich in die Hafenstadt Kroton. Sie liegt dort, wo einst das antike Kroton gewesen ist, das laut Beschluß des Delphischen Orakels als griechische Kolonie gegründet wurde. Mir fiel auf, daß das Stadtwappen einen Dreifuß mit zwei erhobenen Schlangenköpfen zeigt: Es ist der Dreifuß der Pythia. Die ziemlich große Stadt ist unordentlich und zum Teil mittelalterlich. Sie wird von einem riesigen Kastell aus antikem Gemäuer beherrscht. Im Zentrum der Stadt erhebt sich die Kathedrale, der man sich auf einer imposanten Treppenflucht nähert. An ihren Mauern las ich die Worte: «Es ist verboten, im Hause Gottes zu spucken.» (Livius schrieb, es sei ein Sakrileg gewesen, nahe beim Haus des Hohepriesters auf dem Forum zu spucken.)

Große Chemiewerke verbinden Kroton mit der modernen Zeit und bieten vielen Bewohnern Arbeit. Meine Enttäuschung, die ein wenig ungerecht sein mag, beruht auf dem Kontrast zwischen seiner heutigen Gewöhnlichkeit und seinem früheren Glanz, als seine Mauern fast zwanzig Kilometer lang waren. Es galt als die gesündeste Stadt der Magna Graeca. Krotons Athleten gewannen bei dem Olympischen Spielen stets unverhältnismäßig viele Preise. Der Ruf, den seine Männer ebenso wie seine Frauen ob ihrer körperlichen Vorzüge genossen, hat vielleicht etwas mit dem Training zu tun, das in der Medizinschule praktiziert wurde, die einmal als die beste nicht nur der griechischen Kolonien, sondern der gesamten griechischen Welt gerühmt wurde. Herodot wußte eine Menge über diese Schule zu erzählen; seiner Angabe zufolge stammte der Arzt des persischen Großkönigs Darius, ein gewisser Democedes, aus Kroton. Er war ein so guter Mediziner, daß der König ihn praktisch als Staatsgefangenen in Persien behielt. Da er jedoch ein Grieche und also listig war, gelang ihm eines Tages die Flucht.

Ich habe bereits Pythagoras erwähnt, die Vernichtung der Stadt Sybaris durch das feindlich gesonnene Kroton und Krotons spätere Niederlage (von der es sich schließlich wieder erholte) durch die viel kleinere Armee von Locri. Es war dies eine lange und faszinierende Historie, die gelebt wurde, als die Welt noch jung war. In unserer Phantasie sehen wir diese reichen, mächtigen und begabten Menschen im Sonnenlicht am Strand des Ionischen Meeres, dann fällt ein Schatten über das Bild, und nach vielen Jahrhunderten wandert ein Reisender durch die moderne Stadt und fragt sich: «Soll das alles wirklich hier stattgefunden haben?»

Vom griechischen Kroton ist bloß die dorische Säule übriggeblieben, die ihren Namen dem Kap Colonna gegeben hat. Diese schön kannelierte Säule, so massiv wie die von Paestum, überragt in einsamer Majestät die See. Sie ist das einzige Relikt des größten Tempels der Magna Graeca, des Sanktuariums der Himmelskönigin Hera, das in einem heiligen Hain mit vortrefflichem Weideland stand, wo Viehherden grasten, die von den Priestern gezüchtet wurden. Wie die meisten großen Tempel war es eine Schatzkammer. Nicht einmal Hannibal, der dringend Geld brauchte und die Goldsäule eigentlich rauben lassen wollte, die im Innern des Tempels aufgestellt war, wagte schließlich einen derartigen Frevel.

Das Alter des Tempels war unbekannt. Vergil behauptet, er habe bereits in den Tagen des Äneas dort gestanden. Das dritte Buch der «Äneis» erwähnt die Rudergänger, die mit ihren Galeeren an den Tempeln vorüberkamen, wenn sie die Ionische Küste hinabfuhren. Ein jeder war gewissermaßen ein Seezeichen. Mitunter stiegen die Mannschaften aus und brachten Opfergaben dar, ehe sie ihre Reise fortsetzten. Die Griechen versammelten sich einmal im Jahr beim Tempel der Hera, um an einer Prozession zu Ehren der Göttin teilzunehmen; sie wetteiferten in der Pracht ihrer Gaben. Das Innere des Tempels war mit Malereien der bedeutendsten lebenden Künstler ausgeschmückt. Am berühmtesten war das Bild der Helena von der Hand des reichen und gefeierten Zeuxis, der etwa um 400 v. Chr. lebte. Es hieß, die Regierung von Kroton habe ihm erlaubt, fünf der schönsten einheimischen Mädchen nackt zu beäugen, um deren Reize in seinem Bilde zu vereinen.

Livius hat die wohl beste Schilderung des Tempels hinterlassen: «Er war umgeben von dichtem Wald mit hochragenden Fichten, in dessen Mitte Vieh aller Art graste (das der Göttin geweiht war), und zwar ohne Hirten. Am Abend pflegten die verschiedenen Rudel und Herden zu ihren Stallungen zurückzukehren, ohne daß sie lauernden Bestien oder vagabundierenden Menschen zur Beute gefallen wären. Mit diesem Vieh wurde viel Geld gemacht. Von den Erträgen konnte eine Säule aus purem Gold der Göttin geweiht werden. Auch der Tempel war berühmt ob seines Reichtums und seiner Heiligkeit, und – wie dies häufig an bekannten Plätzen geschieht – Geschichten von übernatürlichen Ereignissen sind mit ihm verknüpft. So wird etwa behauptet, daß im Vorhof ein Altar stehe, dessen Asche niemals vom Wind aufgerührt werde.»

Ich habe erzählt, wie ich im Dorfe Capaccio Vecchio oberhalb von Paestum die christliche Version der Göttin Hera gefunden habe, die Madonna mit den Granatäpfeln. Hier am Kap Colonna ist ein ähnlich erstaunliches Überbleibsel zu sehen. Es gibt eine kleine, der Madonna des Kaps Colonna geweihte Kapelle, die von den Bauern auch manchmal Madonna von Hera genannt wird. Einmal alle sieben Jahre, am zweiten Sonntag im Mai, finden sich Menschenmassen ein wie in den Jahrhunderten vor Christi Geburt, um der Himmelskönigin zu huldigen. Die Prozession gleicht jener von einst. Im Sonnenschein des Maitages überragt die dorische Säule des Sanktuariums der Hera noch immer das Meer – ein Bindeglied zwischen der alten Welt und der neuen.

8

Daß ich Sybaris nicht entdeckt hatte, ließ mir keine Ruhe, wenngleich ich wußte, daß befähigte Archäologen seit 1879 vergebens nach der Stadt gesucht haben. Der Kurator des Museums von Reggio hatte mir mitgeteilt, daß sehr viel Zeit, Geschick und Geld aufgewandt worden seien in der Hoffnung, Sybaris zu finden. Momentan war eine italienisch-amerikanische Forschungsgruppe am Werk, die mit allen Arten elektronischer Aufspürgeräte ausgerüstet war. Die Lerici-Stiftung in Rom und das Universitätsmuseum von Philadelphia haben in italienischer und englischer Sprache ein Buch mit dem Titel *The Search for Sybaris, 1960–65* herausgegeben. (Das Werk erwähnt sechsundachtzig Hinweise antiker Autoren auf die Stadt.)

Die beiden starken Bände (der eine enthält Pläne) berichten eindrucksvoll über die lange Zeit erfolglosen Arbeiten. Jahr um Jahr treffen Archäologen ein, um Techniken anzuwenden, welche altmodische Archäologen, die sich auf ihren Spaten verließen, in Staunen setzen würden. Die Sucher nach Sybaris kommen mit Lastwagen voll elektronischer Geräte in die Ebene. Erst bei Drucklegung dieser Ausgabe scheinen die Sonden, die in das Erdreich gesteckt wurden, ein erstes Ergebnis erbracht zu haben

– wenn man den Meldungen trauen darf, die jüngst veröffentlicht wurden.

Falls die originalen Zeugnisse über die Zerstörung von Sybaris im Jahre 510 v. Chr. verläßlich sind, müssen die Leute aus Kroton, nachdem sie die Sybariten besiegt hatten, den Lauf des Flußes Carthis geändert haben, so daß er die Stadt überflutete und endlich ganz vom Erdboden tilgte. Falls den antiken Schriftstellern geglaubt werden kann, muß hier eine griechische Stadt etwa sechs Meter tief unter der Erde liegen, und zwar rund acht Kilometer vom Meer entfernt.

Weshalb Sybaris auf uns so faszinierend wirkt, ist schwer zu entscheiden. Die Gelage der Sybariten, die Baldachine über den Straßen, das Ehrensalär für die Küche, die Wagen, in denen die Bürger ihre Güter aufsuchten, die maltesischen Schoßhunde der Frauen, die verhätschelten Äffchen, die scharlachfarbenen Umhänge, das parfümierte Haar mit goldenen Bändern, die Verbannung der mit Rauch und Lärm verbundenen Gewerbe in gewisse Bezirke – all dies entspricht einem Lebensstandard, den man in jeder wohlhabenden Gemeinde jener Zeit erwarten durfte. Weshalb die Schriftsteller ausgerechnet Sybaris zum Symbol des äußersten Luxus erkoren haben, ist in der Tat schwer zu begreifen.

Eines der bedeutsamsten Ereignisse in der Geschichte von Sybaris wird aber merkwürdigerweise nicht durch Verweichlichung und Hang zum Wohlleben gekennzeichnet, sondern durch harte Geschäftsinteressen: die Anlage des Handelsdepots an der tyrrhenischen Küste. Schlaffe Menschen hätten einen solchen Plan wohl kaum ersonnen und verwirklicht.

Ich sympathisiere mit Professor Froelich G. Rainey, dem Direktor des Universitätsmuseums von Philadelphia, der in seiner Einleitung des oben genannten Werkes schreibt: «Viele Male während dieser vergangenen Jahre des Suchens nach konkreten Beweisen für die Existenz von Sybaris hatte ich das Gefühl, die berühmte Stadt sei eine Mythe. Ruinen zeitgenössischer griechischer Städte am Ionischen Meer, wie Locri und Metapont, wurden entweder oberirdisch gefunden oder in weniger als einem Meter Tiefe. Weshalb sollte uns Sybaris, die größte und berühmteste von allen, noch immer verborgen sein?»

Die Antwort könnte natürlich lauten, daß Sybaris vielleicht gar nicht an diesem Platz gelegen war. Eine geistreiche Theorie stammt von Robert L. Raikes, der angedeutet hat, möglicherweise hätten Erdbeben und eine Flutwelle Sybaris erdrückt, und diese Überschwemmung sei in der späteren Legende in eine vorsätzliche Zerstörung durch die Bürger von Kroton umgewandelt worden ...

Nach dem Verlassen von Kroton fuhr ich auf der guten Küstenstraße durch einen Landstrich, der eintöniger ist als die südlichere Region. Die Buchten und Strände waren menschenleer. Balkenstege überkreuzten alle paar Kilometer Flußbetten. Selten tauchten Städte oder Dörfer auf. In der Tat sind nur spärliche Lebenszeichen zu entdecken – mit Ausnahme der kleinen Bahnstationen, deren Personal es noch vor dreißig Jahren als Verbannung empfand, wenn es nach dort abkommandiert wurde.

Eine Landschaft, die jahrhundertelang von der Malaria heimgesucht wurde, hat ein vergrämtes Aussehen, und es vergeht wahrscheinlich noch einige Zeit, ehe dieser Teil Kalabriens von Bauern besiedelt wird. Ich wurde an eine andere von der Malaria geplagte Küste erinnert, nämlich an die türkische im Süden von Ismir. Ich entsann mich noch gut des Quakens der Frösche in den Sümpfen rund um Ephesus. Die Leute dort beeilten sich, vor Anbruch der Dunkelheit in ihre Häuser zu kommen.

Wiederum erblickte ich Rossano auf seinem Gipfel. Dann fuhr ich durchs Gebirge nach Corigliano hoch, wo bei meinem ersten Besuch jener Gärtner mir ein Stück Manna geschenkt hatte. Schließlich rollte ich in die Ebene von Sybaris hinab, wo die Hitze aus einem glühenden Himmel herabbrannte. Die Ernte war schon eingebracht. Man hatte mir in Reggio empfohlen, die Eisenbahnstation Sibiri aufzusuchen und nach den *Americanos* zu fragen; doch war die Station geschlossen und keine Menschenseele zu sehen. Am Ende stieß ich auf einige rote Backsteinbungalows. Auf einer Veranda saß eine junge Frau am Tisch und war so sehr in ihre Arbeit vertieft, daß sie gar nicht hörte, wie ich die Gartentür öffnete und den Pfad betrat. Sie saß über Holzkästen voll zerbrochener Keramiken gebeugt, die sie zusammensetzte, als wären sie die Teile eines Geduldsspiels. Sie war eine holländische Archäologin und hatte mit dem Team der pennsylvanischen Universität zusammengearbeitet, das seine Tätigkeit jetzt eingestellt hatte. Die Amerikaner waren erst vor wenigen Tagen abgereist.

Der Bungalow enthielt eine kleine Sammlung von Fundstükken, meist Tonbrocken, einige griechisch, andere aus jüngerer Zeit; wenig war von Bedeutung, es sei denn für einen Fachmann. Ich mußte an die grausame Ironie der Geschichte denken: Der Weg zu einer Stadt, deren Name das Synonym für Luxus wurde, ist mit Küchen aus zerbrochenem Steingut gepflastert!

Die Archäologin fragte, ob ich im Museum von Reggio eine Bronzetafel bemerkt hätte, die 1965 in der Nähe von Sybaris gefunden worden war. Sie trägt eine altgriechische Inschrift, die von rechts nach links zu lesen ist. Diese kleine dünne Bronzeplatte hat in allen vier Ecken Löcher, um mit Nägeln an einer Wand aufgehängt zu werden. Sie verkündet die Taten eines Athleten mit dem spartanischen Namen Kleombrotos, der ein Sohn des Dexilaos war. Kleombrotos hatte diese Tafel der Athene in Erfüllung eines Gelübdes geweiht. Augenscheinlich hatte er der Göttin diese Votivgabe versprochen, falls sie ihm den Sieg bei den Olympischen Spielen vergönne. Unglücklicherweise vergaß er, den Namen seiner Heimatstadt zu vermerken.

«Weshalb fragen Sie, ob ich sie gesehen habe?» erkundigte ich mich.

«Nun, ich habe sie zufällig gefunden», antwortete die Archäologin bescheiden.

Also ist die einzige Stimme, die sich aus der Ebene von Sybaris bislang vernehmen ließ, von dieser charmanten Holländerin entdeckt worden, die Kordhosen trug und perfekt englisch sprach. Wir diskutierten über Leben und Tod der Stadt – sie mit beruflichem Eifer, ich mit Melancholie. Immerhin hatte es wenigstens einen Mann gegeben, der das Schicksal von Sybaris vorausgeahnt: Amyris. Das Delphische Orakel hatte der Stadt so lange Ruhm und Reichtum verheißen, wie ihre Bewohner den Sterblichen keinen größeren Respekt bekundeten als den Göttern. Doch eines Tages verfolgte ein Sybarit einen Sklaven in den Tempel der Hera. Dort übermannte ihn der Zorn, und er schlug den Diener, der aus dem Tempel rannte und sich im Grab des Vaters seines Herrn versteckte. Dahinein wagte der Mann ihm nicht zu folgen – so groß war seine Achtung vor dem Andenken seines Vaters.

Nachdem Amyris von diesem Vorfall gehört hatte, begann er seine Habe zu verkaufen. Dann emigrierte er nach dem Peloponnes. Er hatte diese Begebenheit als Zeichen der nahenden Vernichtung von Sybaris gedeutet und als Erfüllung der delphischen Prophezeiung. Seine Mitbürger freilich lachten ihn aus. Tatsächlich regten ihre Witze zu einem volkstümlichen Sprichwort jener Zeit an: «Amyris ist verrückt geworden.» Indessen war dieser Amyris der einzige, der – soweit uns bekannt wurde – sein Vermögen gerettet und aus eigenen Stücken die zum Untergang verurteilte Stadt verlassen hat, die damals vermutlich im Zenit ihres Reichtums stand.

9

Ich fuhr an der Ionischen Küste nach Reggio hinab, wo ich einen Handkoffer und einige Bücher zurückgelassen hatte. Eine Nacht verbrachte ich in Kroton, wo es heute (was Gissing interessiert haben würde) drei neue Hotels der dritten und zwei der vierten Klasse gibt. Wer mit dem italienischen Milieu vertraut ist, wird verstehen, was dies heißt. Eine Klimaanlage war zwar ebensowenig vorhanden wie ein Bad, doch nahm ich mit der gebotenen Bequemlichkeit vorlieb, und auch im Bett tummelten sich keine Wanzen.

Dann ging ich zur Kathedrale, die festlich mit roten und goldenen Behängen verkleidet war. Ich nahm an einem Gottesdienst teil und betrachtete den Weihrauch, der in blauen Wolken um den Hochaltar schwebte, während das Licht der Kerzen auf den vergoldeten Ornaten glänzte. Allein als Schauspiel schon befriedigen die kirchlichen Zeremonien Auge, Ohr und Phantasie. Ich saß in einer Kirche, die auf einer nach Pythagoras genannten Piazza steht und wo der Weihrauch in einem Tempel duftet, in dem die einstige Göttin Hera als Madonna di Capodolonna verehrt wird. Wer die Magna Graeca entdecken will, braucht nur eine Kirche zu betreten.

Ich gedachte der zahlreichen Kirchen, die ich in den abgelegenen Bergstädten Kalabriens und in der von Armut heimgesuchten Region Basilicata besichtigt hatte, wo Frauen in Schwarz – stets Frauen – für einen Moment den Mißlichkeiten des Alltags entfliehen, um in den weißen und goldenen Hallen des Herrn niederzuknien. In Kroton und Paestum sind die alten Götter und Helden noch immer über den Altären zu sehen – zwar christianisiert, aber nur leicht verhüllt.

Am Morgen, als sich kein Lüftchen regte und der Himmel so blau war wie das Meer, fuhr ich in südlicher Richtung vorbei an den kleinen Marinas am Golf von Squillace. Die Berge im Landesinnern, wo jeder Gipfel eine alte Stadt der Sonne darbietet, waren aus der Ferne ein romantischer Anblick; ich wußte jedoch, wie viele von ihnen dem Tode geweiht sind und nur noch von Frauen und alten Männern bewohnt werden.

Ein paar Tage verweilte ich in Reggio di Calabria, das eine der heitersten und angenehmsten Städte des Südens ist. Wieder besuchte ich das Museum, um mir die so hübsch ausgestellten Relikte der hellenischen Welt zu betrachten. Nun, da ich über die Ruinen von Locri geklettert war und die honigfarbene Säule der Hera in Kroton gesehen hatte, bedeuteten sie mir noch mehr als bei meinem ersten Rundgang. Als man bemerkte, daß ich echtes Interesse zeigte, kam der Kurator selbst herbei, um mich durch die Säle zu geleiten; ja, er bestand sogar darauf, Kästen zu öffnen und in meine Hände einige Dinge zu legen, die meine besondere Aufmerksamkeit erregt hatten.

Und am Abend blickte ich wiederum von meinem Balkon über die Straße von Messina nach Sizilien hinüber. Manchmal war der Himmel in der Ferne schwach gerötet, wo der Ätna aufragt. Zu andern Zeiten aber flammte das vulkanische Feuer böse und unheilvoll auf. Die Lichter der Städte und Dörfer an der jenseitigen Küste funkelten einladend. Sie führten mich stark in Versuchung. Vielleicht werde ich eines Tages auch dorthin reisen.

FINIS

Dom von Amalfi

Die Herrscher über Süditalien

Die normannische Eroberung

Zu Anfang des 11. Jahrhunderts erkannten normannische Ritter, die von Pilgerreisen in das Heilige Land heimkehrten, in dem von Unruhen bewegten Staatengebilde Süditaliens, Zankapfel zwischen Lombarden, Byzantinern und Sarazenen, ein aussichtsreiches Feld für militärische Abenteuer. Der erste Normanne, der sich hier einen Namen gemacht hat, hieß Rainulf (um 1130). Für kriegerische Hilfeleistung wurde er belehnt mit der Stadt Aversa in der Nähe von Neapel, und wurde Graf von Aversa (1030–1045), das sich zu einem Markt für normannische Händler entwickelte.

Die bedeutendsten Eroberer stellte das Geschlecht der Hauteville, Abkömmlinge eines schlichten Grundeigentümers namens Tankred von Hauteville aus Hauteville-la-Guichard in der Normandie. Seine drei ältesten Söhne legten die Grundlage für die normannische Machtstellung in Süditalien:

Wilhelm (genannt «Eisenbart») — *Drogo* — *Humbert*

Wilhelm wurde Graf von Apulien (1042–46); ihm folgten Drogo (1046–51) und Humbert (1051–57).

Die beiden bemerkenswertesten Söhne aus einer zweiten Ehe des Tankred waren:

Robert «Guiscard» (ca. 1015–1085) — *Roger* (1031–1101)

Robert war der älteste Sohn aus dieser zweiten Heirat, Roger der jüngste. Zwischen ihnen beiden wuchsen die Gründungen ihrer Halbbrüder empor und am Ende ihrer Leben beherrschten sie ganz Süditalien. Robert starb (1085) als Fürst von Apulien und als einer der mächtigsten Herrscher seiner Zeit; Roger unterwarf die Sarazenen auf Sizilien und begründete das Königshaus der Normannen in Sizilien, er starb 1101, benannt der «Große Graf».

Das normannische Königshaus

1112–54 Roger, Sohn des «Großen Grafen».
1154–66 Wilhelm I., «der Böse», Sohn Rogers.
1166–89 Wilhelm II, «der Gute». (Seine Gemahlin war Johanna von England, Tochter Heinrichs II. von England und Schwester des Richard Löwenherz.) Er verstarb kinderlos und hinterließ das Königreich seiner Tante Konstanze, (Tochter Rogers II.), die er mit Heinrich VI. aus dem Hause der Hohenstaufen, dem Sohn Kaiser Friedrich Barbarossas vermählte. Nach dem Tode Wilhelms II. wurde der Thron usurpiert von
1189–94 Tankred, nicht ehelicher Vetter des verstorbenen Königs.
1194 Wilhelm III., unmündiger Sohn des vorherigen, der abgesetzt und ermordet wurde. Heinrich VI. und Konstanze rissen das Reich an sich und wählten zu ihrer Hauptstadt Palermo.

Die Hohenstaufen

1194–97	Heinrich VI., Römischer Kaiser, Sohn Kaiser Friedrichs I. «Barbarossa».
1197–1250	Friedrich II., einziger Sohn der Konstanze, das *stupor mundi.*
1250–54	Konrad IV., Sohn Friedrichs II.
1254–66	Manfred, nicht ehelicher Sohn Friedrichs II.

Die Anjou

Der Papst, in dem Bestreben, die Hohenstaufen als gefährliche Gegner des Kirchenstaates zu verdrängen, bot das Königreich dem Prinzen Karl von Anjou an, einem Bruder Ludwigs IX. von Frankreich. Karl besiegte Manfred zwar in der Schlacht bei Benevent (1066), vermochte Sizilien jedoch nicht zu erobern und wählte Neapel zu seiner Hauptstadt. Die Sizilianer demonstrierten in dem Aufstand der «Sizilianischen Vesper» ihren Abscheu vor der französischen Herrschaft und boten den Thron nun Peter III. von Aragon an, der Konstanze, die Tochter Manfreds von Hohenstaufen geehelicht hatte. Von nun an herrschten die beiden miteinander rivalisierenden Häuser in Süditalien: die Franzosen in Neapel ohne Erbanspruch, die aragonesischen Spanier in Palermo mit dem Erbanspruch der Konstanze als Abkömmling der Hohenstaufen.

Haus Aragon

1282–85 Peter II. von Aragon
1285–91 Alfonso
1291–98 Jakob
1296–1337 Friedrich II. von Aragon
1337–42 Peter II.
1342–55 Ludwig
1355–77 Friedrich III.
1377–92 Maria
1392–1409 Martin I.
1409–1410 Martin II.

Haus Anjou

1266–85 Karl von Anjou
1285–1309 Karl II.
1309–43 Robert «der Weise»
1343–81 Johann (abgesetzt)
1381–86 Karl III.
1386–1414 Ladislaus
1414–35 Johann II.
1435–42 René von Anjou

Von 1410 bis 1458 wurde Sizilien von Spanien aus regiert.

Im Jahre 1442 unterwarf Alfonso V. «der Großmütige» Neapel, das von nun an bis 1501 von spanischen Herrschern regiert wurde, schließlich durch spanische Vizekönige bis 1713. Nach dem Spanischen Erbfolgekrieg kam Neapel unter österreichische Herrschaft, die bis 1734 währte. In diesem Jahr wurde Karl von Bourbon, Sohn Philipps V. von Spanien und der Isabella Farnese als nach einigen kleineren Scharmützeln als König von Neapel und Sizilien (Königreich Neapel) eingesetzt. Er begründete den neapolitanischen Zweig des Hauses Bourbon.

Haus Bourbon

1734–59	Karl III. Er bestieg den spanischen Königsthron; sein dritter Sohn wurde König von Neapel und Sizilien
1759–99	Ferdinand (von Neapel)
1799	Die Parthenopäische Republik
1799–1806	Ferdinand IV. (wiedereingesetzt)
1806–1808	Joseph Bonaparte
1808–15	Joachim Murat
1815–1825	Ferdinand IV. (Erster König Beider Sizilien). Zweite Restauration
1825–1830	Franz I.
1830–59	Ferdinand II., König Beider Sizilien
1859–60	Franz II.
	Von nun an ging das Königreich Beider Sizilien im vereinigten Königreich Italien auf.

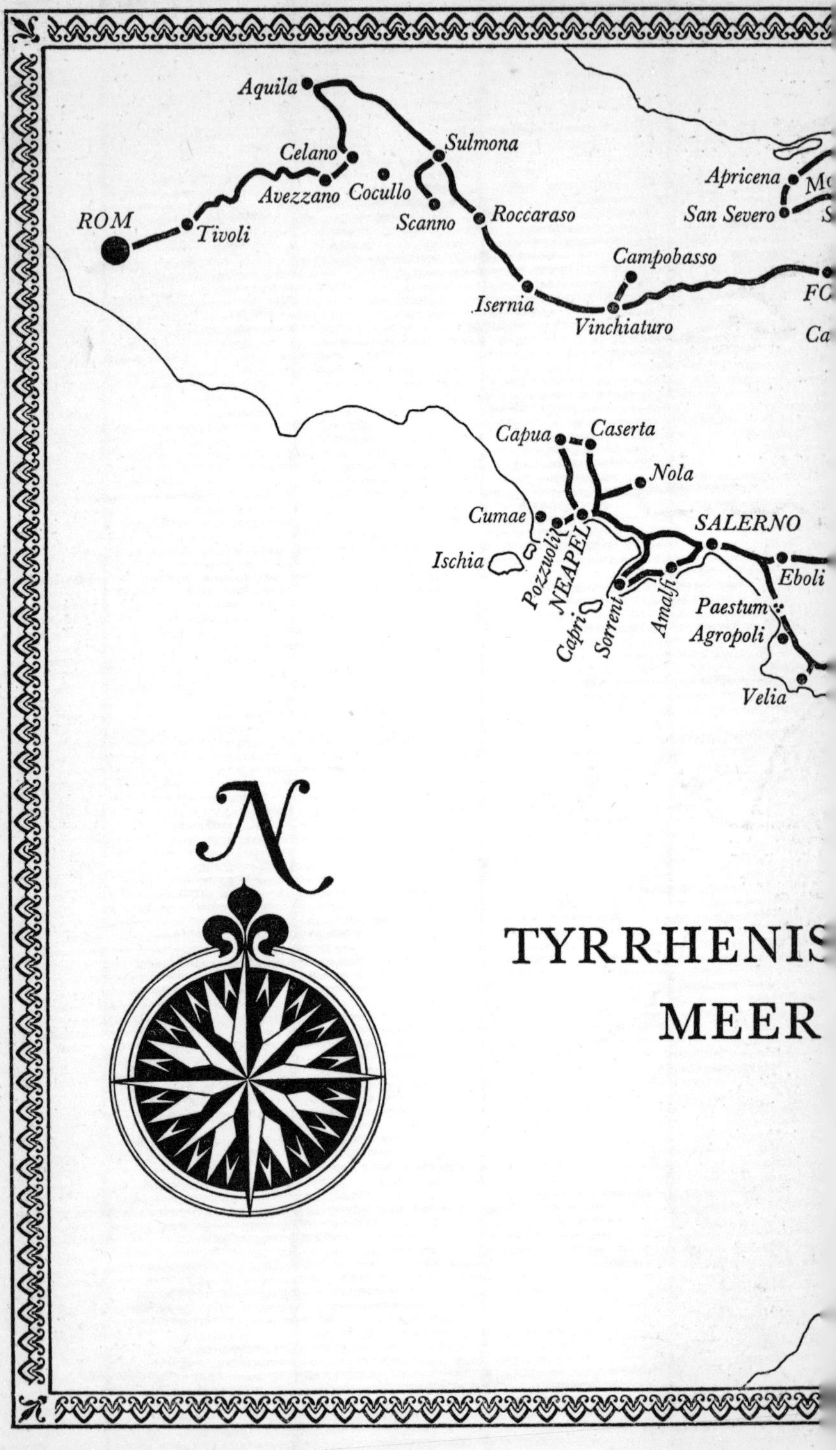
Aquila
Celano
Sulmona
Avezzano
Cocullo
ROM
Tivoli
Scanno
Roccaraso
Apricena
San Severo
Campobasso
Isernia
Vinchiaturo
Capua
Caserta
Nola
Cumae
SALERNO
Ischia
Pozzuoli
NEAPEL
Eboli
Paestum
Agropoli
Capri
Sorrent
Amalfi
Velia
N
TYRRHENIS
MEER